À procura de um culpado

À procura de um culpado

Pelo espírito
Margarida da Cunha

Psicografia de
Sulamita Santos

LÚMEN
EDITORIAL

À procura de um culpado
pelo espírito *Margarida da Cunha*
psicografia de *Sulamita Santos*

Copyright ° 2009 by
Lúmen Editorial Ltda.

2ª edição – maio de 2013

Direção editorial: *Celso Maiellari*
Preparação de originais: *Alessandra Miranda de Sá*
Revisão: *Equipe Casa de Idéias*
Diagramação: *Jordana Chaves / Casa de Idéias*
Arte da Capa: *Amadeu Cristiano Leite / Casa de Idéias*
Impressão e acabamento: *Orgrafic Gráfica*

Dados Internacionais de Catalogação na Publicação (CIP)
(Câmara Brasileira do Livro, SP, Brasil)

Cunha, Margarida da (Espírito).
À procura de um culpado / Margarida da Cunha ; psicografia de
Sulamita Santos. -- São Paulo : Lúmen, 2009.

Bibliografia

1. Espiritismo 2. Romance espírita
3. Psicografia I. Santos, Sulamita. II. Título.

09-00875   CDD-133.9

Índice para catálogo sistemático:
1. Romance espírita : Espiritismo   133.9

LÚMEN
EDITORIAL

Rua Javari, 668
São Paulo - SP
CEP 03112-100
Tel/Fax (0xx11) 3207-1353

visite nosso site: www.lumeneditorial.com.br
fale com a Lúmen: atendimento@lumeneditorial.com.br
departamento de vendas: comercial@lumeneditorial.com.br
contato editorial: editorial@lumeneditorial.com.br

Impresso no Brasil – *Printed in Brazil*

Sumário

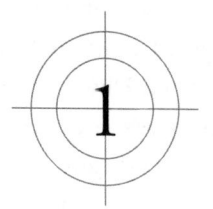

A vida desabrocha

Marco Aurélio entrou irritado em seu quarto. Seu pai não queria que ele cursasse a universidade de medicina. Tinha acabado de ouvir dele:

— Escute aqui! Não fico trabalhando dia e noite para ver meu único filho se tornar médico e ganhar a miséria que o governo paga a esses medíocres que atendem a população pobre deste país. Se me transformei num grande empresário e se ergui esse império todo, foi para que você o pudesse passar a seu filho. Albuquerque de Lima é um nome conhecido, graças a meu esforço e determinação. Não deixarei que você jogue na lama o nome que com muito suor construí. Sei que precisa de um curso universitário, mas espero que faça administração, para poder comandar meus negócios quando eu morrer.

— Papai, eu já lhe disse que não quero me meter nos seus negócios. Sei que não levo muito jeito para comandá-lo. Prefiro viver do meu trabalho, e, se um dia chegar a construir alguma coisa, quero fazê-lo com meu próprio esforço! Seu pai não lhe deixou nada e mesmo assim o senhor cresceu financeiramente. Eu também não quero nada que venha do senhor; quero apenas o pouco que conseguir com meu trabalho!

— Você é um ingrato! Você é meu filho, e quero que seja um homem!

— Eu sou um homem. Só que não quero nada cuja origem eu desconheça. Esse império todo que o senhor diz realmente ter construído me é estranho. Pelo que sei, ninguém faz isso trabalhando honestamente.

João, observando a altivez do filho, sem pestanejar deu-lhe um tapa, fazendo com que o rapaz rodopiasse e batesse a cabeça na porta.

Marco Aurélio, um tanto atordoado, levantou-se e preparou-se para abrir a porta, a fim de se distanciar do pai. Ficara demasiadamente magoado com aquela atitude. Mas João, sem se dar por satisfeito, continuou gritando:

— Ei, eu ainda não o mandei sair. Se sair por essa porta, vai se arrepender!

Marco Aurélio, percebendo que o pai não estava brincando, resolveu voltar atrás, enquanto o pai continuava a dar vazão à sua fúria.

Quem estivera observando a gritaria que vinha da biblioteca era Leila, a empregada. Ela sabia tudo que ocorria na casa, fato que a tornou conhecida entre a criadagem pelo apelido de "bisbilhoteira". Uma de suas manias era escutar conversas atrás da porta.

Ouvindo-os discutir acaloradamente, Leila concluiu que aquela era uma discussão daquelas, pois raramente o doutor João, como ela chamava o patrão, costumava perder a paciência daquela maneira.

Leila continuou a ouvir:

— Escute aqui, seu filho-da-mãe, não vou permitir que você seja como esses médicos mortos de fome. Se quiser ainda desfrutar do conforto que lhe dou nesta casa, terá de fazer o que eu quero, e eu *não quero* que você seja um médico qualquer. Temos uma rede de hotéis espalhada pelo Brasil, além de um hotel em Michigan. Se quiser continuar a utilizar o dinheiro da minha fortuna, terá de se preparar para tomar conta dos meus negócios.

Marco Aurélio ficou observando a expressão de ódio do pai atentamente. Em seguida, falou:

— Não vou ser dono de nenhuma rede de hotéis. Esse sempre foi o seu desejo, e não o meu. Quero ser médico, ajudar todos que a mim vierem, e não ficar paparicando pessoas ricas que fingem para si mesmas serem mais felizes que as outras.

— Fique sabendo, Marco Aurélio, que essas pessoas que fingem ser felizes, como você diz, nos proporcionam o luxo do qual você também usufrui. Portanto, não permitirei que continue com essa ideia maluca de ser médico!

Marco Aurélio, constatando que o pai falava sério, resolveu se calar, mas seu coração estava atormentado. Dizia a si mesmo: "Não vou viver o sonho de meu pai, mas não vou mesmo! Hotéis são sonhos dele, e não os meus". O rapaz enxugou as lágrimas que insistiam em rolar por sua face.

João, irritadíssimo, finalizou a discussão:

— Agora vá! Não quero vê-lo na minha frente tão cedo! Sou um homem ocupado e tenho muito o que fazer.

Procurando não pensar mais na discussão com o pai, Marco se dirigiu a seu quarto.

João tentava fazer o mesmo. Naquela noite, seria anfitrião em uma festa que daria para a comemoração dos dez anos da rede de hotéis. O anúncio da festa havia sido notícia nos jornais. Muitas pessoas influentes tinham sido convidadas, até mesmo dois deputados federais. A mansão dos Albuquerque de Lima encontrava-se num corre-corre tremendo por causa disso. Os empregados estavam às voltas com a arrumação, enquanto os garçons contratados ficavam andando de um lugar a outro, verificando os últimos detalhes para a festa que ocorreria logo mais.

Marco Aurélio, agora já deitado em sua cama, pensava na mãe, que não participara nem sequer de uma festa daquelas. Ao lembrar do sofrimento dela, o rapaz sentiu um ódio indefinido brotar em seu coração.

João se casara havia pouco mais de dois anos com uma americana naturalizada inglesa, jovem bonita que por onde passava chamava a atenção dos olhares masculinos.

Kim comandava os empregados e os garçons, coordenando os últimos detalhes da festa de aniversário dos hotéis. Ela contava com vinte e nove anos, sendo dezesseis anos mais jovem que João. Embora dissesse a todos que amava o marido, na verdade ela tinha um amante chamado Rubens, que iniciara com João, sendo sócio em seu primeiro hotel e que sabia de todos os movimentos do companheiro de trabalho.

Rubens tinha trinta e nove anos e, desde que conhecera a esposa do sócio, havia se encantado por ela a ponto de não deixar que a consciência o incomodasse pelo fato de se tratar da esposa do melhor amigo e parceiro de trabalho.

Rubens era casado e tinha uma esposa pacata que estava sempre envolvida com obras sociais. Embora sua esposa, Janete, fosse uma mulher bonita, não possuía os atrativos de Kim, que chamava a atenção de todos os homens. Janete era cinco anos mais velha que ele, mas aparentava ter bem menos. Ela era o oposto da esposa do sócio do marido: mantinha-se discreta não somente no modo de se vestir, mas principalmente na maneira de agir.

Kim era loura, tinha grandes olhos verdes e cabelos encaracolados; era esguia e mantinha uma silhueta perfeita. João procurava adivinhar até mesmo os pensamentos dela, e a exibia em público, fazendo-lhe carinhos apenas para mostrar que tinha uma vida familiar feliz.

Kim, ao se casar com João, fingiu gostar do filho dele, que havia completado dezoito anos. Na frente do marido, tratava o rapaz com cortesia e carinho dissimulados, mas, quando estava sozinha com ele, chamava-o várias vezes de energúmeno. Entretanto, se o rapaz dizia ao pai que a madrasta estava lhe fazendo desaforos, ela mentia, negando ter feito aquelas coisas.

João acreditava sempre na esposa, que, com o passar do tempo, fez questão de mostrar ao rapaz que mantinha sobre o marido o domínio que ele, como filho, jamais teria. Desse modo, o jovem, já há algum tempo, se desesperava com a situação dentro de casa.

Marco Aurélio lembrava-se ainda com tristeza de um acontecimento fatídico que envolvera Kim, e que agravara os problemas entre pai e filho.

Certo dia, estando Marco Aurélio pronto para ir ao colégio, ouviu vozes no quarto da madrasta, fato que achou estranho, afinal, sabia que seu pai estava em um dos hotéis da rede, em Salvador, e que só chegaria dali a alguns dias.

O rapaz não desconfiou a princípio de que a madrasta estivesse enganando o pai dele. Sendo assim, correu à biblioteca e ficou com a porta entreaberta para ver de quem seria aquela voz. Ele sabia que era impossível o pai já ter voltado para casa. Quando viajava, demorava em média de dois a três dias para regressar, e ele havia partido naquela manhã. Ficou observando até que, em dado momento, viu que um homem alto, moreno e de olhos verdes saía todo sorridente do quarto. No corredor, beijou a boca de Kim, que lhe disse:

— *I love you!*

Marco Aurélio observava a cena horrorizado. A madrasta fazia questão de mostrar a todos quanto era apaixonada pelo marido, mas, na verdade, mantinha um relacionamento com Rubens, braço direito e sócio de seu pai!

O jovem ficou escondido na biblioteca, esperando o casal desaparecer no corredor. Viu em seguida quando apenas a madrasta retornou ao quarto.

Marco Aurélio pensou que seu pai merecia o que estava acontecendo bem embaixo de seu nariz, pois ele nunca lhe dava atenção, reservando o tempo que estava em casa somente com a esposa, que sempre se mostrava caprichosa e egoísta.

Naquela manhã, o rapaz resolveu que não iria ao colégio, pois teria de pensar em como desmascarar aquela "pistoleira" que fingia amar o pai. No entanto, Marco Aurélio não sabia que Kim se preparava para enfrentar as desconfianças dele.

Certo dia, na presença do marido, fingiu brigar com Rubens para afastar todas as dúvidas do rapaz e confundir o marido caso o filho viesse a lhe falar algo.

Marco Aurélio finalmente decidiu que falaria com o pai e, estando ele certo domingo em casa conversando com Kim, o jovem chamou-o à biblioteca. Deu início à desagradável conversa:

— Papai, devo avisá-lo de que não deveria confiar em Rubens. Ele não é seu amigo!

João, sem entender o que o rapaz queria dizer, perguntou:

— Marco Aurélio, você não está regulando bem. Esqueceu que Rubens é mais fiel que um cão? Por que diz essas mentiras contra ele? Jamais soube que você o odiava!

— Eu não o odeio. Apenas quero lhe dizer que vi certa manhã quando ele saía do seu quarto, acompanhado de Kim, que confessou amá-lo.

João, ao ouvir aquelas palavras, fixou o olhar no filho e, soltando uma estrondosa gargalhada, falou:

— Não sei aonde você está querendo chegar com essa mentira, mas jamais vou me deixar levar por essas calúnias, é bom que saiba. Pensa que não sei que você nunca gostou de Kim? Ela sempre foi boa com você, e agora você me vem com tamanha mentira sobre ela, envolvendo ainda por cima meu companheiro e amigo Rubens? Marco, como eu gostaria que você fosse diferente, que se inteirasse de meus negócios, que se desse bem com Kim... Você poderia constatar, então, o quanto Rubens me é fiel e o quanto sua madrasta e eu somos felizes.

— Deixe de ser cego! Papai, Kim é infiel. Um dia provarei isso ao senhor. Se quiser, pode perguntar ao Jair, o jardineiro. Ele lhe dirá que não estou mentindo. Por certo ele já viu o homem que o senhor considera fiel como um cão sair daqui às escondidas logo pela manhã quando o senhor não estava em casa.

João percebeu que realmente o filho parecia estar seguro do que dizia. Então decidiu:

— Vá chamar Jair! Vou esclarecer agora se essa história é mesmo verdadeira.

O moço se sentia alegre. Achava que a madrasta seria desmascarada. Correu ao jardim à procura do jardineiro, que sabia de todos os movimentos da casa, porém nunca havia comentado nada para não se comprometer.

Poucos momentos depois Jair adentrou a biblioteca. Olhando para o patrão, tirou o chapéu e, enquanto ansiosamente amassava suas abas, perguntou:

— O senhor mandou me chamar, doutor João?

— Sim. Entre e feche a porta atrás de si. Precisamos conversar.

O homem, obedecendo ao patrão, ficou em pé diante da mesa de João. Baixando o olhar, deixou transparecer todo o seu nervosismo.

Marco Aurélio ficou do lado de fora, esperando o jardineiro confirmar o que ele dissera.

A conversa entre patrão e empregado iniciou com uma pergunta incisiva da parte de João:

— Jair, preciso saber algo que somente você poderá me responder.

— Sim, senhor — respondeu Jair trêmulo.

— Bem... meu filho me disse que Rubens saiu de minha casa pela manhã em minha ausência. Quero saber de você se viu algo dessa natureza.

O homem, amassando ainda mais as abas do chapéu, tornou:

— Não vi nada não, senhor.

João ficou satisfeito com a resposta do jardineiro. Alegre, comentou:

— Está certo, Jair. Procure cuidar bem das roseiras. Dona Kim não gosta de rosas malcuidadas.

— Pode deixar, senhor — falou o jardineiro. Pedindo licença, logo se retirou.

João ficou alguns instantes remoendo a raiva surda que sentia pelo filho. Com um grito, chamou:

— Sei que está aí! Venha aqui, seu calhorda.

O rapaz entrou e compreendeu, pelo tom do pai, que Jair havia mentido. Não entendia por que o homem fizera aquilo.

— Estou aqui, meu pai — respondeu Marco Aurélio, preparando-se para enfrentá-lo.

— Por que insiste em dizer essas mentiras sobre Kim? Pelo que sei, ela não fez nada a você. Se insistir nessas blasfêmias contra ela, vou mandá-lo para a casa de sua tia, no interior. Quem sabe lá, em Niterói, vivendo no meio de tanta pobreza, você aprende a valorizar tudo o que lhe dou desde que sua mãe morreu.

— Mas, meu pai, o que lhe digo é a pura verdade. Eu vi, não estou mentindo.

— Chega! Se disser mais uma palavra, vai ter de arrumar as malas agora mesmo e mando você de ônibus para a casa de sua tia Nair. Vocês dois são iguais: mentirosos e amantes de intrigas. Agora, vá para seu quarto!

Marco Aurélio se retirou da presença do pai e foi para o quarto. Decidiu que conversaria com Jair. Queria saber por que o jardineiro havia mentido.

João, enquanto isso, pensava no que o filho havia lhe falado. Sentindo que aquilo poderia ter um fundo de verdade, pensou em ficar de olho na esposa. Mas a ideia foi rejeitada ao lembrar que ela havia brigado com Rubens em um jantar ao qual haviam comparecido na casa dele.

— Esse menino vai me dar trabalho. Onde já se viu inventar uma história dessas? Logo Kim, que detesta Rubens... Tenho sempre de ficar colocando panos quentes entre eles.

João se dirigiu ao balcão que ficava do lado esquerdo da biblioteca e, pegando um copo, serviu-se de uma dose de uísque, tragando o líquido lentamente, a fim de tentar revigorar sua mente, que estava cansada demais.

❦

Passados alguns dias, Marco Aurélio teve a oportunidade de encontrar com Jair, e decidiu que aquele seria o momento de fazer as perguntas que queria. O jardineiro cuidava das hortênsias. Aproximando-se dele, Marco Aurélio perguntou, de supetão:

— Por que você mentiu para meu pai, Jair? Sei que viu quando Rubens saiu de casa naquela manhã. Eu olhei pela janela e pude vê-lo cuidando do jardim. Não entendo por que mentiu, dizendo que nada sabia, quando viu, tanto quanto eu, aquele infeliz do Rubens saindo daqui.

O homem, gaguejando, fitou o rapaz e lhe respondeu, com uma voz carregada de emoção:

— Seu Marco Aurélio, eu preciso do meu trabalho. É daqui que tiro o meu pão de cada dia. Não posso me envolver em problemas com a família do patrão. Gosto de trabalhar aqui e não quero perder o emprego.

Marco Aurélio entendeu. Jair nada havia dito por puro medo. Observando a fisionomia abatida do homem, percebeu que ele fizera muito bem em não se envolver com Kim. Ao longo de pouquíssimo tempo de convívio, o rapaz já tinha constatado que a madrasta era uma mulher altamente vingativa. A primeira coisa que faria, se descobrisse a delação de Jair, seria dispensá-lo.

❧

Voltando ao presente, Marco Aurélio ainda sentia a raiva dominando-o ao se lembrar da discussão com o pai sobre o fato de querer ser médico. O ódio se voltou depois para a madrasta.

"Cobra venenosa! Está traindo meu pai sob seu bigode, e ele nada vê. Quer saber? Papai merece o que está acontecendo com ele. Se depender de mim, nada mais farei para mudar essa situação. Sei que, quando meu pai abrir os olhos, será tarde demais. Também, onde já se viu achar que uma mulher tão linda e jovem como Kim pudesse estar apaixonada por ele? Mas nada farei para lhe mostrar a verdade", pensava ele. O rapaz havia decidido deixar as coisas como estavam a fim de não ter de passar por mentiroso de novo.

Deitado em sua cama, pensou em como o pai estava sendo omisso em relação a ele. Ele se deixava levar pela esposa, que era muito dissimulada.

"Não sei por que meu pai insiste em fazer essa festa! Não entendo por que comemorar o aniversário do seu primeiro hotel. Para mim ele só quer ostentar o que tem para os amigos; não gosto disso. Mas não há outra coisa a fazer senão ter de representar o papel do filho mais feliz do mundo para aquele bando de Judas que meu pai tem por amigos", pensou.

Marco Aurélio não pôde ver a figura de mulher se formar a seu lado. Sentiu apenas um torpor agradável que o fez adormecer recostado em seus travesseiros. Sonhou com alguém lhe dizendo: "Coragem!"

O rapaz acordou sobressaltado com as batidas à porta. Com os olhos ainda embaçados, indagou:

— Quem é?

— Sou eu, Kim — respondeu a voz feminina do outro lado. — Peço que se arrume rapidamente, pois os convidados começaram a chegar.

— Que horas são? — perguntou o rapaz.

— São nove horas da noite. Seu pai está recepcionando os convidados.

Marco Aurélio tornou:

— Por favor, diga a meu pai que daqui a quinze minutos estarei no salão de festas.

Kim estava radiante naquela noite. Usava um vestido longo azul com detalhes dourados que acentuava ainda mais sua beleza. Ao se colocar ao lado do marido, ele perguntou:

— Querida, onde está Marco Aurélio?

— Já o chamei, meu bem. Ele disse que estará aqui em alguns minutos.

João fitou a esposa e se demorou em observar seu sorriso encantador.

— Querida, você não tem raiva de Marco Aurélio?

— Claro que não! Sei que ele inventou mentiras a meu respeito, mas como você sabe eu não sou mulher de guardar ressentimentos. Além do mais, ele é jovem e por certo sente ciúme de você, o que é absolutamente natural.

João, sorrindo, enlaçou a cintura da esposa.

— Minha querida, você é uma esposa maravilhosa. Não sei o que seria da minha vida sem você.

Kim sorriu ao ouvir aquelas palavras. Olhando para a porta de entrada, avistou Rubens e Janete se aproximando, e sentiu o coração aquecer. Mas logo se lembrou de não fazer nenhuma demonstração de afeto, para perpetuar a suposta "briga" dos dois. Outro fato a encorajava a ficar distante: a esposa de Rubens, Janete, que a observava de longe.

Aproximando-se, foi Rubens quem iniciou o diálogo:

— João, parabéns. Hoje comemoramos nossa vitória sobre a vida. — Estendendo as mãos sobre os ombros de João, sorriu amavelmente.

João tornou ao sócio:

— Parabéns a você também, afinal, se não o tivesse a meu lado, talvez não tivesse chegado até aqui. Confesso que você é o irmão que não tive.

Rubens transferiu o olhar para Kim, dando alguns passos para o lado direito. Ao ficar frente a frente com ela, Rubens fingiu um tom glacial para afastar qualquer dúvida a respeito dos dois.

— Boa noite, Kim. Espero que hoje seja realmente uma noite muito agradável para todos nós.

— Certamente será — respondeu ela, esquivando-se de encará-lo.

João, atento, naquele momento teve certeza de que o filho mentia sobre o suposto envolvimento de Kim com Rubens. "Eles mal se toleram", pensava o marido satisfeito.

Havia cento e cinquenta convidados na festa, e a maior parte do tempo João e Kim ficaram na porta para receber todos os que compareceram à festa mais comentada do momento.

Pouco mais de meia hora depois, Marco Aurélio se dirigiu ao salão de festas. Não gostou do que viu: o pai e a esposa trocando carícias. Desviando o olhar, observou o conjunto musical que tocava um rock, de modo que a maioria dos filhos dos convidados dançava.

Marco Aurélio pegou uma taça de champanhe e perambulou pelo salão, sem se fixar em lugar algum. Em determinado momento, uma moça bonita se aproximou dele.

— A noite está maravilhosa, não?

O rapaz, surpreso pela aproximação, virou-se e deparou com uma bela jovem morena. Ela trajava um vestido bege com um sapato de salto alto que a deixava mais alta que ele.

— Realmente! Saí para ver a lua, e fiquei encantado. Ela está cheia e romântica — respondeu Marco Aurélio, de maneira galante.

A moça, sorrindo, continuou:

— Você tem razão. Gosto da luz da lua para apreciar o jardim. Há muitas pessoas juntas naquele salão, e isso me sufoca. Pode parecer estranho, mas prefiro ficar sozinha.

Marco Aurélio novamente se pôs a olhar para a lua.

— A lua é solitária, e nem por isso ela deixa de ser linda. Pena que alguns seres humanos perdem o brilho quando ficam sozinhos — comentou.

— É verdade — tornou a moça, sorrindo. — Mas nesta festa só perde a luz quem quer. O que não faltam são jovens bonitos.

— Muitas vezes sentimo-nos sozinhos, não por falta de companhia, mas pela falta de uma relação feliz em família.

A jovem, que aparentava ter cerca de dezesseis anos, não deixou de perceber que o rapaz estava terrivelmente triste naquela noite tão bonita. Fingindo não compreender, desviou do assunto.

— Muito prazer! Chamo-me Valéria e sou filha de um dos gerentes de seu pai.

Ao saber que a bela jovem era filha de um dos empregados do pai, Marco Aurélio se decepcionou. Não cogitava namorar alguém que fizesse parte dos negócios do pai. Pedindo licença educadamente, retirou-se.

O rapaz colocou-se em um canto e observou os convidados da festa. Via-os como bajuladores, pessoas que se obrigavam a rir das piadas sem graça do pai somente para se fazerem notar por ele. Sentindo-se bastante entediado, aproximou-se de João e explicou:

— Papai, me desculpe, mas quero voltar ao meu quarto. Estou com sono.

O pai, indignado, respondeu:

— Não acredito que você vai dormir. Não ficou nem três horas na festa. Além do mais, haverá a apresentação do novo programa para o ano que vem, sobre mais uma construção de hotel.

O filho, fitando João, pediu:

— Papai, perdoe-me, mas sinceramente estou cansado. Levantei cedo e mal consigo manter os olhos abertos.

— Escute aqui: não vou aceitar que se retire da festa. Um dia tudo isso será seu, portanto, acho que está na hora de se inteirar de como se dá início à construção de um hotel.

Ao observar a fisionomia transtornada do pai, condescendeu:

— Está bem, papai. Mas vou esperar apenas que faça a tal apresentação. Tão logo termine, irei para meu quarto.

Sem dizer mais nada, João saiu da presença do filho e se juntou a Kim, que conversava animadamente com Ester, esposa de Jaime, sobre as novas tendências da moda.

Marco Aurélio voltou a observar a falsa alegria daquela gente. Sentia os olhos pesarem. Para ele, aquela festa estava monótona e enfadonha. Olhava a todo momento para o relógio de pulso. E pôde ouvir quando Kim comentou com seu pai:

— Querido, Vítor me contou que onze de nossos convidados, inclusive ele, estão armados. O que acha de improvisarmos tiro ao alvo?

João não aprovou a ideia de haver armas em sua festa.

— Mas quem são esses que vieram armados a minha casa?

Sorrindo, como se fosse algo muito natural, a esposa respondeu:

— Rubens, Vítor, Marcos, Antônio, Carlos, Adalberto, Roberto, Guilherme, Fábio, Jorge e Adônis.

Estranhando o fato, João continuou:

— Não estou gostando nada disso! Sinto que, se permitirmos que nossos convidados permaneçam armados, algo poderá dar errado.

— Deixe de ser bobo. Creio que combinaram assim apenas para deixar a festa mais animada.

João não conseguia compreender o entusiasmo da esposa, mas aquiesceu.

— Pedirei a Jonas, nosso mordomo, que providencie algo que sirva de alvo. Esta noite provarei a todos como sou excelente atirador.

Marco Aurélio achou estranho o fato de trazerem armas à festa, porém preferiu ficar em silêncio.

Passados quarenta minutos, todos foram convocados a se aproximar da piscina, onde havia, do lado esquerdo, um caramanchão todo florido.

O rapaz observou quando os onze convidados colocaram as armas sobre a mesa que ficava no gramado. Assustou-se com as proezas que cada um contava sobre serem exímios atiradores.

O alvo foi providenciado: um boneco de madeira, que ficou preso pela cintura numa estaca que servia como poste, no qual o mordomo passou tinta branca para clarear o alvo.

Quem começou foi Vítor, que, depois de atirar duas vezes, passou a vez para Roberto. Sendo assim, os onze deram dois ou três tiros no alvo cada um. Porém, o único a acertar foi Jorge, que começou a se vangloriar de suas proezas.

Assim que a brincadeira perdeu a graça, João pediu que todos os convidados deixassem as armas sobre a mesa e que só as pegassem na hora de ir embora.

Marco Aurélio achou toda aquela brincadeira insana de muito mau gosto. Aproximou-se do muro e viu os tiros que não tinham atingido o alvo marcados na parede.

Passada a euforia, João começou a falar sobre seu mais novo projeto: a construção de mais um hotel em Recife.

Assim que a apresentação terminou, Marco Aurélio, pedindo licença a todos, foi para o quarto. Decididamente, ele não se enquadrava àquela recepção ou aos convidados de seu pai.

Ao trocar de roupa, o jovem não pensava mais nas armas. Deitando-se, ainda podia ouvir a música alta que vinha do salão de festas. Notou, contudo, algo estranho diante da janela. Ele sentou-se rapidamente na cama. Observou aquela figura que, a princípio, se assemelhava a uma pessoa. A figura foi se iluminando a ponto de se tornar perfeitamente nítida. Ele viu que se tratava de sua mãe!

Marco Aurélio, sem conseguir articular palavra alguma, ficou olhando fascinado para aquela figura, que lhe disse:

— Meu filho, hoje você terá a oportunidade de expiar um erro do passado, de modo que passará por muitas dificuldades. Mas não se esqueça de que estarei sempre a seu lado, orando e vibrando muita força e coragem para você. Apenas lhe peço que seja resignado. Assim poderá cumprir seu objetivo original de vida. Eu te amo, e estarei sempre a seu lado.

Então, repentinamente, a figura passou a se desintegrar e logo se desfez perante o olhar do jovem, que foi tomado de uma sonolência irresistível e, ajeitando-se na cama, adormeceu.

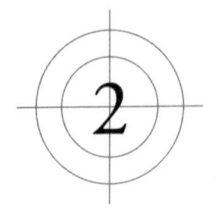

Um fato inesperado

Passava das cinco horas da manhã, e os primeiros raios começavam a bruxulear no horizonte, quando Marco Aurélio acordou com o estampido de um tiro.

Levantou a cabeça do travesseiro e, olhando para o relógio no criado-mudo, pensou que se tratasse de um convidado que estava ainda praticando tiro ao alvo que Jonas havia providenciado. Sendo assim, novamente enterrou a cabeça no travesseiro e dormiu a sono solto. Até que voltou a acordar com batidas à porta.

— Seu Marco Aurélio, abra a porta! Precisamos falar com o senhor!

Marco Aurélio, ainda confuso pelo despertar repentino, pensou se tratar de Jonas. Respondeu, sonolento:

— Jonas, esqueceu que já estou de férias? Poxa! Estamos em dezembro, e quero dormir até uma da tarde se você me deixar.

A voz atrás da porta retrucou:

— Não é Jonas quem está chamando. É Alexandre; sou investigador de polícia.

Marco Aurélio, assustado, de um pulo abriu a porta. Estava ainda de pijama. Perguntou, assustado, encarando o desconhecido:

— Polícia? O que está acontecendo?

— Bem, vista-se e desça à biblioteca. Creio que precisamos conversar.

— Mas o que está acontecendo?

— Por favor, desça e lá ficará sabendo de tudo — explicou o investigador Alexandre com um tom tão derradeiro que mais parecia uma sentença.

Marco Aurélio trocou-se com rapidez e, descalço mesmo, foi à biblioteca. Ao entrar, viu Kim sendo consolada por Janete, esposa de Rubens. A empregada Leila saiu toda trêmula da biblioteca ao vê-lo chegar.

— Vamos, entre!

Marco Aurélio, bastante confuso, entrou e deparou com um homem alto, cuja barriga sobressaía pela calça e lhe conferia um aspecto obeso, fato que acentuava seu semblante severo. Tratava-se do delegado Oswaldo. Sentado na cadeira de seu pai, ele perguntou:

— Marco Aurélio Albuquerque de Lima?

— Sim, sou eu.

— Você sabe o que aconteceu com seu pai?

Marco Aurélio, sem entender, devolveu a pergunta:

— O que aconteceu com meu pai?

— Tem certeza de que não sabe?

O rapaz apenas meneou a cabeça, sem nada acrescentar.

— Seu pai foi encontrado morto na piscina!

— O quê?

— Isso mesmo! Ele foi assassinado com um tiro na testa, e estamos aqui para esclarecer os fatos.

Nesse momento, veio à mente uma imagem do pai, sempre impecavelmente vestido e sorridente, todo meloso com a esposa Kim, a quem dizia a todos os ventos que amava flagrantemente. Sem conter as lágrimas, ele nada disse, porém lamentava-se pelo fato de ter perdido a mãe ainda menino, e agora o mesmo acontecer com o pai.

O delegado observou o moço e percebeu que ele de fato não sabia de nada. Com sutileza desta vez, continuou:

— Certamente você estava na festa que seu pai deu essa madrugada, não?

— Sim. Mas ele estava bem... O senhor sabe quem fez isso com ele?

— É para isso que estamos aqui. Queremos desvendar esse crime, e prender logo o assassino.

O delegado de polícia deu início às perguntas de praxe:

— A que horas foi dormir?

— Não sei ao certo, mas posso lhe assegurar que era entre duas e vinte e duas e meia da madrugada.

— Depois que o senhor se recolheu, saiu do quarto?

— Não, senhor! Estava cansado e, além do mais, nunca gostei dessas festas que meu pai dava. As pessoas são muito bajuladoras e acho isso deprimente.

— Por que o muro está cheio de tiros?

— Alguns convidados estavam armados. Ouvi quando minha madrasta disse a meu pai que a festa ficaria mais animada assim.

O delegado, com seus vinte e dois anos de experiência, não duvidou nem um segundo de que aquele moço estivesse falando a verdade.

— Por que esses convidados viriam armados a uma festa?

— Realmente, não sei dizer. Confesso que, quando Kim contou a meu pai que os convidados haviam trazido armas, também estranhei o fato.

— O senhor poderia me dizer quem eram os convidados armados?

— Vou repetir o que ouvi minha madrasta dizer a meu pai: Jorge, Vítor, Guilherme, Rubens, Carlos, Roberto, Adônis, Adalberto, Fábio, Antônio e Marcos.

— Desses onze, quais eram os sócios de seu pai?

— Que eu saiba, somente Rubens. Os demais, gerentes bajuladores, pelo que observei.

O delegado Oswaldo ficou um tempo contemplando a fisionomia abatida do rapaz. Perguntou então:

— O que sabe sobre o sumiço de umas das armas que ficaram sobre a mesa do jardim?

Marco Aurélio, confuso, retrucou:

— Que sumiço? Na hora que fui dormir, todas as armas estavam sobre a mesa. Não fiquei sabendo de nenhuma ter sumido.

— Bem, vou continuar com a investigação. Peço que não saia da cidade mas, antes que termine a nossa conversa, você pode me dizer por que discutiu com seu pai no dia da festa?

Marco Aurélio logo imaginou que Leila havia falado alguma coisa. Mas tinha com ele a consciência dos justos. Sem temer nenhum comprometimento com o crime, respondeu:

— Discutimos, doutor, porque estou querendo fazer medicina e ele queria que eu fizesse administração para comandar os negócios dele quando viesse a falecer.

— E por que a discussão foi tão acirrada, pelo que ficamos sabendo?

— Porque meu pai não aceita ser contrariado. Como eu o fiz, ele ficou muito bravo.

— Certo. Agora pode ir, Marco Aurélio. Porém, não se esqueça do que lhe falei: por favor, não saia da cidade. E aconselho-o a cooperar em todas as vezes que for chamado para esclarecimentos.

Marco Aurélio não conseguiu compreender muito bem o que o delegado queria dizer com aquilo.

— Doutor, da maneira como fala, parece que sou suspeito pela morte de meu próprio pai!

— Não estou afirmando nada. Só vou precisar de esclarecimentos para esse crime, tenho certeza disso. Qualquer detalhe será importante.

Marco Aurélio concordou com a cabeça. Abrindo a porta, deixou o delegado Oswaldo com Alexandre, os dois por certo conversando sobre o conteúdo das interrogações feitas.

O delegado, lá dentro da biblioteca, dizia ao investigador:

— Não sei... Posso estar enganado, mas esse rapaz me pareceu genuinamente surpreso com o assassinato do pai. Pelo tom de voz, também me pareceu sincero em seu depoimento.

— Mas nesse quebra-cabeça alguém está mentindo — continuou Oswaldo, coçando a cabeça, gesto costumeiro quando pegava um caso difícil de resolver.

Alexandre pegou uma caneta e escreveu em um papel que estava sobre a mesa o nome de todos os convidados que estavam com armas. Em seguida, começou a raciocinar com o delegado Oswaldo:

— O depoimento da viúva me parece um tanto inverossímil. Veja bem: ela disse que, depois de atirarem no alvo, "brincadeira" da qual até mesmo a vítima participou, uma das armas sumiu da mesa, vindo a aparecer no balcão do salão de festas, quase no final da festa. Será que ela não viu alguém pegar a arma da mesa? Não é comum para uma anfitriã verificar todos os detalhes da festa? Veja bem: uma arma não é uma taça de champanhe que some e com a qual ninguém se importa. Quem a tirou da mesa é, pela lógica, a mesma pessoa que a colocou sobre o balcão do salão de festas.

Andando pela biblioteca, como se estivesse falando mais para si que para o delegado, o investigador prosseguiu:

— Como ela sabia que uma arma estava faltando se, pelo que a empregada Leila nos contou, ninguém havia reclamado a falta de uma arma? E o mais intrigante: por que esses onze convidados viriam armados a uma festa de comemoração? Não lhe parece algo totalmente inconcebível?

Sem esperar pela resposta do delegado, na cadência de seu raciocínio, continuou seu monólogo:

— Se a arma apareceu no balcão ao final da festa, onde está ela agora? Onde estará a arma de Rubens? Por que alguém praticaria um assassinato numa noite festiva sendo que seria mais fácil executar a vítima em uma noite qualquer?

Oswaldo, sentindo um peso na cabeça só de acompanhar o investigador com seus pensamentos, falou:

— Meu amigo, vejo que este caso vai ser mais complicado do que podemos imaginar. Confesso que não será nada fácil chegarmos ao assassino.

Alexandre não pôde conter um inesperado riso.

— Oswaldo, o melhor que temos a fazer é encerrar as perguntas por hoje e deixar a família prantear o falecido. Mas confesso que não estamos nem de longe chegando ao fio da meada, pois tudo me parece muito obscuro.

Dizendo isso, Alexandre deixou a biblioteca. Ao sair, notou a esposa de João sendo levada pela amiga Janete a seu quarto. Ela parecia transtornada.

Ao sair da biblioteca, Marco Aurélio sentiu a cabeça rodar. Jamais imaginara que uma das festas de seu pai servisse de palco para o assassinato dele. Passando pela porta que dava para a piscina, viu quando alguns peritos, junto ao pessoal do IML, colocaram o corpo de João numa maca e cobriram totalmente o corpo de seu pai. Saíram pelos portões dos fundos, pois, segundo ele soube, a cena era traumatizante para a viúva.

Vários pensamentos encheram a cabeça do rapaz. Por que alguém faria aquilo com seu pai, sendo que aqueles convidados dependiam do seu pai para ganhar a vida? Lembrando da discussão que tivera com o pai no dia anterior, deu livre curso às lágrimas, pedindo ao pai que o perdoasse por ter começado aquela discussão.

Alexandre ficou na casa dos Albuquerque de Lima mesmo depois que a vítima foi levada ao IML para a autópsia. Precisava examinar a cena do crime com cuidado.

O primeiro lugar a ser investigado foi o muro, onde a maioria das balas tinham ficado alojadas depois da brincadeira estúpida dos convivas.

O que intrigou o investigador foi que as balas eram todas do mesmo calibre. Sem nada poder adiantar sobre o fato, ligou para a delegacia e pediu que Reinaldo fosse imediatamente à casa dos Albuquerque de Lima. Ele era perito em descobrir o calibre de armas.

Assim que chegou, Reinaldo cavou um dos buracos feito por uma das balas. Com certeza, respondeu:

— Veja que estranha coincidência. Todas as marcas foram causadas por balas de um único calibre. Foram disparadas de um revólver calibre 38, e estou certo de que é Taurus. Não costumo me enganar. Trabalho com isso há mais de quinze anos e conheço tudo sobre armamentos.

Alexandre sentia a cabeça dar voltas, sem chegar a nenhum lugar. Já estava difícil entender por que onze dos cento e cinquenta convidados haviam trazido armas a uma festa, e agora aquilo... Por que todas do mesmo calibre? Enconstando-se no muro, deu vazão aos pensamentos: "Desde que conheci a espiritualidade, aprendi que o acaso não existe. Mas essa história é fantástica demais. Onze pessoas são convidadas a uma festa e trazem consigo uma arma. Detalhe: todas as armas eram do mesmo calibre!"

Agora era hora de descobrir onde estava a arma que vitimara o senhor João Albuquerque de Lima. Quem sabe então não se descobriria o primeiro elo dessa incrível corrente?

Com esses pensamentos, lembrou-se de Kim. Afinal, ela por certo não se casara com João por amor. Por que então se mostrava inconsolável? Ela havia parecido sincera ao responder às perguntas de Oswaldo. Era fácil descobrir um mentiroso. Em geral, em algum momento, o desespero de ser descoberto o fazia cair em contradição. Não parecia ser esse o caso da americana, que me parecia dizer a verdade.

Alexandre refletiu mais um pouco. Voltou o pensamento então para Jonas. Mas logo refutou a ideia. Era óbvio demais. A maioria dos casos que havia visto em livros de suspense tinha como culpado o mordomo. Pensando nisso, o investigador riu. Divertia-se ao lembrar de suas leituras quando jovem.

Pensou nos empregados, mas não conseguiu descobrir nada esclarecedor sobre o caso. Então, voltou para a dúvida premente: quem teria matado o empresário João Albuquerque de Lima? Qual seria o motivo? Seguindo essa linha de raciocínio, pensou que talvez fosse mais fácil investigar primeiro os convidados armados, mas tinha de descobrir algo antes: onde estaria a arma que vitimara o homem de negócios João Albuquerque de Lima?

Os empregados contavam todos a mesma versão: haviam trabalhado até as três e meia da manhã e, pelo jeito, João havia se despedido dos últimos convidados e se dirigido a seu quarto com a esposa Kim.

O investigador não conseguia entender como ele havia se recolhido depois da festa sendo que Leila, a empregada, o achara morto junto à piscina pela manhã. Decidiu então voltar a conversar com Leila.

Pedindo que a empregada lhe desse novamente atenção, começou:

— A que horas você encontrou o corpo do seu patrão?

Leila, gaguejando, respondeu:

— Eram sete horas da manhã, ou melhor, acho que eram sete e quinze.

Alexandre não pôde deixar de perceber algo estranho ali. Embora ela contasse a mesma versão dos outros empregados, sozinho com ela naquele momento, ela lhe pareceu deixar uma sombra de dúvidas pairando no ar. Contudo, encerrou aquela conversa, sabendo que daquela maneira não descobriria nada mais.

Decidiu então ter com Jonas, o mordomo, para obter uma informação.

— Jonas, quem está cuidando dos assuntos pendentes do enterro e funeral do doutor João?

— Pelo que sei, é o doutor Rubens, senhor.

Ao deixar a casa do empresário, Alexandre notou que havia um homem cuidando do jardim. Surpreso, percebeu que ele não havia sido interrogado.

Ao se aproximar do jardineiro, observou que ele não tinha a idade que aparentava ter de longe. Ainda conservava alguns traços joviais. Com seriedade na voz, Alexandre perguntou:

— O senhor é empregado fixo?

— Sim — respondeu o homem, olhando para seu interlocutor com curiosidade.

— Eu me chamo Alexandre e sou investigador de polícia. Talvez você possa me ajudar a descobrir algo sobre o que ocorreu por aqui nas últimas horas. Estou aqui para averiguar o caso. Espero poder contar com sua colaboração.

Jair, ao se dar conta de que ia ser interrogado, foi dizendo:

— Doutor, soube da morte do patrão. Mas eu entro de manhã e vou embora todas as tardes. Sou o único empregado da casa que sai depois da hora do expediente. Acho que, infelizmente, não posso ajudar o senhor em suas investigações.

Alexandre notou que o homem parecia sentir medo. Achou que talvez ele pudesse dizer algo que porventura pudesse trazer luz ao caso que, até aquele momento, estava por completo na obscuridade.

— Como é seu nome? — perguntou o investigador.

— Eu me chamo Jair dos Santos Cruz.

— Quantos anos tem?

— Tenho trinta e oito anos, doutor.

— Há quanto tempo trabalha nesta casa?

— Sou o empregado mais novo. Estou aqui há apenas um ano e meio.

O investigador percebeu que, para um simples jardineiro, aquele homem pronunciava bem as palavras e sua postura não era a de um simples serviçal. Sentindo a curiosidade aumentar, prosseguiu:

— Já viu algo estranho na casa? Ou uma pessoa que talvez nunca tenha visto?

— Não, senhor. Como já disse, trabalho aqui fora e não sei o que se passa no interior da casa, de modo que não sei da vida dos patrões.

Para Alexandre aquele homem estava escondendo alguma coisa. Resolveu encerrar aquela conversa e falar antes sobre suas suspeitas com o delegado Oswaldo. Aquele homem, com certeza, sabia mais do que se poderia supor.

Com tais reflexões, pediu licença e saiu dos arredores da casa. Entrou no carro que estava estacionado na rua de baixo da mansão e partiu.

— Não acredito nessa hipótese, Alexandre.

Alexandre havia seguido para a delegacia a fim de ter um conversa com o delegado sobre Jair.

— Como o jardineiro — continuou Oswaldo — pode saber das movimentações da casa sendo que fica o dia todo do lado de fora?

— Você sabe melhor que eu que não costumo me enganar — falou Alexandre. — Esse jardineiro poderá nos levar a algum lugar. Para um homem simples, ele pronuncia muito bem as palavras, e seu sotaque chega a me confundir... Não há algo de suspeito nele? Muitas vezes me parece saber mais do que realmente diz.

Oswaldo já havia comprovado pela experiência que Alexandre era verdadeiramente um bom investigador. Tanto achava isso que, não raro, o chamava de "Faro Fino". Sendo assim, inseriu o nome de Jair na lista dos investigados.

O nome do empresário não parava de sair em todos os jornais. Um deles dizia: "Mistério envolve a morte do empresário João Albuquerque de Lima, morto essa madrugada por um disparo que atingiu sua cabeça. O empresário tinha esposa e apenas um filho. O crime deixa a família terrivelmente inconsolável. A polícia está diante de um enigma, visto não saber ainda quem é o autor do disparo".

Oswaldo odiava a imprensa local. Ela atrapalhava o rumo das investigações sempre que um mistério estava presente.

Alexandre fora ao velório de João, que acontecia no mesmo salão de festas onde havia ocorrido a festa derradeira do dono da casa. Aproveitou para observar os presentes.

Notou que a esposa do empresário não saía de perto do caixão, chorando e lastimando. Olhou para um canto e pôde ver o filho da vítima, cabeça baixa, sem no entanto derramar uma lágrima sequer. Observou também Leila, que ia e vinha com uma bandeja oferecendo café a todos os presentes. Contudo, quem lhe chamou a atenção foi Rubens. Ele esteve todo o tempo ao lado da viúva. Achando tal fato curioso, o investigador refletiu: "Se ele está querendo cumprir com o protocolo cristão, deveria ficar ao lado do filho, pois este sim deve estar sofrendo com a morte do pai. Esta americana logo encontra outro e se casa de novo, e vai esquecer completamente que um dia foi casada com João. Ele era muito mais velho que ela; impossível ela morrer de amores pelo marido".

Não passou despercebido a Alexandre que havia entre Rubens e Kim algo mais profundo que uma simples amizade. Embora Janete estivesse ao lado de Kim também, isso não o inocentava.

Nesse momento, viu Jair entrar no salão com o chapéu entre as mãos. Fazendo o sinal-da-cruz, olhou o cadáver e lhe disse baixinho:

— Descanse em paz! Que Deus possa lhe dar um bom lugar em seu reino.

Alexandre, ao investigar a expressão de Jair, percebeu ser evidente que aquele homem não gostava do patrão. Resolveu, portanto, mudar a tática de sua investigação. Em geral, todos tinham medo de se envolver com a polícia, por isso, não raro, ocultavam o que sabiam.

Alexandre ficou bastante tempo no funeral, observando cada um, e chegou à conclusão de que deveria agir com cautela, pois certamente o assassino estaria naquele local.

Leila parecia assustada, e seus passos eram cautelosos pelo salão, mas o que menos parecia ter algo a ver com o assassinato era Marco Aurélio. O filho do empresário agia normalmente. Era de seu feitio ser reservado daquela maneira.

Kim ficou todo o tempo sendo amparada por Janete e Rubens, que se diziam inconsoláveis pela perda do amigo.

Com esses sentimentos dos que o rodeavam, João Albuquerque de Lima desceu à sepultura, em meio à chuva que caía, ficando a sua volta apenas os dois coveiros do cemitério.

Naquela mesma tarde, Alexandre tomou a lista que havia feito dos onze convidados que haviam levado armas. Escreveu nela também os nomes de Leila, Jair e Marco Aurélio, e tentou entender por que alguém queria dar fim àquele homem que tinha a fama de ser o maior benemérito daquela cidade. Era comum ver seu nome em bancos de praça, ou numa creche que era inaugurada. Segundo o que diziam, fora ele quem havia tirado uma creche do bairro de uma enorme dívida. Não causaria espanto a ninguém se dissesse que aquele homem mais parecia um santo.

Oswaldo entrou na sala do investigador e, sentando-se à sua frente, disse:

— Meu amigo, agora você tem um caso para lhe tirar várias noites de sono — brincou.

— Realmente. Esse caso está me intrigando. Estou repassando a lista de todos os suspeitos, incluindo os empregados.

— Por que será que alguém iria desejar dar fim ao doutor João Albuquerque de Lima? Pelo que fiquei sabendo, ele sempre foi tido como bom homem, e seus amigos lhe pareciam fiéis.

Alexandre, coçando a cabeça, respondeu:

— Será que esse homem era realmente impoluto assim como dizem? Veja bem, como ele conseguiu erguer um império financeiro somente com hotéis, e em tão pouco tempo? Você sabe melhor que eu que todos os homens que enriqueceram neste país só o conseguiram depois de muito tempo de trabalho árduo.

— Esta é uma boa pergunta — concordou o delegado. — Bem sei que ninguém fica rico trabalhando honestamente; em geral quem fica rico são os desonestos.

— Precisamos levantar a vida da vítima. Acho que só assim poderemos chegar a algum lugar — disse o investigador.

— E os onze convidados? Por que foram armados à festa? Você já tem ideia do porquê?

— Ainda não. Mas pretendo amanhã mesmo chamar os convidados para depor. Antes preciso me aprofundar um pouco em cada convidado: o que faz para viver; qual sua situação financeira; e também por que foram armados à festa, sem dúvida.

— Muito bem. Encaminhe o pessoal especializado para vasculhar a casa. Com certeza haverá alguma evidência que nos leve ao assassino.

Assim terminou o dia de trabalho de Alexandre que, em seguida, voltou para casa rapidamente a fim de atender a um compromisso. Ele era espírita, e todas as quartas-feiras costumava ir ao Centro. Justamente naquela semana havia decidido ir na quinta, pois seu amigo Silvio daria sua primeira palestra.

Alexandre era um homem bem-visto perante todos, mas possuía uma característica angustiante: por vezes, não conseguia segurar seu gênio. Era casado e frequentava a Casa Espírita, e era comum, quando tinha um caso difícil de resolver, pedir a ajuda ao Alto para que nunca fosse injusto.

Ao chegar à delegacia no dia seguinte, Alexandre pediu que fossem expedidas intimações para todos os convidados que estavam armados naquela festa. Pouco mais de duas horas depois, solicitou ao policial que fosse entregar as intimações, deixando claro que a presença de cada um era importante para que se descobrisse o assassino.

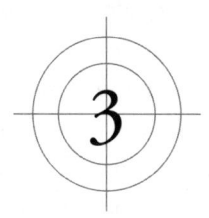

Por que onze armas na festa?

O primeiro convidado a ser chamado foi Jorge. Ele estava no trabalho quando recebeu a visita do policial com a intimação. Ficou estarrecido, pois um homem de sua posição se envolver em assuntos policiais para ele era uma humilhação.

Jorge administrava as três maiores transportadoras do pai, sendo que a maior delas estava localizada em São Paulo. Era casado com Marlene, mulher pacata, embora nutrisse uma paixão oculta por Kim, esposa de João.

Ao ler a intimação, ficou ciente de que deveria estar na delegacia às catorze horas. O investigador Alexandre e o delegado Oswaldo o estariam aguardando.

No horário marcado, Jorge adentrou a delegacia. Ao falar com a recepcionista, soube que seria recebido na sala do delegado.

Alexandre, ao ser informado de que o intimado já estava na delegacia, arrumou a camisa e, colocando o paletó, pediu que Jorge fosse encaminhado até ele.

Jorge, embora com sua imponência, entrou demonstrando certo nervosismo. Tentava se controlar a todo custo.

O delegado Oswaldo estava sentado na cadeira ao lado de Alexandre, e mandou que trouxessem Luciano, o escrevente, para anotar todo o depoimento de Jorge. O delegado lhe estendeu a mão.

— Boa tarde.

— Boa tarde. Queria saber por que me chamaram à delegacia. Não tenho nada a ver com o assassinato de meu amigo.

— Calma. Não o estamos acusando de nada, apenas gostaríamos que nos auxiliasse com alguns esclarecimentos — o delegado falou com tranquilidade.

O elegante homem rodopiava nervosamente o anel de ouro que estava em seu dedo, sem olhar para as mãos.

Alexandre notou a ansiedade de Jorge, mas procurou não se deixar levar por esse detalhe, porque era normal as pessoas temerem aquela situação: estar em uma delegacia para prestar depoimento.

O delegado prosseguiu:

— Nome e sobrenome, por favor.

— Jorge Almeida Querubim.

— O senhor estava na festa do senhor João Albuquerque de Lima na noite do assassinato?

— Sim. Recebi o convite uma semana antes da festa — respondeu Jorge, olhando fixamente para os olhos do delegado.

— Qual era a sua relação com a vítima?

— Sempre fui amigo de João. Frequentava sua casa e, quando ele e a esposa vinham ao Rio, visitavam também a minha. Jogávamos pôquer ou apenas conversávamos. Ele sabia que eu não gostava de dar festas na minha casa, mas nunca objetou sobre isso. Como ele dizia, ninguém poderia ser igual a ele.

— Se o senhor era tão amigo da vítima, por que levou uma arma para sua festa? Para mim, quando alguém sai armado de casa, não está bem-intencionado — completou Alexandre, que até aquele momento ficara em silêncio.

Jorge fulminou Alexandre com o olhar.

— Devo concordar com o senhor — respondeu com ironia. Esnobe como era, pensava que deveria se dirigir somente ao delegado.

O doutor Oswaldo esboçou um sorriso, e pediu:

— Por favor, responda à pergunta do investigador.

— Realmente, eu portava uma arma.

— De que tipo? — perguntou Alexandre.

— Era uma Taurus calibre trinta e oito.

— E por que o senhor a levou para a festa? — insistiu o delegado.

— Quando recebi o convite, o *office boy* me entregou um bilhete à parte, dizendo que eu deveria levar minha arma para animar nosso encontro.

— Quem era esse *office boy*? — indagou Alexandre.

— Sinceramente não sei. Nunca o tinha visto antes.

— O senhor sabe quem lhe fez tal pedido? — inquiriu o delegado.

— Pelo que li no bilhete que o rapaz entregou, foi o próprio João. Claro que achei aquilo estranho, mas, como eu pretendia tomar emprestada dele uma pequena fortuna, para pagar em um ano, achei por bem não contrariá-lo.

— Como o senhor pôde atender a um convite estranho como esse e aceitar mansamente? — perguntou Alexandre. O delegado não desviava o olhar de Jorge.

— Se trouxéssemos o rapaz que lhe entregou o convite, o senhor o reconheceria?

— Claro que sim. Aliás, sua fisionomia era marcante. A pele negra contrastava com os dentes, muito brancos. Ele chamava atenção.

— Quantos anos aparentava o rapaz?

— Creio que uns dezoito anos, não mais que isso.

Alexandre voltou o olhar para o relógio.

— Não tenho mais nada a perguntar. Se quiser pode mandá-lo para casa, delegado.

Jorge, depois de assinar o depoimento, retirou-se sentindo em seu peito um grande alívio. Aquilo era visível ao investigador e ao delegado.

Assim que Jorge deixou a delegacia, Alexandre comentou:

— Oswaldo, esse caso está se tornando ainda mais complicado. Um rapaz entrega o convite com um bilhete à parte dizendo que se leve uma arma à festa? Ninguém da família, nem mesmo os empregados, disseram nada a respeito desse *office boy*.

Oswaldo pensou por alguns momentos. Por fim, respondeu:

— De fato. Por que ninguém naquela casa mencionou o tal rapaz? O pior é que acho que esse Jorge está falando a verdade, apesar do medo de se comprometer. Em nenhum momento ele desviou o olhar ou usou de subterfúgios. Além do mais, suas respostas foram coerentes. Respostas incríveis, a bem da verdade, mas coerentes em relação ao contexto.

Alexandre não conseguia entender. Havia ainda muitos pontos obscuros. Naquele instante, pensou: "Com a ajuda do Alto, vamos conseguir elucidar esse mistério".

O delegado ficou ainda mais perturbado com o depoimento de Jorge, mas preferiu nada dizer até ouvir os outros intimados.

O segundo a receber a intimação e comparecer à delegacia foi Guilherme Manoel dos Santos. Ele trabalhava como gerente do banco onde João mantinha a conta de um de seus hotéis. Com tranquilidade, ele afirmou ter levado a arma pelo mesmo motivo que Jorge mencionara.

Em pouco mais de quatro horas, os dois haviam ouvido todos os intimados, que disseram a mesma história: o *office boy*, o bilhete à parte.

Na pesquisa dos depoimentos, todos se relacionavam. Apenas no depoimento de Vítor Castelli Filho, advogado e amigo de João, algo ficara pairando no ar. Ele estava mais nervoso que os demais, e em nenhum momento olhou diretamente nos olhos do delegado Oswaldo ou de Alexandre.

Depois de ouvir todos eles, Oswaldo ponderou:

— Perdemos o maior tempo em ouvi-los. Não chegamos à conclusão nenhuma!

— É aí que se engana, meu amigo — disse Alexandre, que sorria por ter sido iluminado por uma ideia genial. — Pense comigo, Oswaldo: se o tal rapaz entregou um bilhete à parte para alguns, a fim de que levassem as armas, precisamos descobrir quem realmente mandou o bilhete. De acordo com o depoimento do filho, João não tinha ciência de que haveria convidados armados, o que nos faz crer que uma outra pessoa mandou os bilhetes. E, se outra pessoa que não João os mandou, era por ter interesse na morte do empresário. Sabe o que podemos concluir de tudo isso?

Oswaldo olha com uma expressão confusa para Alexandre.

— Faro Fino, não estou entendendo nada.

— É simples, meu amigo. Somente alguém ligado diretamente a João poderia saber da entrega dos convites e a respectiva data. Isso nos mostra que alguém poderia muito bem fazer um bilhete datilografado a máquina e colocá-lo no envelope do convite original. Consegui esse convite com o Adônis, que me entregou para comprovar sua versão. Isso me leva a crer que todos os convidados receberam um bilhete como este dentro do envelope junto com o convite da festa. É evidente que quem fez isso sabia que os onze convidados tinham uma arma e, ainda mais curioso, que todas as armas eram de marca Taurus, calibre trinta e oito. Você notou que não havia nenhuma marca de bala que não fosse calibre trinta e oito e que não fosse de marca Taurus? Isso, Oswaldo, nos leva a crer que apenas alguém muito íntimo de João poderia saber de tudo isso: os convites, a marca e o calibre das armas dos convidados. Quem será o assassino?

Oswaldo, sorrindo maliciosamente, respondeu:

— Bingo! Realmente você tem razão. Apenas alguém dentro daquela casa poderia saber de todos esses detalhes.

Alexandre, pegando uma caneta, anotou toda a linha de raciocínio para não perder nenhum detalhe.

Oswaldo pediu que Alexandre voltasse à casa da vítima para indagar a esposa do empresário como haviam sido entregues os convites da festa e quem fora o responsável por tal entrega, e que aproveitasse também para investigar mais uma vez o local do crime e todos os moradores da casa.

Alexandre mal ouviu o que o delegado pedira e já estava na viatura. Dirigiu-se às pressas para a mansão, e decidiu que falaria com todos novamente. Ao estacionar, viu Jair, o jardineiro, cuidando de uma hortênsia que ficava no centro do jardim. Com cuidado, tentou iniciar uma conversa:

— Vejo que você é muito esforçado, pois as hortênsias estão muito bonitas.

O jardineiro olhou desconfiadamente para o investigador. Tornou, de modo sucinto:

— Sim, sou pago para isso.

Pelo tom da resposta, o investigador percebeu que Jair não queria falar muita coisa. Encaminhou-se, então, para o interior da casa. Apertou a campainha e Leila o atendeu.

— Boa tarde. Estou aqui para conversar com a dona da casa. Ela se encontra?

— Ela está sim, mas creio que não poderá atendê-lo. Desde o enterro do marido, ela não sai de seu quarto. A pobrezinha está muito deprimida.

Alexandre tornou, decidido:

— Diga-lhe que estou aqui a trabalho e não sairei desta casa sem tê-lo concluído.

Leila, olhando com desprezo para Alexandre, deixou-o esperando na antessala que dava para a sala principal. Saiu com rapidez a fim de chamar a patroa, em seu quarto.

Enquanto isso, Alexandre aproveitou para observar todos os detalhes da casa. Notou que João, o falecido, tinha bom gosto. Manter uma casa daquele tamanho, com móveis de primeiríssima qualidade, era somente para quem realmente tivesse bom gosto e dinheiro.

Correu os olhos pelas obras de arte espalhadas pela antessala e viu um Monet, que por certo era autêntico. Devia valer uma fortuna!

Passou pela cabeça de Alexandre que, apesar de o empresário ter muito dinheiro, as cifras não haviam lhe comprado a felicidade nem o tinham poupado de morrer ao cair do orvalho da madrugada, com um tiro, tal qual um cão de rua. Envolvido no rumo dessas elucubrações, tentava controlar o torvelinho mental no qual se encontrava. Queria entender por que alguém mataria um homem que era tido perante a sociedade como uma ótima pessoa.

Não demorou muito e pôde ouvir passos lentos e cadenciados vindos da escada. O investigador se recompôs, arrumando as mangas sob o paletó. Logo a bela visão de Kim despontava diante de seus olhos.

A esposa do empresário, que saíra do quarto, trajava uma camisola sob o penhoar azul-celeste, que lhe acentuava ainda mais a beleza, emprestando-lhe um aspecto angelical.

Alexandre, educadamente, cumprimentou-a:

— Boa tarde, senhora. Como tem passado?

— Estou bem. Mas posso lhe garantir que poderia estar melhor — tornou a viúva polidamente, porém denotando desagrado em seu olhar.

Ela indicou uma poltrona a Alexandre, e ele esperou que ela se sentasse a sua frente. Com simpatia, deu-lhe os pêsames pelo ocorrido.

Algumas lágrimas escorreram pelo rosto de Kim quando ela falou:

— Jamais imaginei amar alguém como amei João. Ele me faz tanta falta...

O investigador sentiu algo de falso naquela declaração. Porém, entre sentir certa falsidade e concluir que ela era a assassina havia uma longa distância.

Alexandre tentou continuar o diálogo:

— Por favor, me diga qual foi o motivo daquela festa, em plena quarta-feira.

— Meu marido comemorava os dez anos de seu primeiro hotel, e também queria apresentar seu novo projeto.

Alexandre perscrutava cada olhar, cada gesto de Kim.

— Foram entregues convites formais para o evento?

— Sim. João os havia mandado fazer numa gráfica em São Paulo.

— Mas de quem foi a ideia de convidar onze pessoas que portassem armas?

Nesse momento, Kim fixou seu olhar em Alexandre. Dissimulando contrariedade, respondeu:

— João não sabia que os onze convidados estavam armados; muito menos eu. Fomos pegos de surpresa. Tanto que, quando ficamos sabendo, precisei convencê-lo a tolerar esse comportamento dos convidados.

Alexandre não estava convencido de que Kim falava a verdade. Prosseguiu:

— Mas quem era o responsável pela entrega dos convites?

— João não gostava de perder tempo com detalhes de festas, por isso ele mesmo contratou os serviços de uma empresa para tal fim. Isso é habitual nos Estados Unidos; ele só quis inovar.

— A senhora sabe quem foi o entregador?

— Sim. Foi um mulatinho que usava uma motocicleta.

— A senhora nunca viu esse rapaz antes?

— Em hipótese alguma. Só o vi duas vezes: uma quando o rapaz veio de manhã pegar os convites com João, e outra à noite, quando veio receber o pagamento.

O investigador sabia que a viúva falava a verdade agora. Ela mantinha o olhar fixo em Alexandre, que não desviara a atenção de seu rosto desde o início da conversa. Para ele, a mínima reação significava muito. Era um profundo observador de pessoas; sabia quando alguém mentia ou dizia a verdade.

Ele continuou:

— Por favor, gostaria que me desse o nome da empresa responsável pela entrega dos convites.

— Mas eu não sei — respondeu Kim. — Meu marido nunca me falava nada sobre suas decisões. Ele me deixava responsável apenas pela decoração, bufê e coisas assim.

Alexandre insistiu:

— Logicamente seu marido era organizado, não?

— Sim, e muito! — concordou Kim.

— Então deve ter anotado o valor do serviço de entrega e o nome da empresa em sua pasta, ou talvez em alguma gaveta.

Kim pensou alguns segundos antes de responder:

— Claro que sim. Certamente haverá alguma anotação em suas gavetas na biblioteca.

O investigador, notando que a situação era propícia, se prontificou a dizer:

— Eu posso ver isso. A senhora pode me levar até a mesa do doutor João?

— Posso sim.

Kim se levantou e pediu que o investigador a acompanhasse. Dali a alguns momentos Alexandre estava de novo na biblioteca do empresário. Sentou-se a sua mesa e abriu as gavetas, onde avistou algumas fotografias dos hotéis de que era dono e uma pasta, onde aparentemente devia haver documentos.

Kim pediu licença e deixou Alexandre sozinho.

O investigador abriu vagarosamente aquela pasta negra, de onde tirou vários papéis. Ao abrir as duas gavetas seguintes, percebeu que em cada uma delas havia também pastas de couro parecidas com a primeira.

Em um dos papéis estavam dados sobre a festa: data, número de convites e preço a ser pago ao entregador. Havia um endereço anotado abaixo das informações, que mostrava um nome de empresa de entregas rápidas, que prestava qualquer tipo de serviço.

Alexandre vibrou intimamente com a descoberta. De posse daquela informação, enfiou o papel com o nome da empresa no bolso e, saindo da biblioteca, deu com Leila parada no corredor.

O investigador se perguntou o que a empregada fazia parada no corredor. Por isso, foi taxativo ao perguntar:

— O que faz aqui?

— Estava esperando o senhor sair da biblioteca para encaminhá-lo para fora da casa, pois a patroa não está se sentindo bem. Ela pediu que eu o acompanhasse.

Não passou despercebido ao policial que, momentos antes, Kim parecia muito bem. Aquela súbita indisposição não lhe parecia ser real. Mas fingiu acreditar na desculpa e acompanhou a empregada até a saída.

Antes de partir, Alexandre ainda indagou:

— Da última vez que estive aqui, vi um mordomo. Onde ele está?

Leila, desconfiada, tornou de modo lacônico:

— Hoje é sua folga. Ele vai estar aqui amanhã.

Alexandre, satisfeito, se despediu com um sorriso e continuou a caminhar.

Ao sair, viu novamente o jardineiro. Desta vez, ele se levantou apressadamente, fingindo não ver o policial, e encaminhou-se para os fundos da casa com uma enxada nas mãos.

O policial estava achando a atitude de todos ali suspeita. Primeiro a dona da casa fingia um mal-estar repentino; a empregada que estava fazendo algo aparentemente suspeito no corredor da casa e fora pega de surpresa; e agora o jardineiro, que fingira não vê-lo e praticamente correra para os fundos da casa.

Sem entender muita coisa e com um suspiro, o investigador saiu dos limites do jardim e encaminhou-se para a viatura. Sentado no interior do carro, pegou uma caneta e começou a marcar um "S" em sua lista na frente de alguns nomes. A letra indicava quem era "suspeito". Em seguida, ligou o carro e rumou para o endereço da empresa de entregas rápidas. Para sua surpresa, chegou em frente de um bar onde havia várias motocicletas estacionadas. Perguntou aos motoqueiros quem era o dono do estabelecimento. Um deles lhe respondeu que não estavam trabalhando naquele dia. O dono, senhor Nestor Martins, havia morrido em um acidente de carro na noite anterior.

Alexandre perguntou se algum deles se lembrava da entrega de convites para a festa do doutor João. Queria saber quem havia feito a entrega. Estupefato, ouviu um dos motoqueiros dizer que o rapaz que fizera a entrega, conhecido como Isidoro, também morrera na semana anterior. Fora encontrado na beira da lagoa Rodrigo de Freitas, num bairro da burguesia carioca.

O policial mal continha a surpresa ao se dar conta de que tanto o patrão como o empregado haviam morrido — apenas eles poderiam esclarecer alguns pontos que ainda estavam obscuros. Sentindo o peito oprimido ao constatar o que de fato havia acontecido, pois para ele não restavam dúvidas de que a morte tanto do patrão como do empregado fora uma verdadeira queima de arquivos, ficou arrasado. O fio da meada havia se perdido. Desgastado, conclui que voltara à estaca zero.

O investigador voltou à delegacia, mas o delegado Oswaldo havia ido embora. Sentindo o desânimo tomar conta de todo o seu ser, e despedindo-se dos colegas de trabalho, Alexandre voltou para casa. Naquela noite, sentia que precisava de ajuda espiritual para trazer um pouco de paz ao seu espírito cansado.

Ao chegar em casa, encontrou a esposa dando banho no pequeno Humberto. Como ele era um homem reservado, procurava não levar problemas de trabalho para casa, embora sua esposa Maria Luiza, observadora por excelência, conseguia perceber quando o marido estava com algum problema e, com sua habitual tática de boa ouvinte, conseguia fazer com que o marido acabasse por lhe contar o que o preocupava.

Desta vez, contudo, não havia muito tempo para conversar com o marido. Terminando de aprontar Humberto, colocou a mesa para que o marido fizesse um lanche.

Naquela noite, estando Alexandre sentado em uma das cadeiras do pequeno Centro Espírita, em uma rua sem saída da Barra da Tijuca, procurou esquecer dos problemas de trabalho e entregar-se completamente àquele momento, a fim de encontrar paz. Envolto nesses pensamentos, ouviu a reunião da noite começar. O tema da palestra daquele dia era "A necessidade da caridade". O palestrante citava o seguinte trecho do Evangelho:

Ainda quando eu falasse todas as línguas dos homens e dos próprios anjos, se eu não tiver caridade, serei como bronze que soa e um címbalo que retine; ainda quando tivesse o dom da profecia, que penetrasse todos os mistérios, e tivesse perfeita ciência de todas as coisas; ainda quando eu tivesse toda a fé possível, até o ponto de transportar montanha, se não tiver caridade nada sou. E quando tivesse distribuído todos os meus bens para alimentar os pobres e houvesse entregado o meu corpo para ser queimado, se não tivesse caridade tudo isso de nada me serviria.

A caridade é paciente, branda e benfazeja. A caridade não é invejosa; não é temerária, nem precipitada; não se enche de orgulho; não é desdenhosa; não cuida de seus interesses e não se agasta, nem se azeda com coisa alguma; não suspeita mal; não se rejubila com a injustiça, mas se rejubila com a verdade; tudo suporta, tudo crê, tudo espera, tudo sofre.

Agora, essas três virtudes: a fé, a esperança e a caridade permanecem; mas, dentre elas, a mais excelente é a caridade. (I Coríntios 13:1-7 e 13).

Alexandre sentia-se encantado com a leitura, principalmente na voz de dona Wanda, senhora boníssima que se esforçava em aplicar os conceitos da caridade. O policial chegou à conclusão de que a verdadeira caridade tudo espera com paciência. Sendo assim, fechou os olhos enquanto a palestra transcorria e fez uma prece a Deus pedindo que ele próprio também pudesse ter paciência, ainda mais em se tratando de um caso que envolvia um mistério como aquele e no qual pessoas influentes do Rio de Janeiro estavam envolvidas.

Depois de alguns comentários a respeito das belas palavras do Evangelho, a palestra terminou e, após sentida prece, os presentes foram aos poucos encaminhados à câmara de passes.

Alexandre sentia-se revigorado. Com alegria esperou Maria Luiza, sua esposa, que sempre estava envolvida com as obras assistenciais que a Casa Espírita administrava, e não era incomum demorar-se alguns minutos a mais.

✦

Alexandre entrou em casa e colocou o pequeno filho na cama. Voltou a seu quarto a fim de se arrumar para deitar. Repentinamente, sentiu vontade de perguntar à esposa:

— Luiza, hoje na palestra foi mencionado que a caridade não se enche de orgulho. Você me acha orgulhoso?

Maria Luiza identificou que o marido estava com algum problema. Como sempre usava de sinceridade, respondeu:

— Alexandre, você é um excelente marido, bom pai e também um bom provedor. Eu o amo muito, aliás, eu o amo como sempre o amei, mas realmente há um certo orgulho em você que venho percebendo há algum tempo. Já notou que você confia em sua própria capacidade, esquecendo completamente da ajuda do Alto? E, quando muitas vezes consegue elucidar uma investigação com sucesso, você valoriza apenas seu esforço? Não acha que está na hora de perceber que dependemos do nosso Criador e que, quando experimentamos o sucesso, nele há a participação de Deus? Nunca se esqueça, meu querido, de que não cai sequer uma folha de árvore se Deus não permitir. Sendo assim, ao experimentarmos o sucesso, você não acha que Deus e nossos irmãos espirituais tiveram participação ativa nisso tudo?

Sentindo-se inspirada, continuou:

— É imperioso, Alexandre, que possamos identificar nossos limites e que nos escoremos na força que vem do Alto. Isso é o que chamamos de humildade. Nunca se esqueça de que a humildade é uma virtude. E ninguém é forte todo o tempo.

Alexandre pôde notar que acreditava, de fato, que tudo de bom que acontecia em sua vida era atraído por ele próprio, sem se dar conta de todo o presente que recebia do Alto.

Sentando-se à beira da cama e levando as mãos à cabeça, notou o quanto se tornara orgulhoso a respeito de suas realizações pessoais. A esposa havia lhe dito algo que ela já havia percebido há algum tempo. Encostou carinhosamente a cabeça no ombro do marido e lhe disse que ainda havia tempo para corrigir determinadas falhas.

No dia seguinte, ao acordar, Alexandre fez sentida prece pedindo a Deus orientação para aquele dia de trabalho. Assim que fez a prece, sentiu uma paz invadir todo o seu ser. Tomou o café da manhã e saiu para mais um dia de trabalho. Mas não se sentia abatido, como sempre ficava quando algo não corria bem. Confiava que a espiritualidade o ajudaria a elucidar aquele mistério, que se mostrava o mais obscuro de sua carreira profissional.

Ao chegar à delegacia, a fisionomia do investigador estava completamente descontraída. Sem se sentir esgotado como no dia anterior, contou ao delegado Oswaldo o que ficara sabendo a respeito do dono da agência e do entregador. A história deixou o delegado abismado.

Alexandre comentou que haviam perdido o fio da meada, mas que, certamente, com a ajuda do Alto, não demoraria e estariam de posse dos fatos ocorridos naquela casa antes, durante e depois daquela mal-fadada festa que vitimara o empresário João.

Oswaldo, sem entender de onde vinha todo aquele entusiasmo, indagou:

— Posso saber qual é o motivo de tanto bom humor?

— É simples, meu amigo: quando contamos com a ajuda superior, nada fica sem resposta!

Oswaldo, apesar de não compreender muito o que o colega de trabalho havia dito, riu da observação bem-humorada de Alexandre e pediu que ele voltasse à mansão para fazer uma investigação cabal do local. Contudo, para investigar melhor, seria necessário que levasse mais dois policiais a fim de auxiliar nas investigações junto com a perícia.

Assim se deu. Alexandre, junto com Jurandir e Álvaro, seguiu para a casa do falecido João a fim de descobrir novos indícios que o pudessem levar ao assassino.

Ao chegarem à casa, foram introduzidos ao interior dos aposentos, onde Jonas, o mordomo, acompanhou-os em todos os lugares por onde passavam.

O grupo de policiais contou os tiros e chegaram à conclusão de que tinham sido disparados vinte e dois tiros no muro e cinco no alvo. Mas o que chamou a atenção de Alexandre foi que, entre todos os tiros acertados, um estava exatamente no centro do alvo, o que significava que, entre os onze homens armados, havia um em especial que era um exímio atirador. Alexandre anotou essa informação no seu bloco de anotações.

Em seguida, pôs-se a vasculhar toda a casa e ao mesmo tempo observava o comportamento das pessoas, tanto dos moradores quanto dos empregados. Percebeu que Leila parecia amedrontada, pois estava mais quieta que o habitual. Na primeira vez que a interrogara, ela lhe parecera mais falante.

Havia mais uma coisa que intrigava o investigador: em todas as vezes que estivera ali, nunca mais vira Marco Aurélio. Decidiu que vasculharia também o quarto do rapaz.

Ao bater à porta, ouviu uma voz angustiada vinda do interior do aposento:

— Leila, me deixe em paz! Não quero ver ninguém hoje!

— Não é a Leila. Sou eu, Alexandre, o investigador. Peço que abra a porta, por gentileza.

O rapaz atendeu ao pedido. Seu aspecto era o de uma pessoa abatida que sofria muito. Talvez pela falta do pai, refletiu Alexandre.

Marco Aurélio não levantou nenhuma objeção, permitindo que o investigador entrasse. Gentilmente, o policial cumprimentou-o:

— Boa tarde. Pelo que vejo, você ainda não saiu do quarto hoje, não é mesmo?

— Pois é... Não tenho o que fazer nesta casa. Se pudesse, iria embora para nunca mais ver ninguém.

Alexandre, interessado, interpelou:

— Por que essa revolta, rapaz?

— Porque não aguento ser testemunha da falsidade de minha madrasta. Sei o quanto é mentirosa. Para ser bem honesto, não a suporto.

O investigador, em tom amigável, perguntou:

— Você não se dá bem com sua madrasta, Marco Aurélio?

— É claro que não! Como posso me dar bem com alguém que traiu meu pai bem embaixo de seu nariz?

Alexandre agora mal conseguia conter a curiosidade.

— Como assim? Pelo que fiquei sabendo, tanto de sua madrasta como também dos empregados, seu pai foi o único homem a quem ela realmente amou!

— Mentira! Ela nunca amou meu pai. Se isso fosse verdade, ela jamais o teria traído com Rubens.

Alexandre confirmava ali suas suspeitas iniciais: a esposa do empresário mantinha um relacionamento extraconjugal com Rubens. A maneira com que ele a consolara era demasiadamente excessiva.

Entretanto, contendo-se, sentou-se na cama do rapaz e continuou a indagá-lo sobre esse romance. Sem sequer perceber, o rapaz contava tudo a Alexandre sobre o que descobrira casualmente, naquela manhã que seu pai estava viajando, e também o fato de o pai não ter acreditado nele. Contou até mesmo que Jair sabia desse envolvimento, pois vira várias vezes Rubens entrar na casa sutilmente, embora preferisse ficar em silêncio para não perder o emprego. Alexandre tivera razão em desconfiar do jardineiro naquele dia em que ele correra para os fundos da casa. Mas a atitude se devia apenas ao medo de perder o emprego.

Com essas novas informações, Alexandre desistiu de vasculhar o quarto do rapaz. Precisava contar com urgência a Oswaldo o que descobrira.

Assim que pôde pediu licença ao rapaz. Seguindo os outros dois policiais, partiu daquela casa tão bonita quanto misteriosa.

Agora sim sabia por onde começar a investigação.

Um novo rumo para as investigações

Ao chegar à delegacia, encontrou o delegado conversando com um sujeito que havia dado uma tremenda surra em sua esposa na noite anterior. Advertiu-o de que não fizesse mais isso pois, da próxima vez, ficaria não uma noite, mas várias delas na cela da delegacia.

Alexandre esperou que Oswaldo resolvesse aquele impasse para só depois entrar em sua sala a fim de lhe contar o que descobrira na mansão Albuquerque de Lima. Mediante o que ouviu, o delegado mandou que Alexandre intimasse Rubens de novo para esclarecer alguns pontos obscuros do primeiro depoimento.

Rubens recebeu a intimação quando estava em sua casa. A esposa, Janete, foi quem atendeu o policial que trazia a intimação.

— Entre, por favor. Meu marido está no escritório. Vou avisá-lo de que o senhor está aqui.

— Faça isso, senhora. Tenho de lhe entregar a intimação e voltar com urgência à delegacia.

Ao receber o documento, Rubens não conteve um pensamento angustiado: "João morre e traz perturbação para todo mundo!".

O policial explicou:

— Por favor, não se atrase. O delegado não gosta de ficar esperando.

Rubens, em tom jocoso, respondeu:

— Fique tranquilo. Não vou fugir, se é disso que vocês têm medo. Estou tão aflito para resolver esse mistério quanto os senhores. Avise que irei ao horário marcado sem falta.

Após a saída do policial, Rubens, revoltado, desabafou com a esposa:

— Terei de comparecer à delegacia ainda hoje. O delegado me espera às dezesseis e trinta. Por que eles vivem implicando com pessoas decentes como nós?

— Precisam esclarecer o caso logo para nos deixar em paz. Onde já se viu achar que temos algo a ver com a morte de nosso amigo João? Não se preocupe — prosseguiu Janete. — Diga-lhes a verdade e eles logo vão parar de incomodar você.

Rubens ficou aquele resto de tarde em casa. No horário marcado, foi ter com o delegado Oswaldo. Assim que entrou na sala, rudemente foi dizendo:

— Por quem me toma? Acaso não vê que sou um homem excessivamente ocupado? Não tenho tempo para ficar à sua disposição. Tenho de trabalhar!

— Fique calmo — tornou o delegado. — Apenas precisamos esclarecer alguns pontos que ainda não ficaram muito claros para nós.

Rubens parecia bastante nervoso.

Alexandre perguntou, à queima-roupa:

— Qual é a sua relação com a esposa do empresário?

— Não tente nos enganar; sabemos tudo que está havendo naquela casa — blefou o delegado, tentando confundir Rubens.

O interpelado, ao ouvir o tom sério do delegado, respondeu friamente:

— Não tenho nada a ver com o assassinato de João. O que não vou permitir é que fiquem me atormentando com esses interrogatórios que nunca acabam.

— Peço desculpas pelo transtorno, mas espero que compreenda que precisamos fazer nosso trabalho — explicou o delegado.

— Sei que está cumprindo seu dever, mas adianto desde já que não tenho nada a ver com a morte de meu amigo! — respondeu Rubens, enraivecido.

Para o policial Alexandre, aquilo tinha outro significado: Rubens arranjava uma maneira de fugir do assunto. Por isso ele insistiu:

— Desculpe, doutor Rubens, mas o senhor não respondeu à pergunta sobre seu envolvimento com dona Kim.

O delegado Oswaldo perguntou diretamente:

— Você tem algo com a senhora Kim Butler Albuquerque de Lima?

Rubens fixou seu olhar no delegado e, dissimulando surpresa, disse:

— Eu? Imagine! Sou um homem fiel a meus princípios. Além disso, jamais trairia minha esposa.

— Não foi o que descobri — falou Alexandre, dando um sorriso sarcástico. — Você não pode nos esconder mais nada porque temos provas sobre esse romance.

Rubens mal acreditava no que ouvia. Afinal, pensava que somente ele e Kim sabiam daquele segredo.

— Os senhores estão blefando. Como podem ter provas de algo que não existe?

Alexandre, astuto, notou o quanto Rubens ficara nervoso com a revelação. Continuou a observar o interpelado atentamente; não desviou o olhar dele em nenhum momento.

O delegado foi incisivo:

— Bem, quem nos contou sobre seu romance foi o jardineiro, que o viu entrar na casa de dona Kim e não sair no mesmo dia. Ele se lembra de uma noite em especial, na qual o viu chegar porque havia esquecido a mangueira de irrigação ligada e teve de desligá-la.

Rubens lembrou-se de ter visto certa noite, de fato, o jardineiro andando pelo jardim. Sentindo o ódio por Jair transbordar, pediu:

— Por favor, não digam nada a minha esposa. Ela jamais me perdoaria.

Alexandre ficou admirado com a sagacidade de Oswaldo. Se ele não tivesse inventado aquela história, Rubens jamais teria confirmado seu romance com Kim.

O investigador sentia repulsa por aquele homem que flagrantemente traíra duas pessoas importantes em sua vida: seu amigo e sua esposa, que lhe parecera fiel e dedicada.

Sem se dar por vencido, o delegado prosseguiu:

— Por que ficou em silêncio quando notou que sua arma havia sumido da mesa do jardim?

— Eu disse a Janete que minha arma havia sumido, porém ela me respondeu que resolveria aquilo. Disse-me que eu estava bêbado e que não queria me ver causar nenhum vexame.

Alexandre sentiu uma pena imensa de Janete, uma esposa que, embora traída, ainda se preocupava com a reputação do marido.

Como Rubens ficara visivelmente alterado com o interrogatório, quando se retirou, o delegado mandou que um policial vigiasse seus passos. Voltou-se então para o investigador e comentou:

— Uma pessoa que trai o melhor amigo desse jeito é alguém que não pensa em ninguém, a não ser em si próprio.

Alexandre, brincando com a caneta, falou:

— Aposto que ele tem algo a ver com a morte do empresário. Veja bem: se o amigo morresse, ele manteria um relacionamento tranquilo com Kim e, além do mais, poderia comandar os negócios, talvez até mesmo cogitassse roubar uma boa parte do dinheiro.

Oswaldo, pensativo, respondeu:

— Devo concordar com você. Ninguém estaria mais interessado na morte de João do que ele.

Alexandre fez mais uma anotação em seu bloco de notas e disse que ficaria em frente à casa de João para vigiar o movimento da casa que, desde a morte do empresário, abrigava moradores cujo comportamento estava cada vez mais estranho.

Desde que Alexandre ouvira aquela palestra sobre caridade e humildade, sempre recorria à espiritualidade para ajudá-lo em seu trabalho.

Naquele dia não foi diferente. Antes de sair, fez uma prece sentida pedindo ajuda, pois reconhecia suas limitações.

Enquanto dirigia, percebeu que a gasolina de seu veículo estava acabando. Teve de parar em um posto para abastecer. Foi quando viu um dos carros de João sendo abastecido. Ficou intrigado, pois aquele posto não era próximo da casa dos Albuquerque de Lima. O que alguém da casa estaria fazendo ali? Assim que o frentista do carro entregou as chaves ao condutor do carro, notou se tratar do motorista da casa.

Quando o veículo partiu, Alexandre, logo após abastecer o carro, foi em seu encalço. Viu quando o motorista se dirigiu a um supermercado e entrou para comprar algumas coisas, indo após ao carro com um pacote. Não havia percebido que estava sendo seguido.

Alexandre sentiu ímpetos de abordar o motorista. Quem sabe não encontraria ali a arma que vitimara João Albuquerque de Lima?

Quando Cláudio, o motorista, se preparou para dar partida, o investigador, arma em punho, gritou:

— Saia do carro! Vamos!

Cláudio, pálido de susto, saiu e colocou as mãos na cabeça.

Alexandre lhe perguntou:

— O que faz aqui?

— Tinha de comprar leite para meu filho de cinco meses. Ontem recebi meu pagamento e, como volto para casa somente nos finais de semana, minha esposa ligou no trabalho pedindo que eu desse um jeito de levar leite em pó para alimentar nosso bebê.

O policial entrou no carro e abriu o pacote com as compras. Pôde comprovar que o motorista falava a verdade. Ao acompanhar o motorista, viu que a esposa o aguardava próximo dali para pegar o leite. O policial ficou envergonhado por sua atitude, mas logo se convenceu de que se tratava de "ossos do ofício".

Em seguida dirigiu-se à delegacia, que ficava a poucos quilômetros do posto. Procurou por Oswaldo, mas ele não havia chegado ainda.

O investigador sentou-se à mesa e refletiu sobre o que faria naquele dia. Deu curso aos pensamentos: "O revólver roubado ainda não apareceu. As outras armas estão em poder da polícia e só serão entregues no final das investigações. Falta apenas uma, a de Rubens. Talvez eu tenha de voltar à mansão para procurar a arma do crime". Resolvido isso, Alexandre decidiu fazer uma busca completa na casa, antes mesmo de falar com Oswaldo.

Saiu da delegacia e foi direto para a casa de Kim e de Marco Aurélio. Durante o trajeto pensou no jovem. Embora mostrasse estar sofrendo pela ausência do pai, ele ainda lhe parecia estranho. Resolveu que não podia deixar de vasculhar o quarto do rapaz.

Ao estacionar em frente da mansão, avistou Jair, que podava um pé de sapateira próximo ao muro. O jardineiro, ao vê-lo, se perguntou: "Será que esse homem não tem outros casos para resolver? Já estou começando a me cansar de vê-lo aqui todos os dias. Quem não deve gostar nada disso é a patroa. Se vem tanto aqui, é porque pensa que o assassino esteja nesta casa. Mas não concordo com ele".

Alexandre cumprimentou o jardineiro, que apenas balbuciou algo parecido com um cumprimento. Ao tocar a campainha, foi atendido por Jonas.

— Por favor, gostaria de falar com a dona da casa. Ela está?

— Sim — respondeu Jonas, que, a passos de seda, saiu da presença de Alexandre. O investigador se divertiu com os próprios pensamentos: "Em todos os livros que li do famoso detetive inglês Sherlock Holmes, o assassino era quase sempre o mordomo. Este, embora seja taciturno, não tem jeito de ser assassino nem de moscas".

Sorrindo sozinho, quando se deu conta estava diante de Kim. A mulher estava elegantemente vestida com uma calça preta e um suéter azul-claro. Não usava joia alguma, mas os cabelos, soltos, lhe emprestavam um aspecto de mulher fina e decidida.

— Bom dia. Espero que não tenha esperado muito. Estava na cozinha passando algumas ordens para a cozinheira.

— De maneira alguma. Agradeço pela gentileza em cooperar com a polícia.

— Apenas cumpro com meus deveres de cidadã e também de uma boa cristã, que deseja mais que ninguém descobrir o assassino do marido.

— O que me traz aqui, senhora, é o fato de ainda não termos feito uma busca completa na casa. Pelo que percebi, ainda faltam os quartos. Gostaria de pedir mais uma vez a sua cooperação. A senhora permitiria que eu vasculhasse os cantos da casa que ainda não foram vistos?

— Claro — tornou Kim, quase com descaso. — Embora acredite que não vá encontrar nenhuma pista. Por certo o assassino de meu marido é bem meticuloso, e pensaria em todos os detalhes.

— Não existe assassino que não se esqueça de alguma coisa. E é esse pequeno esquecimento que sempre desvenda o mistério.

— Que seja. Só peço que não atrapalhe o trabalho dos criados. Eles se aborrecem quando algo atrasa os trabalhos domésticos.

— Senhora, não pretendo atrapalhar ninguém. Prometo que serei praticamente invisível aos olhos dos empregados desta casa.

Kim girou nos calcanhares, dizendo antes de se retirar:

— Fique à vontade.

— Obrigado, senhora.

A mulher se afastou lentamente em direção à cozinha. Alexandre concluiu que ela havia mentido ao dizer que estava dando ordens à cozinheira antes de ter com ele. Se fosse assim, para que ir de novo à cozinha? Tirando o bloco de anotações do bolso, transcreveu esse detalhe.

Jonas voltou à sala e acompanhou o investigador. Sua fisionomia era de alguém extremamente estressado com as regulares visitas da polícia.

Alexandre começou por vasculhar o quarto de Kim. Ficou no aposento por mais de quarenta minutos, mas, por incrível que pareça, não havia nada que merecesse sua atenção.

Saindo do quarto, pediu a Jonas que o levasse aos aposentos de Marco Aurélio. Embora ele estivesse dormindo na noite do assassinato, poderia haver alguma pista em seu quarto que o levasse ao assassino.

Bateu à porta e foi atendido pelo rapaz, que estava em completo desalinho. Parecia ter levantado naquele momento. Ele autorizou a entrada do policial.

O investigador começou pelo guarda-roupa embutido na parede. Viu inúmeras caixas de sapatos e investigou todas as roupas nos cabides. Vasculhou também as gavetas. Notou então algo no fundo de uma delas. Pegou um embrulho e sentiu que era um pouco pesado. Quando o abriu, deparou com uma Taurus calibre 38.

Marco Aurélio continuou deitado e não se deu conta do que o investigador havia descoberto. Surpreso, Alexandre conseguiu sair de seu mutismo.

— O que é isso? — perguntou.

O rapaz levantou a cabeça do travesseiro e prestou atenção nas mãos do policial. Boquiaberto, falou:

— Não sei o que essa arma está fazendo no meu quarto. Nunca a vi antes.

— Meu jovem, se foi desta arma que saiu o tiro que matou seu pai, posso lhe adiantar que você está bem encrencado.

— Não sei nada sobre essa arma, eu juro! Jamais mataria meu próprio pai.

Sentindo o coração oprimido, o policial comentou:

— Vou levá-la para a perícia. Por favor, nem pense em sair da cidade. Se tentar fazer isso, será detido no mesmo instante.

Marco Aurélio continuou a dizer que era inocente, enquanto Alexandre se retirava segurando o revólver apenas pelo cano. Cogitou que realmente o jovem fosse o assassino do próprio pai.

Ao chegar à delegacia, encontrou Oswaldo em sua sala. Sentindo um misto de surpresa e de satisfação pelo dever cumprido, contou ao delegado tudo que havia acontecido naquela manhã.

Lembrando-se da fisionomia abatida de Marco Aurélio no dia seguinte ao assassinato, e sentindo-se compungido, Oswaldo pediu:

— Leve a arma para a perícia.

Não passou despercebido a Alexandre o tom estranho na voz do delegado.

— É impressão minha ou você está chateado pela descoberta da arma no quarto do rapaz?

— Sinceramente, estou pensando em como pude me enganar tanto. Acompanhe meu raciocínio: o jovem atirou em seu pai, voltou para o quarto, escondeu a arma no guarda-roupa e voltou a se deitar. Quando chegamos lá, ele fingia dormir placidamente, embora soubesse com exatidão o que havia feito na madrugada que sucedera a festa.

Alexandre respondeu:

— Não acha que está sendo precipitado, Oswaldo? Já pensou que alguém pode ter colocado a arma no quarto do rapaz justamente para incriminá-lo? Posso lhe garantir que no momento em que encontrei a arma ele ficou sinceramente surpreso com a descoberta, portanto tenho minhas dúvidas sobre se ele realmente teria coragem de matar o próprio pai.

— Alexandre, em todos esses anos na polícia, pude observar todo tipo de casos. Garanto a você que encontrei muitos demônios com cara de anjos. E, pelo jeito, este rapaz é um deles.

O investigador nada respondeu. Mas em seu íntimo havia uma dúvida: se fora realmente o dono da festa quem mandara fazer os convites e entregá-los, quem matara o dono do comércio, e também o jovem que havia entregado os convites? Alexandre duvidou de que havia sido o rapaz quem arquitetara tudo aquilo. O plano era muito bem traçado; tanto que estava confundindo até mesmo a polícia.

Após três dias, chegou o resultado da perícia. Nele foi informado que aquela arma fora justamente a que matara o empresário. Sendo assim, o delegado Oswaldo intimou o rapaz.

Marco Aurélio, mais uma vez na presença do delegado, repetiu a mesma versão dos fatos. Ele não deixou dúvidas para Alexandre de que era realmente inocente e que alguém teria armado diabolicamente aquele plano para incriminá-lo.

Naquela dia, o delegado Oswaldo expediu um pedido de prisão preventiva a Marco Aurélio. Ao sair algemado de casa, o jovem olhou fixamente para Kim, em cujos olhos podia se ver um brilho de satisfação. Como Alexandre era bom observador, e ficara atento à cena, observou que ali transcorrera algo muito suspeito.

Marco Aurélio ficaria preso na delegacia até que se confirmasse a autoria do crime. Porém, como o investigador não conseguia esquecer o caso, resolveu conversar com o rapaz amigavelmente para ver se descobria alguma coisa.

Na prisão Marco Aurélio contou ao policial tudo que sabia, sem esconder nenhum detalhe. Para arrematar, completou:

— Alexandre, você acha que eu seria tão burro a ponto de matar meu pai e esconder a arma em meu próprio quarto? Meu pai me deu de tudo, mas eu não queria seguir seus passos para assumir os negócios. Agora me diga: preferindo a medicina a administrar os hotéis do meu pai, o que eu ganharia ao matá-lo?

Para Alexandre, realmente não fazia o menor sentido o rapaz ter assassinado o pai; nada lucraria com aquilo.

Apesar de ter encontrado uma prova material do crime, o policial não estava radiante como nas outras vezes em que o mesmo acontecera. Afinal, não acreditava que descobrira o assassino verdadeiro.

❧

Uma vez em casa, o policial sentia muito sono. Despediu-se do filho Humberto com um beijo e deitou-se, deixando a esposa na cozinha terminando de lavar os pratos.

Deitado na cama, entrando em sono leve, sonhou que uma bela mulher estava em seu quarto. Ela lhe dizia:

— Alexandre, não pare com as investigações. Há muitas coisas ainda a serem descobertas.

— Quem é você? O que faz em minha casa?

— Não se preocupe com isso. Sou uma amiga e quero ajudá-lo a encontrar o verdadeiro assassino de João. O jovem é inocente. Nunca se esqueça disso. Ele é inocente!

A mulher se aproximou dele ao lado da cama e lhe disse, uma vez mais:

— O rapaz é inocente. Inocente!

O policial viu a bela figura se desintegrar no ar, e acordou em seguida. Quando virou para o lado, viu que a esposa ainda não tinha se deitado.

Alexandre se levantou e encontrou a esposa na sala, passando roupas.

— Querida, deixe de ser supermulher e querer fazer tudo num único dia. Venha, vamos nos deitar.

— Não estou com sono. Em vez de ficar na cama, prefiro adiantar as tarefas de amanhã.

Alexandre se aproximou e beijou a testa da esposa. Em seguida, contou-lhe o que havia acontecido quando pensou ter pegado no sono.

Maria Luiza ouviu atentamente todo o relato do marido. Com suavidade, comentou:

— Meu querido, se esse ser espiritual veio avisá-lo de que o rapaz é inocente, acho melhor você não encerrar a investigação. É certo que vocês pescaram o peixe errado. O verdadeiro assassino deve estar à solta. Ele deve ter colocado a arma no quarto do rapaz somente para incriminá-lo. O jovem não ia ser tão tolo de esconder a arma no guarda-roupa do próprio quarto, sabendo que você está todos os dias naquela casa e que poderia descobri-la facilmente. A arma só permaneceu no quarto do rapaz porque ele desconhecia o fato de ter uma arma no guarda-roupa.

O investigador não pôde deixar de dar razão à esposa. Seria muito ingênuo da parte de Marco Aurélio guardar a arma no quarto.

Pensativo, despediu-se da esposa com um beijo e voltou ao quarto. Havia certas coisas que gostava de refletir em silêncio, e de preferência sozinho.

Marco Aurélio não podia acreditar no que estava acontecendo. Ser acusado de assassinato já não era nada fácil para ele, um jovem que tinha um futuro brilhante pela frente, mas a acusação de assassino do próprio pai era mais do que podia suportar. Angustiado, chorou amargamente e desejou estar morto, como o pai e a mãe.

O jovem sabia que seria difícil se safar daquela situação, afinal, a arma do crime havia sido descoberta em seu quarto. Mas ele não conseguia entender como alguém conseguira colocá-la em seus aposentos; ele costumava trancar a porta antes de dormir.

Subitamente, lembrou-se do sonho com a mãe, e do que ela lhe dissera: "Meu filho, hoje você terá a oportunidade de expiar um erro do passado, de modo que passará por muitas dificuldades. Mas não se esqueça de que estarei sempre a seu lado, orando e vibrando muita força e coragem para você. Apenas lhe peço que seja resignado. Assim poderá cumprir seu objetivo original de vida. Eu te amo, e estarei sempre a seu lado". Fora tão real...

Divagou em pensamentos: "Pena que a morte acaba com tudo. Com o tempo, até mesmo as lembranças vão fugindo de nossa mente. Ah, como gostaria que minha mãe estivesse a meu lado agora. Tenho certeza de que ela jamais acreditaria que eu tivesse feito tal coisa".

Marco Aurélio desconhecia que aquela bela figura estava, de fato, a seu lado, emanando muita luz, e que as luzes que saíam de seu espírito o envolviam por inteiro, de modo que o rapaz, sentindo-se em paz, recostou-se à parede, sonolento. As paredes da cela onde se encontrava eram todas sujas, a cama era fétida e no alto havia uma pequena janela com grades grossas — única ponte com o mundo que corria lá fora. Porém, o sono que sentia era tão intenso que não teve problema nenhum em adormecer, esquecendo por completo sua situação junto à justiça.

Teve um sono bastante tranquilo.

Desde que conversara com a esposa, Alexandre não conseguira conciliar o sono. Levantara-se várias vezes durante a noite até que, vencido pelo cansaço, já de madrugada, adormecera. Mas teve um sono agitado.

Ao acordar e olhar para o relógio no criado-mudo, ao lado da cama, assustou-se. Eram quase sete horas! Estava muito atrasado. Percorrer a distância que separava sua casa da delegacia era uma verdadeira odisseia. Além dos dissabores do trânsito, ainda tinha de passar no posto de gasolina para abastecer.

Maria Luiza notou que o marido não dormira direito, por isso resolvera deixá-lo dormir um pouco mais. Ele poderia entrar às nove no trabalho, porque apenas assinava o livro de ponto. O máximo que poderia lhe acontecer era levar uma bronca de Oswaldo, que se mostrava rígido com respeito a horários. Mas Maria Luiza sabia que Oswaldo tinha muita afeição por Alexandre e que suas broncas não surtiam efeito sobre o marido.

Enquanto levava o cesto de roupas sujas para fora, avistou o marido na cozinha. Ele parecia bastante aborrecido.

— Luiza, por que você não me chamou?

— Desculpe, Alexandre. Resolvi deixá-lo dormir um pouco mais. Vi sua aflição à noite, levantando a toda hora e revirando-se na cama. Por isso decidi não acordá-lo. Sei o quanto está preocupado com o caso em questão, mas peço que confie em Deus. Pense por outro lado: se esse rapaz está sendo acusado de um crime que não cometeu, talvez seja para expiar alguma falta passada. Será que ele não está respondendo por um crime do passado, do qual tenha saído impune?

Alexandre não pôde deixar de pensar no quanto a esposa era arguta. Ela tinha o dom de acalmá-lo. Mais tranquilo, tomou um cafezinho preto e já ia sair quando Maria Luiza interrompeu:

— Vai sair assim, de estômago vazio?

Voltando-se para a esposa, o policial disse:

— Não se preocupe, querida. Tomarei café na delegacia. Tenho de sair agora porque ainda vou abastecer o carro.

Maria Luiza, vendo o marido desaparecer, pensou: "Alexandre está muito envolvido nesse caso. Nunca o vi perder noite de sono por causa de trabalho. Será que ele não tem alguma ligação espiritual com essa família?".

Deixando de lado os devaneios, a esposa decidiu cuidar de seus afazeres domésticos.

Alexandre chegou abatido naquele dia à delegacia. Além de a noite não ter sido das melhores, um descuidado batera em seu carro quando saía do posto de gasolina.

O homem do outro carro fugira. Contudo, notando que apenas o pára-choque do carro amassara um pouco, não fez questão de perseguir e pegar o motorista descuidado.

Ao chegar à delegacia, perguntou à Judite, que atendia na recepção e também cuidava dos assuntos administrativos, se Oswaldo havia chegado.

— Ainda não — tornou a moça, sem querer gastar muitas palavras.

Alexandre dirigiu-se a sua sala. Antes de chegar lá, no entanto, resolveu conversar um pouco mais com Marco Aurélio. Algo dentro dele dizia que o rapaz era realmente inocente.

O moço estava deitado e encolhido sobre o fino colchão. Alexandre sentiu pena do rapaz. Tomado por uma ternura indefinível, chamou:

— Marco Aurélio, preciso falar com você.

O rapaz levantou a cabeça e Alexandre, sem entender direito, pôde sentir o sofrimento de Marco Aurélio. Ainda com grande suavidade a envolvê-lo, pediu ao guarda:

— Walter, abra a cela. Preciso conversar com o rapaz.

— O senhor não acha perigoso, doutor? Com loucos assim, a gente nunca sabe...

Alexandre, ignorando a advertência do guarda, apenas esperou que ele abrisse a cela. A passos firmes, entrou e sentou-se a seu lado.

— Bom dia — cumprimentou. — Como passou a noite?

Marco Aurélio achou um absurdo ouvir, àquela hora da manhã, aquela pergunta descabida do policial.

— Bem, como vê, não estou nada bem. Será que você não entende que estou sofrendo por ser acusado por um crime que não cometi?

Mesmo que meu pai não concordasse com o fato de eu estudar medicina, isso não era motivo para matá-lo, você não acha?

Sentindo novamente pena do rapaz, Alexandre respondeu:

— Quero que me diga tudo que ocorreu no dia da festa. Pessoalmente, acredito que você não tenha nada a ver com esse assassinato. Se for de fato inocente, farei tudo para tirá-lo dessa enrascada.

Marco Aurélio, admirado, percebeu que o investigador estava sendo sincero. Passou então a narrar, mais uma vez, toda a história. O investigador observou que o rapaz se esmerava nos detalhes.

Terminando a conversa com Marco Aurélio, dirigiu-se a sua sala. Encontrou com Oswaldo no caminho.

— Oswaldo, precisamos conversar. Algo me diz que esse rapaz é inocente. Acabo de interrogá-lo mais uma vez, e ele apenas repete, sem mudar nada, em detalhes, tudo que já nos contou. Ele não entra em discordância com o que nos disse em nenhuma parte de seu depoimento.

Oswaldo, sorrindo, avisou:

— Meu amigo, não se deixe levar por esses rostos de anjos. Por trás deles há sempre demônios à espreita.

O investigador percebeu o quanto o delegado se tornara frio com o passar do tempo. Com tristeza na voz, completou:

— Se para você é mais fácil acreditar que ele seja culpado para livrá-lo do trabalho de investigação, posso entender você. Mas fique ciente de que faremos uma tremenda injustiça com esse moço. Por favor — novamente Alexandre apelou —, saia da posição de juiz e tente encarar de outro ponto de vista a situação. O rapaz é inocente, eu sinto isso.

Oswaldo devolveu-lhe um sorriso cheio de descrédito. Entrou em sua sala, deixando o colega de trabalho plantado no meio do corredor. O delegado nunca vira Alexandre tão categórico a respeito de um suspeito. Decidiu não conversar mais com o investigador sobre o que pensava.

Desse modo, facilmente o juiz decretou a prisão preventiva de Marco Aurélio.

Novos esclarecimentos

Rubens, quando soube que Marco Aurélio havia sido detido, a princípio para investigação, e depois por ordem do juiz, sentiu-se aliviado. Para ele era embaraçoso ter de comparecer à delegacia a cada vez que o delegado pedia.

Contou as novidades para Janete assim que a encontrou.

— Rubens, custo a acreditar que Marco Aurélio tenha matado o próprio pai. Na verdade, o que ele ganharia com isso?

— Com certeza ele pensou que, com o pai morto, poderia ficar com todo o dinheiro da família e, posteriormente, poderia colocar a madrasta para fora de casa. Não é segredo para ninguém que ele odeia Kim.

Janete refletiu por alguns instantes.

— Mas por que ele roubou justamente a sua arma? Não poderia ter roubado qualquer uma das outras dez sobre a mesa?

— Eu acho, querida, que ele pegou aleatoriamente a primeira que encontrou. Infelizmente, foi a minha. — Aproximando-se da esposa, balbuciou: — Eu te amo!

Janete riu, tomada por uma onda de alegria, deixou-se abraçar por Rubens.

— O que vai fazer hoje, minha querida? — perguntou o marido.

— Vou a um chá beneficente. Como você sabe, precisamos angariar fundos para reformar a maternidade do hospital. O projeto foi temporariamente deixado de lado por falta de verba.

Rubens fitou intensamente a esposa, encantado com como ela era bondosa. Tão diferente de Kim... Subitamente, sentiu medo de perdê-la.

— Querida, vamos jantar fora hoje? O que me diz de irmos àquele restaurante japonês que você adora?

— Ótima ideia, querido. Vou esperá-lo pronta, então. Assim que chegar do trabalho poderemos ir ao restaurante. Só de pensar em comer sashimi já fiquei com água na boca!

Enquanto se dirigia ao escritório, pensava ainda na esposa. "Janete é o amor da minha vida. Jamais poderia viver sem ela. Mas Kim é a paixão que me mantém vivo. Se Janete aceitasse, eu gostaria de viver com as duas. Por uma sinto um amor puro e verdadeiro; pela outra, uma paixão irresistível, que faz com que me sinta o homem mais feliz da face da terra. Infelizmente Kim não é como Janete. Ela tem me parecido a cada dia mais egoísta e decidida a conquistar o quer, não importa o preço. É capaz de mover céus e terras para atingir seus objetivos. Acredito que Marco Aurélio seja inocente. Se ele nunca concordou em estar à frente dos negócios do pai, o que ganharia assassinando-o? Que Deus me perdoe, mas às vezes chego a pensar que Kim tenha eliminado João. Ela é ambiciosa demais."

Tentou afastar esses pensamentos, mas eles não o abandonavam. "Como ela poderia ter feito tal coisa sendo que no momento do disparo estávamos nos amando no quarto de hóspedes, ao lado de onde Janete dormia tranquilamente?"

Envolvido nessas reflexões, Rubens chegou ao escritório para resolver os assuntos sobre a abertura de mais um hotel. Era a vontade de João, por isso ele daria continuidade ao projeto.

Depois que Rubens saiu para o trabalho, Janete sentou-se no sofá e voltou a pensar no chá beneficente daquele dia. Especulou quanto poderiam arrecadar. As senhoras beneméritas estavam precisando de muito dinheiro para reformar a maternidade do hospital público.

Janete era muito querida por todas as benfeitoras do clube de senhoras onde se reuniam duas vezes por semana para arquitetarem planos a fim de angariar fundos para obras assistenciais. Ela sempre se preocupava com os problemas sociais. Quando via um mendigo, logo providenciava o endereço de um albergue; se ouvia uma criança dizer que estava com fome, entrava na lanchonete mais próxima e mandava fazer um lanche; se sabia que alguém muito pobre havia dado à luz, dava um jeito de arrecadar fundos e fazer o enxoval do bebê. Se acontecia uma enchente e algumas famílias acabavam perdendo os bens materiais, lá estava ela promovendo quermesses, bingos e outras coisas para ajudar as vítimas.

Ela se achava agraciada pelo destino por ter uma vida confortável, enquanto muitos padeciam pelas misérias que vitimavam aquela cidade, fazendo com que se refugiassem nas grandes favelas.

Com tais gestos, Janete havia conseguido o respeito de todos os membros do clube benemérito do qual fazia parte.

Rubens admirava a esposa. Com a vida que ele lhe proporcionava, ela poderia ficar o tempo apenas fazendo compras. Contudo, em vez disso, estava sempre preocupada com os problemas sociais.

Janete em seguida refletiu sobre o novo rumo das investigações do caso de João. Tentou não pensar muito no fato de ter sido a arma do marido a encontrada no quarto do rapaz. Consolava-se com um pensamento que tentava aplicar também a sua vida: "Cada um deverá arcar com as responsabilidades de suas ações!".

A vida de Janete, assim, seguia normalmente.

Logo que soube da prisão decretada pelo juiz, Kim ligou para o doutor Maurício Villa Verde, para que defendesse o enteado. Segundo ouvira, ele era o melhor advogado da área.

O doutor Maurício rapidamente se inteirou de todos os detalhes. Várias vezes Marco Aurélio lhe disse que era inocente, mas ele tinha suas dúvidas. A fim de não ser tomado por dramas de consciência, falava a si mesmo: "Não estou sendo pago para julgar. Estou aqui apenas para defender o acusado. Faço o que o cliente me pede. Se ele é culpado de fato ou não, isso não vem ao caso. Se me pagarem para libertar um criminoso da prisão, assim o farei!".

Doutor Maurício tentou fazer com que o rapaz respondesse o processo em liberdade, por meio de um *habeas corpus*, mas, para seu espanto, não obteve sucesso.

Os dias iam sucedendo e Marco Aurélio foi ficando na prisão. Cada pedido de *habeas corpus* que o advogado fazia era negado pelo juiz. Enquanto isso, crescia o desespero do rapaz.

❧

Alexandre, que acreditava na inocência de Marco Aurélio, quando tinha oportunidade abordava o assunto com sua esposa, tentando conversar sobre os assuntos espirituais a fim de tentar entender alguns acontecimentos de sua vida de policial.

Naquela noite, os dois estavam em casa. Não era dia de reunião no Centro Espírita, portanto resolveram dormir cedo. Alexandre conversava com Maria Luiza:

— Luiza, por que aquele pobre rapaz está passando por isso? Tenho certeza de que é inocente. Enquanto ele é punido por um crime que não cometeu, o verdadeiro assassino está solto, rindo da própria astúcia.

— Querido, não pense que as coisas estão erradas. Você deve aprender que tudo tem uma razão de ser e está certo como está. Se o rapaz foi parar na prisão, e paga por um crime que não cometeu no presente momento, como já lhe disse, ele deve, em uma outra vida, ter se safado de outro crime. Nunca é tarde para resgatarmos as nossas dívidas. Lembre-se de que a causa do nosso sofrimento, se não tem fundamento na vida atual, pode muito bem ter sido plantada numa vida pregressa.

As palavras de Maria Luiza faziam sentido. Se Marco Aurélio estava atrás das grades, era para aprender algo. O desespero do rapaz na cadeia apenas nublava seu cotidiano; mas um dia ele entenderia o porquê de estar preso inocentemente.

Naquele momento, Alexandre deu graças a Deus por não haver sentença de morte no Brasil. Se dependesse do clamor popular, o rapaz já teria ido para a câmara de gás.

Conversar com a esposa sempre acalmava seu coração.

Leila conversava com Jonas sobre os últimos acontecimentos na cozinha da grande casa dos Albuquerque de Lima. Embora ela falasse muito e Jonas não gostasse de fofocas, ele prestava atenção em tudo que a empregada dizia, pois sabia que ela andava pela casa inteira e não era incomum vê-la ouvindo atrás das portas.

A empregada comentava que, na manhã que o patrão havia sido assassinado, realmente Marco Aurélio se encontrava em seu quarto. Mas completava dizendo que o jovem sempre tinha sido estranho com aquele jeito calado. Aquele ar de bom rapaz, segundo ela, não a enganava.

A única que conseguia ficar fora dos ataques ferinos de Leila era Kim, a quem a empregada achava belíssima e educada. Conforme a patroa mesmo havia dito, e Leila concordava, Kim seria incapaz de matar o marido.

— Você acredita realmente que foi o filho quem atirou no próprio pai?

— Não tenho dúvidas. Ele fez isso para poder mandar a dona Kim embora desta casa, e ficar com toda a herança só para ele.

— Não sei não... — respondeu Jonas, pensativo. — Para mim, o rapaz seria incapaz de fazer mal a uma mosca. Você não está sendo precipitada em acusá-lo, Leila?

— Claro que não. Minha mãe sempre dizia que esses com cara de boi sonso são os piores. Para mim, foi ele. E a prisão é pouco para um mau-caráter assim. Sabemos que o pai não ficava muito tempo em casa, mas esse infeliz tinha tudo que queria. Ele é um ingrato!

Jonas, enquanto a empregada empolgada não parava de falar, desviou a mente do que ela dizia e refletiu: "Não sei não... Parece que Leila quer que alguém seja acusado logo. Ela sempre se mostrou irritada com a presença do investigador nesta casa. Naquela noite ela disse que ia dormir, mas eu ouvi passos no corredor. Nesse tempo, ela bem pode ter se levantado e pegado a arma. Se quisesse, ao ver o doutor andando ao lado da piscina, podia ter se aproximado e o matado".

O mordomo passou a suspeitar da empregada. Que ela era bisbilhoteira Jonas sempre soubera, mas pensar que ela fosse capaz de matar alguém friamente era uma novidade para ele. Sendo com fosse, de uma coisa Jonas tinha certeza: Marco Aurélio era inocente. Ele acreditava que no tempo certo toda a verdade seria esclarecida.

Leila pediu licença a Jonas e foi buscar as roupas que tinha passado na lavanderia. Lá, sozinha, conjecturou que Jonas era um homem muito estranho. Ninguém sabia nada de sua vida. Até mesmo porque ele era extremamente discreto; andava pela casa com passos de seda. Não raro se assustava com o mordomo atrás de si.

Jonas era um homem alto, tinha cabelos grisalhos e contava com cinquenta e quatro anos. Trabalhava na mansão há mais de dezessete anos. Quando sua esposa o abandonou, ele continuou trabalhando para o patrão. O mordomo era caladão; não gostava muito de falar.

Leila seguia com seus pensamentos: "Não posso dizer com certeza que foi Marco Aurélio quem atirou no pai. Mas, se não foi o filho do patrão, com certeza foi Jonas. Afinal, ele é o mais misterioso desta casa".

Tentando afastar o assunto da cabeça, Leila pegou as roupas limpas e seguiu para levá-las aos devidos quartos.

Jair se mostrava introspectivo a maior parte do tempo. Estava sempre quieto, cuidando do jardim. Naquele dia cuidava dos lírios que estavam plantados em vasos sob a janela da cozinha.

O jardineiro, ainda que não entrasse na casa, sabia de todos os movimentos lá de dentro. Ao passar horas calado cuidando das flores, podia ouvir as conversas que ocorriam no interior da mansão.

Jair sabia que Marco Aurélio havia brigado com o pai horas antes da festa. Sabia também que Rubens, braço direito da vítima, era amante de Kim. Estava até mesmo consciente de alguns negócios de que João cuidava no exterior. Ele falava pouco, mas ouvia muito. Sempre que podia, procurava manter seus trabalhos nos arredores da casa, a pretexto de poder ficar na sombra. Nessas cercanias, conseguia saber de tudo que se passava lá dentro.

Outra coisa de que tinha conhecimento era o romance secreto que Jonas mantinha com a cozinheira da amiga de Kim, dona Ester Novais. Algumas vezes ela fora até lá visitar Leila, e não raro Jair a via com Jonas, só os dois, no quarto de empregada que ficava na lavanderia.

Para Jair, as pessoas daquela casa eram discretas de uma maneira muito estranha. Nunca Kim ficara sabendo dos encontros furtivos da cozinheira de sua amiga com o mordomo, e Leila sempre fingia que não sabia de nada.

O jardineiro pensava num modo de descobrir quem realmente tinha assassinado o dono da casa. Para ele, o modo mais simples seria eliminar os suspeitos, um a um.

Começou por Rubens. Este, segundo Jair pensava, tinha motivos de sobra para querer matar o dono da casa. Se isso acontecesse, ele ficaria tomando conta dos negócios sozinho e ainda levaria de prêmio a bela Kim, com quem tinha um caso.

Havia ainda a patroa. A morte do marido a beneficiaria. Se ele morresse, Kim herdaria os bens e poderia viver livremente seu relacionamento com Rubens, o marido de sua melhor amiga, Janete.

Leila era fofoqueira, mas, para Jair, estava longe de ser assassina. Janete, nem pensar. Era ingênua demais para cometer um assassinato. Quanto aos outros que haviam comparecido à festa com a arma, para ele, nada tinham com o caso.

Jair chegou à conclusão de que, sem a presença do investigador Alexandre, seria mais fácil efetuar sua investigação.

Os moradores da casa jamais poderiam imaginar quem era na verdade Jair... Pensavam que ele era um simples jardineiro, mas na realidade era um membro da Interpol que se infiltrara na casa de João Albuquerque de Lima para investigar alguns assassinatos e roubos de veículos que tinham ocorrido nos Estados Unidos, nove anos antes da morte do empresário. Seu verdadeiro nome era James Scott, homem bem-conceituado na arte de desvendar crimes de origem estrangeira.

James Scott investigava a morte de John Smith, empresário norte-americano que morrera misteriosamente. Na ocasião, quem estava envolvido com o empresário norte-americano era João Albuquerque de Lima, que à época roubava veículos de luxo na cidade de Santa Fé, no Novo México. Depois de apagar a numeração do chassi e cuidar da legalização dos documentos, fazia com que o veículo parecesse legal. Em seguida, era encaminhado para as cidades de Monterrey e Saltillo, no México, onde carros de luxo eram vendidos a preços acessíveis, de modo que a venda era facilmente realizada para pessoas de maior poder aquisitivo naquele país.

James Scott descobrira, ao longo das investigações que, graças a esses negócios escusos, João levantara um verdadeiro império financeiro, e, com o dinheiro ganho ilicitamente nos Estados Unidos, ele começara a se posicionar no ramo de hotelaria no Brasil.

Era por isso que James Scott, ou Jair, era tão calado. As outras pessoas não podiam suspeitar de seu sotaque norte-americano. Com o passar do tempo, quando o falso jardineiro já falava com fluência o português, lançou mão de um artifício para justificar alguma fala que involuntariamente soltasse com sotaque: dizia-se gaúcho; daí o jeito estranho de falar.

João Albuquerque de Lima, homem astuto, nunca conversava ao telefone sobre negócios. Ele temia algum tipo de escuta telefônica. Sempre cuidava de seus negócios pessoalmente.

Entre os ladrões que roubavam carro nos Estados Unidos estava Arnold Bauer, homem sem escrúpulos que fora preso uma vez por roubo de toca-fitas. Este era o homem de confiança de João, que era encarregado de roubar e encaminhar os carros para fora do país.

Com as vendas dos carros, tanto João como Arnold começaram a ganhar muito dinheiro. Não demorou para que João se tornasse um homem rico, enquanto Arnold Bauer gastava todo o dinheiro que ganhava em jogatinas e com mulheres.

As investigações de Jair foram se complicando cada vez mais. Quando Bauer fora também assassinado misteriosamente, sendo depois de um ano arquivado o caso, o investigador da Interpol chegou à conclusão de que João tinha alguma coisa a ver com aquilo. Depois da morte do ladrão e comparsa, João dificilmente ia aos Estados Unidos.

Jair sabia que o mentor dos delitos era João, e esperava uma brecha que o levasse a cair no ardil idealizado por ele, porém a cada dia os fatos ficavam ainda mais nebulosos. Até que, por fim, ocorrera o assassinato do próprio João. Mas, no Brasil, ninguém imaginava quem ele era de fato; em seu país, era um homem respeitado.

Mesmo com a prisão de Marco Aurélio, Jair não se deu por satisfeito. João era um homem de vida dupla, que granjeara muitos inimigos no decorrer de sua trajetória criminal.

Os planos de investigação cuidadosa do jardineiro envolviam a simulação de que estava apaixonado por Leila. Sempre que a empregada lhe contava alguma coisa, ele fingia também ser um fofoqueiro, o que fazia a moça sentir vontade de bisbilhotar ainda mais a vida dos patrões, só para ter o que conversar com Jair.

Entretanto, depois que Marco Aurélio fora preso, Leila não tinha outro assunto senão professar aos quatro ventos que o rapaz era um filho cruel porque matara o próprio pai por ganância. Mas Jair, como bom investigador, não deixava transparecer o que pensava, e continuava a conversar, sempre que tinha um tempo livre, com a empregada xereta.

Marco Aurélio estava abatido e desanimado. Conjecturava por que alguém teria desejado matar seu pai. João, apesar de ser um pai omisso, era generoso e bom provedor. Só de pensar naquela noite fatídica, o rapaz entrava em desespero e chorava copiosamente.

Nos catorze dias que esteve preso, sua madrasta não fora visitá-lo uma vez sequer. O abandono de que era vítima fazia o rapaz desejar a morte a ficar naquele lugar tristemente frio.

Certa tarde, estando o rapaz deitado naquela cama desconfortável, e sentindo sono, adormeceu. Em seu sonho, viu uma figura feminina parecida com a da mãe formar-se à sua frente. Com um olhar compassivo, aquele ser passou a lhe falar:

— Meu filho, não se desespere. Tudo está certo como está. O que tem passado vai servir para que amadureça como espírito. O sofrimento fará com que seu espírito se torne mais lúcido. Dê graças a Deus, filho, porque está sanando uma dívida do passado. Hoje você não compreende muita coisa, mas procure ajuda espiritual que passará a entender que nada do que ocorre é por acaso. Tudo tem sua razão de ser. Aproveite a oportunidade que está tendo. Quando a dívida for totalmente paga, você sairá da prisão e poderá continuar a caminhar de cabeça erguida.

Enquanto no sonho Marco Aurélio ouvia atentamente, aquela voz macia continuou a dizer:

— Não se lastime nem chore, porque o que você julga ser um mal é na verdade algo que vem para seu bem. Tudo é para nosso aprimoramento espiritual. Agora, meu filho, se aproxime de Alexandre, que é um afeto seu do passado. Ele muito o auxiliará no esclarecimento de sua inocência. Deixe que ele se aproxime de você. Tudo vai começar a ter um outro sentido em sua vida.

Marco Aurélio despertou do torpor que o acometera. Ao acordar, lembrou-se da mãe. Sentiu uma saudade imensa dela. Podia sentir até mesmo seu perfume pairando no ar.

O rapaz concluiu que aquele havia sido o melhor dos sonhos que tivera nos últimos tempos. Ele ignorava que, na realidade, não fora um sonho; que o espírito da mãe estivera ali na cela e aproveitara-se do torpor para poder falar com ele.

O rapaz se lembrou de que a mãe, no sonho, pedira que ele se aproximasse de Alexandre. Por isso, depois daquele dia, Marco Aurélio começou a promover uma aproximação. Cada dia que passava, o policial sentia a ternura pelo preso aumentar. Levava bolos e refrigerantes para o rapaz, bem como livros para ajudá-lo a passar o tempo. Sempre que havia alguma novidade no caso dele, Alexandre era o responsável por mantê-lo informado.

Não foi difícil para Marco Aurélio sentir verdadeira afeição por Alexandre. Ele ansiava pelos momentos da visita do amigo: pela manhã, antes de o delegado Oswaldo chegar, e depois que o delegado já havia ido embora.

A amizade entre os dois foi se estreitando a ponto de Marco Aurélio sentir falta quando o investigador, por um motivo ou outro, não podia ir a sua cela para conversar.

Entre os livros que Alexandre levou para Marco Aurélio estavam o *Livro dos Espíritos* e o *Evangelho segundo o Espiritismo*. Foi na prisão que o rapaz descobriu o gosto pela leitura. E, quando havia alguma dúvida, ele fazia questão de perguntar a Alexandre.

Certo dia, Marco Aurélio dormia com o *Livro dos Espíritos* ao lado do travesseiro que Alexandre havia levado para ele, quando o investigador, sorrindo, comentou ao se aproximar:

— Amigo, se continuar a dormir assim, vai ficar obeso!

Marco Aurélio, abrindo os olhos, ao ver a figura do amigo, perguntou:

— Que horas são?

— São quase oito e quinze da manhã. Hoje vou conversar com Oswaldo para deixá-lo tomar um banho de sol. Veja, você está parecendo uma lagartixa de tão branco — brincou o investigador.

Marco Aurélio riu. Sentando-se na cama, falou:

— Alexandre, eu estava lendo o livro que você me deu. Confesso que há uma coisa que ainda não consigo entender.

Alexandre ficou feliz em poder responder às perguntas do rapaz. Via que da parte dele havia um genuíno interesse em saber sobre os livros espíritas, tanto que a feição abatida pela clausura naquela cela se modificava nesses momentos.

— O que quer saber, meu amigo?

Marco Aurélio continuou:

— Vou lhe dizer sim, mas antes preciso tomar café. Estou morrendo de fome!

— Ah, se o seu problema é fome, trouxe broas que Luiza mandou. Vou pegar café na copa, assim podemos tomá-lo juntos.

Marco Aurélio não sabia definir seu sentimento pelo investigador. Via nele alguém importante de quem jamais poderia ficar longe, ainda que fosse condenado e levado a um presídio.

Após alguns minutos, Alexandre voltou com quatro broas de milho que a esposa havia feito e com dois copos descartáveis de café. Em meio ao café da manhã que saboreavam, o rapaz comentou:

— Alexandre, quando eu conseguir provar minha inocência e sair daqui, vou à sua casa agradecer dona Luiza pelas coisas gostosas que ela tem me mandado.

— Bem, se for à minha casa, aproveitaremos e faremos um lanche em comemoração pela sua liberdade.

Marco Aurélio então fixou seu olhar no de Alexandre. Com lágrimas nos olhos, indagou:

— Você acredita que sou inocente? Ou diz isso só para me animar?

O policial tocou o ombro do amigo e tornou:

— Se eu não tivesse certeza da sua inocência, jamais estaria aqui tomando café com você.

— Como pode ter certeza de que sou inocente, sendo que todas as evidências estão contra mim?

— Não me deixo levar apenas pelas evidências. Acredito sinceramente que seja inocente. Você não seria louco de atirar em seu pai e deixar a arma incriminadora no seu quarto, sabendo que a polícia iria investigar o local. Além do mais, sei que você é um bom rapaz, portanto lhe prometo uma coisa: farei tudo que for possível para tirá-lo dessa encrenca. Tenho certeza de que o verdadeiro assassino ainda anda por aquela casa, como uma pessoa de bem.

O rapaz, sorrindo, deixou sua cabeça pender no ombro de Alexandre, que afagou os cabelos de Marco Aurélio com carinho.

— Agora me diga: o que queria perguntar?

Marco Aurélio constatou naquele momento que jamais tivera um amigo de verdade. E decidiu que, agora que se tornara amigo de Alexandre, conservaria aquela amizade custasse o que custasse.

— Alexandre, li que todos os espíritos foram criados simples e ignorantes. Por que Deus já não os fez perfeitos?

Alexandre pensou por alguns segundos e então respondeu:

— Bem, Marco Aurélio, pense no seguinte: o que me diria se todos os seres humanos cursassem matemática?

— Não haveria professores de outras matérias — respondeu o rapaz, achando que tinha dito uma bobagem.

— Isso mesmo. Todos os espíritos têm a mesma origem, assim como todos os alunos têm sempre o mesmo início na escola. Mas só vão definir o que gostam de fazer quando estão prestes a entrar na faculdade. As diferenças que os separam não se encontram em uma diferença de espécie, como muitos acreditam. Por exemplo, ouve-se que os anjos são diferentes dos homens porque estão perto de Deus. Pelo contrário. Os espíritos angelicais são assim porque já galgaram todos os degraus evolutivos, atingindo certo estágio de evolução. O que posso lhe dizer é que os espíritos não são perfeitos porque não são nada mais, nada menos do que as almas das pessoas que estiveram na Terra, e vão precisar de muito tempo, entre uma reencarnação e outra, para finalmente crescerem por meio da reforma íntima, que vai possibilitar o desenvolvimento espiritual e moral.

Marco Aurélio ficou encantado com a lógica da resposta do amigo.

— Mas o que é essa reforma íntima de que você fala?

O policial explicou:

— A reforma íntima é a capacidade de transformarmos os defeitos em virtudes, reconhecendo nossas mazelas interiores e procurando torná-las algo positivo, por meio de um esforço vigoroso, uma vez que esses defeitos podem facilmente nos dificultar a marcha evolutiva.

— Mas de quais defeitos você fala? Eu, graças a Deus, não tenho muitos defeitos. Aliás, para ser sincero, tenho mais qualidades que defeitos — respondeu Marco Aurélio com seriedade.

Alexandre prosseguiu, sorrindo:

— Alguns dos entraves de nossa marcha evolutiva são o orgulho e a vaidade. Será que você é mesmo tão perfeito como acredita ser? Pense bem. Ao dizer que você tem mais qualidades que defeitos, você está sendo orgulhoso. Apenas o orgulhoso não enxerga com nitidez os próprios defeitos. É tão vaidoso que lhe é impossível reconhecê-los. Não esqueça, meu amigo, que, se estamos vivendo aqui neste planeta, é porque temos fraquezas com que trabalhar e erros passados a reparar. Posso lhe garantir, portanto, que estamos ainda muito longe da perfeição.

Marco Aurélio envergonhou-se por ter dito aquelas palavras. Na ânsia, porém, de mais conhecimentos, indagou:

— Alexandre, certa vez Leila, a empregada de casa, começou a frequentar um Centro Espírita. Ouvi quando Jonas disse a ela que se afastasse desses lugares porque mexer com essas coisas levam a pessoa à loucura. Até que ponto isso é verdade?

O policial, fitando intensamente seu interlocutor, passou a explicar com calma:

— Antes precisamos entender um pouco sobre a loucura. Todas as grandes preocupações do espírito podem ocasioná-la. Muitas vezes a ciência, as artes e principalmente a religião podem oferecer o ingrediente que desencadeia esse estado patológico. Porém, antes de qualquer coisa, é bom que saiba que isso só acontece quando a pessoa tem predisposição para enlouquecer. Há quem é pressionado diariamente e, ao envelhecer, é tão lúcido quanto um jovem de quinze anos; há outros, contudo, que, sob o menor grau de incitação, acabam por enlouquecer. Se observarmos seus antecedentes, já existem casos de loucura na família.

Alexandre bebericou mais um gole de café antes de prosseguir:

— Por isso, meu amigo, quem espalhou esse boato com certeza era opositor da doutrina espírita. Eu, particularmente, não conheci ninguém que enlouqueceu por causa da doutrina mas, ao contrário, vi vários casos de pessoas que chegaram à Casa Espírita em adiantado grau de perturbação. Com os tratamentos recomendados, entre eles, terapia por meio de passes e a aplicação dos ensinamentos do mestre Jesus, logo adquiriram paz interior. A doutrina espírita, posso lhe garantir, traz o equilíbrio tanto físico como psíquico, oferecendo melhor qualidade de vida às pessoas.

Marco Aurélio refletiu sobre o que ouvira e concluiu que o investigador tinha razão. Alexandre nada tinha de louco; pelo contrário, achava que ele era uma das pessoas mais lúcidas que já conhecera em toda sua vida.

— Então vou ler mais sobre a doutrina espírita. Quando houver dúvidas, espero que me esclareça.

— Faça isso, Marco Aurélio. Agora tenho de trabalhar — falou o policial, olhando para o relógio. — Certamente o delegado Oswaldo já chegou e vou precisar conversar com ele sobre determinados assuntos.

O jovem sentiu-se triste repentinamente. Com voz embargada pela emoção de ser obrigado a continuar sozinho ali, inquiriu:

— Vou ter de ficar muito tempo ainda nesta cela?

Alexandre, que estava em pé, enquanto o rapaz permanecia sentado na cama, tocou amigavelmente seu ombro e respondeu:

— Não vou mentir para você. O caso está longe de ser encerrado. Diga-me uma coisa: você conhecia os negócios de seu pai?

— Não. Meu pai não nos deixava entrar quando ficava trancado na biblioteca em reunião. Não podíamos sequer bater à porta que ele se irritava. Sempre que entrava lá com alguém, ele avisava antes para que não fosse interrompido.

— Hum... — resmungou o investigador. — E com quem seu pai costumava resolver negócios na biblioteca?

O rapaz pensou por alguns instantes.

— Era sempre com a mesma pessoa, o Rubens, a quem meu pai chamava de braço direito. Por quê?

Alexandre sorriu enigmaticamente. Sabia que haviam lhe intuído uma boa ideia. Pediu que abrissem a cela. Do corredor escuro, disse:

— Preciso descobrir mais coisas sobre esse Rubens. Tenho certeza de que ele sabe muito mais do que aparenta.

Decidiu que nada falaria a Oswaldo, que acreditava veementemente na culpa de Marco Aurélio. Mantendo o bom humor, adentrou a sala do delegado, pelo qual foi severamente repreendido.

— Alexandre, não sabia que você gostava tanto de presos assim. Não quero você metido na cela junto com esse rapaz.

O investigador conteve uma resposta mais agressiva, mas ainda assim tornou:

— Vou ter com Marco Aurélio quantas vezes forem necessárias, e a lei está do meu lado. Estou à procura de novos caminhos para a investigação, e o preso poderá me oferecer detalhes propícios para isso.

Oswaldo não queria se indispor com Alexandre. Ele era um investigador competente e, além disso, um bom amigo.

— Você é quem sabe — falou secamente. — Mas posso lhe adiantar que está perdendo tempo.

Alexandre, sem querer prosseguir com naquele rumo de conversa, perguntou:

— E o advogado do rapaz, como está indo?

— Nem ele próprio acredita na inocência do rapaz. Percebo que ele não está muito interessado no caso, além de não utilizar a tática necessária para conseguir um *habeas corpus* e livrar o rapaz.

— Oswaldo, sempre fomos amigos. Você me conhece, sabe que tenho boas intuições. Esse jovem é inocente; acredite em mim. Ele não é o assassino. Com a permissão do Alto, tudo farei para provar a você que estou certo.

Oswaldo notou o real interesse do policial no caso.

— Se acredita realmente que Marco Aurélio seja inocente, tudo bem. Considero-o um dos melhores investigadores que já conheci. Mas, quanto a mim, sinceramente não acredito no rosto de anjo desse jovenzinho. Contudo, se quiser continuar a investigar, sinta-se à vontade. Não quero que me culpem mais tarde de ter deixado um inocente preso em minha delegacia.

— Você não vai se arrepender — exclamou com entusiasmo o investigador. — Vou provar a todo mundo a inocência de Marco Aurélio. Estou certo de que o verdadeiro culpado está aí fora levando uma vida muito boa.

Oswaldo não pôde deixar de sorrir.

Alexandre pediu licença e se retirou. Dirigiu-se à caixa onde ficavam as chaves das viaturas, pegou uma delas e saiu em direção ao pátio, onde ficavam as viaturas que não estavam fazendo ronda.

Ao entrar no carro, o investigador pegou firme no volante. Fechou os olhos e proferiu sentida prece, pedindo a Deus que o ajudasse a libertar aquele inocente da prisão. Depois de rezar, ligou o carro e partiu para a casa de Rubens.

Em frente da bela casa do sócio de João, que ficava no Leblon, tocou a campainha. A empregada atendeu.

— Por favor, o senhor Rubens está?

— Não senhor. Ele está viajando.

O investigador, concluindo que nada resolveria ficar conversando com a empregada, perguntou:

— Há mais alguém na casa com quem eu possa falar?

— Sim, dona Janete está.

— Diga a ela que Alexandre, investigador policial, gostaria muito de falar com ela.

A empregada sumiu pelo interior da casa, deixando Alexandre em frente do grande portão. Em pouco tempo voltou esbaforida e rapidamente abriu o portão para que o investigador entrasse.

Alexandre observou que aquele padrão de vida era altíssimo para quem era sócio minoritário do empresário. A casa era imensa e muito elegante. Sentiu que ali havia algo errado.

Entrou na sala de visitas e aguardou a dona da casa. Dona Janete logo se aproximou, sorridente. Ela não usava maquiagem, vestia uma bermuda preta e uma blusa bege, e seus cabelos estavam soltos.

O investigador notou que a mulher era demasiadamente simples para o padrão de vida que levava. Alexandre aguardou que ela se colocasse a sua frente, para então, gentilmente, iniciar:

— Bom dia, dona Janete. Sou o investigador Alexandre. Estou aqui para lhe fazer algumas perguntas.

Janete, ainda sorridente, convidou o investigador a se sentar. Chamando pela empregada, pediu que servisse um café ao investigador.

Alexandre foi direto ao assunto.

— Dona Janete, na verdade vim até aqui para conversar com seu marido. Ele não está em casa, é isso mesmo?

— Sim. Ele pegou a ponte aérea e foi a São Paulo cuidar dos negócios de João. A esposa de nosso amigo pediu que ele continuasse no cargo e cuidasse dos negócios da família.

O policial notou a sinceridade estampada na fisionomia da esposa de Rubens.

— A senhora sabe sobre os negócios de Rubens e do amigo falecido, João?

Sorrindo ingenuamente, Janete continuou:

— Claro que sim! Todos sabem. João se deu muito bem na vida no ramo de hotelaria. Quem cuida dos negócios de João é meu marido,

Rubens, sócio e amigo. Meu marido, como lhe disse, continua a cuidar dos negócios da família, uma vez que João deixou tudo para a esposa, Kim, e o filho assassino, Marco Aurélio.

Alexandre não gostou de ouvir a palavra "assassino", mas resolveu esquecer aquele detalhe.

— A senhora sabe se Rubens também viajava para fora do país a negócios?

— Não. Ele foi uma única vez a Michigan, nos Estados Unidos, mas me parece que João preferia que ele ficasse aqui no Brasil. Segundo Rubens me disse, João vendeu o hotel que tinha em Michigan e estabeleceu-se definitivamente no Brasil. João explicou a Rubens que já não tinha tempo para nada a não ser trabalhar, e que ficar de um aeroporto para outro era perder tempo e dinheiro.

— Hum... — resmungou Alexandre, fingindo concordar. Mas, no fundo, sentiu no ar que havia alguma coisa de que a pobre esposa de Rubens sequer suspeitava. Continuou: — Quando foi que João deixou de ir aos Estados Unidos?

— Faz um bom tempo. Mais ou menos três anos. Ele não queria se matar de trabalhar. Dizia que aqui poderia conseguir muito mais até do que necessitava.

— A senhora poderia me dizer o nome do hotel que o doutor João tinha em Michigan?

— Deixe-me ver se me lembro... Se não me engano, o nome era Horen Palace Hotel. Eu me recordo de que Rubens foi à inauguração desse hotel, porém não pude acompanhá-lo porque minha mãe estava muito doente à época. Tive de ir a Campos de Jordão, em São Paulo, para visitá-la e também cuidar dela. Logo depois ela faleceu.

Alexandre simpatizara com Janete.

— Sinto muito por sua mãe.

— Obrigada. Minha mãe sofreu um derrame que a prendeu na cama por três anos. Depois de um mal súbito, ela faleceu no hospital da cidade. Sofri tanto...

A expressão de Janete se compungiu ao recordar.

Alexandre resolveu que era hora de encerrar a conversa. Havia ficado bastante tempo ali.

— A senhora sabe quando seu marido vai voltar?

— Rubens sempre faz essas viagens rápidas. Ele me disse que volta amanhã à noite.

Sentindo o coração enternecido pela simplicidade de Janete, o policial se despediu:

— Obrigado. Voltarei depois de amanhã para conversar com seu marido. A que horas poderei encontrá-lo em casa?

— Quando Rubens faz essas viagens, ele costuma ir ao escritório somente após o almoço. Se o senhor vier umas dez da manhã, vai encontrá-lo em casa.

Alexandre estendeu a mão para Janete e se retirou. Dirigiu-se em seguida para a casa que fora palco do assassinato do empresário. Ao entrar na viatura, pensou: "Janete não sabe nada sobre o trabalho do marido. Ela me parece bastante doce. Realmente, não é o que poderíamos chamar de mulher exuberante, mas tem um encanto que chama atenção". Com esses pensamentos, rapidamente chegou à casa dos Albuquerque de Lima. Em frente ao portão, viu Jair cuidando das roseiras. Apertou a campainha, esperando que o jardineiro fosse atendê-lo. Mas ele fingiu não ouvir e continuou com seus afazeres.

O investigador suspeitou daquela atitude. Como um empregado poderia ser tão relapso a ponto de ignorar alguém que chegara ao portão? Desviou o olhar para Jonas, que vinha andando calmamente ao lado da casa, em direção ao portão. O policial suspeitava de todos os empregados daquela casa. Cada um deles parecia trazer em seu semblante certo medo indefinível. Fingindo não perceber nada disso, Alexandre aguardou o mordomo, com passos de seda, aproximar-se do portão. Em tom frio, deu início à conversa:

— Preciso falar com dona Kim. Ela está?

— Sim, senhor — respondeu Jonas com gestos metódicos. Abriu o portão e ficou esperando que o policial entrasse. Guiou Alexandre para a antessala, que ele conhecia tão bem. Jonas saiu em seguida a fim de chamar a patroa.

Enquanto isso, o investigador novamente se entregou a seus pensamentos: "Por que os empregados desta casa agem dessa maneira? Mais parecem bichos acuados temendo a presença de um predador. Preciso investigar melhor esses subalternos. Eles parecem saber muito mais do que aparentam. Essa apatia a tudo que está ocorrendo em volta que noto neles não é normal. O filho do homem assassinado está na prisão, porém nem isso parece tocar esses pobres-diabos. O mistério todo está aqui, nesta casa. Preciso descobrir o que está acontecendo aqui dentro".

Alexandre foi retirado do rumo de suas reflexões pela voz de Kim:

— *Good morning. What are you doing in my house, investigator? I think we already took the murderer, so there is no reason to go back to this house.*

Alexandre, sem entender uma única palavra do que Kim dizia, respondeu:

— Nunca fui bom em inglês. Peço a gentileza de que fale em português.

Sentindo-se superior ao investigador, ela traduziu:

— Bom dia! O que faz em minha casa, senhor investigador? Creio que já pegaram o assassino, portanto, não há motivos para voltar a esta casa.

— Na verdade, é isso exatamente que o assassino quer que pensemos. Mas, na verdade, o rapaz preso foi apenas um bode expiatório que está sendo injustamente acusado de um crime que não cometeu. É meu dever, como investigador, descobrir todos os fatos. O verdadeiro assassino está tranquilo, achando que não será descoberto. Mas nada fica encoberto para sempre neste mundo.

Kim deparou com o olhar desafiador do investigador. Então seu semblante se desanuviou, e ela perguntou:

— Em que posso ajudá-lo? Creio que já respondi a todas as suas perguntas.

— Ainda faltam algumas a serem respondidas.

Kim fixou um olhar de desprezo naquele homem, que para ela não passava de um ser insignificante. Alexandre notou a atitude da mulher. Aquilo o deixou irritado. Com cinismo na voz, prosseguiu:

— Eu gostaria que me falasse sobre os negócios de seu marido: o que ele fazia, pessoas com quem se relacionava no Brasil, e também nos Estados Unidos.

Kim sentia ímpetos de mandar embora aquele homem. Mas, controlando-se, sentou-se e falou:

— Certo. Responderei tudo que sei, mas depois quero que o senhor vá embora. Tenho um chá beneficente com Janete logo mais à tarde; terei de me preparar.

Alexandre ignorou a empáfia daquela mulher e decidiu prosseguir com seus planos de investigação:

— Há quanto tempo estava casada com o doutor João?

Com um olhar de cansaço, Kim disse:

— *Seven years.*

Alexandre entendeu que ela dizia "sete anos".

— Como conheceu seu marido?

— Eu o conheci em um cassino, em Las Vegas. Estava acompanhada de meu namorado, Donald. Porém, assim que vi João, me apaixonei terrivelmente por ele.

Era flagrante para Alexandre que ela mentia. Em tom jocoso, questionou:

— Quantos anos ele era mais velho que você?

— João era mais velho que eu alguns anos, mas isso não faz diferença, não é mesmo? Há casais com diferença enorme de idade que vivem muito bem.

Alexandre não queria partir para assuntos irrelevantes. Mas estava certo de que ela se casara apenas por interesse.

— A senhora conhecia todos os negócios de seu marido?

— Não os conhecia na íntegra, pois isso só ele mesmo conhecia. Mas sabia que ele tinha um hotel também em Michigan. Isso antes de ele me conhecer. Depois ele o vendeu. Disse-me que não gostava de perder tempo em aeroportos.

— A senhora não sabe se havia outros ramos de negócios que não fossem relativos à hotelaria?

— Não. João era muito reservado sobre os assuntos de negócio. Quem poderá informá-lo melhor sobre isso é Rubens, o sócio de João.

O policial notou que a mulher respondia sem hipocrisia desta vez.

— A senhora poderia me dizer se João tinha algum inimigo?

— *Of course not!* — E traduziu em seguida: — Claro que não! João foi o homem mais bondoso que já conheci.

Alexandre percebeu certo temor na voz da mulher.

— Muito bem, por hoje é só. Mas antes peço que me leve à biblioteca. Preciso investigar uma coisa.

Kim se ressentiu de ter sua privacidade invadida daquela forma, mas, como não queria se estender naquele assunto, permitiu. Chamando Jonas, pediu que ele acompanhasse o investigador.

Ao ver o policial sumir pela soleira da enorme sala, pensou: "*This man could interfere to my plans. I should get rid of it as soon as possible*". Sem que se desse conta, automaticamente traduziu seus pensamentos: "Esse homem poderá atrapalhar meus planos. Preciso me livrar dele o quanto antes".

Envolta nessas obscuras reflexões, passou a mão pelos cabelos e saiu lentamente da sala.

❦

Alexandre estava sentado à mesa da biblioteca por mais de uma hora. Havia descoberto vários papéis que João guardara nas gavetas. Passando as mãos nervosamente pelos cabelos, avistou um livro em inglês intitulado *Holy Bible*, ou *Bíblia Sagrada* em português.

O investigador sentiu um ímpeto imediato de abrir a enorme bíblia ilustrada. Pegando o robusto volume, sentou-se no mesmo lugar que outrora era ocupado por João e passou a notar as gravuras do pesado volume. Lia vez por outra algumas palavras em inglês. Abriu acidentalmente no livro dos Salmos. Viu então um papel cheio de anotações em português. Alexandre deduziu se tratar da letra de João. As anotações continham contas e cotações do dólar, e embaixo havia um nome: Arnold Bauer. O policial tentou decifrar algumas contas, mas o que de fatou não pôde deixar de perceber foi o nome que havia embaixo. Iria à delegacia e pediria à Embaixada americana que levantasse os dados desse homem misterioso.

Escondendo o papel no bolso, o investigador se deu por satisfeito com as investigações naquele local. Ao sair, não avistou mais Kim. Quem o acompanhou até o portão foi Jonas.

Vendo-se livre das grandes grades que formavam o portal daquela casa, observou o quanto ela era bonita. Entretanto, não deixou de notar também o quanto as pessoas que faziam parte da rotina da casa eram frias, quase despidas de vida própria.

Alexandre avistou de novo o jardineiro, que saía naquele momento de trás da grande sapateira que ficava no jardim. Sorrindo, chamou-o:

— Ei, por favor, venha até aqui.

Jair ouviu o chamado e se aproximou do portão.

— O senhor me chamou?

Alexandre percebeu que havia algo estranho com o jardineiro. Ele passou a observar atentamente o homem, que aparentava ter pouco mais de trinta e nove anos. Disse calmamente:

— Você entende bem de carros?

Jair, ou James Scott, respondeu:

— A algum problema com seu carro, senhor?

O investigador, boquiaberto, notou que, pelo sotaque de Jair, ele não era brasileiro, e sim americano. Concluiu que ele era um dos homens de confiança de João.

— Não sei. A viatura não está nada boa. Cada vez que dou a partida, surge um barulho estranho no motor. Será que você pode me ajudar?

— Claro — tornou o jardineiro.

Era verdade que a viatura estava de fato fazendo um barulho estranho quando se dava a partida. Abrindo o capô do carro, Jair observou o motor. Então comentou com o investigador:

— É mesmo. Esse motor não terá muito tempo de vida. Você tem de levar a viatura a um mecânico. O carro está com vazamento de óleo.

Alexandre tentou alongar a conversa para ver se descobria mais coisas. Procurando ser gentil, prosseguiu:

— Obrigado, Jair. Nem sei como lhe agradecer.

— Não me agradeça, está tudo bem.

Sem se conter, o policial resolveu abordar o assunto:

— Você não é brasileiro, não é? Qual é seu país de origem?

Jair sentiu-se pressionado a dizer sua história sobre o Rio Grande do Sul, mas o investigador notou que o jardineiro mentia. Por isso decidiu usar de toda franqueza.

— Bem, agora chega de mentir. Como sabe, sou investigador de polícia. Creio que estou num emaranhado de mentiras e planos diabólicos. Por favor, fale-me a verdade. Um inocente está sendo acusado de um crime que não cometeu. Peço humildemente que, se souber de alguma coisa, me ajude nas investigações. Se as coisas continuarem como estão, esse inocente vai pegar uns bons anos de prisão.

Ao notar o olhar aflito do policial, Jair respondeu:

— Está bem. Vou pedir uma saída do trabalho para podermos esclarecer isso. Espere-me que desejo cooperar com as investigações. Falarei com Jonas, que é quem coordena os assuntos domésticos, e logo após me troco e vou ter com você. Não devo demorar mais que trinta minutos.

Alexandre, que achou ter descoberto um peixe, na verdade descobrira um cardume. Muito trabalho lhe seria poupado pelo fato de ter abordado o jardineiro.

Na viatura, ficou aguardando o jardineiro. Tinham se passado vinte e sete minutos quando o jardineiro, todo limpo e trajando uma calça preta com uma camisa branca, saiu da casa. A sensação do investigador foi que aquele homem tinha muito mais a oferecer do que aparentava. Ele se aproximou da viatura. Sentindo-se à vontade, entrou nela e pediu que saíssem dali pois, se algum empregado o visse no carro, poderia colocar toda a investigação a perder.

Sem entender direito o que Jair queria dizer com aquilo, partiu com a viatura em direção a um bairro tranquilo. Em frente de uma praça, onde algumas mães passeavam com seus filhos, o jardineiro começou a falar.

— Muito bem. Serei sincero, mas peço que essa conversa fique apenas entre nós dois.

Ainda sem entender direito aquele ar solene de Jair, o policial assentiu.

— Nasci em Denver, no Colorado — começou o jardineiro. — Trabalho para a Interpol, e me chamo James Scott. Estou aqui para investigar alguns delitos que houve em Santa Fé, no Novo México, há oito anos. Estou a trabalho. Há uma quadrilha da qual João Albuquerque de Lima fazia parte. A quadrilha atuava principalmente em Santa Fé. Fazia roubos de automóveis de luxo, que eram levados para Saltillo e Monterrey, no México, onde havia todo um esquema montado de receptação dos automóveis. Houve também um assassinato brutal de um empresário. O empresário era muito amigo de João. Estranho os dois morrerem assassinados, não acha?

Alexandre estava perplexo com o que estava descobrindo. Então João não era tão benfeitor assim na opinião de quem sabia realmente o que ele fazia para aumentar a sua fortuna.

— Mas que surpresa tudo isso, Jair. Eu estava na biblioteca hoje e encontrei no meio de uma bíblia algumas anotações. Descobri um nome que me deixou curioso; talvez você o conheça.

Pegando o papel do bolso, mostrou-o a Jair.

— O Arnold Bauer fazia parte da quadrilha. Pelo que investiguei nos Estados Unidos, era ele quem comandava a quadrilha.

Alexandre estava bastante intrigado com o rumo daquele caso. Mas conteve a curiosidade e permaneceu calado, a fim de que o agente da Interpol não perdesse o fio da meada.

Depois de alguns minutos contudo, sem conseguir conter-se mais, ele indagou:

— Por que você fala nesse Arnold Bauer como se ele já não devesse mais nada para a justiça americana?

Jair olhou para a mão e, tirando um pouco da terra que conservara sob suas unhas, finalmente respondeu:

— Ele não está mais neste mundo. Morreu.

Não foi difícil para o investigador concluir que todos que faziam parte da quadrilha acabavam assassinados. Depois de Jair ter terminado seu relato, Alexandre passou a falar sobre suas investigações.

Jair comentou que aquela casa guardava um segredo, pois todos os empregados pareciam temer algo. O policial, que havia notado a mesma coisa, concordou plenamente com o colega de profissão.

Depois de trocarem informações, Alexandre ficou feliz em saber que agora teria um informante na casa sem precisar a toda hora ficar face a face com Kim, que se portava como uma mulher arrogante e sem dúvida não tinha a menor intenção de cooperar com nada.

Jair gostara de Alexandre. O falso jardineiro se comprometeu a dar-lhe toda a informação necessária a fim de ajudar o rapaz que, tinha certeza, era completamente inocente da acusação de assassinato.

Depois de se despedirem, Alexandre voltou para a delegacia com o coração leve, sentido a esperança vibrar dentro dele. Afinal, a vítima tinha um considerável passado comprometedor.

Marco Aurélio estava triste naquela noite. Alexandre não voltara a tempo para conversar, como havia prometido. O rapaz estava lembrando do que havia lido em um dos livros que Alexandre lhe dera de presente quando, de súbito, sentiu um torpor tomar conta de seu corpo. Voltando contra o peito o livro que lia, intitulado *Livro dos Espíritos*, de novo viu uma bela figura de mulher atravessar as grades quando repentinamente sentou-se na cama e perguntou:

— Minha mãe, sei que está aqui. Peço que me leve para junto de ti; não estou aguentando mais ser acusado por um crime que não cometi.

A figura daquela bela jovem, olhando com ternura para o rapaz, apenas lhe disse:

— Tenha paciência, meu filho. Por certo você vai conseguir provar sua inocência. Entretanto, se sua situação atual não é das mais agradáveis, você certamente está passando por um momento em que vai poder resgatar muitas dívidas.

O jovem baixou os olhos e indagou:

— Quando vai terminar essa tortura que estou vivendo?

— Quando tiver quitado suas dívidas com aquele que foi seu pai na última existência. A única coisa que tenho a lhe dizer é que mantenha a perseverança e aja com resignação. Apenas assim poderá entender claramente o que estou lhe dizendo neste momento.

Marco Aurélio voltou a olhar para aquela bela figura.

— Não sei até quando poderei aguentar. O sofrimento está me corroendo.

— Tenha calma, meu filho. Nunca se esqueça de que Deus jamais dá um fardo pesado a ombros fracos, portanto, se está passando por isso, é porque tem a força necessária para aguentar. Porém, seus maiores aliados serão a paciência e a resignação. Não se lastime por sua sorte. Está sendo oferecida a você a chance de se redimir de seus erros. Espere em Deus. Com certeza você vencerá essa avalanche de problemas que tumultua sua mente neste momento.

Marco Aurélio observou a figura da mãe se desfazer no ar, como se estivesse se desintegrando. Abriu os olhos e virou para todos os lados, mas não viu ninguém. Porém, pôde sentir o perfume que sua mãe usava quando estava encarnada. Sentiu então indescritível paz. Sorriu, fechando os olhos, e dormiu tranquilamente.

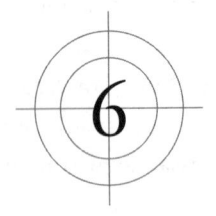

Desponta uma esperança para o caso

Oswaldo estava muito bravo naquela manhã. Acontecera um crime na avenida Brasil em que uma mulher fora morta ao ser abordada por um estranho. Identificaram a mulher como sendo Cristina Almeida, trinta e três anos, moradora de Copacabana.

O que mais irritou o delegado Oswaldo foi que Alexandre nem sequer tomara conhecimento do caso. Ainda que se tratasse de uma mulher distinta e de boa família, o crime não tinha sido cometido no intuito de um assalto, uma vez que nada fora roubado da mulher. Querendo desvendar o crime, o delegado queria que Alexandre tomasse conta do caso, mas o investigador levantou várias objeções.

— Não posso pegar esse caso. Tenho ainda de resolver o assassinato do empresário.

— Já lhe disse que esse caso foi resolvido. Agora trate de colocar a cabeça em ordem para continuar com seu trabalho.

— Como vou poder continuar com meu trabalho sabendo que um inocente está pagando por um crime que não cometeu?

— Deixe de bobagem. A arma do crime foi encontrada no quarto do rapaz. E o rapaz, por sua vez, não sabe explicar de onde apareceu a arma. Portanto, agora o trabalho é com o juiz. Deixe de pisar nas nuvens e comece a trabalhar no caso de Cristina Almeida. É a minha jurisdição e tenho de descobrir quem matou essa mulher.

— Oswaldo, você nunca teve motivos para chamar minha atenção. Jamais dei a você uma razão sequer para isso, e tampouco o farei agora. Se digo que a você que o caso do rapaz não terminou é porque não terminou mesmo. Confie em mim. Eu sei muito bem o que estou lhe dizendo.

— Alexandre, entendo que tenha se afeiçoado ao rapaz, mas isso não faz dele um inocente.

— Se insisto nesse assunto é porque sinto que o caso não terminou. Deixe-me fazer meu trabalho de bom investigador. Há coisas novas que venho descobrindo e das quais você nem faz ideia. Por isso tenho certeza de que o verdadeiro assassino está às soltas, e vivendo muito bem, diga-se de passagem.

Oswaldo jamais vira o investigador obstinado daquele jeito.

— Muito bem. Se acredita realmente nisso, me diga uma coisa: o que tem descoberto que leve você a pensar que o rapaz é inocente?

Alexandre, aliviado, teve esperanças de que o delegado não o tiraria do caso. Sendo assim, contou tudo que descobrira, principalmente sobre o fato de o jardineiro ser da Interpol e sobre os crimes que tinham ocorrido nos Estados Unidos, com os quais talvez a vítima estivesse envolvida.

Depois de ouvir o relato do amigo policial, Oswaldo, coçando a cabeça, comentou:

— É surpreendente. Então João não era assim tão santo... Continue no caso e descubra tudo sobre João e quem o assassinou de verdade. Não quero depois que me acusem de ter prendido um inocente.

— E o caso da avenida Brasil?

— Fique tranquilo. Vou passá-lo para o Querubim. Mas, lembre-se, não temos muito tempo. Talvez logo o rapaz seja transferido para a penitenciária do estado. Isso dificultaria ainda mais nossa ação.

Alexandre sabia que corria contra o tempo. Mas garantiu:

— Marco Aurélio não será transferido. Vou descobrir o verdadeiro assassino e apresentá-lo às autoridades.

Ao ouvir isso, Oswaldo sentiu orgulho de ter a seu lado um investigador tão competente como Alexandre.

O investigador pediu licença ao delegado e foi em direção à cela de Marco Aurélio. Ele havia faltado com sua palavra na noite anterior. Teria de se desculpar com ele. Mas estava trabalhando para tirá-lo da prisão.

Alexandre deu ordens para que abrissem a cela. Uma vez diante do rapaz, notou que ele estava diferente, embora não soubesse explicar por quê. O semblante do jovem não se encontrava carregado como nas outras vezes.

— Bom dia. Vai ficar dormindo aí o dia todo?

Marco Aurélio sorriu ao lhe responder:

— Não estava dormindo. Apenas olhava com os olhos fechados, pensando em tudo que me aconteceu na noite de ontem.

O policial, curioso, indagou:

— O que foi que aconteceu que não estou sabendo?

— Ontem ocorreu algo que jamais imaginei acontecer. Estava esperando sua visita quando de repente senti um sono terrível. Estava lendo o *Livro dos Espíritos*. Coloquei-o sobre meu peito e de repente vi a figura de uma mulher atravessando as grades. Não foi difícil identificar quem era. Tratava-se de minha mãe. Ela me disse para ter paciência porque eu estava saudando as dívidas que tinha com meu pai. Confesso que não entendi. Depois ela me falou outras coisas.

O rapaz passou a narrar com detalhes tudo que lhe acontecera. Alexandre ficou boquiaberto ao ouvir aquele relato.

— É a primeira vez que isso aconteceu com você?

O rapaz titubeou.

— Para falar a verdade, não... É a terceira vez. A primeira foi na ocasião daquela festa infernal. Entrei em meu quarto e minha mãe me disse que eu passaria por dificuldades. A segunda ocasião em que ela me apareceu foi para falar sobre você. Ela me disse que você me ajudaria.

Alexandre ficou feliz em ouvir os relatos do rapaz. Mas o jovem, desconfiado que era, perguntou ao policial:

— Será que isso não me aconteceu porque estou sugestionado com o livro que me trouxe?

— Como assim? Acaso quando sua mãe lhe apareceu pela primeira vez você estava lendo esses livros também?

— Claro que não. Comecei a lê-los aqui na prisão. Nunca antes tinha visto livros parecidos.

— Pois então, meu amigo, que tal aceitar o simples fato de que sua mãe está a seu lado nos momentos difíceis? Posso lhe assegurar que ela de fato esteve aqui. E tem mais: agradeça a Deus por ela estar acompanhando você nesse martírio que está vivendo.

Marco Aurélio arrependeu-se de ter tido tal desconfiança. Repentinamente lembrou-se de algo que não tinha pensado antes: aquela imagem de sua mãe que vira em nada se parecia com a mulher que sofrera muito com a enfermidade que lhe acometera, anos atrás.

— Alexandre, ontem realmente foi tudo tão real! Quando acordei, ainda podia sentir o perfume que ela usava quando estava viva.

— Então de que tem dúvida, meu jovem? É tão difícil aceitar que sua mãe veio visitá-lo ontem à noite?

Marco Aurélio sentiu alegria em ouvir aquelas palavras; tinha gostado muito de ter recebido sua querida mãe. Em seguida, para mais esclarecimentos, indagou:

— Por que vocês, espíritas, usam o termo "espiritismo", se na verdade são espiritualistas?

O investigador fixou um olhar terno naquele rapaz, sentindo-se como um irmão mais velho.

— Bem, antes de tudo, é necessário que entenda que todas as pessoas que seguem uma crença em que se admite a vida espiritual podem classificá-la de espiritualista. Uma crença espiritualista é o oposto de uma materialista. Todas as religiões têm como base o espiritualismo, ou seja, quem acredita que existe algo além da matéria pode se dizer espiritualista. É evidente que isso não implica a crença nos espíritos e em suas manifestações. Portanto, quando se quer evitar algum tipo de equívoco, é necessário que se criem novos termos a fim de distinguir uma coisa da outra. Allan Kardec, ao criar o termo "espiritismo", ou "espiritualismo", quis distinguir bem o termo, pois todo espírita é sem dúvida um espiritualista, mas nem todo espiritualista é necessariamente um espírita. Por esse motivo o codificador do espiritismo criou esses nomes. Ele queria diferenciar a codificação da nova doutrina de outras já existentes.

Marco Aurélio ficou pensando em como Alexandre era culto no assunto. Entusiasmado, prosseguiu:

— Mas por que determinadas religiões usam esse termo tão próprio da doutrina criada pelos espíritos?

Alexandre não conteve um sorriso divertido. O rapaz era inteligente, por isso utilizava o tempo dispendido na prisão para aprender algo que certamente mudaria sua vida para sempre.

— Infelizmente, hoje o uso do termo está tão generalizado que os próprios opositores do espiritismo, aqueles que no princípio o classificavam como barbarismo, não empregam outro termo a não ser este. Bárbaro ou não, o termo se mesclou à língua usual e em todas as línguas da Europa.

Marco Aurélio concluiu que o grupo espírita era sobretudo formado por estudiosos, por isso decidiu que, assim que saísse da prisão, iria conhecer a fundo a doutrina. Não se tratava de uma doutrina de ignorantes, como muitos pensavam, mas antes era constituída de pessoas que pesquisavam e liam bastante.

— Alexandre, do que realmente é formada a doutrina espírita?

O investigador encarou o rapaz e, com sinceridade no semblante, respondeu como conhecedor de causa:

— O espiritismo é formado por três bases fundamentais: a religião, que estuda e procura aplicar os ensinamentos do nosso divino mestre Jesus; a ciência, que procura estudar e experimentar os fenômenos naturais; e a filosofia, que tem a capacidade de mudar o ser, exortando sempre a reforma íntima, tão defendida pela doutrina espírita.

— O que vem a ser, de fato, a reforma íntima?

O investigador se deu conta de que era hora já de sair da cela. Ainda assim, se estendeu um pouco para elucidar a seu interlocutor:

— A reforma íntima se resume em transformar os seus defeitos em virtudes. Isso significa procurar identificar sua falha moral e corrigi-la, aproveitando enfim o seu tempo neste planeta como aprendizado constante.

Marco Aurélio não teve dúvidas de que aquela doutrina era o caminho que estava lhe faltando naquele momento crucial de sua vida.

— Marco Aurélio, a conversa está muito boa, mas preciso ir. Não vou lhe prometer vir aqui para conversarmos. Contudo, se depender apenas de minha vontade, virei sem falta. Não prometo porque não sei como será meu dia hoje. Vida de investigador é incerta. Agora estamos aqui na delegacia; daqui a pouco, estamos em qualquer outro lugar. — Sentindo súbita inspiração, decidiu perguntar antes de sair: — Você não sabe nada sobre os negócios de seu pai nos Estados Unidos?

O rapaz refletiu um pouco. Respondeu com sinceridade:

— Sempre pensei em como meu pai pôde angariar uma fortuna como a dele. O que sei é que tinha um sócio chamado Arnold Bauer, mas esse nunca conheci. Pelo que soube, ele nunca esteve no Brasil.

— E você nunca soube como seu pai conheceu esse homem?

— Não. Como lhe disse, meu pai nunca falava de negócios em outra dependência da casa que não fosse a biblioteca. E, uma vez estando lá, não permitia ser interrompido.

— Você nunca ouviu alguma conversa de seu pai ao telefone?

— Também não. Meu pai dizia que odiava telefone. Quando tinha algo a tratar com alguém, preferia fazê-lo pessoalmente.

Alexandre, em silêncio, concluiu que João Albuquerque de Lima era mesmo uma raposa. Não deixava pistas de suas falcatruas.

Despediu-se de Marco Aurélio e foi ter com o delegado Oswaldo. Bateu à porta e, ao lhe ser dada permissão, entrou. Viu que o delegado assinava alguns papéis. Iniciaram amigável conversa.

— Meu amigo, estive conversando com Marco Aurélio e percebi que João Albuquerque de Lima era um homem difícil de pegar. Não tratava de assuntos ao telefone e não participava de conversa sobre seus negócios escusos em qualquer dependência da casa que não fosse a biblioteca. Precisamos ir fundo neste caso, mas não vejo como. Quando penso que estamos desatando nós, percebo que estão mais urdidos do que eu imaginava.

O delegado, tentando encorajar o amigo, que, sabia, levava o trabalho muito a sério, incentivou:

— Não desanime. Não há crime perfeito. Esqueceu que você ainda tem seu novo amigo lá dentro da casa investigando?

— Sim, mas não tenho muito tempo. Se o rapaz for transferido, as coisas vão se complicar. Preciso desvendar logo o mistério, para que Marco Aurélio não seja colocado junto a outros presos. Sabemos que a companhia desses elementos é prejudicial para alguém bom e honesto como Marco Aurélio.

Oswaldo apenas assentiu com a cabeça e nada disse. Concordava com as palavras do investigador. Vira casos em que o preso era gente de bem mas, ao praticar um delito e ser condenado, passando a ter contato com outros presos, aprendia tudo sobre o mundo do crime e nunca mais voltava a ser o mesmo. O próprio delegado dizia aos conhecidos: "As más companhias são como ferrugem, que vai corroendo aos poucos tudo de bom que alguém veio conquistando ao longo dos anos. De fato, estragam principalmente os bons hábitos com o passar do tempo".

Alexandre se retirou. Mas sentia-se desanimado. O rumo das coisas não estava nada bom. Ao voltar a sua sala, tentou refletir sobre o quebra-cabeça que estava montando. Juntou alguns fatos, mas não conseguia avançar. Decidiu que voltaria mais cedo para casa. Somente uma boa conversa com Luiza o tranquilizava quando se sentia daquele jeito.

Assim se deu. Por volta das dezesseis horas, ele saiu da delegacia e voltou para casa. Encontrou Maria Luiza passando roupas enquanto ouvia uma música das paradas e cantava junto com ela. A bela voz da esposa foi como um bálsamo. Repetiu para si mesmo algo que nos últimos tempos pensava bastante: "Como é bom sentir que tenho minha casa como porto seguro quando estou com problemas. Ouvir a voz de Luiza e ver o sorriso de Humberto me fazem sentir o quanto sou feliz.

Maria Luiza, ao vê-lo, assustou-se. O marido não costumava estar àquela hora em casa. Perguntou com ansiedade:

— Aconteceu alguma coisa, Alexandre?

O investigador olhou com carinho para a esposa.

— Sim, ocorreu algo muito sério — proferiu ele, fazendo suspense. Maria Luiza, sentindo breve aflição, inquiriu:

— O que aconteceu? Fala já que estou sentindo aquela angústia que odeio sentir!

Alexandre, rindo, respondeu:

— Aconteceu que estou com saudades de minha esposa e de meu filho, e decidi voltar mais cedo para casa. O aconchego de meu lar é um refrigério para minha alma cansada.

Ao ouvir aquela confissão carinhosa, Maria Luzia enlaçou o pescoço do marido e deu-lhe um beijo nos lábios, correspondido por Alexandre. Com suavidade na voz, falou:

— Em meus braços você sempre terá essa proteção de que às vezes sente falta. Você sabe o quanto nós o amamos.

Alexandre se deixou levar pelos carinhos da esposa. Depois de alguns minutos, comentou:

— Bendita a hora em que me casei com você.

Maria Luiza conhecia bem o marido, por isso lhe disse:

— Querido, você sabe que eu o amo e que o conheço melhor que ninguém. Para você estar a uma hora dessas em casa, é porque está chateado com alguma coisa. Será que estou enganada?

Alexandre sentou-se na poltrona e começou a contar tudo sobre o caso, inclusive as novas descobertas. Confessou também seu desânimo diante daquele mistério. Não conseguia enxergar uma luz no fim do túnel para ajudar Marco Aurélio.

— Querido — começou Maria Luiza —, acaso já ouviu que não há nada que seja do desconhecimento de Deus? Quem melhor que Ele para ajudá-lo num momento como este? Por que, em vez de ficar pensando sem chegar a nenhum lugar, você não confia um pouco mais na Providência Divina? Entenda uma coisa, Alexandre: tudo está certo como está. Lembra que comentei que, se o rapaz cumpre uma pena indevida agora, deve ser porque algo ficou em aberto em vida passada? Pois então. Nada passa despercebido perante as leis imutáveis de Deus. Ele ficará na prisão o tempo necessário para ressarcir a dívida passada, e não será o seu desespero que vai mudar esse fato. Espere em Deus e confie. Se está acontecendo isso com Marco Aurélio, é porque Deus está permitindo.

Sentindo o marido mais calmo, continuou a falar suavemente:

— Entendo que tenha se afeiçoado ao rapaz. Mas, embora ele seja inocente de um crime que realmente não cometeu, já pensou em como ele tem aprendido nesse tempo que está encarcerado numa fria cela de prisão? Talvez, meu querido, se tudo isso não lhe estivesse acontecendo, ele não estaria aprendendo sobre as leis divinas e, principalmente, sobre a lei de causa e efeito. Mantenha a calma e espere. Estou certa de que o caso se resolverá no momento apropriado.

Observando a fisionomia serena da esposa, Alexandre sentiu uma onda de paz invadir seu ser. Em pensamento, agradeceu a Deus por ter lhe dado Maria Luiza como esposa.

Alexandre, após ter conversado com a esposa, foi brincar com o pequeno Humberto. Depois, foi ao quarto descansar. Gostava do silêncio quando se sentia triste. Estando deitado, refletiu sobre a sabedoria das palavras da esposa. Fez uma prece e sentiu-se melhor. Um torpor começou a tomar conta de seu corpo. Notou a figura de uma bela mulher à sua frente, junto ao guarda-roupa. Pôde ouvir a mulher dizer:

— Alexandre, sua esposa tem razão. Marco Aurélio realmente tem algo a ressarcir, e você não vai conseguir mudar isso. Confie em Deus, pois, de fato, tudo está certo como está. Mas não se esqueça de que pode ajudá-lo com a amizade que lhe devota, que já vem de outros tempos. Se há algo de que não deve se esquecer jamais é que ninguém paga sem dever. Em vez de se ter comiseração por Marco Aurélio, vibre muita luz para ele a fim de que possa saldar sua dívida com João. No momento apropriado ele vai sair da prisão. Para desvendar o mistério, confie em Deus, e tudo se desvendará no momento apropriado. Que a paz de Deus esteja com você.

Alexandre viu a figura se desfazer à sua frente. Logo saiu do torpor e ficou em perfeito estado de vigília, sentindo um leve perfume floral por todo o quarto.

O investigador sentou-se na cama. Fez uma prece de agradecimento. A partir daquele momento, não teve mais dúvidas: estava sendo assistido por irmãos que pensavam no bem-estar de Marco Aurélio. Sua alegria aumentou ao se lembrar das palavras da bela figura, que dissera que o mistério seria desvendado no tempo certo.

Sentindo-se muito bem, foi à cozinha. Maria Luiza preparava um lanche. Com alegria contagiante, contou:

— Querida, aconteceu algo fantástico. Assim que entrei no quarto e me deitei, senti um torpor imenso me envolver. Era como se estivesse com sono, mas eu sabia que não estava com vontade de dormir. Então a figura de uma bela mulher se formou à minha frente. Ela me disse que Marco Aurélio ficará na prisão o tempo necessário para seu aprendizado, e que esse mistério será desvendado no tempo certo. Você acredita que, ao despertar, ainda pude sentir o perfume floral em todo o quarto? Luiza, não dúvidas de que Marco Aurélio está sendo assistido pelo plano espiritual elevado, e que realmente nada fica sem resposta. Se há algo que ele precisa aprender, independentemente de minha vontade, ele aprenderá.

Luiza sentiu um contentamento enorme ao ver a euforia do marido e sua fé na espiritualidade se concretizar cada vez mais.

Desde aquele dia, Alexandre não se deixou mais levar pelo desespero. Confiava plenamente em que tudo viria à tona no momento apropriado.

Passados alguns dias, Alexandre, em uma de suas visitas à cela de Marco Aurélio, percebeu que o rapaz se encontrava um tanto abatido. Afinal, já estava preso há mais de um mês e nenhuma novidade havia sido descoberta que o tirasse daquela situação. Vendo o desânimo do jovem, perguntou:

— Meu amigo, estou aqui há quase dez minutos e você mal conversou comigo. O que está acontecendo?

Marco Aurélio levantou a cabeça. Tinha os olhos cheios de lágrimas.

— Não aguento mais essa situação. Todos os dias é a mesma coisa: acordo e durmo nessa cela fria, e você não tem nenhuma novidade sobre o caso. Por que Deus está me castigando dessa maneira? Que mal eu fiz a Ele para ficar preso como um pássaro na gaiola?

— Meu amigo, também já cheguei a me desesperar por não haver uma luz que venha desvendar esse mistério, para que seja inocentado logo dessa barbárie que aconteceu a seu pai. Porém, nada no mundo ocorre por acaso. Sei o quanto está sendo difícil para você ficar encarcerado, mas vejo que está olhando apenas o lado ruim dos fatos. Pense que há sempre dois polos em toda situação. Se olhar apenas para o polo negativo, não vai enxergar o positivo.

Marco Aurélio fixou o olhar no policial.

— E qual é o lado positivo desta situação? Estou preso enquanto o verdadeiro assassino está solto, talvez até mesmo usufruindo dos bens de meu pai, enquanto eu fico aqui, impotente, sem nada poder fazer. Para mim chega! Estou cansado. Prefiro morrer a ficar neste lugar, vendo os dias passarem por mim sem que eu consiga realizar alguma coisa.

O rapaz se entregou a um choro convulsivo. Alexandre, sentindo o peito se oprimir de tanta pena do rapaz, tentou prosseguir com o que dizia:

— Amigo, por certo não está fácil para você. Mas, não fosse esse equívoco, jamais teríamos nos aproximado. Graças a esse fato infeliz, descobri em você um amigo. Se não fosse por estar aqui, tão próximo de mim, não teria aprendido nada sobre as leis naturais de Deus. Agora lhe pergunto: como não há um lado positivo em tudo isso? Recebi uma visita há alguns dias que muito me alegrou. Era um ser espiritual, que me disse que você tem ainda algo a aprender. Com certeza, Marco Aurélio, assim que aprender o que a vida está querendo lhe ensinar, você sairá da prisão. Confie no plano espiritual. Ninguém paga por algo que não cometeu. Há algo a ressarcir de sua parte. Não é hora de desespero. Antes, é momento de entender o que deve ser aprendido, e de esperar com confiança. Os irmãos da espiritualidade estão trabalhando a seu favor.

Ao ouvir aquelas palavras, o jovem sentiu uma onda de calor invadir seu peito. O policial falava com tanta confiança que o motivara também a confiar.

— Alexandre, se não fosse você, o que teria sido de mim? Acho que teria enlouquecido neste lugar. Obrigado por tudo, meu amigo. Vou confessar uma coisa: quando você está perto de mim sinto que nada de mal vai me acontecer. É como se eu já o conhecesse antes, como se sempre tivesse me protegido. É uma loucura, eu sei, mas é essa a sensação que tenho todas as vezes que você está por perto.

Alexandre colocou a cabeça de Marco Aurélio no ombro. Carinhosamente, lhe respondeu:

— Meu amigo, é assim também que me sinto; como se fosse seu irmão mais velho, alguém que tem a obrigação de protegê-lo dos perigos. Com certeza tivemos uma ligação no passado. Portanto, de hoje em diante, você será meu irmão, aquele que não tive. Tenho duas irmãs, uma mais nova e outra mais velha que eu, mas irmão mesmo, nenhum. Quero que saiba também que não estou de braços cruzados em relação a seu caso. Para mim, o dia que você sair daqui será um dos mais felizes da minha vida. Só quero que me prometa que, mesmo longe daqui, ainda seremos amigos.

Marco Aurélio falou sorrindo:

— Está prometido. Irmãos nunca se separam, não é mesmo?

Os dois imediatamente ficaram em pé e firmaram aquela promessa com um abraço.

Depois de alguns dias, Alexandre recebeu uma ligação. Pela voz, não foi difícil reconhecer quem estava do outro lado da linha: Jair. O policial notou que ele ligava de um telefone público, pois ouviam-se os ruídos dos carros na rua.

— Alexandre, precisamos nos encontrar. O que acha de nos vermos à noite?

Sentindo-se frustrado, o investigador tornou:

— Hoje?

— Sim, descobri algo que talvez o ajude no caso do rapaz.

— Jair, infelizmente hoje não vai dar. Tenho uma reunião na Casa Espírita que frequento. Sugiro que nos encontremos amanhã.

O jardineiro, sem entender, indagou:

— Mas será que uma reunião é mais importante do que o que tenho a lhe dizer?

— Entendo você... Porém, nos últimos tempos, tenho me fortalecido com o alimento espiritual que recebo no Centro. Que acha de amanhã à noite?

— Amanhã sou eu que não posso. Farei alguns relatórios que devo enviar para a Interpol.

Então Alexandre teve uma ideia.

— Se é assim, já sei. Vou lhe dar o endereço da Casa Espírita. Você pode assistir à reunião comigo e em seguida conversamos.

Jair, perplexo com a determinação do investigador em não perder aquela reunião, respondeu:

— Certo. Passe o endereço.

O investigador se sentia contente por não ter precisado faltar à reunião do Centro Espírita. Tampouco faltaria com o compromisso junto a Jair.

— O Centro Espírita que frequento fica na avenida Presidente Vargas. É uma casa simples. Chegarei mais cedo e ficarei esperando você na frente. Chegue antes das oito. Os horários são seguidos regiamente lá.

Depois de marcado o encontro, Alexandre ficou curioso em saber o que James Scott teria descoberto de tão importante. Para procurá-lo, devia ser algo que faria a diferença no caso da morte do empresário carioca.

No horário marcado, Alexandre estava em frente da Casa Espírita quando viu um táxi estacionar. Dele saiu Jair. Após pagar a corrida, atravessou a rua e estendeu a mão para cumprimentar o policial, que já estava impaciente de esperá-lo.

— Boa noite, Jair, como vai? Tudo bem?

Jair esquadrinhou o local. Viu que se tratava de um lugar simples, que em nada parecia uma igreja.

— Boa noite, Alexandre. Temos muito que conversar. Mas vejo que aqui não é o lugar apropriado. Vou entrar com você, mas depois gostaria de ir para outro lugar a fim de conversarmos tranquilamente.

Alexandre anuiu com um gesto de cabeça. Encaminhou-o ao interior do prédio. Enquanto entravam, Jair continuava seu exame cuidadoso do lugar. Afinal, ser tão observador fazia parte de sua personalidade, e de sua profissão.

James Scott observou um quadro de Jesus à frente. Sob ele havia uma mesa com uma toalha branquinha e, no centro dela, um vaso com rosas brancas, que haviam sido colhidas naquela tarde por dona Wanda, a senhora que cuidava da organização da casa.

Enquanto estava no táxi, Jair cogitou não particiar da reunião, pensando se tratar de algum lugar obscuro — algo comum de se ouvir de pessoas que frequentavam terreiros. Mas, para sua surpresa, o lugar era claro e no ambiente havia uma música suave. Ao lado do quadro de Jesus havia uma placa onde estava escrito: "O silêncio é uma prece". E, de fato, todos estavam em silêncio antes de a reunião começar.

James Scott sentiu-se bem ali.

No horário marcado, um senhor cujo nome era Simão deu início à reunião:

— Que todos que aqui se encontram sejam bem-vindos e consigam obter o que vieram buscar.

Em seguida, Simão fez uma sentida prece em favor de todos os que estavam presentes. Jair sentiu grande bem-estar. Após a prece, o orador começou sua palestra baseado no capítulo XXV do *Evangelho segundo o Espiritismo*: "Buscai e achareis".

Após ler o que estava escrito no *Evangelho* — "Pedi e se vos dará, buscai e achareis, batei à porta e se vos abrirá; porquanto quem pede recebe e quem procura acha, e se abrirá àquele que bater à porta" —, o orador prosseguiu:

— Ajuda-te que o céu te ajudará — isso não quer dizer que basta pedirmos, sem nada fazer. Esta máxima está interligada com a lei do trabalho, que por sua vez está ligada à lei do progresso. Entre as leis imutáveis de Deus está a lei do trabalho, pois sem ele não há progresso. Sendo assim, não basta pedir; antes, temos de procurar fazer a nossa parte; temos de trabalhar e confiar, que Deus se encarregará do resto. Do ponto de vista moral, essas palavras de Jesus significam: pede a luz para clarear seu caminho que ela lhe será dada; pede forças para resistir ao mal e você a terá; pede a assistência dos bons espíritos e eles virão em auxílio a suas preces; mas, sobretudo, pede sinceramente, com humildade, sem arrogância, com a qual, se for utilizada, sentirá esvaírem-se suas forças, e as quedas que virão serão o castigo do seu orgulho.

Simão passou os olhos pelos semblantes dos presentes, interessados no que ouviam. Então continuou:

— Devemos pedir sempre forças para enfrentar nossas provas e certamente seremos atendidos em tudo que necessitarmos. Isso deixa claro que sempre devemos estar comungando com Deus em prece. Por certo seremos atendidos, desde que nossos pedidos visem nosso bem e o de outrem. Confiando, seremos atendidos.

Jair prestava atenção em cada palavra, esquecendo-se do cansaço do dia e, principalmente, da ansiedade que sentia antes da reunião em contar ao policial suas descobertas.

Ao término da palestra, o jardineiro foi encaminhado ao passe, depois do qual sentiu-se muito bem.

Já fora da Casa Espírita, Alexandre o inquiriu:

— Bem, Jair, agora podemos conversar. O que acha de ir até minha casa? Lá teremos bastante tranquilidade para nossa conversa.

Jair se sentia tão bem que, na realidade, havia esquecido o motivo que o levara até ali. O fato não passou despercebido a Alexandre, que se surpreendeu com o interesse do investigador americano.

Na casa de Alexandre, sentindo-se à vontade, James Scott comentou:

— Gostei muito de ter ido à Casa Espírita. Confesso que a princípio fiquei um tanto decepcionado, pois achei o lugar muito simples. Quando você me falou da reunião, imaginei que frequentasse um lugar suntuoso como as igrejas que conheço. Mas não... Lá havia apenas uma mesa com várias cadeiras; uma toalha branca com uma luz verde e outra azul, que ficavam na lateral da mesa; um imenso quadro de Jesus e um quadro no qual se podia ler "O silêncio é uma prece". Não entendi por que as pessoas estavam tão silenciosas antes de começar a palestra.

Sorrindo diante da sinceridade de Jair, Alexandre explicou:

— De fato, a Casa Espírita que frequento é simples. Todas são, aliás. Lembre-se de que não se deve julgar um livro pela capa. Antes, devemos procurar conhecer seu conteúdo. O que quero dizer é que não importa onde estejamos reunidos; o importante é estarmos reunidos com a mesma mentalidade e o mesmo propósito. Não foi Jesus que nos falou que, onde estivessem dois ou três falando em seu nome, ele ali também estaria? Para que sejamos socorridos pelos Espíritos Elevados, basta estarmos sintonizados com a mesma mentalidade. Se assim for, pode estar certo de que o auxílio virá. Nunca se esqueça que Jesus não era uma pessoa ostensiva como os fariseus; antes, era alguém muito simples. Mas foi o maior exemplo que o planeta já teve. Mesmo com toda a simplicidade da Casa Espírita, como você saiu de lá?

Jair pensou por alguns momentos.

— Estou me sentindo muito bem. Você não imagina quanta paz senti naquele lugar. Vou ser honesto com você: nunca saí desse jeito da igreja que frequentava.

— Por que você acha que sentiu tanta paz ao ir à Casa Espírita? Porque lá você sentiu a paz que vinha do Alto. No momento do passe, você recebeu uma energização benéfica, que o fez se sentir calmo. Às vezes, alguns chegam mesmo ao sono. Não importa o lugar onde as pessoas se reúnam, e sim a disposição mental e, principalmente, o que se ensina em tais lugares.

Jair fora preconceituoso. Sentiu-se um tanto envergonhado por ter feito um julgamento precipitado.

— Alexandre, lembrei-me agora de um livro da época do colégio. Ele trazia a seguinte frase: "Deus está nas coisas simples que os seus olhos podem enxergar". Hoje notei a verdade dessas palavras.

— Nunca se esqueça, Jair, que Jesus era um homem simples, filho de um carpinteiro. E, no entanto, não houve nenhum outro homem que se comparasse a ele.

O jardineiro passou a narrar o motivo da visita.

— Estava muito ansioso para falar com você. Posso lhe garantir que algo muito estranho está acontecendo naquela casa. O senhor Rubens chega na mansão altas horas da noite. Como não moro lá, mas tenho as chaves do portão, volto para a mansão por volta de dez da noite e me escondo no jardim para ver se descubro alguma coisa nova.

Alexandre interrompeu Jair:

— Mas é claro que os encontros com Kim não iriam parar somente porque ela ficou viúva. Eles ainda continuam se encontrando.

Jair, rindo, gostou de ouvir a dedução que qualquer um tiraria. Mas tratava-se de outra coisa. Sentindo ainda mais prazer com o que compartilharia com o investigador, continuou:

— Claro que o caso deles continuaria a todo vapor, não fosse por um fato inusitado ocorrido na noite passada.

Alexandre empertigou-se.

— O que houve de tão estranho, Jair?

— Bem, ontem à noite eu estava escondido entre as hortênsias, como em todas as outras, quando vi o senhor Rubens deixar o carro do lado de fora. Eu o vi entrar, uma vez que ele também tem as chaves do portão. Em pouco mais de dez minutos começou uma tremenda discussão, que com certeza acordou a casa toda. Mas você sabe como são os criados... Jamais levantariam para ajudar a patroa porque ela cuidava de um assunto pessoal. Ela gritou para o senhor Rubens: "Desgraçado! Nunca deveria ter me envolvido com você".

— Mas como você ouviu essa discussão se o jardim fica a uma distância considerável da casa?

— Não fui eu que ouvi. Apenas vi o senhor Rubens entrar. Quem me contou sobre a discussão foi Leila, que, aliás, sem sequer se dar conta, me relata tudo que ocorre dentro da casa. Vi quando o senhor Rubens saiu também, levando algo nas mãos. Sem nem mesmo trancar o portão, partiu furioso.

— Você conseguiu ver o que ele levava nas mãos?

— Não. Só sei que não era algo grande. Aquela coisa estava envolta em panos, o que dificultou minha identificação.

Alexandre refletiu um pouco.

— O que poderia ser? — perguntou a Jair.

— Ao que tudo indica, parecia uma arma.

Alexandre achou aquela observação bastante interessante.

— Leila é uma pessoa adorável. Ela me contou que dona Kim havia gritado umas palavras em inglês — prosseguiu o falso jardineiro —, as quais ela não entendeu bem, mas eu pude compreender o significado: "*Marco Aurélio is innocent. Rubens is the murderer of Jonh. If I really find that he is the murderer, I will put him behind bars! He does not lose by waiting...*".

Alexandre, observando que Jair falava tranquilamente em inglês, pediu:

— Por favor, não me venha com esse inglês. Não entendi nada. O que significa isso?

Jair, com um sorriso maroto, traduziu o que havia dito:

— "Marco Aurélio é inocente. Rubens é o assassino de João. Se eu realmente descobrir que é ele o assassino, vou colocá-lo atrás das grades! Ele não perde por esperar..."

— Mas Leila fala inglês?

— Não! Como sei que ela tem uma queda por mim, pedi a ela que ficasse com um gravador. E que, se ouvisse algo interessante pela casa, que ela gravasse e depois me mostrasse. No caso dessa discussão, ela fez o que lhe pedi. Fingiu que continuava dormindo, mas gravou toda a conversa e me mostrou no dia seguinte. Algumas partes da gravação estão ruins, mas esse trecho que lhe falei ficou muito nítido.

Alexandre sorriu. Com certeza, a ideia de Jair havia sido providencial.

— E então? Você trouxe a fita com a gravação?

— Sim, está comigo. Preste atenção no tom rancoroso de dona Kim.

Estendendo a mão, o policial pegou a fita das mãos de Jair e a inseriu em seu toca-fitas. Passou então a ouvir toda a conversa.

Alexandre concluiu que Rubens havia assassinado o empresário sem o consentimento da amante. O investigador pediu a Jair que o deixasse ficar com a fita porque ele queria fazer uma cópia. Prometeu entregar logo em seguida.

Resolvido isso, Jair olhou o relógio e constatou o avançado das horas.

— Gostaria de ir novamente àquela reunião — comentou James Scott. — Se porventura eu for, você não vai levantar objeções, não é?

— Claro que não — respondeu Alexandre amigavelmente. — Para mim será um prazer tê-lo conosco nas reuniões. Fico feliz que tenha gostado.

Jair saiu sem se despedir de Maria Luiza. Ela havia se recolhido a fim de deixar o marido à vontade com Jair. Despediu-se de Alexandre, que ratificou a entrega da fita assim que fizesse uma cópia.

Ao fechar a porta, Alexandre refletiu: "Bom sujeito esse Jair. A princípio não gostei muito dele. Achava que ele tinha algo a ver com a morte do pai de Marco Aurélio. Mas agora que o conheço melhor, percebo que ele não é nada daquilo que aparentava a princípio. Já que gostou de ir à Casa Espírita, vou passar para ele alguns conhecimentos que tenho da vida espiritual. Tenho certeza de que vai apreciar bastante".

O investigador apagou as luzes e foi para o quarto. Luiza já dormia. Dando-lhe um leve beijo no rosto, deitou-se e teve um sono muito tranquilo.

❧

No dia seguinte, ao acordar, Alexandre notou que a esposa não estava mais a seu lado. Olhou para o relógio de pulso e deu um salto. Tinha muitas coisas para fazer na delegacia.

Depois de se arrumar, foi até a cozinha e viu Luiza conversando com Humberto e fazendo-lhe um carinho. Contente, aproximou-se e beijou sua face.

— O café está pronto?

— Sim — respondeu Maria Luiza secamente.

A esposa não parecia bem.

— Luiza, o que está acontecendo com você? Está tão diferente hoje!

— Alexandre, você sabe que ouço os espíritos. Nunca escondi isso de você.

— Sim, eu sei. Mas o que tem isso?

— Esta noite conversei de novo com Eliseu, aquele espírito que me orienta quando preciso.

— Sei quem é. Mas por que você ficou diferente hoje?

— Esta noite ele me disse uma coisa que me deixou preocupada. Estou tentando entender mas, por mais que reflita, não chego a nenhuma conclusão.

Alexandre sentou-se na cadeira e procurou uma posição confortável. Com impaciência, falou:

— O que ele disse, Luiza? Você está me deixando nervoso.

Maria Luiza olhou para a parede como quem olha para o nada. Então continuou:

— Ele me disse que você está contra o vento, e o que julga ser, não é. Pediu que eu lhe dissesse que é para mudar a direção dos passos. Só assim você chegará ao verdadeiro assassino de João Albuquerque de Lima.

O investigador não conseguiu entender nada do que a esposa dizia. Mas anotou no bloco que sempre levava no bolso aquelas palavras.

Maria Luzia tentou não mostrar a grande preocupação que sentia.

— Luiza, não fique pensando nisso. Vamos descobrir o assassino, tenho fé nisso. É o que importa.

— Alexandre, você só vai descobrir o assassino e livrar o filho desse homem da prisão quando compreender bem as palavras de Eliseu.

Beijando a testa da esposa, o investigador tornou:

— Querida, não me espere hoje. Talvez eu não venha almoçar. Fiquei sabendo que Oswaldo vai resolver um assunto de ordem pessoal, portanto terei de tomar conta da delegacia o dia todo.

Maria Luiza, sentindo que o marido não prestara atenção na importância daquilo que ela falara, resolveu esquecer do assunto.

— Está bem. Obrigada por ter me avisado, querido. Não gosto de ficar esperando.

Olhando para o relógio, o policial saiu apressadamente de casa.

Enquanto tirava o carro da garagem, Alexandre conjecturou sobre o que a entidade que por vezes conversava com a esposa, Eliseu, havia dito: "Estou andando em sentido contrário, e aquilo que julgo ser não é. Só quando mudar a direção dos passos vou descobrir o assassino de João Albuquerque de Lima".

Alexandre sabia que aquela entidade era um irmão sério. Concluiu que, antes de mudar o rumo das investigações, deveria decifrar aquele enigma. Resolveu que seria bom conversar com alguém que compreendesse a espiritualidade. Isso deveria ajudá-lo.

Durante o dia, quanto mais pensava nas frases, menos entendia o sentido delas. O policial ficou tão confuso que chegou a rasgar o papel com o enigma, para em seguida se arrepender e rapidamente tornar a escrevê-lo no bloco de anotações.

Com a ausência do delegado, Alexandre teve bastante tempo para refletir sozinho. Subitamente, resolveu fazer uma visita a Marco Aurélio. Fazia dois dias que não ia ter com o amigo, pressionado pelo delegado Oswaldo, que não gostava de vê-lo conversar com o rapaz por muito tempo.

Pediu que o soldado Walter abrisse a cela. Como todos sabiam que, na ausência do delegado, ele o representava, Walter obedeceu.

Marco Aurélio dormia. Ao observá-lo sobre a cama, Alexandre se deu conta de como o rapaz estava magro e pálido. Tentando espantar a tristeza que a cena lhe provocou, saudou alegremente:

— Você não sabe fazer outra coisa a não ser dormir? Venho aqui para conversar um pouco e pego você tirando uma soneca.

Marco Aurélio abriu lentamente os olhos e tornou, mal-humorado:

— O que faz aqui? Não acha que a uma hora dessas deveria estar no encalço do assassino de meu pai?

O rapaz parecia irritado. Não estava muito disposto a conversar. Porém, com tato, o policial prosseguiu:

— Hoje o delegado Oswaldo está cuidando de assuntos particulares, de modo que não poderei ficar me ausentando da delegacia. Vou passar o dia todo aqui. Se o visito agora é porque eu o estimo e quero ajudá-lo. Portanto, seu mau humor de nada vai auxiliar. Só peço que tenha paciência.

Marco Aurélio não gostou do que ouviu.

— Você me pede isso porque não é você quem está aqui há mais de um mês sem poder sequer ver a luz do sol. Para ser honesto com você, já estou até torcendo para ir logo ao presídio. Pelo menos lá não ficarei detido em uma cela minúscula como esta o tempo todo. Vou poder sair e tomar sol. Você percebeu como estou branco feito cera? E ainda me pede para ter paciência? Se não é capaz de resolver o caso, diga logo que vou confessar minha culpa apenas para poder sair da delegacia e ficar num presídio. Quem sabe lá não serei tratado com mais dignidade?

Alexandre sentiu como Marco Aurélio estava amargurado. Com voz enternecida, respondeu:

— Você não pode fazer uma coisa dessas. Sabe o que significa confessar um crime que não cometeu? Será julgado e condenado, ainda mais com a repercussão que o caso teve nas emissoras de rádio e tevê. Agora não é hora de desespero. Pelo contrário, é hora de confiar. Seja um pouco mais resignado; somente assim entenderá o que a vida está querendo lhe mostrar.

— O que a vida está querendo me mostrar? Por favor, não me faça rir! A vida está querendo me manter preso aqui por um crime que não cometi. Está satisfeito com minha explicação lógica sobre sua teoria?

— Marco Aurélio, entenda uma coisa: estou fazendo o que posso no seu caso; não tem ninguém nessa delegacia que deseja pôr a mão no verdadeiro assassino de seu pais mais do que eu. Você tem de entender minha posição. Seu pai convida várias pessoas influentes para uma festa e onze delas levam armas com o mesmo calibre para a festa. Uma das armas some e depois aparece em seu quarto. O que posso fazer se infelizmente todas as evidências estão contra você? Para completar, venho até aqui para saber de mais detalhes sobre a festa, porque num caso como esse um detalhe mínimo pode fazer toda a diferença, e o que encontro? Um rapaz mal-humorado que me criva de acusações infundadas. Acha que eu não estou fazendo nada; ou melhor, me toma por um incompetente. Como quer que me sinta?

Sabendo o quanto tinha sido duro com Alexandre, e com lágrimas nos olhos, o jovem respondeu, voz embargada:

— Desculpe, meu amigo. Sei o quanto quer me ajudar. Mas estou me sentindo como um leão enjaulado que, a qualquer movimento, pode atacar. Por favor, só tenho você, ninguém mais!

Marco Aurélio não se conteve mais e chorou sentidamente. Alexandre, comovido, não sabia o que dizer, então ficou em silêncio, ao lado do amigo.

Depois que as emoções foram serenando, tornaram a conversar.

— Você descobriu alguma coisa sobre meu caso? — perguntou Marco Aurélio.

— Para falar a verdade, seu caso está mais enrolado que bola de lã — respondeu o policial em tom brincalhão. — Tenha calma, meu amigo. Você só se verá livre da justiça quando aprender o que tem de aprender.

— Como poderei aprender alguma coisa estando nesta cela fria, como um leão enjaulado?

— Muitas vezes pensamos que estamos em um túnel onde há somente escuridão. Mas a luz sempre virá. Por que, em vez de se desesperar, não confia em Deus? Vejo que não me pergunta mais coisas sobre a doutrina espírita nos últimos tempos. Você não é tolo; já deveria ter entendido que tudo por que passamos na vida tem sua razão de ser.

— Perdoe-me, meu amigo. Às vezes sinto uma angústia tão grande ao saber que o verdadeiro assassino está solto, observando de longe que arranjou um bode expiatório para seu crime.

— Não me peça desculpas. Entendo sua situação. Estou aqui para ajudá-lo. Claro que para mim será uma grande vitória pessoal descobrir o assassino de seu pai, mas por ora tenho a lhe dizer que somos todos culpados. Se temos de sofrer, somos, de alguma forma, responsáveis pelo sofrimento.

— Acabo de ver que você não é meu amigo como diz — respondeu Marco Aurélio, outra vez irritado. — Acabou de dizer que sou o culpado por toda essa situação. Chega! Vou confessar e pronto. Assim não fico mais nessa agonia.

Alexandre, sem se deixar levar pelas palavras do rapaz, explicou com serenidade:

— Não estou dizendo que foi o culpado da morte de seu pai. Pensei que pelas leituras que fez e por tudo que conversamos você já tivesse entendido que vivemos muitas vezes na Terra. Como sabemos, não somos bons. Como disse nosso Divino Mestre Jesus: "Bom é Deus". Não há, portanto, nenhum ser humano totalmente bom na face da Terra. Se fôssemos bons, não estaríamos aqui.

— Seja sincero comigo, Alexandre: você realmente acredita em minha inocência, ou está apenas se fazendo de amigo?

— Ora, se continuo trabalhando no caso; se venho lhe fazer companhia; se lhe trago livros, é porque acredito em sua inocência, sim! E tem mais: não sou do tipo que se faz de bonzinho com presos que, eu sei, muitas vezes estão mentindo. Com você é diferente. Sinto que é inocente. Não bastasse isso, também há as mensagens que recebi de irmãos da espiritualidade, que me disseram que você sairá daqui quando tiver aprendido o que precisa. Portanto, amigo, confio em você e sei que é um bom rapaz.

Marco Aurélio viu sinceridade nos olhos de Alexandre. Deixando-se levar por um abraço, respondeu:

— Obrigado, meu amigo. Sei que confia em mim. Pode ter certeza de que tudo que lhe digo, ou digo ao doutor Oswaldo, é a mais pura verdade. — Lembrando-se do que o amigo dissera antes, continuou: — Você me disse que recebeu mensagens do além. Como se deu isso?

— Em uma das vezes entrei num estado de torpor. Cheguei em casa e senti um sono apoderar-se de mim quando de repente apareceu em meu quarto uma mulher. Ela me disse que você ficaria detido o tempo necessário para o seu aprendizado. E hoje aconteceu algo também interessante. Esta manhã, Luiza, que tem a capacidade de ouvir os espíritos, me disse claramente que era para eu mudar a direção dos passos na investigação, pois tudo que penso ser, não é. Não há dúvidas, meu amigo, de que o Alto tem lhe assistido.

— Como sua esposa consegue ouvir espíritos se eles são invisíveis a nossos olhos e, portanto, também inaudíveis?

Alexandre ficou contente porque a animosidade com o que o jovem o recebera tinha desaparecido.

— Os espíritos são invisíveis à maioria das pessoas — explicou —, mas há quem tenha capacidade para vê-los e ouvi-los. Quem vê espíritos são os médiuns videntes, porque conseguem ver seres que se encontram no mundo espiritual. E médiuns audientes são os que ouvem o que os espíritos dizem. Minha esposa é um desses médiuns. Quando Eliseu, o espírito que a visita, tem algo a lhe dizer, ele fala claramente com ela.

— Mas como é ouvir os espíritos? — quis saber Marco Aurélio.

— Alguns médiuns podem ouvir perfeitamente o que o espírito tem a lhe dizer, como se alguém estivesse ali conversando com eles. Outros têm a capacidade de ouvir o que a entidade diz em seu íntimo, como uma voz interior.

— Nossa, gostaria de ouvi-los também!

— Não são todos que têm essa capacidade, Marco Aurélio. Há também os espíritos adiantados, que só conversam quando têm algo importante a dizer. Não ficam trocando conversinhas o tempo todo com o encarnado — brincou Alexandre, querendo descontrair a conversa.

— Mas como sua esposa descobriu que tinha esse dom?

Alexandre sorriu. Bem-humorado, prosseguiu:

— Luiza me disse que quando era criança ouvia vozes. Em outros momentos, ouvia risadas ou até mesmo ameaças. Sua mãe a levava à igreja para se confessar, achando que ela mentia. Ela vivia cumprindo as penitências que o padre mandava porque ninguém acreditava nela. Ela se tornou, então, uma católica praticante. Com o tempo, isso melhorou, mas, quando tinha vinte e seis anos, as vozes voltaram. Desta vez, foi ainda pior. Ela acordava no meio da noite somente para conversarem com ela, ou até mesmo para que a xingassem.

Satisfeito com o interesse que via nos olhos do jovem Marco Aurélio, o policial continuou:

— A princípio, Luiza ficou com tanto medo que dormia com um crucifixo embaixo do travesseiro, além de ler a Bíblia e rezar. Mas que nada... As vozes continuavam. Quando a conheci, ela passava por essa crise. Na ocasião tinha emagrecido muito e julgou estar ficando louca. Quando nos casamos, para ser honesto, eu não acreditava muito nela, até que certo dia ela me acordou à noite e me disse que havia um homem no quarto. Ele havia dito que eu tinha comprado um presente para ela. Ela me perguntou sobre o presente, e confesso que fiquei atônito, pois de fato o havia comprado. Tinha deixado o presente na casa de Daniel, um amigo. Iria comemorar, no dia seguinte, um ano de casamento, então tinha comprado um anel com um diamante para minha esposa.

— Então você acreditou que ela falava mesmo com os espíritos?

— Meio perturbado, perguntei se o espírito tinha dito o que eu havia comprado. Ela respondeu: "Segundo me disseram, é um solitário, que você deixou na casa de um amigo". A partir daí, não tive mais dúvidas de que ela realmente falava com eles. Naquela época eu tinha decidido levá-la a um psiquiatra, mas, depois que ela me contou isso, mudei de ideia. As vozes continuaram. Um amigo aqui da delegacia, que foi transferido para Niterói, me disse que a sensibilidade de Luiza estava aflorada e que eu precisava levá-la a um Centro Espírita. No começo eu não queria, pois tinha ouvido muitas histórias sobre os centros espíritas, mas, como a situação era desconfortável, acabei sendo obrigado a levá-la. E foi assim que ela conseguiu entender que ser médium audiente nada tem de extraordinário; é apenas uma ferramenta a mais de trabalho. Passamos a frequentar a Casa do Caminho, fizemos muitos cursos juntos, inclusive o estudo do *Livro dos Médiuns,* que ajudou bastante Luiza a trabalhar com sua sensibilidade e eu a entender o que se passava com ela.

— Mas você não ficou assustado em se casar com alguém que ouvia vozes? Antes vocês não sabiam nada sobre espiritismo, não é?

— Sempre amei minha esposa, mas, antes de conhecer os fenômenos espíritas, quando ela me dizia que estava ouvindo vozes, sentia uma espécie de pena por achar que ela não estava em seu juízo perfeito. Depois que comecei a estudar a doutrina, entretanto, meu casamento melhorou. Antes eu a tratava com todo o cuidado do mundo, como se fosse alguém doente, algo que a irritava muito; depois que vi que se tratava de um fenômeno extremamente natural, passei a tratá-la normalmente, e nosso relacionamento melhorou.

Marco Aurélio ficou encantado ao saber que havia pessoas que tinham a capacidade de ouvir os espíritos. Prometeu a si mesmo que, assim que saísse da prisão, iria ter com Maria Luiza para saber ainda mais sobre o assunto.

Alexandre estava mais aliviado agora. Sabia que a revolta de Marco Aurélio havia passado e que ele não cometeria a imprudência de confessar um crime que não tinha cometido. Foi interrompido de seus pensamentos pelo soldado Walter, que vinha lhe dar o recado de que o aguardavam ao telefone.

Alexandre pediu licença e se retirou. Sentando-se, e repentinamente sentindo uma calma que nem mesmo ele sabia explicar, pegou o telefone.

— Alô.

— Alexandre, sou eu, Jair. Será que poderíamos nos falar hoje?

Alexandre empertigou-se na cadeira.

— Claro! Aconteceu alguma coisa?

— Sim, mas não posso dizer agora porque estou num telefone público. Peço que nos encontremos à noite. Pode ser?

— Pode sim. Se quiser passo aí para pegá-lo no trabalho.

— Aqui não. Não quero que ninguém nos veja juntos. Podemos levantar suspeitas, e isso atrapalharia o rumo da investigação.

— Está certo. Então vá até a minha casa. Vou esperá-lo às oito e meia. O que me diz?

— Ótimo! Estarei lá.

Alexandre estava curioso: o que será que Jair tinha descoberto de tão urgente que o fizera deixar o trabalho só para ligar de um telefone público?

O policial seguiu com a rotina de trabalho, sentindo o coração bastante tranquilo. Decidiu trabalhar bastante para que o tempo passasse depressa.

Depois que o investigador saiu da cela, Marco Aurélio continuou pensando em tudo que havia conversado com Alexandre. Entusiasmou-se em saber que, talvez, estivera todo esse tempo em contato com a mãe; afinal, já sonhara com ela várias vezes.

Depois daquele dia, não mais se queixou de sua sorte, tornando-se o mesmo rapaz de antes: cordato, embora calado. Conquistou até mesmo a simpatia de Oswaldo, que antes tanto duvidara de sua inocência. Agora também o delegado tinha sérias dúvidas sobre se o rapaz era o culpado ou se apenas fora usado como bode expiatório de uma sórdida história.

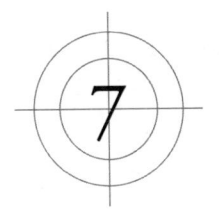

A favor do vento

Quando chegou em casa naquela noite, Alexandre estava realmente ansioso pela visita de Jair.

Tomou um banho e, assim que se aprontou, encontrou a esposa sentada na sala lendo o livro *O Que É o Espiritismo*, de Allan Kardec. Absorta que estava na leitura, assustou-se quando o marido lhe disse:

— Pelo jeito, a leitura está boa.

Sorrindo, Maria Luiza respondeu:

— Este livro, bem como outros de Allan Kardec, foi um presente para a humanidade. Veja que interessante o comentário de Allan Kardec: "Os bons Espíritos nos vêm instruir para nosso melhoramento e avanço, e não para revelar o que não devemos saber ainda, ou o que só deve ser conseguido pelo nosso trabalho".

Alexandre sentou-se perto da esposa.

— Como assim, Luiza?

— Querido, se os espíritos viessem responder tudo que queremos e precisamos saber, entrariam em contradição com uma das leis de Deus, que é a lei do trabalho. O que seria dos encarnados se perguntassem aos espíritos sobre as curas das doenças, ou sobre novas descobertas que pudessem ajudar a humanidade? Ficariam esperando que tudo lhes caísse do céu; não se preocupariam em trabalhar, em estudar, ou seja, ficariam inertes diante do comodismo.

O policial lembrou-se do caso de Marco Aurélio, e comentou com a esposa.

— Os Espíritos esclareceram apenas que não foi Marco Aurélio quem atirou no pai, mas você acha que eles poderiam esclarecer o crime para nós?

— Eles não vão dizer claramente quem é o assassino, providenciando endereço e ficha completa do meliante. Não, querido. Por outro lado, esclareceram que o rapaz sairá da prisão assim que tiver aprendido o que precisa. E, quando Eliseu me pediu que lhe transmitisse aquele enigma, somente o fez porque sabia que você estava desanimado e, talvez, se abandonasse as investigações, o rapaz ficaria na prisão mais tempo que o necessário.

O investigador foi tomado de grande ternura. Sua esposa se dedicava bastante aos estudos da doutrina; sempre que tinha dúvidas, ela as esclarecia. Prometeu a si mesmo que faria tudo para proteger aquela criatura que tanto amava.

Alexandre pediu à esposa que lhe preparasse um lanche com um café. Ele não tinha o hábito de jantar, mas estava bastante faminto naquele dia. Então a campainha tocou.

Maria Luiza, da cozinha, pediu a Alexandre que a atendesse.

— Coloque mais uma xícara à mesa, querida. Chegou quem eu esperava.

Luiza colocou mais uma xícara à mesa. Logo pôde ouvir vozes na sala. Ouvindo o sotaque norte-americano, a esposa de Alexandre não teve dúvidas de quem se tratava.

Jair havia chegado pontualmente.

Depois de se sentarem, Alexandre, curioso, foi logo dizendo:

— Jair, afinal de contas, o que houve para que viesse aqui esta noite? Acredito que tenha acontecido algo importante, não?

Acomodando-se na poltrona, o jardineiro respondeu:

— Sim, aconteceu. Ontem passei mal no trabalho. O sol estava escaldante, e acho que minha pressão caiu. Jonas, o mordomo, me levou para dentro da casa. Fiquei muito mal mesmo.

— Jair, você não pode ficar exposto ao sol o dia todo como tem feito. Tem de se cuidar — respondeu Alexandre, preocupado.

— Vou tomar mais cuidado daqui para frente... Bem, estando lá dentro, Jonas me deixou deitado num colchonete no quarto de Leila. Você sabe que o quarto de Leila fica bem perto da lavanderia, e de lá é possível ouvir tudo que se fala na cozinha. Então, mesmo aturdido pelo mal-estar, ouvi Leila dizer: "Dona Kim não vai almoçar hoje aqui. Disse que iria à casa de dona Janete, a esposa do Rubens". Jonas respondeu: "Olha, Leila, vou contar uma coisa a você, mas quero que fique apenas entre nós dois: na manhã seguinte ao assassinato do doutor João, enquanto o delegado e aquele investigador conversavam com o menino Marco Aurélio na biblioteca, eu estava abrindo as cortinas quando deparei com dona Kim saindo do quarto do rapaz".

Jair passou a narrar literalmente o diálogo que continuava entre os dois:

— Mas o que ela foi fazer no quarto dele? — perguntou Leila, interessada.

— Eu é que sei? Mas vi que ela estava estranha, com um jeito de desconfiada. Ao me ver, apenas falou: "Já abri as cortinas do quarto de Marco Aurélio".

— Muito estranho, Jonas. Pois também naquele mesmo dia, antes de o delegado chamar o menino Marco Aurélio, vi dona Janete e o doutor Rubens andando pelo corredor, mas não notei nada estranho neles... Pareciam estar estarrecidos com a tragédia que se abatera com a morte do doutor João. Dona Kim com certeza foi fazer alguma coisa muito importante no quarto do rapaz. Ela nunca entra naquele quarto! E não é novidade para ninguém que ela sempre odiou Marco Aurélio. Sabe uma outra coisa que tenho achado esquisita? Você percebeu como dona Kim agora passa horas trancada na biblioteca e, quando alguém a visita, ou seja, o doutor Rubens ou o doutor Vítor, parece ter hora marcada, pois sempre que chegam ela está na biblioteca, como se os tivesse esperando?

— Percebi isso sim, Leila. Claro que o doutor Rubens tem negócios com ela, mas e o doutor Vítor? Por que vem tantas vezes a esta casa?

Em tom malicioso, Leila respondeu:

— Sabemos que "negócios" o doutor Rubens vem tratar com ela... — e caiu na gargalhada.

Jonas, mais reservado, apenas comentou:

— Leila, contenha-se! Isso não é da nossa conta. Acho melhor pararmos com essa conversa. Prezo muito meu trabalho. Se eu for mandado embora por causa de alguma fofoca, onde mais vou trabalhar? Já não sou mais nenhum rapazote.

Leila, ainda rindo, deixou Jonas sozinho na cozinha.

Jair terminou sua narrativa sobre o diálogo que ocorrera entre os dois empregados. Ao notar o semblante reflexivo de Alexandre, disse:

— Alexandre, parece que não está prestando atenção em nada do que lhe disse!

— Não é isso, meu amigo. É que, com sua revelação, tenho algo que está fundindo minha cabeça.

— Não estou entendendo...

— Minha esposa recebeu uma visita de um espírito. Ele pediu que eu mudasse a direção dos passos nessa investigação. Agora começo a compreender determinadas coisas. Eu estava apenas investigando os convidados da festa, mas quem realmente tem acesso à casa inteira?

— Os empregados da casa — respondeu Jair.

— Isso mesmo. Jonas disse que estava abrindo as cortinas. Por que as abriria, se elas não foram fechadas? Quando damos uma festa, não nos preocupamos em fechar as cortinas, uma vez que o ambiente é descontraído. Normalmente, deixamos as cortinas abertas, ou parcialmente fechadas, para que haja entrada de ar.

Jair ouvia as deduções de Alexandre em silêncio. O investigador continuou:

— Se as cortinas estavam abertas, porque se tratava de uma noite festiva, por que Jonas iria abri-las? Você não acha muito estranho o fato de somente ele ver Kim sair do quarto do rapaz enquanto ele nos dava esclarecimentos na biblioteca? Vamos ainda um pouco mais longe... Por que somente agora, um mês depois do ocorrido, ele comentou isso com Leila?

Jair tentava entender aonde Alexandre queria chegar.

— Pelo que me diz, você acha que o mordomo pode muito bem estar querendo incriminar a patroa?

— Isso mesmo — respondeu Alexandre. — Se se trata de um detalhe tão importante, por que o mordomo não nos contou o ocorrido quando fizemos as primeiras perguntas? Ademais, Leila disse que viu Janete e Rubens andando pelo corredor. O que faziam na parte superior da casa?

Jair estava bastante confuso.

— O que quer dizer com todas essas observações?

— Ora, meu amigo, quero dizer que de fato estávamos indo na direção contrária do vento. Em vez de esperarmos descobrir algo de dona Kim ou de Rubens, o melhor que temos a fazer é começar a investigar os empregados. Tenho certeza, agora, de que sabem muito mais do que dizem.

— Meu amigo — falou Jair, dando um sorriso —, talvez pense que essa história é como um dos filmes de suspense americanos, em que a culpa é do mordomo?!

— Não, Jair. Aí é que você se engana... Digo apenas que Jonas e Leila sabem muito mais do que dizem, e que devemos mudar o rumo da investigação. Isso significa começar por eles!

Jair concordava com a lógica do investigador.

— Está bem. De amanhã em diante, vou procurar arranjar desculpas para ficar pelo menos na lavanderia. Se eles sabem de algo que ainda não falaram, pode estar certo de que vou descobrir.

— Só lhe peço que tenha calma. Leila, apesar de falar demais, é muito arguta. Temos de encontrar outra forma de fazê-la falar.

— Sempre soube que Leila tem uma queda por mim. Mas, como estou lá a trabalho, não costumo misturar as coisas. Porém, se você quiser, posso galantear a moça. Por estar apaixonada, ela vai querer fazer tudo que eu pedir.

Alexandre pensou melhor, e respondeu:

—Não acho certo que brinque com os sentimentos dela, ainda que tenhamos algo sério para descobrir. Uma das máximas de Jesus é que não façamos aos outros o que não queremos que nos façam. Acho que você pode se aproximar dela como amigo, apenas. Por favor, peço a você que não a faça sofrer.

Jair, um tanto confuso, perguntou:

— Mas você não tem pressa em descobrir quem de fato matou aquele criminoso João Albuquerque?

— Tenho pressa sim, porque um inocente está prestes a pagar por um crime que não cometeu. Mas não pense que os fins justificam os meios. Não podemos enganar Leila desse jeito.

— Para mim, o que vale é a intenção — respondeu Jair. — Se for por uma boa causa, acho que vale a pena sim.

— Está enganado, meu amigo. Acaso nunca ouviu falar na lei de causa e efeito? — tornou Alexandre, mudando o rumo da conversa.

— Lei de causa e efeito? O que é isso?

Alexandre explicou ao agente da Interpol:

— Ouvimos muitas vezes se falar sobre a lei de causa e efeito, porém muitas pessoas ignoram sua existência. Contudo, se prestarmos atenção, veremos que ela realmente existe. A lei tem nome de "causa e efeito" porque nos dá a oportunidade de revivenciarmos nossas experiências. Por meio dessa lei recuperamos o tempo perdido, no caso de, no passado remoto ou recente, termos prejudicado alguém. A lei de causa e efeito vem como possibilidade de reparo de nossos erros. Dizemos então que o homem tem a oportunidade de ressarcir seus erros por meio dela.

Tomando fôlego, continuou a narrativa esclarecedora:

— Muitas pessoas pensam que essa lei se aplica somente para o futuro, mas se enganam. Muitas vezes a oportunidade vem bem rápido. Pensamos que estamos sendo castigados, mas na verdade não é bem assim. Temos de compreender que tudo que nos ocorre é sempre por meio de nossa improcedência. Portanto, Jair, talvez você pense que, por trair Leila em seus sentimentos mais caros, vai conseguir tirar algo dela e que tudo ficará por isso mesmo. Mas nada fica sem resposta. Se não for agora, poderá ser no futuro. Por isso dizemos que toda ação tem uma reação. Você pode envolver Leila em uma sedução, mas como ela se sentirá quando descobrir que você não nutre por ela o mesmo sentimento?

— Com certeza, ela sofreria — tornou Jair.

— E você acha que uma ação assim não teria consequências? A lei de causa e efeito nos deixa claro que tudo que fazemos terá uma consequência. Se será danosa ou não, depende apenas do que fazemos agora. Se não quiser colher frutos amargos, Jair, procure lançar sempre boas sementes.

Jair, constrangido, compreendeu o ponto de vista do policial.

— Você tem razão. Pensei como um crápula.

— Não, você seria um crápula se soubesse de tudo que acabei de lhe dizer e, ainda assim, resolvesse se aproveitar da moça.

— Bem, já que é assim, vou tentar conquistar a confiança de Leila para que ela possa me contar tudo que sabe sobre a manhã seguinte ao dia do assassinato.

— Assim é que se fala. Percebi que você é um homem de princípios. Leve para casa mais uma lição aprendida sobre a doutrina espírita. E, se quiser conhecer outras leis, pode vir à minha casa toda segunda-feira à noite. É quando estudo com minha esposa o *Livro dos Espíritos*.

Jair não podia acreditar no que ouvia. Desde aquele encontro na Casa Espírita, vinha almejando visitar mais vezes o investigador para falar sobre o assunto. Aquele convite era providencial. Além de desfrutar da companhia do investigador, também iria absorver conhecimento sobre aquela doutrina singular. Prontamente respondeu:

— Para mim será um prazer! Virei todas as segundas-feiras estudar com você os fenômenos espíritas. Tenho tantas perguntas, mas até agora não obtive nenhuma resposta satisfatória. Muito obrigado pelo convite, amigo!

Dando um tapa amigável nas costas de Jair, o policial convidou:

— Que acha de irmos à cozinha tomar um café? Até agora lhe servi nada — brincou o dono da casa.

— Não quero abusar de sua bondade. Já é tarde. Vou deixar o café para segunda-feira, quando sua esposa estiver presente.

— Combinado. Se é assim que quer, assim será. Mas não esqueça do que conversamos hoje. Não faça nada sem pensar nas consequências. Dessa maneira, sempre evitamos muitos aborrecimentos.

— Por certo, Alexandre. Hoje você me ajudou a pensar melhor a respeito das minhas ações. Aprendi que, para um bom policial conseguir o que quer, ele deve fazer o que for necessário, mas agora, vendo por esse ângulo, vejo que as coisas não são bem assim.

Jair se dirigiu à porta da sala e Alexandre o seguiu. Os dois se despediram. Quando fechou a porta atrás de si, o investigador pensou consigo mesmo: "Bom sujeito esse James Scott. Ele vai entender logo que nem tudo que se aprende em uma academia de polícia deve ser feito".

Meneando a cabeça, dirigiu-se ao quarto. A esposa já estava dormindo.

Kim Albuquerque levantou cedo naquela manhã.

— Leila — falou a patroa, ao cruzar com a empregada pela casa —, não arrume meu quarto. Vou sair mas, quando chegar, pretendo me deitar.

A empregada estranhou o pedido da patroa, mas não ousou perguntar por quê. Disse apenas, com tom mal-humorado:

— Pois não, senhora.

Após tomar seu café da manhã — uma xícara de café preto com uma torrada —, Kim se dirigiu à garagem. Encontrou Cláudio, o motorista, limpando o carro. Cláudio estranhou ao ver a patroa de pé tão cedo. Desde que o marido havia morrido, ela só saía de casa depois das três da tarde. Mas, naquele dia, eram sete e meia da manhã e ela já ia precisar de seus serviços.

Abrindo a porta do carro, perguntou:

— Onde quer que eu a leve, senhora?

— Não quero que me leve a lugar nenhum. Vou sair e preciso que me dê as chaves e os documentos do carro.

O motorista, desde que entrara naquela casa, nunca vira a patroa sair sozinha, ainda mais dirigindo numa cidade onde o trânsito era caótico àquela hora da manhã. Naquele horário, todos os trabalhadores estavam saindo de casa. Mas, sem contestar, Cláudio rapidamente entregou as chaves e o documento do carro para a patroa. Informou ainda que o carro estava em ordem e abastecido.

Kim, sem nem mesmo prestar atenção ao que o motorista lhe dizia, mandou:

— Abra os portões logo. Estou com pressa!

Cláudio obedeceu à patroa. Pegou uma das chaves do porta-luvas do carro e saiu em direção ao portão. Em poucos minutos, Kim partia, a toda velocidade.

O motorista gostou de a patroa ter saído com o carro. Assim, enquanto ela estivesse ausente, ele poderia beliscar alguma coisa na cozinha, uma vez que os outros três carros estavam em perfeitas condições, limpos e abastecidos.

Ao volante, Kim chorava. "Tenho de impedir que Vítor faça isso. Quem ele pensa que é para ficar me ameaçando? Se ele se meter em meu caminho, vou despedaçá-lo como se fosse uma pulga. Ele vai se arrepender de ter me conhecido." Pensando assim, Kim dirigia em alta velocidade na direção do Leblon. Precisava conversar urgentemente com Vítor. Na noite anterior, pelo telefone, ele a ameaçara.

Kim não podia ver, mas havia uma entidade sentada a seu lado, que lhe inspirava os pensamentos: "Kim, faça alguma coisa por Marco Aurélio. Não foi ele quem fez isso comigo. Ajude-o, por favor. Só assim você vai me provar que realmente me amou".

Kim, sem ter ouvido nada do que João lhe dizia, sentiu um arrepio a lhe percorrer os braços e a espinha, como se, de alguma forma, tivesse captado o que a entidade lhe inspirava. "Preciso esquecer essa droga de assassinato! Tenho coisas mais importantes a fazer. Se Vítor abrir a boca, será um vexame. Como vou conseguir provar minha inocência?"

Ao entrar em uma rua arborizada do Leblon, Kim estacionou diante de um elegante edifício. Saiu do carro e dirigiu-se ao porteiro.

— Por favor, o doutor Vítor já saiu?

— Senhora, para ser sincero, não o vi sair hoje não. Talvez tenha perdido a hora... Ele sempre sai às oito. Mas agora já são oito e meia, e ainda não vi o doutor sair.

Depois de agradecer, Kim dirigiu-se a seu carro e ficou esperando que Vítor saísse do prédio.

Passava das nove da manhã quando o viu sair com seu carro. Kim deu partida e avançou, bloqueando a saída do estacionamento. Ao vê--la, Vítor sorriu.

— Ora, vejam só. Vejo que está dando plantão em frente do meu apartamento. Que bons ventos a trazem? — perguntou ele sarcasticamente.

— Vítor, preciso conversar com você. Por favor, saia do seu carro e entre no meu. Vou levá-lo a um lugar tranquilo para conversarmos.

Passando os olhos rapidamente pelo relógio, Vítor respondeu:

— Ah, querida, creio que agora não será possível. Tenho uma reunião às dez da manhã. Se quiser almoçar comigo...

— Escute bem: você vai conversar comigo agora! Não posso ficar esperando você, seu patife, ter hora vaga para falar comigo.

— Por favor, não diga uma coisa dessas! Para uma mulher bela como você, sempre posso arrumar tempo. Só que você irá *comigo*, no *meu* carro.

— De maneira alguma! Você vai no meu carro, ou acabo com sua vida agora. Posso muito bem ir à delegacia e contar que foi você quem matou meu marido.

— Não seja cretina. Quem vai acreditar em você? Para me acusar, você precisa de provas, mas você não tem nada que prove que fui eu quem atirou no canalha do seu marido.

— Está bem, então fica assim. Pelo que sei, o delegado responsável pelo caso vai adorar ouvir o que tenho para contar.

Vítor percebeu que Kim não estava brincando. Contrariado, saiu do seu carro, deixando-o estacionado em frente ao prédio, e entrou no carro dela.

O porteiro, Aparecido, mais conhecido como Cido pelos colegas, viu quando Vítor entrou no carro de Kim e, juntos, partiram.

No caminho, nervosa, Kim dizia para Vítor:

— Por que quer fazer isso comigo? Que mal eu lhe fiz?

Vítor sorria ao ver o desespero de Kim. Suavemente, respondeu:

— Não estou fazendo nada. Quem está fazendo é você. Se eu abrir minha boca, você vai estar envolvida em um assassinato. Acho que você não vai gostar...

Kim sentia ímpetos de esmurrar aquele homem, mas conteve-se. Sabia que, se fizesse alguma coisa, fatalmente Vítor lhe daria um bom corretivo. Sempre soubera que ele era violento.

Vítor estava agastado com aquela situação. A única coisa que não queria naquele momento era se indispor contra Kim, esposa de seu pseudoamigo. Afinal, ela era sua galinha dos ovos de ouro. Mas tinha de manter a postura de durão para tentar intimidá-la.

— Kim, se pensa que vou ceder a suas chantagens emocionais, está muito enganada. Sou um homem que não se curva diante de mulher nenhuma — bradou ele.

— Mas quem foi que disse que eu quero que se curve diante de mim? Elaboramos um plano, mas agora você vem com essa de que quer o dinheiro hoje às doze horas? Você, melhor que ninguém, sabe que não tenho esse montante em mãos, afinal, João me deixou vários imóveis, mas não dinheiro vivo. Ainda assim, tenho de dividir tudo com aquele bastardo de uma figa. Para mim chega. Você vai ter de esperar que eu ponha a mão na herança que me cabe. E tem mais: não vou lhe dar dinheiro vivo; posso lhe dar um dos hotéis. E olhe que já é dinheiro demais!

— Eu não quero hotel nenhum. Quero o dinheiro que você me deve, nada mais que isso. Cumpri minha parte no trato e fiz ainda muito além. Quando arranjei aquele *motoboy* para entregar os convites, persuadindo João de que era elegante usar esse tipo de serviço, você sabia muito bem que eu estava cumprindo com a minha parte no trato. Agora vem me dizer que tenho de esperar? Não foi bem isso que combinamos... Entenda uma coisa: não vou esperar nem mais um minuto. Você me deve, e eu quero receber!

Kim se encontrava em verdadeiro desespero.

— Não estou me recusando em pagar — contemporizou —; só espero que tenha um pouco mais de paciência. Segundo soube, enquanto o processo não terminar, o testamento de João não poderá ser aberto. Mas você não vai se arrepender por cooperar; a única coisa que peço é que tenha um pouco mais de paciência.

Vítor, tomado pela raiva, falou com veemência:

— Está bem. Vou esperar mais quinze dias. Mas, se não estiver com esse dinheiro, conto tudo à polícia. Tenho certeza de que os resultados não serão agradáveis para você.

Kim, aliviada, conseguiu sorrir para Vítor.

— Certo. Mas e se eu não conseguir esse valor em quinze dias?

— Esse é meu último prazo. Pode tratar de dar um jeito. Estou precisando muito do dinheiro!

Kim estava muito arrependida de ter se tornado cúmplice de Vítor. Jamais poderia imaginar que aquele acordo entre eles viesse a lhe trazer tamanho dissabor. Ligando o carro de novo, voltou para a frente do edifício de Vítor e deixou-o lá. Em seguida, voltou para casa.

Na frente da mansão, buzinou para que alguém viesse abrir o portão. Não demorou muito e Cláudio apareceu. Apressadamente, se dirigiu ao portão para abri-lo.

Jair, que não perdia nenhum movimento na mansão, tinha visto que a patroa saíra, mas fingiu nada perceber e continuou seu trabalho.

Kim foi para o quarto e constatou que Leila havia cumprido suas ordens. Sequer entrara no quarto.

Tirou as roupas que vestia e, colocando a camisola novamente, deitou-se e ficou pensando: "Como pude confiar em Vítor? Esse homem nunca me pareceu boa coisa, mas fazer o quê? O que está feito não se muda mais. Se eu pudesse ter imaginado que ele agiria com tanta ignorância, jamais teria feito um acordo com ele".

Alexandre acordou e logo ouviu os alaridos do pequeno Humberto. Num primeiro momento, pensou que tivesse perdido o horário do trabalho, mas, olhando o velho companheiro de pulso, seu relógio de anos, observou que ainda era cedo. Querendo aproveitar um pouco mais a companhia da esposa, levantou e se dirigiu à cozinha a fim de participar da algazarra daquelas duas criaturas que tanto amava.

Humberto ora falava, ora gritava. Entusiasmado com a cena que presenciava, Alexandre saudou-os:

— Bom dia, meus queridos. Luiza, o que houve? Caiu da cama?

Carinhosamente Luiza explicou:

— De maneira alguma. Acontece que uma certa pessoinha entrou em nosso quarto e disse que estava com fome. Levantei para lhe dar algo, e acabou que ficamos por aqui. Mas seu filho é barulhento e acabou acordando você, não foi?

— Sim — respondeu Alexandre, fazendo uma falsa cara de mau. — Agora vou pegar essa pessoinha e fazer mingau. — Com o filho nos braços, começou a girar na cozinha. O menino sorria e gritava ao mesmo tempo.

Maria Luiza amava Alexandre por ser um pai presente. Embora seu trabalho demandasse grande responsabilidade, jamais deixara de dar atenção ao filho.

Depois de brincarem bastante, a esposa convidou:

— Alexandre, venha tomar seu café.

— Como conseguiu preparar o café com Humberto atormentando você?

— Ora, nunca ouviu falar que uma mulher consegue se multiplicar para atender às necessidades da família? Pois eu sou uma mulher assim — brincou ela.

Maria Luiza perguntou ao marido, enquanto ele tomava café:

— Querido, a que horas vai chegar esta noite? Tenho uma palestra para fazer na Casa Espírita e não gostaria de chegar atrasada de jeito nenhum; tanto que deixarei Humberto no apartamento de dona Mirtes. Gosto de rever a matéria da qual falarei, e vou precisar de paz para isso.

— Pretendo chegar um pouco mais cedo que o habitual. Às quartas-feiras gosto mesmo de estar mais cedo em casa.

— Ótimo! Então vou esperá-lo pronta. Você sabe como sou sistemática com respeito a horário.

Alexandre se despediu da esposa com um suave beijo nos lábios. Retirou-se em seguida, descendo para a garagem do edifício onde morava.

꧁꧂

Oswaldo havia chegado mais cedo à delegacia naquele dia porque recebera um telefonema na noite anterior de Maciel, um advogado amigo seu. O assunto era bastante desagradável.

Estava abismado. Fazia mais de um mês que Marco Aurélio estava preso e nada havia sido descoberto de concreto que pudesse ajudá-lo.

Alexandre, ao contrário, rumava para a delegacia tranquilo. Gostava das manhãs em que conseguia brincar com o filho. Pensou que o dia ia correr sereno mas, para sua decepção, assim que chegou ao trabalho foi informado, ao passar pela recepção, de que Oswaldo o esperava em sua sala.

Ao entrar, cumprimentou-o, tentando manter a voz bem-humorada:

— Bom dia, Oswaldo. Caiu da cama? Pelo que sei, costuma chegar depois das nove na delegacia. São oito agora e você já está aqui?

— Cheguei cedo à delegacia porque estou preocupado com Marco Aurélio. Ontem o Maciel me avisou que talvez ele seja levado hoje para a penitenciária estadual. Você sabe melhor que eu que, se o juiz expedir a ordem, nada poderei fazer para detê-lo.

Alexandre ficou boquiaberto com a notícia.

— Como se atrevem a levar o rapaz para uma penitenciária sendo que ainda não há provas contundentes de que ele seja o autor do disparo que vitimou seu pai, João Albuquerque?

— Alexandre, entenda, por favor. Se o juiz expedir essa ordem, pouco poderemos fazer. A não ser que consigamos uma prova significativa que o inocente de tal acusação, minha obrigação é fazer com que a lei seja cumprida. Temos de manter a ordem nesta delegacia.

Alexandre sabia que Oswaldo tinha razão. Pediu licença e se retirou para sua sala a fim de pensar em como ajudar o garoto, que se encontrava agora em situação ainda pior. Não estava com disposição de ir à cela do rapaz; não naquele momento. Jogando-se em sua cadeira, olhou para o teto e fez sentida prece pedindo a Deus orientação. Sabia que o rapaz era inocente, mas, infelizmente, não havia como provar.

Depois de fazer a prece, Alexandre sentiu-se melhor. Olhando para um ponto indefinido na parede, lembrou-se das palavras de Eliseu, a entidade que sempre entrava em contato com Maria Luiza. "Ele disse que estou contrário ao vento; que o que julgo ser não é; mandou-me mudar a direção dos passos. Só assim poderei chegar ao assassino de João Albuquerque."

Alexandre sentiu-se ainda mais perdido ao relembrar aquele enigma. Não conseguia entender aonde Eliseu queria chegar. Ficou olhando por um momento um papel em branco sobre a mesa. Então se lembrou do que Jair havia lhe dito: quem sempre ia se encontrar com Kim eram Rubens e Vítor. "Rubens", pensou o investigador, "tem motivos de sobra para continuar a frequentar a casa de dona Kim. Afinal, eles são amantes. Disso já não há dúvida. Mas e Vítor? Pelo que sei, ele não trabalha no ramo de hotelaria e tampouco tem motivos para continuar a visitar a viúva".

Alexandre, assustado consigo mesmo, bateu fortemente na mesa. "É isso! Por que não pensei nisso antes? Sim, realmente Vítor não tem nada a ver com Kim. Vou agora até a mansão falar com Jair. Talvez ele tenha algo importante para me dizer."

Alexandre saiu rapidamente. Em pouco mais de vinte minutos, estava em frente do portão da mansão. Avistando Jair, fez um gesto, indicando que queria falar com ele. O jardineiro gesticulou de volta, dizendo que era para esperá-lo ali em frente; ele iria em seguida. A comunicação se deu por meio de gestos, mas o policial entendeu o que Jair queria dizer.

O jardineiro foi ter com Jonas e pediu uma saída. Disse que tinha médico marcado. O mordomo, sem desconfiar de nada, permitiu que ele saísse. Pouco mais de quarenta minutos depois, Jair encontrava o amigo perto dali.

— Você está louco? — falou Jair. — Por que foi àquela casa? Já imaginou se a fofoqueira da Leila o visse ali? Tudo estaria perdido!

— Calma, meu amigo. Não fique zangado. Estou numa situação de urgência. Se não conseguir ainda hoje uma prova convincente que inocente Marco Aurélio, o garoto será levado a uma penitenciária estadual. Como não tem graduação ainda, poderá ser lançado junto a outros detentos, e aí sim vai virar bandido. Quero saber se descobriu alguma coisa.

— Sim, há algo novo — respondeu Jair. — Hoje dona Kim saiu de casa muito cedo e não deixou que Cláudio a levasse. Achei tudo muito estranho. Desde que estou naquela casa como jardineiro, isso nunca aconteceu.

— Você não tem ideia de onde ela tenha ido?

— Não. Mas deu para notar que ela estava nervosa. Fiquei observando sua atitude enquanto saía.

— Jair, estive pensando... Que Rubens continue a frequentar a casa de Kim, dá para entender. Afinal, ele trabalha para a família Albuquerque. Mas e Vítor? Qual seria o motivo de visitar tanto a casa? Ele tem ido muito à mansão?

Jair refletiu um pouco, considerando.

— Sim — respondeu. — Ele sempre tem ido à casa de Kim. Também acho estranhas essas visitas. Umas duas vezes ele esteve lá na companhia de Rubens; mas nas outras cinco ele foi sozinho. Sei disso porque observei à distância todas essas visitas enquanto estava escondido à noite no jardim.

— Você acha que Kim e Vítor têm algo em comum?

— Claro que sim. Se não tivessem, ele não viria várias vezes visitá-la.

— Mas que espécie de negócios poderiam ter? — conjecturou Alexandre.

— Não sei — respondeu Jair. — Mas Leila me disse que Kim não suporta a presença de Vítor. O mais estranho, contudo, é que várias vezes eu os vi juntos.

— O que poderia unir dois desafetos?

— Não faço a mínima ideia! — respondeu Jair.

Alexandre, enquanto um sorriso se esboçava em seu rosto, falou calmamente:

— Um assassinato! Somente um assassinato pode fazer com que duas pessoas que não gostam uma da outra fiquem juntas.

Jair arqueou uma das sobrancelhas.

— Sabe que você tem razão? Sim, talvez eles estejam juntos nessa sujeira toda.

Pensando por alguns instantes, o jardineiro continuou:

— Mas como essas informações poderão ajudar o garoto? Não temos prova de nada; são apenas conjecturas.

Alexandre sabia que Jair tinha razão. Com o dedo indicador na têmpora, disse:

— Você tem razão. No momento não temos provas, mas vou fazer de tudo para que Marco Aurélio não vá para a penitenciária. Quer saber? Vou ao escritório de Vítor dizer-lhe que sei de seu envolvimento com Kim.

— Não faça isso! Não vê que ele vai negar polidamente tudo que disser? — ponderou Jair, assustado.

— Pode ser. Mas vou dizer que colocamos uma escuta e que tenho tudo registrado na delegacia. Ele vai acabar por confessar.

— Você é um ótimo investigador, Alexandre. Acho essa ideia um disparate mas, se você acha que o peixe vai cair no anzol, vá em frente.

— Para ajudar um inocente — explicou o investigador —, muitas vezes precisamos pregar uma mentira como esta. Mas tenho a consciência tranquila. Sei que é por uma boa causa.

Jair precisava se apressar para voltar ao trabalho.

— Boa sorte! Tenho certeza de que vai precisar. Não acredito que esse homem vá dizer alguma coisa.

— Bem, se ele não disser nada, vou saber pelo menos se ele tem ou não alguma coisa com Kim. Nunca ouviu falar que os olhos são o espelho da alma?

Jair deu um sorriso para o amigo e se despediu.

Alexandre partiu com pressa em direção ao escritório de Vítor. Ao chegar em frente do lugar, leu: Vítor Castelli Filho, advogado. Preparou-se, pegando a carteira de investigador que estava no porta-luvas do carro. Colocou-a no bolso, passou um último olhar pelo retrovisor para analisar sua aparência e entrou no escritório de Vítor. Avistando a secretária, perguntou:

— Por favor, gostaria de falar com o doutor Vítor Castelli. Ele se encontra?

— Sim, mas está em reunião com um cliente importante e pediu para não ser incomodado — respondeu a moça educadamente.

— Está certo. Vou esperá-lo então. Posso ficar aqui mesmo, na antessala?

— Claro. O senhor toma um café ou uma água?

— Não, obrigado — retrucou Alexandre, sem levantar o olhar para a interlocutora.

O investigador sentou-se em uma confortável poltrona. Pegando uma revista antiga, viu, na primeira página, Vítor e João sorrindo em uma das famosas festas que o empresário carioca era habituado a dar. Vítor estava com a mão no ombro de João, o que denotava serem íntimos. "O que estou fazendo aqui? Já conversei com esse doutorzinho e ele nada tinha a me falar. Talvez seja um dos bajuladores que pensam em tirar proveito da situação da viúva rica."

Mas Eliseu, entidade que Alexandre não via, estava ao lado, dizendo com veemência: "Você não pode ir embora agora. Fique que descobrirá algo que vai auxiliar o rapaz". Apesar de não ouvi-lo, Alexandre pôde sentir as palavras de Eliseu. Convenceu-se a ficar por ali mais um tempo.

Cerca de trinta minutos se passaram quando por fim a porta do escritório se abriu e de lá saíram dois homens muito bem trajados. Vítor apareceu em seguida, enquanto dizia aos dois:

— Fiquem tranquilos. Tudo será resolvido ainda esta semana.

Assim que os homens partiram, o investigador abordou o advogado.

— Doutor Vítor, sou o investigador Alexandre. Lembra de mim? Estou aqui para lhe falar.

Ao ver o policial, Vítor sentiu suas pernas bambearem. Porém, mantendo uma falsa naturalidade, respondeu:

— Creio que há algum equívoco. Tudo que tinha de dizer à justiça, já o fiz. Peço que me perdoe, mas estou bastante ocupado.

Alexandre pôde sentir claramente o quanto o advogado queria que ele fosse embora. Em tom suave, continuou:

— Sinto muito. Estou aqui devido a algumas provas que surgiram no caso de João Albuquerque de Lima.

Vítor, ao ouvir o que o investigador dizia, perdeu totalmente a compostura e, com voz áspera, retrucou:

— Não tenho a lhe dizer que poderá ajudá-lo. Não sei quem matou João. Se soubesse, teria dito.

O nervosismo do advogado aumentava a cada instante. O policial se sentiu motivado a prosseguir. Com confiança renovada, que nem mesmo ele sabia de onde vinha, prosseguiu:

— Por favor, é melhor conversarmos em seu escritório. Não é de bom-tom ficarmos falando sobre isso na antessala.

Dito isso, Alexandre foi entrando no escritório de Vítor sem aguardar permissão. Sentou-se na cadeira que ficava em frente da mesa do advogado, o que o obrigou a entrar na sala e sentar-se também diante do policial. Antes de continuar, no entanto, Alexandre pediu que Deus o iluminasse naquele momento. E então falou:

— Doutor Vítor, qual é sua relação com a esposa da vítima?

Tomado de mais uma onda visível de nervosismo, o advogado, gaguejando, respondeu:

— Não tenho nenhuma relação *especial* com a esposa de João, se é o que o senhor quer saber. Somos amigos, apenas.

— Não foi isso que ela nos contou na delegacia há pouco. Por favor, é melhor o senhor contar tudo para que não seja indiciado como o assassino de João Albuquerque de Lima.

Vítor sentia-se indignado. Como Kim ousara ter feito aquilo, se haviam combinado que ela lhe daria o dinheiro em quinze dias? "Ela me traiu, aquela víbora! Mas ela me paga." Com um sorriso perigoso nos lábios, Vítor perguntou:

— O que aquela víbora foi fazer na delegacia?

Alexandre observava fascinado a excitação nervosa em que se encontrava o advogado. Num espasmo de nervos, o policial notou os olhos do interpelado tremerem. Em seguida, Vítor levantou-se e foi pegar um pouco de água. Mais refeito, voltou a falar.

— Bem, já que Kim me aprontou esta, vou dizer toda a verdade. Tenho certeza de que, ao sair daqui, você vai querer prendê-la.

O investigador não disse mais nada. Apenas aguardou.

Vítor começou seu relato.

— Uma semana antes daquela festa fatídica, fui procurado por Kim. Ela me contou que seu marido queria comemorar os dez anos de negócios bem-sucedidos e também aproveitaria a ocasião para apresentar a construção de mais um hotel. Fiquei feliz em saber. João me ajudou bastante a formar o leque de clientes que atendo hoje.

— E para que ela procurou o senhor?

— Para fazermos uma brincadeira com João, segundo ela. Pediu-me que eu o persuadisse a entregar os convites por uma empresa especializada nisso, pedido que eu atendi com facilidade.

— O que o senhor sugeriu a João que o fez aceitar sua sugestão?

— Disse a ele que era elegante entregar os convites a um *motoboy*, pois toda a sociedade carioca estava fazendo isso. Ele, vaidoso como era, prontamente concordou. João me entregou todos os convites para que eu procurasse uma empresa dessas e mandasse fazer o serviço. Contei a Kim que os convites estavam comigo, e ela colocou um pequeno bilhete dentro do envelope, pedindo aos onze convidados que levassem suas armas Taurus, calibre trinta e oito, para a festa. Depois de ter adicionado os bilhetes, ela mandou que eu levasse minha arma também; outro pedido que atendi com satisfação.

— Ela explicou por que queria que os convidados fossem armados à festa? — perguntou o policial.

— Kim apenas me disse que João iria adorar brincar de tiro ao alvo perto da piscina, o que de fato se deu. Confiei nela e levei também meu revólver. Durante a festa, soube que João não havia gostado da atitude dos onze convidados, mas, como ela me disse que tudo estava sob controle, me tranquilizei. Todos nós atiramos num alvo que o mordomo de João improvisou. O resto da história você já sabe, não é mesmo?

Sentindo-se feliz com a mudança dos ventos, Alexandre gentilmente pediu:

— Por favor, peço que me acompanhe à delegacia.

— Agora não posso sair daqui. Como vê, sou um homem ocupado e, ademais, só voltarei à delegacia quando receber uma intimação formal.

Tirando naquele momento o gravador do bolso, o investigador retrucou:

— Está bem. Mas não saia da cidade sem prévia autorização da justiça. Hoje mesmo você receberá uma intimação para comparecer à delegacia.

Sentindo-se leve e feliz, o investigador deixou o escritório do advogado. Sabia que, a partir daquele dia, as coisas mudariam para Marco Aurélio, uma vez que havia a suspeita de que Vítor assassinara o *motoboy* e também o dono da empresa onde o rapaz trabalhava.

Em poucos minutos, Alexandre chegou à delegacia. Entrou como um furacão na sala de Oswaldo, que já havia recebido a expedição do juiz para mandar o rapaz à penitenciária estadual.

— Pode rasgar essa expedição — falou entusiasticamente o investigador. — Tenho novidades no caso do empresário.

Oswaldo, sem nada entender, perguntou:

— Como assim, novidades?

Alexandre passou a relatar tudo que tinha acabado de ouvir de Vítor. No mesmo instante, ele mandou que fizessem duas intimações: uma para Vítor e outra para Kim.

Assim que as intimações foram enviadas, Oswaldo tomou todas as providências necessárias. Ligou pessoalmente a fim de informar ao juiz que a investigação havia tomado outros rumos. Explicou que aguardava, agora, a vinda de Vítor e Kim à delegacia.

Ouvindo a gravação que Alexandre tinha feito, riu da sagacidade do investigador.

Alexandre foi à cela de Marco Aurélio para lhe contar as novidades. Alegremente, brincou com o rapaz:

— Acho que logo você vai ficar livre do hotel cinco estrelas. Já descansou demais...

O jovem, apático, respondeu:

— Não sei aonde está querendo chegar. E, a propósito, não tenho nenhum motivo para estar alegre.

— Não seja tão dramático! Talvez a minha alegria seja contagiante.

— Não faça brincadeiras. O que está querendo dizer com isso?

— Hoje segui uma linha de investigação diferente, e descobri que Vítor foi quem contratou os serviços de um *motoboy* para entregar os convites.

— E o que isso tem a ver com sua alegria?

— Meu rapaz, entenda: o *motoboy* foi assassinado e o dono da agência de entregas também. Isso vai mudar o rumo dos acontecimentos.

Subitamente desperto, Marco Aurélio indagou:

— Quer dizer que poderei sair daqui?

— Tudo indica que sim. Mas ainda vai depender do seu advogado e do juiz que está cuidando do caso. Porém, posso lhe garantir, pelo conhecimento que tenho das leis, que você poderá sair daqui dentro de alguns dias.

Um novo fôlego envolveu Marco Aurélio ao ouvir aquela notícia. Ele, que até poucos minutos atrás se encontrava totalmente desesperançado, agora reconhecia que sua liberdade estava mais próxima do que imaginara.

O investigador saiu assim que terminou de dar a notícia a Marco Aurélio. No corredor, foi informado de que Oswaldo queria vê-lo. O investigador, muito bem-humorado, dirigiu-se à sala do delegado. Ao bater à porta, ouviu:

— Pode entrar!

Encontrou Oswaldo pensativo.

— Por que está com essa cara, Oswaldo?

— Infelizmente, nosso peixe escapou.

Alexandre ficou estupefato. Há três horas estava frente a frente com Vítor.

— Como fugiu?

— Walter foi ao escritório do advogado e a secretária informou que ele partira logo depois que você saíra de lá. Ela avisou que Vítor também não estava no apartamento.

— Calhorda! Deveria tê-lo trazido à força até a delegacia!

— Nem tudo está perdido. Há ainda a viúva. A uma hora dessas, ela está recebendo a intimação. Se ele fugiu, ela vai ser pega de surpresa. Isso será muito bom para nós.

— Acho bom ir à mansão para vigiar dona Kim. Ela também pode querer fugir.

— Faça isso — incentivou o delegado.

Alexandre saiu apressadamente da delegacia, em direção à casa dos Albuquerque de Lima. Ao chegar, percebeu que o movimento da casa estava absolutamente normal, e que Walter já havia entregado a intimação.

Aguardou do lado de fora da casa. Depois de um tempo, viu o carro da família Albuquerque sair. Resolveu segui-lo. Para sua surpresa, ele seguia para a delegacia. O carro parou, e de dentro dele desceu Kim, com toda a pompa.

Alexandre rapidamente estacionou o carro que usava e correu para dentro da delegacia. Não queria perder sequer uma palavra do que aquela mulher diria.

Oswaldo a atendeu com deferência e a convidou a sentar-se em frente à sua mesa. Alexandre se colocou ao lado do delegado. Foi ele quem iniciou o interrogatório:

— Dona Kim, estive com Vítor esta manhã e ele me disse que entre ele e a senhora havia um acordo. Peço que me fale sobre isso.

Kim, tremendo qual folha balançada pelo vento, procurou manter a naturalidade. Enquanto se empertigava na cadeira, pensou no rancor que sentia por Vítor. Então deu-se conta de que o delegado e o investigador aguardavam uma resposta.

— Não sei do que os senhores estão falando. Nunca tive acordo nenhum com o doutor Vítor.

— Acho bom a senhora não mentir — avisou o delegado. — Já temos gravada a confissão de seu cúmplice.

Kim deu-se conta de que aquela enrascada era maior do que imaginava.

— Por favor, peço a presença de meu advogado.

Oswaldo então observou, pela expressão de nervosismo da interpelada, que ela sabia de muito mais coisas. Tentando ser cortês, falou:

— Pois não. Se quiser, pode usar meu telefone.

Kim abriu sua bolsa e pegou a agenda de bolso. Vendo um número, ligou para o advogado, doutor Maurício Villa Verde.

O advogado, ao saber que sua cliente, Kim Albuquerque, estava na delegacia prestes a dar depoimento, dirigiu-se rapidamente para lá.

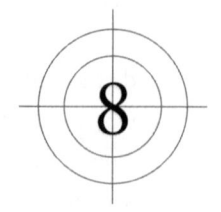

A esperança volta a brilhar

Oswaldo e Alexandre estavam quase perdendo a paciência com Kim. A cada minuto ela saía da sala para fumar um cigarro. Os dois policiais sabiam que ela tentava ganhar tempo até a chegada do advogado, que demorou cerca de vinte minutos para chegar.

Assim que o advogado chegou, encontrou a cliente fora da delegacia, fumando sem parar.

— Maurício, você demorou muito para chegar! Já estava à beira de um colapso neste lugar horrível.

O advogado não gostou da observação de Kim, mas procurou contemporizar:

— Saí assim que me ligou, mas fiquei preso em um engarrafamento na avenida Brasil.

— Chega de ficarmos aqui jogando conversa fora. Acompanhe-me logo ao interrogatório.

— O que aconteceu?

Kim narrou, em breves palavras, o ocorrido. Doutor Maurício se mostrou visivelmente preocupado. A situação de sua cliente perante a justiça não se encontrava em boas condições.

O delegado, assim que foi notificado de que o advogado de Kim havia chegado, pediu à recepcionista que os fizesse entrar. Tinha ainda muito serviço naquele dia. Logo depois Kim e o advogado entraram.

Alexandre deu início às perguntas:

— Dona Kim, pedimos desculpas pelo transtorno. Mas, como sabe, a morte de seu marido ainda não foi esclarecida. Portanto, as investigações prosseguem, a fim de que o verdadeiro assassino pague perante a lei o que realmente deve.

— Como assim, "as investigações prosseguem"? Pensei que estivesse tudo muito claro. Quem matou meu marido foi Marco Aurélio, que vocês mantêm preso nesta delegacia.

O investigador ficou com vontade de gritar a plenos pulmões que o rapaz era inocente, mas, sabendo tratar-se de uma mulher ardilmente inteligente, preferiu se calar. Ignorando o que ela dissera, prosseguiu:

— Como lhe dizia, o doutor Vítor me contou pela manhã que tinha um acordo com a senhora. Por favor, fale-nos sobre isso.

Kim sentiu o coração disparar. Sabia que ser cúmplice de Vítor poderia lhe trazer sérios problemas, portanto decidiu que nada esconderia do delegado.

— O senhor Vítor Castelli Filho sempre foi nosso amigo. Eu o conheci em um hotel de meu marido, em Fortaleza, quando ele passava férias lá com amigos. Nós nos dávamos muito bem; fazíamos tudo juntos: ele, meu marido e eu. Com a morte de João, ele se tornou ainda mais próximo e vai sempre à minha casa me consolar.

Perdendo a paciência, Alexandre retrucou:

— Por favor, dona Kim. Sabemos que é uma mulher inteligente. Não foi isso que lhe perguntamos.

O advogado de Kim tomou a palavra:

— Minha cliente está falando sobre a amizade dela com doutor Vítor. Espero que tenha um mínimo de complacência e aguarde sua resposta.

Percebendo os ânimos acalorados, Oswaldo contemporizou:

— Entendo que a senhora queira nos falar sobre a sua amizade com doutor Vítor. Mas, neste momento, isso é irrelevante. Peço que desculpe nosso investigador... Mas nos fale sobre o acordo feito alguns dias antes da festa.

Kim olhou para Maurício, que fez um gesto de anuência.

— Todos sabíamos da festa que João ia promover. Era de conhecimento de nossos amigos que meu marido gostava de armas de fogo. Em nossa chácara, por exemplo, ele tem uma coleção delas na parede. Como gostava de agradar João sempre que podia, resolvi lhe fazer uma surpresa pedindo a Vítor que o persuadisse a deixar sob a responsabilidade de uma agência a entrega dos convites da festa. Como a maioria de nossos amigos nos visitava na chácara, eles conheciam o gosto de João por armas de fogo. Por isso tive a ideia de pedir que os convidados trouxessem a própria arma para praticarem tiro ao alvo. Queria dar um momento de prazer a meu marido, e não me arrependo por isso.

Arguto, Alexandre a interrompeu:

— Então por que Vítor estava pedindo dinheiro a você? Pelo que ouço, não há nada mais que uma simples surpresa nesse acordo.

Oswaldo fitou o investigador, também curioso.

Kim fuzilou Alexandre com os olhos. Deixando uma lágrima cair, falou:

— Desconheço o fato de que o doutor Vítor estivesse me chanteageando.

Era evidente para o investigador que Kim estava mentindo.

— Por que a senhora foi se encontrar hoje pela manhã com doutor Vítor Castelli às escondidas, sem permitir que seu motorista a acompanhasse?

Oswaldo estava intrigado e queria ver aonde Alexandre queria chegar. Apenas aguardou, sem se pronunciar.

Receosa, a mulher disse, com ódio no olhar:

— Pelo que sei, não é crime uma pessoa gostar de dirigir, ou é?

— Não é crime desde que a pessoa goste de dirigir. Mas não foi isso que descobri em minhas investigações. Segundo consta, a senhora não dirige há anos — explicou Alexandre, com um sorriso sarcástico.

O advogado resolveu tomar a palavra.

— Acho que isso não vem ao caso, não é mesmo, delegado? Se minha cliente resolveu dirigir nesta manhã, é algo que só diz respeito a ela.

Alexandre retrucou:

— Mas não é estranho o fato de ela dispensar o motorista justamente para se encontrar com o doutor Vítor?

Kim se encontrava praticamente em colapso nervoso.

— Está bem — falou ela. — De fato dispensei meu motorista para falar com Vítor. O que tínhamos para conversar era um assunto sério, que cabia somente a nós dois.

— A senhora ainda não nos contou o motivo da chantagem. Se tudo fazia parte de uma surpresa inofensiva... — continuou Alexandre, mais uma vez sorrindo sarcasticamente.

Kim, assaltada de ódio, não se conteve:

— Combinamos que se ele fizesse com que os convidados levassem as armas para a festa, eu daria a ele certa quantia em dinheiro. Agora ele quer que eu cumpra minha parte. Está satisfeito agora, seu investigador de meia-tigela?

Alexandre, mal tomando conhecimento da ofensa, continuou:

— A senhora sabia que o *motoboy* e o dono da agência que vocês contrataram morreram?

Kim, com os olhos esbugalhados de espanto, encarou o investigador. Era notório que ela nada sabia sobre as mortes.

— Morreram? Morreram como?

— O rapaz foi assassinado e o dono da agência morreu em um estranho acidente de carro. Segunda a investigação feita, o carro dele foi sabotado para que a morte parecesse um acidente.

Kim levou a mão à boca.

— Desculpe... Não sabia nada sobre isso! — falou Kim.

O delegado notou que Kim falava a verdade a respeito das mortes. Quem poderia esclarecer mais os fatos era Vítor, mas ele havia fugido...

Alexandre, ainda não totalmente satisfeito, prosseguiu:

— Se a surpresa era algo inocente apenas, por que seu amigo Vítor fugiu?

— Não sei nada sobre isso. Estive com Vítor hoje pela manhã, e ele me pareceu bastante calmo.

Oswaldo agora achava que Alexandre estava indo longe demais. Resolveu dar um fim ao interrogatório.

— Dona Kim, peço que não saia da cidade até terminarmos as investigações.

Aliviada, Kim rapidamente se levantou e assinou as notas de esclarecimento. O advogado a acompanhou.

Quando ficaram a sós, o delegado perguntou a Alexandre:

— Não acha que exagerou?

— Sim, mas não posso permitir que um inocente, que tem uma vida inteira pela frente, sirva de bode expiatório enquanto os verdadeiros assassinos ficam livres por aí.

— Você acha que dona Kim tem algo a ver com o crime do empresário?

— Acho que sim. Mas o que mais me intrigou foi o fato de ela nada saber sobre as mortes do *motoboy* e do dono da agência. Precisamos localizar Vítor com urgência. Só ele poderá nos esclarecer mais.

— E o que faremos com o rapaz detido? — indagou o investigador ao delegado.

— Vou enviar agora mesmo uma cópia dos esclarecimentos da viúva ao juiz. Certamente esta semana ainda o rapaz será solto por falta de provas. Ele só estava preso para averiguações, afinal. Só que ele também não poderá sair da cidade sem o prévio conhecimento da justiça.

Alexandre mal cabia em si de contentamento.

— Tenho certeza de que ele não sairá. Quando nada se deve, nada se teme. Garanto que ele não está com medo de nada. Com o doutor Vítor já é outra história... Esse sim deve estar bem longe do Rio de Janeiro.

Oswaldo providenciou os autos para que Walter os levasse ao juiz Fernando Marques. Era ele quem cuidava do processo do assassinato do empresário.

❦

Alexandre chegou feliz em casa naquele dia. Conseguira, finalmente, dar um passo significativo em relação ao caso de João. E felizmente naquele dia, em que o rapaz ia parar na penitenciária estadual.

— Boa noite, querida — cumprimentou. — Revendo a matéria para essa noite no Centro Espírita?

— Sim, querido. Continuo me esforçando. Você tem o dom da palavra — disse ao marido —, mas eu sou tímida. Não consigo dar palestras tão boas quanto o senhor Leandro, a dona Esther, o Reginaldo... Fico tremendo toda vez diante da exposição da matéria que me foi conferida.

— Não se menospreze, meu amor. Você se sai muito bem em suas palestras. Gosto de ouvi-la falar. É como se sempre tivesse feito isso.

— Você diz isso só para me animar — brincou Maria Luiza. — Sei que não sou tão boa oradora assim. Mas me esforço para fazer o melhor que posso.

— É o que importa, Luiza. Quando damos o melhor de nós, em geral nos saímos muito bem. Sobre o que vai falar na palestra de hoje?

— Vou tratar de um assunto importante para os verdadeiros cristãos: a indulgência. Tomarei como base as considerações do capítulo X do *Evangelho segundo o Espiritismo*, que diz: "Não julgueis para não serdes julgados, sereis julgados conforme tereis julgados os outros; empregar-se-á a mesma medida de que vos tenhais servido para com os outros".

E continuou:

— Jesus foi o maior exemplo de indulgência que houve, Alexandre. Ele mesmo disse que aquele que não tiver pecado deveria atirar a primeira pedra em Maria Madalena. O ponto a que me refiro é: será que somos indulgentes com nosso próximo? Muitas vezes pedimos a Deus que seja indulgente conosco, mas até que ponto estamos sendo indulgentes com os outros?

Alexandre pensou se teria sido indulgente com Kim. Sentiu-se incomodado com aquelas palavras de Jesus. Na sua profissão, raramente as pessoas se mostravam indulgentes diante de infratores. Então questionou:

— Querida, você disse que deveríamos ser indulgentes com o próximo. E no caso de alguém culpar outra pessoa, sabendo que a culpa é dele próprio? Esta criatura não está denegrindo a imagem do semelhante por um erro seu?

Maria Luiza entendeu a que o marido se referia.

— Alexandre, quem somos nós para nos colocar na posição de juízes? Será que se estivéssemos no lugar daquela pessoa que errou não teríamos feito como ela, ou até pior que ela? Nunca, meu querido, a luz que ilumina o verdadeiro cristão é o amor. É fácil julgar, mas com certeza não conhecemos todos os fatos para condenar alguém. Deus, contudo, conhece tanto o texto quanto o contexto da nossa vida; conhece-nos na íntegra. Nem por isso deixa de ser indulgente conosco. Na mesma medida que julgarmos seremos julgados. Não raro somos os verdugos do nosso próximo, acarretando assim dívidas que serão acertadas talvez nas vidas futuras. Ser complacente com os erros alheios nos ajudará a não adquirirmos mais dívidas com nosso próximo.

O policial, relembrando o prazer que sentira ao deixar Kim embaraçada, sentiu-se envergonhado.

— Minha querida, vou tomar banho e comer algo. Em seguida poderemos sair — falou Alexandre, ainda cabisbaixo.

— Vá sim. A roupa que vai usar e sua toalha estão sobre a cama.

— Obrigado, adoro você...

Luiza sentiu o carinho nas palavras do marido. Mandou-lhe um beijo de longe.

Em menos de uma hora, Alexandre já havia se arrumado e lanchado para ir ao Centro Espírita. Ao chegarem à Casa, qual não foi a surpresa do policial ao avistar, na primeira fileira, folheando um livro que havia pegado na biblioteca, seu amigo Jair. Pediu licença e foi à frente para cumprimentá-lo.

— Boa noite, Jair. O que faz aqui?

Jair alegrou-se ao ver o investigador.

— Alexandre, que prazer em vê-lo. Senti necessidade de visitar o centro hoje. Pensei nisso o dia todo. E aqui estou eu.

— Você não sabe como fico feliz em vê-lo também. Quando o chamei aquele dia jamais pensei que pudesse se interessar pelo assunto.

— Vou ser honesto com você: além de ser esclarecedora, essa doutrina me traz muita paz. E hoje, amigo, vim em busca de paz. Enquanto minhas investigações não tomarem forma, e eu puder descobrir tudo sobre o império financeiro de João Albuquerque de Lima, não ficarei tranquilo.

— Se veio em busca de paz, este é o lugar certo! Também descobri a minha nesta doutrina bendita.

Jair, meio sem jeito, questionou:

— Onde você está sentado? Como sabe, eu não conheço ninguém aqui. Acho um pouco chato ficar sozinho.

— Estamos sentados na sexta fileira, Luiza e eu. Infelizmente lá não há mais lugar. Se quiser, podemos vir sentar a seu lado. Aqui há mais quatro lugares vazios.

— Será um prazer para mim. — Jair abriu um sorriso. — Se sei que não estou sozinho me sinto mais seguro.

— Também não é para tanto... Você não está entre gladiadores; apenas em uma casa de oração.

Jair riu da afirmação de Alexandre. Dentro de poucos segundos Alexandre voltava com Maria Luiza.

A esposa do investigador, após cumprimentar Jair, tomou seu lugar na cadeira. Fechando os olhos, ficou em prece todo o tempo.

Depois de quinze minutos, a senhora Wanda chamou atenção de todos os presentes, aos quais passou algumas informações sobre os horários de trabalho da casa. Em seguida, chamou Maria Luiza à frente para fazer sua palestra.

Jair ficou surpreso ao ver que a palestra naquela noite seria apresentada pela esposa do amigo. Sendo assim, prestou mais que a costumeira atenção.

Após a palestra, todos foram encaminhados à câmara de passes. Terminada essa tarefa, Maria Luiza leu uma mensagem para a assistência e finalizou a reunião com outra prece.

Jair estava encantado com o que ouvira. Queria comentar as ideias que haviam sido passadas naquela noite com o amigo. Porém, Alexandre estava entretido em apresentar Jair aos trabalhadores da casa.

A simplicidade das pessoas comoveu Jair. Ele prometeu a si mesmo que continuaria a frequentar aquele centro.

Já na saída, o jardineiro se despediu de Alexandre e sua esposa. Pegou um táxi e chegou em casa sentindo bastante calor. Ele não estava ainda acostumado com o clima brasileiro. Contudo, apesar do cansaço do corpo, seu espírito estava revigorado com o alimento espiritual servido em lugar tão humilde.

Em outra casa, também chegando da Casa Espírita, Alexandre e a esposa conversavam:

— Jamais imaginei encontrar Jair novamente no Centro Espírita — falou o policial.

— Querido, não sabemos o que se passa no coração das pessoas. Nunca ouviu dizer que é onde menos se espera que há as maiores surpresas? Fiquei feliz em vê-lo por lá. Isso nos mostra que da última vez que esteve presente ele levou algo em seu coração. Quando alguém vai a uma Casa Espírita, por mais que não queira, acaba levando algo consigo. Uns se aprazem com a paz e outros vão em busca de respostas a suas perguntas.

Alexandre voltou o olhar para a esposa e pensou: "Obrigado, meu Deus, por ter me dado Maria Luiza".

O casal se dirigiu ao apartamento de Mirtes para pegar Humberto. A vizinha os atendeu. O menino dormia no sofá.

❧

No dia seguinte, Alexandre acordou sobressaltado. Parecia que havia dormido bastante, mas faltava ainda uma hora e meia para se levantar. Olhou para o lado e viu a esposa adormecida. Encostou a cabeça no travesseiro, e começou a pensar no caso de João. Intrigava-o saber como Kim conseguiria se livrar da acusação de cumplicidade com Vítor Castelli.

Constatou que a próxima fase de suas investigações seria descobrir o paradeiro de Vítor. Não lhe foi difícil deduzir que Vítor havia matado patrão e empregado da agência de entregas como queima de arquivo.

Enquanto planejava o dia de trabalho, ainda na cama, decidiu que falaria com a viúva do dono da agência e também com a mãe do *motoboy*. As duas poderiam lhe acrescentar algo sobre os fatos.

Eram cinco e meia da manhã quando Alexandre saiu da cama. Lembrou-se de que sempre, quando acordava, Maria Luiza já estava com o café pronto, só aguardando-o. Pois naquele dia ele lhe faria uma surpresa.

O policial se dirigiu à cozinha, fez café e ferveu o leite. Foi à padaria da esquina e comprou pães e broas de milho, que sabia serem as preferidas da esposa. Esmerou-se na preparação da mesa.

Às seis e meia Maria Luiza se levantou. Quando chegou à cozinha e viu tudo pronto, abraçou o marido.

— Bom dia, meu amor.

— Bom dia, meu anjo. Veja se você gosta do meu café...

— O que houve para você levantar tão cedo? — perguntou a esposa, começando a se servir. — Pelo que sei, você sempre se mostrou preguiçoso para levantar cedo.

— Pensei que tivesse perdido a hora. Mas, quando olhei no relógio, eram apenas cinco e meia da manhã. Sabia que não ia conseguir dormir mais, então decidi preparar o café para você. Será que não posso fazer algo para a minha esposa?

Maria Luiza deu um beijo carinhoso no marido. Continuou a tomar aquele delicioso café da manhã, enquanto Alexandre se despedia e saía para o trabalho.

O investigador dirigiu-se primeiro à agência de entregas. Avistou dois motoqueiros, que liam a seção de esportes de um jornal. Em tom amigável, saudou-os:

— Bom dia! Como faço para encontrar a esposa do dono desta agência?

Um dos motoqueiros, chamado Leandro, respondeu de um jeito desconfiado:

— Ela não se encontra. Talvez o senhor possa encontrá-la em casa. Ela costuma chegar aqui lá pelas dez horas da manhã.

Alexandre sentiu um arrepio. Ignorando o fato, perguntou:

— Qual o nome do dono da agência?

O rapaz voltou-se para a página com notícias sobre futebol. Sem olhar para ele, explicou, mal-humorado:

— Não sei se o senhor sabe, mas ele morreu em um acidente há quase um mês. Quem cuida do escritório é sua esposa, dona Lucia.

Era notório que o rapaz não queria muita conversa.

— Bem, meu amigo, se não se importa, vou esperar a sua patroa chegar.

Leandro não gostou da insistência daquele homem. Mas quem ficou irritado mesmo foi Marcelo, o outro *motoboy*, que até aquele momento permanecera em silêncio.

— Leandro, por que fazer isso com o homem? Se ele procura por dona Lucia, por que não lhe dar o endereço? Não é muito longe daqui. Em mais ou menos dez minutos de carro ele pode chegar à casa dela.

Leandro não gostou da intromissão.

— Por que eu faria isso? — indagou, voltando-se para Marcelo. — Não sei quem ele é. Ademais, se quiser falar com dona Lucia, ele que venha num horário em que ela esteja aqui.

Uma situação bastante confortável estava se armando ali. Sentando-se em uma poltrona, o policial cruzou as pernas tranquilamente.

— Muito bem — falou para Leandro. — Se não quer dar o endereço da patroa, eu posso ficar aqui a manhã toda, se for o caso. Vou aguardá-la.

Vendo que Alexandre falava sério, o motoqueiro cedeu:

— Vou lhe dar o endereço. Mas, se contar que fui eu, mato você!

O investigador constatou que Leandro sabia muito mais do que aparentava, por isso se mostrava tão temeroso em dar o endereço da mulher.

Pegando um papel em branco e uma caneta, o motoqueiro escreveu o endereço de Lucia Gonçalves. Entregou-o a Alexandre sem sequer olhar para ele.

Em seguida, Alexandre se dirigiu ao carro e escreveu o nome do motoqueiro em seu bloco de anotações.

Chegou à casa de dona Lucia rapidamente. Observando a parte externa da casa, pensou: "Jamais alguém que é dono de uma agência de entregas conseguiria ter uma casa assim tão luxuosa". Todos os detalhes do lugar denotavam bom gosto. Era preciso muito dinheiro para manter tudo aquilo.

Alexandre apertou a campainha, aguardando que alguém viesse atendê-lo. Como ninguém aparecia, insistiu. Logo depois viu sair de dentro da casa uma mulher de aproximadamente cinquenta e cinco anos, de cabelos louros e olhos azuis.

— Por favor, gostaria de falar com a dona da casa — gritou do portão.

— Sou eu mesma.

— Dona Lucia? — indagou o investigador.

— Sim — respondeu ela, se aproximando. — O que o senhor deseja? Tenho muitas coisas para resolver hoje; não posso perder tempo.

— Bem, então vou direto ao assunto. Posso entrar?

— Desculpe-me, mas não costumo receber desconhecidos dentro de casa. Identifique-se, por favor.

Alexandre achou aquela mulher petulante ao extremo. Em tom irônico, prosseguiu:

— Meu nome é Alexandre, e sou investigador de polícia. Estou aqui para alguns esclarecimentos.

— Esclarecimentos? Que tipo de esclarecimentos? Não sei aonde o senhor quer chegar. Fiquei viúva há pouco tempo, e agora tenho de cuidar dos negócios de meu marido.

— Meus pêsames, senhora. Agora, por gentileza, permita que eu entre para conversarmos um pouco.

A mulher, a contragosto, abriu o imenso portão e deixou-o entrar na casa.

O policial era um bom observador. Notou que na sala havia algumas obras de arte. Entre elas, um Monet que parecia ser autêntico.

— Vejo que a senhora está bem instalada nesta casa.

— Graças a Deus. Meu marido morreu, mas teve a hombridade de me deixar amparada, tanto a mim como a meus dois filhos.

— O marido da senhora tinha outro negócio que não fosse a agência de motoqueiros?

— Aonde o senhor quer chegar? — perguntou ela, franzindo o cenho. — Meu marido veio de uma posição bastante inferior e trabalhou duro para construir o que temos hoje.

— Não quis ofendê-la, dona Lucia. Não estou insinuando nada. Sei que o marido da senhora trabalhou muito para conseguir tudo isso.

A mulher não se deu por vencida. Ouvindo o relógio da sala dar nove badaladas, com o olhar deixou bem claro que ela precisava sair.

O investigador ignorou a pressa da mulher.

— O marido da senhora conhecia o doutor Vítor Castelli Filho?

A mulher, irritada, tornou:

— Sim. Eles foram criados juntos. O doutor Vítor sempre estava em minha casa. Depois da morte de meu marido, contudo, ele nunca mais apareceu.

Para o investigador ficou evidente que aquela senhora ignorava o laço que unia o dono da agência e o advogado.

— Como foi mesmo que o marido da senhora se acidentou?

— Honestamente, não consigo entender a morte estúpida que o meu marido teve. Ele sempre foi muito cuidadoso com automóveis, principalmente naquele dia, que estava com um carro novo. Pelo que me disseram, ele cruzou uma rua cujo semáforo estava fechado, e bateu de frente com outro carro que estava parado. Disseram-me também que ele estava em alta velocidade. Coisa bastante estranha, porque Nestor, meu marido, nunca foi dado a isso. Algo sério deve ter acontecido... Mas Nestor nunca foi dado a confissões. Era muito calado. Acho que não vou poder ajudá-lo, investigador.

Alexandre ficou convencido de que a mulher dizia a verdade.

— A senhora lembra quando foi a última visita que o doutor Vítor Castelli fez a seu marido?

Franzindo novamente o cenho, dona Lucia perguntou:

— Mas o que Vítor tem a ver com tudo isso?

— Ele pode ter tudo a ver com isso, senhora. É uma hipótese, por enquanto. Mas é por isso que estou aqui.

— Senhor investigador, Vítor nada tem a ver com o acidente de meu marido. Não fique insinuando essas coisas a respeito dele. Se não fosse por Vítor, hoje talvez eu não estivesse morando nesta casa. Nestor estava à beira da ruína financeira, e foi Vítor quem o ajudou.

Alexandre preferiu não contradizê-la. Vendo que se demorara muito ali, queria finalizar a conversa.

— Dona Lucia, por favor, antes que eu vá embora, responda: de onde a senhora conhece Leandro?

— O senhor se refere ao empregado da agência?

— Sim. É aquele motoqueiro que está na agência hoje. Pergunto porque penso que já o conheço de algum lugar.

— Na verdade, eu não o conheço muito bem. Nestor o empregou a pedido de Vítor. Mas onde ele mora, por exemplo, não sei informar. Agora que estou me inteirando dos negócios de meu marido, é ele que tem me ajudado em tudo.

Sem querer se alongar naquele assunto, o investigador se despediu:

— Obrigado, dona Lucia. Se houver alguma novidade sobre o acidente de seu marido, venho aqui lhe dizer.

— Obrigada, investigador. Mas creio que o senhor vá perder tempo com isso. Acidentes como o de Nestor acontecem todos os dias no Rio de Janeiro. Se ficar averiguando assim todos eles, não vai ter tempo para mais nada... — respondeu a senhora com ironia.

O policial, sem querer ser mal-educado, ignorou aquele comentário.

— Agradeço sua colaboração — respondeu apenas, despedindo-se.

Ao entrar no carro, Alexandre pegou novamente o bloco de anotações e escreveu: "Vítor: amigo íntimo de Nestor, dono da agência. Leandro: indicado por Vítor para trabalhar na agência de Nestor. Nestor morre em acidente suspeito. Investigar a vida de Leandro e descobrir seu endereço".

Em seguida, Alexandre rumou para a delegacia. Precisava notificar Oswaldo de sua nova linha de investigação.

— Bom dia, Oswaldo. Tudo bem por aqui? — saudou o investigador, assim que se dirigiu à sala do delegado.

— Alexandre, ainda bem que chegou. Justo hoje que preciso de você aqui, você resolve ficar em casa mais tempo? Hoje o juiz Fernando vai decretar a liberdade condicional do rapaz. Pelo que fiquei sabendo, conheceremos a sentença por volta das duas horas da tarde. Mas ainda não descobrimos nada a respeito do paradeiro de Vítor.

— Hoje resolvi investigar a morte de Nestor, o dono da agência de entregas. Soube de fonte segura que Vítor era amigo íntimo de Nestor.

— Aonde você quer chegar? — indagou o delegado, ainda confuso.

Alexandre, com um ar brincalhão, fez pose de Sherlock Holmes.

— Caro Oswaldo, percebe-se que não tem tino para investigações, não é mesmo? — E, com o semblante mais sério, continuou: — O carro de Nestor era novo e ele não tinha o hábito de correr. Isso deixa mais que claro que o carro foi sabotado. Ah, tem mais uma coisa: há um motoqueiro, Leandro, muito suspeito para mim. Descobri que foi Vítor quem o indiciou para trabalhar na agência de Nestor.

Sorrindo com a sagacidade que o investigador mostrava, Oswaldo continuou:

— Você pode até ter razão, mas não há provas para essas deduções fantásticas. Para acusar, é necessário que se tenham provas.

Só então Alexandre notou o ar irônico do delegado. Ele zombava do investigador. De semblante fechado, o investigador respondeu:

— Ora, se Vítor não tem nada a ver com a morte de Nestor, como me explica o fato de ele haver fugido mesmo depois de eu ter lhe pedido que não saísse da cidade? Se ele nada tem a ver com o caso, por que estava chantageando Kim? Se se tratasse apenas de uma surpresa para o amigo, não havia motivo para a chantagem.

Oswaldo concordou. Alexandre poderia estar com a razão.

— Certo. Vou lhe dar permissão para continuar a investigar — falou o delegado. — Parece, pelo que você me contou, que o doutor Vítor está envolvido nessa história até o pescoço.

Alexandre sabia que Oswaldo não era dado a muitas palavras de incentivo. Se ele havia permitido que continuasse a investigar, é porque já conseguira uma vitória e tanto com o delegado.

— Meu próximo passo é procurar os familiares do *motoboy* que entregou os convites para aquela festa fatídica, aquele que foi assassinado. Preciso conhecer a procedência moral do rapaz.

— Meu amigo — disse o delegado sorrindo —, você vê muitos filmes de investigação, por isso tem se mostrado bom no que faz.

— Não vejo nenhum filme de investigação, só procuro averiguar todas as possibilidades. Acho mesmo que Vítor tem relação com essas duas mortes.

Oswaldo meneou a cabeça.

— Pelo que estou vendo, tem muita sujeira neste balde. Vou permitir que faça o que for necessário para descobrir que espécie de homem era João. Se não fosse por você, o rapaz seria transportado para uma penitenciária estadual, por um crime que não cometeu.

— É assim que se fala, Oswaldo! — falou Alexandre, bem-humorado.

O delegado, enquanto observava o investigador deixar sua sala, pensou: "Alexandre é um homem muito inteligente. Devo confiar nele. Ele nunca me desapontou".

Tranquilo com esses pensamentos, Oswaldo voltou a seus afazeres.

❧

Fora da delegacia, Alexandre se dirigia à cidade a fim de descobrir onde morava o *motoboy*, cujo verdadeiro nome lhe era desconhecido. Apenas conhecia seu apelido: Neguinho.

Rumou para a agência em busca de novas informações. De novo encontrou com Leandro, que contava uma piada a dois motoqueiros.

Interrompendo a conversa, o investigador falou:

— Desculpem-me, mas estou precisando de mais uma informação.

— Aqui não é nenhum posto de informação — zombou Leandro.

— Preciso saber mais sobre o motoqueiro que trabalhava aqui, colega de vocês. Parece que ele foi assassinado na entrada da favela.

Leandro não simpatizara nem um pouco com Alexandre. Em tom áspero, retrucou:

— E o que eu tenho a ver com o motoqueiro que foi morto na entrada do Complexo do Alemão? Se o mataram, não tenho nada com isso.

— Não estou afirmando nada — explicou o investigador calmamente. — Só estou contando com a boa vontade de vocês para saber o nome completo do rapaz e onde morava.

Leandro sentiu-se desarmado com a resposta de Alexandre.

— Não sei nada sobre ele. Quando entrei aqui, ele já trabalhava na agência. O apelido dele era Neguinho, é tudo que sei. Era um rapaz introvertido e não gostava de se misturar com a gente.

— Onde dona Lucia se encontra? — o investigador quis saber.

— Ela está no escritório.

— Por favor, me leve até ela — pediu a Leandro.

O motoqueiro, desconfiado, não sabia quem era Alexandre. Por isso falou:

— E por que eu faria isso? Não sei quem você é, e, pra falar a verdade, não me interessa.

Tirando o distintivo de investigador, respondeu, sorrindo:

— Sou investigador de polícia. Agora me leve até sua patroa.

Leandro empalideceu. Pelo terror estampado em seu semblante, o policial constatou que o rapaz certamente estava envolvido com algo fora da lei. Pensou: "Não sei quem é, rapazinho. Mas, se estiver fazendo algo errado, eu coloco as mãos em você".

O investigador seguiu Leandro, que bateu à porta de uma pequena sala.

Ouviu-se uma voz feminina vindo do interior.

Alexandre entrou e avistou a senhora com quem falara há pouco atrás de uma mesa cheia de papéis. Ao vê-lo, ela exclamou:

— O senhor novamente?

— Dona Lucia, estou aqui porque preciso de uma informação importante: quero o nome do rapaz, empregado seu, que foi assassinado no mês passado.

Era visível pelo semblante da mulher que ela não gostara da nova visita de Alexandre. Voltou a olhar para os papéis que estavam a sua frente, enquanto dizia:

— Sinto muito. Não posso ajudá-lo. Não sei nada sobre esse rapaz. Eu o vi algumas vezes por aqui, nada mais. Nunca conversei com ele.

— Creio que pelo menos o endereço dos familiares do moço a senhora pode me fornecer, não é? Preciso muito dessa informação.

Dona Lucia o encarou por sobre os óculos que usava.

— Vocês devem ter o endereço do rapaz. Afinal, isso consta nos registros trabalhistas, não?

Dona Lucia deu um suspiro e se dirigiu a um armário de arquivos. Abrindo uma gaveta, tirou dela um grande envelope pardo. Nele estava escrito: ISIDORO DE ALMEIDA FERNANDES. Ela o estendeu ao investigador.

— Tudo que quer saber está aí. Mais que isso, não posso fazer. Como já lhe disse, eu não o conhecia.

Alexandre pegou o envelope e perguntou se havia um lugar tranquilo onde pudesse ler os papéis que estavam ali dentro. Dona Lucia indicou uma cadeira à sua frente.

O investigador começou a ler. Isidoro de Almeida Fernandes, vinte e três anos, cor parda, morador do Complexo do Alemão. Havia o endereço detalhado do rapaz. Anotando o que queria, devolveu o envelope a dona Lucia. O investigador achava a dona da agência bastante antipática, por isso ficou feliz em poder sair dali.

Ao ganhar a rua, pegou o carro e se dirigiu à favela. Perguntou a um menino onde morava a mãe do Neguinho. O garoto explicou. Decidiu deixar o carro na entrada da favela e seguir a pé.

Em frente da casa, ainda em construção, o investigador rapidamente concluiu que não haviam dinheiro suficiente para terminar a obra. Batendo palmas, foi atendido por uma mulher que usava avental.

— Por favor, gostaria de falar com a mãe de Isidoro de Almeida Fernandes. Ela está?

A mulher olhou com curiosidade para o policial.

— Sou eu mesma. O que deseja?

Alexandre já havia suposto que aquela mulher era a mãe do rapaz, pois tinha visto uma fotografia do moço em seu registro de trabalho. Eles eram muito parecidos.

— Meu nome é Alexandre — explicou sorrindo. — Estou aqui para investigar a morte de seu filho. Gostaria que a senhora me desse algumas informações sobre ele.

No mesmo instante os olhos da mulher ficaram úmidos. Para ela, era um suplício ouvir falar no incidente que vitimara seu filho. Enxugando as lágrimas no avental, perguntou:

— Mas o que o senhor quer saber? Nós aqui não sabemos quem foi o responsável pela morte de meu filho.

— É por isso que estou aqui, minha senhora. Quero levar o indivíduo que matou seu filho às malhas da lei.

A senhora humildemente pediu:

— Entre, doutor. Vamos conversar lá dentro. O senhor não sabe como as pessoas aqui são fofoqueiras.

Alexandre sentiu-se penalizado. Ao entrar, o investigador notou um cachorro esquelético preso a uma corrente em frente da porta da sala, latindo sem parar.

— Fique quieto, Major!

Alexandre achou engraçado, pois o cachorro não tinha nada a ver com um major. Ele era um vira-lata, e parecia bastante inquieto. "O Major deve estar passando fome", pensou. Em seguida, riu dos próprios pensamentos.

O policial não pôde deixar de notar que o ambiente era excessivamente pobre.

— O que Isidoro fazia quando não estava trabalhando?

— Ele estudava à noite. Cursava o segundo grau e dizia que iria fazer uma faculdade.

Alexandre continuou:

— Há quanto tempo o filho da senhora trabalhava na agência de motoqueiros?

— Ele não trabalhou muito tempo lá. Antes trabalhava na padaria aqui da favela, mas, como ganhava pouco, ele tirou sua carteira de habilitação e em seguida arranjou emprego na agência como motoqueiro.

— O filho da senhora tinha algum inimigo?

— Claro que não. Todos gostavam de meu filho. Ele era muito solícito; atendia a qualquer pedido que as pessoas faziam para ele.

"Talvez seja por isso que o tenham mandado entregar aqueles convites", pensou o investigador. Ignorando aquele devaneio, entretanto, prosseguiu:

— Mas como ele era como pessoa?

— Olha, doutor, não é por ser meu filho, mas ele era um bom rapaz. Todos gostavam dele, como eu lhe disse. Quando as pessoas ficaram sabendo que ele havia sido assassinado, muitas delas vieram ao velório, e algumas prometiam que, se pegassem o assassino, fariam um linchamento.

Alexandre sentiu sinceridade nas palavras da mulher.

— O filho da senhora trabalhou em uma padaria antes, era um rapaz solícito e todos gostavam de seu jeito manso. É isso — conferiu o investigador, resumindo o que deveria anotar depois no bloco de anotações.

— É a mais pura verdade, doutor.

O investigador nada mais tinha a fazer naquele lugar. Antes de sair, porém, disse:

— Desculpe. Não perguntei o nome da senhora...

— Eu me chamo Ernestina de Almeida Fernandes. Sou viúva. Meu marido morreu há pouco mais de oito anos e tive de criar meus filhos sozinha.

— A senhora tem outros filhos?

— Tenho sim. O Isidoro era o mais velho. Depois dele veio o Moacir e, por último, minha filha, Fátima. Mas, sendo bem sincera, Isidoro era o meu melhor filho. Sempre foi trabalhador e preocupado comigo. Ele me dizia que um dia iria mandar terminar a construção desta casa, e que só me deixaria quando morresse.

Ao proferir as últimas palavras, a mulher deixou que uma profusão de lágrimas caísse pelas faces.

— Minha senhora, sou casado e tenho um filho. Sei o que a senhora está sentindo. Toda separação é pungente, mas o que vai fazer a diferença é como a senhora vai encará-la — consolou Alexandre.

A mulher, sem entender direito o que o investigador queria dizer, ainda assim se sentiu confortada pelas palavras dele.

— Doutor, desde que meu filho morreu, não me importo com nada. Ele era minha alegria de viver, era meu amigo e companheiro. Meus outros dois só me dão dor de cabeça. Moacir só pensa em ficar com os colegas, e minha filha só se preocupa com os namorados. E olha que não são poucos... O senhor acredita que há dois meses ela fez um aborto? O pior de tudo é que o homem era casado. Agora Isidoro, este sim não me dava problema. Muitas vezes deixava de ir ao colégio para me ajudar a entregar as roupas das minhas freguesas. Mas aí veio esse miserável e acabou com a vida do meu filho, e com a minha também!

Alexandre ficou imóvel segurando no velho portão de madeira por alguns instantes. Subitamente, falou:

— A senhora já imaginou que seu filho esteja vivo em outra dimensão da vida?

A mulher não entendeu. Mas pediu:

— Por favor, doutor, não vá agora. Vamos entrar de novo. Faço um café e o senhor me explica melhor o que é isso de outra dimensão.

Alexandre aceitou o convite da mulher.

— Doutor, acho que as suas palavras poderão consolar um coração partido como o meu, que nada teve na vida e, quando teve algo de bom, foi arrancado dela. Meu coração está dilacerado com tudo isso.

— Minha senhora, seu filho continua vivo. Ele apenas perdeu o corpo de carne, mas o espírito é eterno. Não pense que a morte é o fim. Antes, veja que ela é o início de uma nova vida, aliás, a verdadeira. A Terra é uma cópia imperfeita das muitas moradas da casa do Pai.

A mulher, em sua ingenuidade, suspirou:

— Ah, como eu gostaria de acreditar nisso.

— Mas, dona Ernestina, pense bem: é uma questão de lógica. Se todo corpo morre, e nós sabemos perfeitamente que não somos apenas o corpo, pois há algo mais, que é o que chamamos de espírito, para onde vai esse algo mais depois que não existe mais o corpo de carne? É importante termos o conhecimento necessário para que não soframos exageradamente ao perder um ente querido. Claro que isso não é fácil. Como eu havia lhe dito, a separação sempre nos causa tristeza e dor, mas, quando temos o ponto de vista correto, aprendemos a encarar a morte como uma separação de curta duração. O que são vinte ou trinta anos diante da eternidade? Não são nada. É necessário que nos preparemos para a grande passagem.

A mulher prestava atenção em todas as palavras do policial, passando a ponta do avental nos olhos de momento a momento. O investigador compungiu-se diante de tanto sofrimento.

— Doutor, eu tenho medo da morte. Embora deseje muitas vezes morrer para eliminar essa dor do meu coração, ainda tenho muito medo.

Alexandre sentiu vontade de prosseguir com sua explanação.

— Dona Ernestina, não há necessidade de se ter medo da morte. O importante é o que estamos fazendo para nos preparar para a grande viagem. Precisamos estudar todos os fenômenos e olhar para o futuro espiritual de maneira lúcida. O seu medo não vai adiar sua passagem. Temos que fazê-la um dia, todos nós. Por isso devemos estar preparados.

Ernestina começava a compreender as palavras de Alexandre.

— Mas como podemos nos preparar para fazer a grande viagem?

— O primeiro passo — o investigador explicou — é absorver conhecimentos sobre como funciona a vida em todos os seus aspectos. Temos conhecimento da vida na matéria, pois a vivemos todos os dias. Ela nos parece comum. Mas e a vida do espírito, que também existe? Como ela é?

A senhora chorosa ouvia atentamente.

— Como lhe disse — continuou Alexandre —, o espírito, estando livre da matéria, vai continuar a viver em outra dimensão da vida, ou seja, no mundo espiritual, e o corpo, sendo entregue à terra, vai passar também por transformações. Vai se decompor e deixar de existir. Mas o que vale mais para a senhora: seu corpo ou a roupa que está usando?

A mulher respondeu prontamente:

— Meu corpo, claro.

— Pois então: nosso corpo é a roupa carnal, apenas um veículo que nos ajuda a evoluir como espírito. O importante, contudo, é o nosso espírito, e como é a vida que ele leva aqui na Terra. A morte é apenas o livramento do espírito do corpo carnal. Por isso, se formos colocar ao pé da letra o significado da morte, é o fim da vida vegetal ou animal, mas não o fim da existência espiritual. Entende agora por que lhe digo que seu filho está vivo? E as lágrimas da senhora estão atrapalhando a vida dele em espírito. Em vez de chorar porque seu filho partiu, lembre-se de que um dia a senhora estará com ele, e poderão usufruir a alegria de estarem juntos.

Ernestina sorriu, emocionada com a explicação de Alexandre.

— Ah, doutor, como eu gostaria de ter a sua fé!

— Não pense que a senhora não poderá ajudar seu filho, porque a ajuda está em suas mãos. Por que não faz uma prece e pede que ele aceite o que está sendo ofertado a ele? Continue a lhe dizer o quanto o ama; tenho certeza de que isso lhe fará muito bem.

A mulher, embora simples, entendeu plenamente as palavras de Alexandre. Ao olhar para o lado, viu uma mulher negra de bonita aparência. Não lhe foi difícil identificá-la: era sua irmã mais jovem, que morrera anos atrás. Ela lhe dizia algo em pensamento, que foi facilmente assimilado pela mulher, que tinha a mediunidade aflorada: "Minha irmã, meu sobrinho está muito bem. Ele se recupera agora do trauma num posto de socorro. Não fuja da realidade. Lembre-se de que ele neste momento precisa saber que você está bem. Só assim você poderá auxiliá-lo". E então, como num passe de mágica, a entidade sumiu de suas vistas.

Dona Ernestina por várias vezes vira a irmã em alguns cômodos da casa, mas nunca lhe dera a devida atenção. Pôs-se a chorar sentidamente naquele momento, enquanto narrava a Alexandre o que se passara. O investigador, também tomado pela emoção, convidou a pobre mulher para fazer uma prece.

Ernestina sentia uma indefinível paz quando terminaram a prece.

— Doutor, quero saber qual é a sua religião.

— Minha irmã — explicou Alexandre —, a doutrina que sigo é o que se pode chamar de doutrina do amor, pois Jesus, enquanto esteve na Terra, não só ensinou o amor como também o vivenciou em todas as estâncias de sua vida.

— Mas que doutrina é essa? — perguntou a mulher, dando um indício de sutil alegria na voz.

— Estudo a doutrina de Allan Kardec, que é uma tríade de religião, filosofia e ciência.

— Eu não vou poder seguir essa doutrina, infelizmente. Não tenho estudo para tanto — continuou a mulher com voz emocionada.

— Dona Ernestina, para a senhora estudar a doutrina não é necessário ser estudada; o mais importante é ter fé. Aliás, foi o próprio Jesus quem disse que, se houver fé do tamanho de um grão de mostarda, ela teria a capacidade de transportar montanhas de lugar. É só aprender a desenvolver a fé. Acho que a senhora tem a sensibilidade de percepção do mundo espiritual. A senhora deveria cultivar essa qualidade, que é capaz de melhorar a vida de quem a tem.

— Mas por que eu tenho a capacidade de perceber o mundo espiritual? Não deveria ser assim com todos? Vi um espírito pela primeira vez aos vinte anos. Desde então não parei mais de vê-los. O primeiro espírito que vi foi o de minha mãe. Ela me disse que eu deveria prosseguir em minha luta, que Deus estaria a meu lado.

Vendo um sorriso se esboçar naquele rosto tão sofrido, com grande alegria Alexandre explicou:

— Dona Ernestina, essa percepção que a senhora tem é comum. Todos que a têm são chamados de médiuns. Para falar a verdade, todos os seres humanos são médiuns, mas a sensibilidade varia de pessoa para pessoa. A senhora tem a capacidade de ver os espíritos, outros têm a capacidade de ouvi-los, e outros têm ainda a capacidade de senti-los. Já ouviu alguém falar que algumas vezes parece estar sendo observado mas, quando procura, não vê ninguém? Pois bem, esse mecanismo maravilhoso chamado mediunidade tem como finalidade ajudar os que a possuem a aprimorar a fé e se colocar à disposição do trabalho. Não podemos, portanto, chamar a mediunidade de dom. Ela é, antes, uma ferramenta a mais de que dispomos no intuito de auxiliar o próximo e nós mesmos.

Ernestina se sentia encantada com a explicação.

— Obrigada, doutor! Não sabe como a sua visita me fez bem ao coração. Ver minha irmã também me ajudou a entender que meu filho está vivo. Posso lhe garantir que o senhor me devolveu a alegria de viver. Mas como poderei usar essa percepção para ajudar outras pessoas?

Alexandre ficou satisfeito ao constatar que a mulher não se encontrava mais naquele estado choroso.

— Infelizmente, não posso ficar mais tempo aqui para lhe explicar, mas, se a senhora permitir, posso ir até meu carro, estacionado na entrada do Complexo do Alemão, para pegar um livro que muito a auxiliará.

Como Ernestina nada dizia, constrangida, Alexandre lhe disse:

— Por favor, aceite esse meu presente. Leia o livro com carinho; tenho certeza de que, depois que o ler, nunca mais será a mesma.

Terminando de lhe falar, o investigador saiu em desabalada carreira, descendo até seu carro, que ficara na parte mais baixa da favela. Pegou então um livro intitulado *O Livro dos Espíritos*. O livro era dele, mas, como o investigador estava interessado em consolar aquela pobre mãe, não se importou em presenteá-la com ele.

Voltou ao portão de dona Ernestina. Esbaforido, precisou parar para tomar fôlego antes de lhe falar.

— Dona Ernestina, esse é o livro de que lhe falei. Leia e, qualquer dúvida, vou deixar meu telefone para que possa me perguntar.

Ernestina abriu o livro e leu: "Este livro pertence a Alexandre, meu querido esposo".

— Desculpe, mas não posso aceitar. O livro foi um presente!

— É verdade. Eu o ganhei de minha esposa. Mas, se a senhora não quiser ficar com este, prometo lhe trazer um outro exemplar.

— Que tal aceitá-lo como empréstimo? Depois eu o devolvo; não posso ficar com um presente de sua esposa.

— Está bem — Alexandre concordou. — Eu o empresto. Mas lhe trago outro, para que a senhora possa tê-lo sempre que quiser pesquisar mais a fundo os assuntos que são tratados nele.

E, pensando um pouco, o investigador prosseguiu:

— Na quarta-feira vou a uma reunião na Casa Espírita que frequento. Se algum dia a senhora desejar ir, poderei vir até a entrada da favela para que a senhora me acompanhe. Assim poderá conhecer também minha esposa.

A mulher não cabia em si de contentamento.

Alexandre olhou para o relógio, e então concluiu:

— É uma pena... Mas preciso ir. Tenho muito trabalho na delegacia.

Ernestina, interessada, perguntou:

— A que horas é a reunião na Casa Espírita?

— As reuniões começam pontualmente às vinte horas, mas poderei passar um pouco mais cedo. Assim chegamos à Casa Espírita com tranquilidade, e a senhora pode conhecer mais sobre essa doutrina rediviva.

Ernestina, sentindo uma paz invadir seu coração, foi incisiva ao dizer:

— Por favor, quero ir com o senhor até esse lugar. Se o senhor quiser me levar mesmo, claro...

— Para mim será um prazer. Passo aqui na próxima quarta-feira, às sete horas da noite. O que me diz?

— Ótimo! Vou esperar — respondeu a mulher, toda sorridente. A amargura estampada em seu rosto momentos atrás parecia ter desaparecido como por encanto.

O investigador despediu-se da mulher e passou a andar lentamente até seu carro.

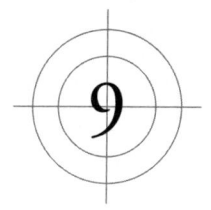

9

Em busca do paradeiro de Vítor

Marco Aurélio recebeu a visita de seu advogado, o doutor Maurício Villa Verde. Embora ele também fosse advogado de Kim, de quem o jovem continuava a não gostar, ele simpatizava com seu representante.

Maurício entrou na cela e avisou ao jovem:

— Estou aqui para lhe dar uma boa notícia. Estou aguardando uma expedição de soltura que o juiz Fernando Marques poderá lhe dar a qualquer momento. Portanto, meu amigo, seus dias de clausura terminaram.

— Por que o juiz faria isso? — perguntou Marco Aurélio, sem saber se ria ou chorava.

O advogado passou a esclarecer em detalhes o que estava acontecendo. O rapaz ficou radiante de alegria.

O advogado ficou satisfeito com o contentamento do rapaz. E prosseguiu:

— O juiz Fernando Marques vai dar a sentença às duas horas da tarde. Até lá, você deve continuar aqui.

— Não me importo de esperar mais algumas horas para sair daqui; já estava perdendo as esperanças de sair desse lugar tão cedo.

O advogado despediu-se dizendo que voltaria mais tarde com notícias.

Marco Aurélio, ao ficar sozinho, se deu conta do quanto sua vida havia mudado nos últimos trinta e três dias. Em seguida lembrou-se da madrasta, de quem ainda tinha verdadeiro pavor. Pensou no pai, e chegou à conclusão de que ele havia adquirido tudo que o dinheiro podia comprar, mas não tinha felicidade. Sempre estava às voltas com os negócios, constantemente com um ar de preocupação no semblante e uma expressão sombria.

Não via a hora de chegar em casa e tomar um banho. Aqueles trinta e três dias haviam sido um martírio para ele. Sentia que o cheiro daquele lugar, onde o fedor de mofo lhe subia pelas narinas, havia ficado impregnado em suas roupas. Olhando para a cela, pensou: "Não acredito que serei liberto dessas paredes frias, cujos antigos moradores perdiam tempo em rabiscá-las, deixando-as ainda mais feias".

O tempo foi passando e a euforia do jovem crescendo. Faltavam dois minutos para as três da tarde quando o advogado voltou à cela. Com visível abatimento em seu aspecto, ele pediu a Walter que abrisse a cela.

Marco Aurélio, ao vê-lo, sentia o coração bater em descompasso:

— E então? Vou embora desse lugar horroroso?

O doutor Maurício, baixando os olhos, apenas balbuciou:

— Marco Aurélio, o juiz Fernando Marques negou a petição de soltura solicitada por mim.

O jovem, sem entender, perguntou:

— Como assim, negou? O caso tomou outros rumos, e o amigo de meu pai está foragido. Quer maior prova que essa de que eu nada tenho a ver com esse crime?

— Eu concordo com você, Marco Aurélio. Mas o juiz alegou que as evidências contra você estão claras. Não pude fazer nada.

Desanimado, o jovem deixou o corpo cair na cama. Em tom queixoso, falou:

— Só porque encontraram a arma em meu quarto não quer dizer que eu tenha praticado esse crime monstruoso contra meu próprio pai.

Contudo, o mesmo não vale para os outros, que poderiam, qualquer um deles, ter colocado a arma em meu quarto somente para me incriminar. Vítor está foragido e minha madrasta não consegue explicar o porquê de ter pedido a todos os convidados que levassem suas armas. E, ainda com tudo isso, esse juiz idiota resolve me deixar aqui, trancafiado como se eu fosse um bandido.

Sentindo pena de Marco Aurélio o advogado retrucou, a fim de consolá-lo:

— Mas houve algo de bom nisso tudo. O juiz decretou que, enquanto o caso não fosse devidamente esclarecido, você ficaria aqui na delegacia. Isso deixa claro que não será mais transferido para uma penitenciária estadual.

Ainda desiludido, o rapaz resmungou:

— Pouco me importa se vão me levar para a penitenciária ou não. Para eles, eu já sou o acusado mesmo.

— Não é bem assim... — contemporizou o advogado. — Você está detido apenas para investigações. Assim que colocarem as mãos no verdadeiro assassino, você sairá daqui.

Desesperançado, duas lágrimas correram pela face de Marco Aurélio.

— Eles precisam de um bode expiatório — queixou-se o rapaz. — E isso eles já encontraram. Agora não há mais nada que possamos fazer para reverter a situação. Acabaram com a minha reputação. Tenho certeza de que todos creem que eu sou um assassino.

O doutor Maurício nada respondeu. Ficando diante do rapaz que estava sentado na cama da prisão, ele tocou os ombros do cliente e lhe disse:

— Marco Aurélio, se crê em Deus, está na hora de começar a rezar. Agora, só ele poderá ajudá-lo.

O rapaz, ao ouvir aquelas palavras, deu livre curso às lágrimas, o que tocou profundamente o coração do doutor Maurício. O advogado pediu que lhe abrissem a cela e partiu, entristecido. Andando pelo corredor escuro, pensou: "Onde está a justiça que os homens presunçosamente pregam? Está mais que claro que esse rapaz nada tem a ver com o assassinato do pai. Ele mesmo já notou que está servindo de bode expiatório. Fui contratado para defendê-lo, e o farei. Mas não posso investigar se ele está sendo injustiçado ou não. Devo ter escolhido a profissão errada, pois casos como este me revoltam!".

O doutor Maurício foi ter com o delegado quando avistou Alexandre, que entrava na delegacia.

— E então? Vai levar o rapaz da nossa delegacia?

— Infelizmente não. O juiz negou o pedido de soltura dizendo que ele ficaria detido para averiguações ainda. Acabei de lhe dar a notícia.

Alexandre, indignado, conseguiu dizer:

— Por que deixar o rapaz detido sendo que as investigações mostram que outras pessoas estão envolvidas no caso?

— Meu amigo — tornou o advogado em voz compassiva —, não posso fazer nada. É a ordem do juiz, portanto devo obedecê-la.

— Onde já se viu um juiz negar um pedido de soltura só porque a arma que matou o pai foi encontrada em seu quarto? — desabafou o policial. — Até mesmo um ser ignorante diria que a arma foi colocada ali como um arenque defumado.

— Arenque o quê? — perguntou doutor Maurício.

— Arenque defumado é a pista falsa que o autor do crime deixa para encobrir sua ação criminosa, colocando outras coisas em evidência. Foi justamente isso que se deu. O assassino colocou a arma do crime no quarto de Marco Aurélio justamente para que pensássemos que fosse realmente o rapaz o autor do tiro que vitimou seu pai.

O doutor Maurício não simpatizava com aquele vocabulário, mas preferiu nada dizer. Pedindo licença, explicou que nada mais tinha a fazer ali. Deveria voltar rapidamente a seu escritório. Por certo tinha mais clientes à espera.

Alexandre ficou a distância vendo o homem se afastar. "Não sei por que, mas não gosto desse advogado. Ele também defende uma suspeita do crime... Por certo dá preferência a ela", pensou.

Em seguida, se dirigiu para a sala de Oswaldo. Encontrou-o ao telefone.

Alexandre aguardou que o delegado terminasse de falar para dar vazão à sua indignação contra a justiça.

— Encontrei com o advogado de Marco Aurélio aqui em frente a sua sala. Ele me disse que o juiz negou o pedido de soltura de Marco Aurélio. Honestamente, não acredito que esse juiz tenha agido com tamanha arbitrariedade. Descobrimos agravantes que nos levam a crer que esse tal de Vítor, auxiliado pela esposa do empresário, tenha feito o serviço. Só porque encontraram a arma no quarto do rapaz nada disso que descobrimos importa?

Oswaldo compreendia a indignação de Alexandre.

— Nós sabemos disso — falou o delegado, tentando acalmá-lo. — Mas o mais importante neste momento é descobrirmos o paradeiro do tal Vítor. Só assim conseguiremos ajudar o rapaz a sair daqui.

— Onde vamos encontrar esse infeliz, Oswaldo? Ele fugiu logo depois que falei com ele. Há evidência maior de que ele esteja envolvido nos assassinatos? Não consegui encontrar relação entre ele e Kim, mas estou seguindo uma linha de investigação que me leva a crer que Vítor tenha algo a ver com as mortes do motoqueiro Isidoro e do dono da agência, o senhor Nestor.

— Não seria bom, a partir de agora, você se ater à busca do vigarista, Vítor Castelli?

— Farei isso mesmo! Mas ainda acho que o juiz não deveria ter tal cargo. Para isso é necessário certa sagacidade que, segundo estou vendo, esse Fernandes Marques não tem.

— Calma, Alexandre. Não é hora de revolta. Antes, é momento de descobrirmos o verdadeiro assassino para que esse menino não fique aqui por muito mais tempo.

— Para você é fácil, não é, Oswaldo? Não sai detrás desta mesa, a não ser para ir para casa ou almoçar! — retrucou o investigador, com os nervos à flor da pele.

— Calma... Não vou ficar aturando seu mau humor. Somos amigos há muito tempo, e eu nunca lhe faltei com respeito. Agora estou achando que você passou dos limites.

Alexandre percebeu que realmente se excedera. Murmurou, caindo em si:

— Desculpe. Perco a calma ao ver uma flagrante injustiça diante da qual não posso fazer nada!

Oswaldo sabia o quanto Alexandre era impulsivo.

— Tudo bem — respondeu o delegado. — Vamos esquecer isso.

Sentindo uma dor de cabeça torturante invadir-lhe, Alexandre avisou:

— Minha cabeça parece que vai explodir. Vou para casa agora. Amanhã chego aqui pontualmente.

— Faz bem — continuou Oswaldo. — Uma ducha fria vai ajudá-lo a esfriar a cabeça.

Alexandre não gostou muito da brincadeira do amigo. Viu que continuava irritado.

Mais aliviado, entrou no carro e partiu rumo a sua casa. Sabia que apenas uma conversa com Luiza poderia lhe tirar daquele estado.

Quase chegando ao prédio, olhou para o relógio de pulso e constatou serem quase quatro da tarde. Então parou em uma padaria e comprou pães.

Quando adentrou o apartamento, viu que ele se encontrava vazio. Maria Luiza e o filho não estavam em casa. Tomou um banho e, após, um remédio para dor de cabeça. Foi deitar-se.

Já na cama, ficou refletindo sobre o que motivara o juiz a negar a liberdade a Marco Aurélio. Sem encontrar nenhuma resposta que o convencesse, decidiu que falaria com a esposa assim que ela chegasse da rua.

Cerca de cinquenta minutos depois, Alexandre ouviu um barulho vindo da sala. Deduziu que seria sua esposa, que falava sem parar com o pequeno Humberto.

Só de bermuda, com o peito desnudo, Alexandre foi ter com a esposa.

— Você em casa a uma hora dessas? Aconteceu alguma coisa?

— Aconteceu um fato bem desagradável sim. O juiz negou a soltura de Marco Aurélio.

— Mas ele negou por algo diferente que ocorreu? — perguntou Maria Luiza, pedindo que o pequeno Humberto parasse de pular tanto no colo do pai.

Alexandre, que já estava inquieto e não queria se aborrecer com Humberto também, pediu que a esposa o levasse ao apartamento de Mirtes. Ele queria ter uma conversa calma com ela.

Luiza conhecia o temperamento do marido. Quando algo não ia bem, ele perdia facilmente a paciência. Resolveu, portanto, levar logo o menino ao apartamento da amiga.

Em poucos minutos Maria Luiza estava de volta.

— Meu querido, por que você está tão agastado? — perguntou, sentando-se a sua frente.

Alexandre passou a narrar tudo a respeito de Vítor, de Lucia e sobre o que conversara com a mãe de Isidoro.

A esposa ouviu tudo atentamente. Sendo bastante cautelosa, perguntou:

— Querido, por que você quer mudar o rumo das coisas? Entendo que esteja trabalhando muito nesse caso, mas já parou para pensar que esse rapaz está justamente no lugar onde deveria estar, para aprimorar-se como espírito?

— Luiza, um inocente está sendo acusado por um crime que não cometeu. Você acha isso normal?

Carinhosamente olhando para o marido, ela respondeu:

— Alexandre, você tem de entender uma coisa: ninguém é inocente. Somos algozes de nós mesmos, e com esse rapaz não é diferente.

— Talvez você não tenha entendido... Esse rapaz é inocente *mesmo*. Eu acredito nisso.

— Não estou dizendo o contrário, querido. Apenas desejo que entenda que ele é inocente hoje, mas quem nos garante que ele não paga agora por algo do passado? Já falamos sobre isso... Ninguém pode fugir da lei da ação e da reação. Muitas vezes vemos alguém aparentemente bom passar por tantas dificuldades! Será que essa pessoa não fez um triste plantio em outras vidas, e hoje, em sua vida aqui na Terra, apenas colhe o resultado de seus atos impensados?

Alexandre empertigou-se na poltrona da sala.

Luiza percebeu que o marido tinha a mente turva devido a injustiça que achava ter sido cometida no caso de Marco Aurélio.

— As causas do sofrimento — continuou ela —, se não são atuais, só podem ser passadas. Apenas algo assim explicaria o fato de o juiz ter negado o pedido de soltura. Se não houvesse pendências do passado, com certeza o juiz teria ordenado que o soltassem.

O policial se deixou envolver pela atitude respeitosa com que a esposa conduzia tudo aquilo. Mais uma vez, sentiu-se orgulhoso de ser seu marido.

— Não havia olhado essa situação por esse ângulo, apesar de já termos discutido isso antes. Acho que a revolta com o juiz me tirou o bom senso. Bem, se há algo que o rapaz esteja expiando, ele tem de agradecer a Deus pelo pagamento da dívida.

Maria Luiza levantou-se e acariciou os cabelos do marido.

— Nada acontece por acaso — disse ela suavemente. — Está vendo, querido, como nada acontece por acaso e temos de aceitar as coisas como devem ser? Quem somos nós para mudar a ordem natural das coisas? Agora, meu querido, o que você pode fazer por ele é uma prece, pedindo que Deus lhe dê forças para enfrentar mais essa provação.

Alexandre, depois de ouvir a esposa, sentiu-se convencido pela veracidade de suas palavras. Mais calmo, sentiu-se chateado de ter perdido o autodomínio com Oswaldo, seu amigo de tantos anos.

O investigador convidou a esposa a acompanhá-lo em uma prece, na qual pediu a Deus serenidade diante dos fatos e forças para Marco Aurélio passar por aquela provação. Depois da prece, Alexandre já não se sentia angustiado. Passou então a falar sobre dona Ernestina, a mãe de Isidoro, com euforia.

Após contar pormenorizadamente a conversa que tivera com aquela sofrida senhora, pediu a Maria Luiza que comprasse um exemplar de *O Livro dos Espíritos* para presentear a mulher.

Luiza gostava quando Alexandre estava tranquilo. Quando ele ficava assim, calmo, se tornava bastante extrovertido e bem-humorado. Vendo que ele havia retornado ao estado normal, foi ter com Mirtes a fim de trazer Humberto de volta para casa.

"Obrigado, meu Deus", pensou Alexandre, ao ver a esposa fechar a porta, "por me dar uma esposa maravilhosa como Luiza. Às vezes sinto que não a mereço, mas confesso que não sei o que seria da minha vida sem ela!".

Kim, desde que saíra da delegacia, sentia-se inquieta. Desconhecia o fato de o dono da agência e do *motoboy* que entregara os convites estarem mortos. Pela sua mente, passou o diálogo que se dera na ocasião em que conversara com Vítor pela primeira vez sobre a entrega dos convites.

— Vítor, talvez você saiba que João vai comemorar o aniversário de inauguração de seu primeiro hotel, e também apresentará a construção de seu novo projeto. Mas quero lhe fazer uma surpresa. Sei que ele adora armas de fogo. O que acha de mandarmos um bilhete dentro do envelope pedindo a alguns convidados que tragam suas armas?

— Você não acha essa ideia estranha, Kim?

— De maneira alguma. João vai adorar saber que há convidados com armas de igual marca e calibre.

— Em que está pensando, exatamente?

— Pensei em uma Taurus calibre trinta e oito. Sendo assim, João iria se sobressair com a sua automática. Ela é importada; ele a trouxe dos Estados Unidos na última vez em que esteve lá.

— Kim, isso não me soa bem... Onde há arma de fogo sempre há confusão.

— Que confusão poderia haver? Podemos construir um alvo, João ficaria feliz em mostrar a todos como é um exímio atirador.

— Mas, Kim, você não acha essa ideia um disparate?

— Não acho; e, além do mais, como eu o amo, faria tudo para ver meu marido feliz em uma das noites mais importantes de sua vida.

Vítor pensou por alguns momentos e então respondeu:

— Tudo bem, Kim. Que você queira fazer uma surpresa a seu marido, até entendo, mas dizer que você o ama... não acha que é um pouco demais?

— O que quer dizer com isso? — perguntou Kim assustada.

— Não nasci ontem. Se seu marido é ingênuo a ponto de acreditar em tudo que você diz, isso é com ele. Mas eu sei que você mantém um romance com Rubens, o grande bajulador de João.

Kim, ao recordar dessa parte da conversa, sentia-se mal. Jamais imaginara que aquele homem fosse tão vil a ponto de fazer questão de que ela soubesse de sua descoberta sobre o seu caso com Rubens.

As lembranças continuaram a martelar-lhe a mente.

— Minha vida particular nada tem a ver com a surpresa que quero fazer a João — retrucou Kim energicamente.

— Calma... Sei disso, minha querida. O que quero saber é: o que ganho com isso?

Kim gelou da cabeça aos pés. Teve medo de que Vítor contasse a João o que sabia.

— Vou lhe dar o valor de um hotel. Mas não pense que estou fazendo isso pela sua ajuda na surpresa; apenas estou pagando o seu silêncio.

Vítor, ao ouvir que ganharia muito bem pelo serviço, respondeu, sarcasticamente:

— Por que comprar o meu silêncio? Sei disso há um bom tempo, e até agora não contei nada a ninguém.

Olhando-o com desprezo, Kim retrucou:

— Faça o que lhe peço que daqui a alguns dias levantarei o dinheiro.

— Como vai fazer para me pagar essa quantia?

— Tenho algum dinheiro guardado e poderei vender minhas joias. Não se preocupe comigo. Sei perfeitamente o que estou fazendo.

Vítor fitou intensamente Kim. Com um olhar que era pura cobiça, apenas observava avidamente enquanto ela escrevia uma lista com nomes. Fingindo não notar o olhar de Vítor, ela lhe entregou o papel.

— Como vou saber se essas pessoas têm o mesmo tipo de arma?

— Eu sei que dez dos convidados de João têm uma arma Taurus calibre trinta e oito. Portanto, nos ateremos a eles — respondeu Kim.

— Como você descobriu isso? — quis saber Vítor.

— Você sabe que João sempre gostou de armas — respondeu-lhe a mulher sorrindo. — Por várias vezes ele acabou levando alguns de seus amigos para viajar ao pantanal mato-grossense, somente para treinarem.

— De fato. Há pouco mais de um ano, João me convidou para ir também a fim de treinarmos nossa pontaria. Eu também tenho uma Taurus calibre trinta e oito.

— Ótimo! Leve-a também — mandou Kim.

Vítor queria especular um pouco mais aqueles planos.

— Está bem. Mas como faremos para que todos tragam as armas?

— Simples... João é considerado um novo-rico. Esse título o aborrece muito. Quanto a você, veio de uma família tradicional, embora falida, mas João acreditaria se você lhe dissesse que é muito elegante contratar um *motoboy* para entregar os convites.

Kim se lembrava agora do brilho ávido no olhar de Vítor, e sentiu certo mal-estar. Ela se recordava de ter lhe dito que não queria detalhes da parte que lhe caberia executar, mas sabia que o advogado era capaz de qualquer coisa por dinheiro.

Kim se lembrou de que fora ideia de Vítor deixar as armas sobre a mesa. Depois de alguns tiros, ele conversara com João, e este mandara Leila pegar as armas de todos, e instruiu-a de que só as devolvesse no final da festa. Para Kim, não havia dúvidas de que fora Vítor quem assassinara seu marido. Mas, enquanto não houvesse provas concretas, não poderia fazer nada. A antipatia fortuita que sempre nutrira por Vítor transformara-se em verdadeiro ódio. Ela decidiu que, se descobrisse o paradeiro do advogado, seria a primeira a entregá-lo à polícia.

A seu lado, enquanto relembrava tudo, Kim não podia ver a triste figura de João, que lhe sussurrava: "Kim, por favor, não deixe meu filho ficar naquela cela imunda. Ele é inocente!".

O espírito de João, até aquele momento, tinha apenas consciência de que o tinham acertado, mas ignorava completamente que havia morrido pela bala certeira.

Saindo de suas reflexões, Kim sentiu um leve torpor, que classificou como sono. Deitou-se, portanto, e não demorou muito para que caísse em total inércia. Livrando-se parcialmente da matéria, avistou João a um canto do quarto. Viu que ele chorava baixinho. Sentindo medo, perguntou:

— O que faz aqui?

— Ora, o que faço aqui! Esqueceu que esta é minha casa?

— Devo estar sonhando. Você está morto, ouviu bem? Morto!

— Não, Kim. Estou apenas ferido. Aquele tiro não me matou. Ele tentou acabar comigo, mas não conseguiu.

— Não seja tolo. Eu mesma fui a seu enterro. Saia daqui. Isso é um pesadelo!

João chorou ainda mais ao ouvir aquelas palavras. Entre lágrimas, proferiu palavras importantíssimas, que ficariam registradas na mente de Kim:

— Não foi Marco Aurélio quem me feriu. Livre-o dessa armadilha. Ele é inocente!

Naquele instante, Kim ouviu batidas vindas da porta. Voltou rapidamente ao corpo que estava em repouso sobre a cama. Saindo do estado de vigília, voltou a ouvir as batidas da porta.

Levantou cambaleante. Ao abrir a porta, deparou com Janete, esposa de Rubens. Sorrindo, a outra lhe falou:

— Não posso acreditar que estava dormindo. Sabe que horas são? Já passam de duas da tarde. Quero convidá-la para um chá beneficente que as senhoras programaram para ajudar uma instituição de caridade.

Kim, que odiava os encontros com aquelas mulheres (segundo ela, elas não tinham o que fazer), respondeu preguiçosamente:

— Sinto muito, Janete. Não estou com vontade de sair de casa.

— Kim, haverá um bingo cuja arrecadação será doada para o orfanato. Segundo soubemos, a instituição está passando por muitas dificuldades.

— Não quero ir, Janete. Não estou disposta a encarar aquele bando de mulheres desocupadas que ficam gastando o dinheiro dos maridos enquanto eles se esforçam para ganhá-lo.

Janete sentiu lágrimas virem a seus olhos. Kim, observando o estado da amiga e constatando que havia sido demasiadamente grosseira, tentou contemporizar:

— Desculpe, Janete. Claro que não me refiro a você. Mas é que aquelas mulheres sempre se reúnem para angariar fundos para alguma coisa, porém no fundo ficam somente bisbilhotando a vida umas das outras.

Janete baixou os olhos.

— Desculpe. Agi mal vindo acordá-la. Vou indo. O bingo está marcado para as três e meia da tarde. Se não for logo, posso chegar atrasada.

Kim sentiu pena de Janete. Uma ponta de culpa trespassou seu coração pelo fato de ter um relacionamento com o marido da amiga. Não custava nada ela acompanhar Janete para aquele malfadado bingo.

— Janete, mudei de ideia — chamou, vendo que a amiga saía. — Vou ao bingo sim. Talvez seja disso que estou precisando.

Janete sorriu satisfeita. Ela sempre gostara de Kim, e não lhe agradava ver a amiga trancafiada em casa.

Kim pediu a Janete alguns minutos para tomar banho e se arrumar.

Janete sentou em uma poltrona que ficava do lado direito do quarto, sob uma grande janela que dava para a piscina. Ao olhá-la, recordou da fatídica noite do assassinato de João.

Passados quinze minutos, Kim estava em frente do espelho terminando a maquiagem.

— Essa casa ficou vazia sem João, não é mesmo?

— E como! João viajava bastante, mas eu sabia que ele iria voltar. Agora é diferente. Sei que ele nunca mais entrará por aquela porta... Isso me dá um aperto imenso no coração.

Janete se emocionou com a tristeza de Kim. Levantando da poltrona, abraçou a amiga, que não conteve seus sentimentos e se deixou levar pelas lágrimas.

Em cerca de trinta minutos, as duas mulheres saíam do quarto. Janete, uma vez tendo visto como a amiga estava abatida, fazia de tudo para alegrá-la.

Depois da providencial conversa com a esposa, Alexandre acordou disposto no dia seguinte.

Ao chegar à delegacia, foi diretamente à sala de Oswaldo, porém o delegado ainda não havia chegado.

O investigador decidiu, então, dirigir-se à cela onde Marco Aurélio se encontrava. Para sua surpresa, encontrou-o chorando.

Ao perceber o estado do rapaz, seu coração se encolheu de compaixão por aquele com que se afinara tanto.

O rapaz, levantando o rosto coberto de lágrimas, irrompeu:

— Alexandre, sei que você tem trabalhado muito em meu caso, mas pelo jeito o juiz não gosta nem um pouco de mim. Mesmo com as novas evidências que surgiram, ele faz questão de me manter aqui. Confesso que não estou aguentando mais. Tenho pedido a Deus que me leve dessa vida.

Alexandre sentiu-se entristecido diante do desabafo do jovem. Lembrou-se das palavras da esposa, contudo, e retrucou em tom enérgico:

— Nunca mais repita isso! A morte nunca será a solução para nossos problemas. E, se passa por isso, é porque tem condições físicas e emocionais de aguentar. Deus jamais dá um fardo demasiadamente pesado a ombros fracos. Você não é fraco! Quando tiver passado por essa prova, poderá agradecer a Deus, pois certamente estará saudando alguma dívida passada.

— Dívida? Jamais fiz nada para ninguém e sempre procurei ser bom filho. Isso tudo que está me acontecendo é uma injustiça.

O investigador prosseguiu com voz suave:

— Ontem, quando fiquei sabendo que o juiz havia negado seu pedido de soltura, fiquei indignado. Acabei até ofendendo Oswaldo, que, mais que um colega de trabalho, é um amigo. Com isso, terminei por ir mais cedo para minha casa. Conversei com Maria Luiza, e ela me explicou que, se ainda não conseguiu sair daqui, é porque está expiando alguma falta do passado.

Marco Aurélio, ao ouvir aquelas palavras, sentiu grande serenidade invadir-lhe o íntimo, conseguindo, por isso, parar de chorar.

Vendo que o rapaz se encontrava um pouco mais calmo, o policial prosseguiu:

— Não acha por bem aproveitar esse momento de aprendizado que a vida está oferecendo? Você descobrirá, com o passar do tempo, qual a finalidade de sua prisão. Não é desistindo da luta que você aprenderá algo; só se aprende lutando.

Marco Aurélio arrependeu-se de ter pensando em morrer. Ele devia, de fato, querer viver para aprender algo com aquela intempérie que ocorria em sua vida. Tentando disfarçar a vergonha, confessou ao amigo:

— Não sei o que seria de mim se não tivesse você aqui do meu lado, sempre me amparando com boas palavras. Não vou mais reclamar de meu destino. Se tiver de ser assim, assim será.

— Marco Aurélio, entenda uma coisa: nada disso vai ser eterno; tudo passa nessa vida.

Sentindo-se encorajado, o rapaz levantou-se e abraçou Alexandre, que correspondeu ao abraço.

Em seguida, com mais algumas palavras de conforto, despediu-se de Marco Aurélio e se encaminhou novamente para a sala de Oswaldo.

Desta vez, encontrou-o em pé ao lado de uma pequena mesa onde havia uma garrafa térmica. Estava distraído em pensamentos.

— Que bom que o encontrei, meu amigo. Daqui a pouco vou sair em busca de Vítor. Quero encontrar esse sujeito de qualquer maneira.

Oswaldo, que ainda estava ressentido com Alexandre pela exasperação do dia anterior, nada respondeu.

O investigador deu-se conta, pela atitude do delegado, de quanto o havia magoado.

— Oswaldo, peço que perdoe minha falta de compostura ontem. Sei que lhe disse palavras duras. Espero sinceramente que possa me perdoar.

— Está certo, Alexandre. Você, melhor que ninguém, sabe o quanto eu o estimo. Mas isso não lhe dá o direito de falar para mim o que bem desejar.

— É claro que não. Concordo com você. Fiquei zangado com a atitude do juiz, e acabei por descontar em você.

— Desta vez passa, mas espero que aquela grosseria que fez comigo não se repita. Posso colocar nossa amizade de lado e lhe impingir uma punição.

Alexandre conhecia muito bem Oswaldo. Sabia que o amigo já não estava mais bravo. Sorrindo, lhe respondeu:

— Está bem, meu amigo. Não vou mais repetir aquela grosseria, ou melhor, aquela selvageria.

O delegado não conseguiu conter um sorriso diante da brincadeira do investigador.

— Estou pensando onde poderia encontrar Vítor — prosseguiu Alexandre. — Mas, até agora, nada me vem à cabeça. Ele jamais iria se esconder aqui na cidade. Tenho certeza de que ele está em algum lugar no interior do Rio de Janeiro.

— Penso da mesma forma. O negócio é descobrir onde estão os parentes de Vítor. Quando alguém se mete em confusão com a justiça, o primeiro lugar em que vai buscar refúgio é na casa de algum parente próximo.

Alexandre concordou com o delegado. Precisava descobrir, com urgência, onde residiam os parentes de Vítor Castelli.

— Ontem saí com meu carro — explicou Alexandre ao delegado.
— Hoje, porém não vai dar... Minha gasolina está acabando. Se eu conseguir voltar para casa, será um grande milagre.

— Você sabe melhor que ninguém que há viaturas à disposição aqui. Não sei por que insiste em fazer investigações com o seu carro particular.

— Eu prefiro ir com meu carro para não chamar muita atenção. Você sabe como as pessoas reagem ao ver uma viatura de polícia.

Oswaldo riu das observações do amigo. Entretanto, não podia deixar de lhe dar razão. As pessoas, ao verem uma viatura, se encolhiam de medo. Era uma reação natural.

Alexandre se despediu do delegado e adentrou sua sala. Lá, pegou o bloco de anotações e, com um semblante concentradíssimo, perguntou em voz alta:

— E agora? Que farei para encontrar Vítor?

Pensando em tudo que havia conversado com Oswaldo, decidiu em pensamentos: "Acho melhor ir em busca de informações sobre a família do advogado. Mas por onde começar? Meu Deus, ajude-me a encontrar algum parente próximo de Vítor".

O investigador ficou por alguns instantes com os olhos perdidos num ponto indefinido da sala. Não podia ver, mas uma entidade lhe intuía: "Comece por vasculhar o apartamento dele".

Sentindo uma súbita ideia brotar em sua mente, Alexandre pensou, eufórico: "Isso mesmo! Devo começar a vasculhar o apartamento do tal advogado. Para isso, preciso de uma ordem judicial para entrar no local. Se não houver o amparo da lei, ele poderá me acusar de invasão de domicílio".

Naquele instante, outra ideia também lhe chegou. Lembrou-se de Lucia, esposa de Nestor. Ela lhe dissera que o marido era amigo de Vítor há muito tempo. Sendo assim, não seria difícil descobrir onde morava a família de Vítor.

Com essas duas novas possibilidades de investigação na cabeça, Alexandre procurou Oswaldo para lhe contar os novos rumos que tomaria. Ao vê-lo ao telefone, contudo, e sem querer incomodá-lo, fez um gesto dizendo que mais tarde se falariam. Oswaldo, com outro gesto, pediu que o investigador esperasse. Depois de alguns minutos, o delegado desligou.

— Oswaldo — começou o policial —, pensei em ir ao apartamento de Vítor. Acho que lá poderei descobrir alguma coisa sobre seus familiares. Também pensei em investigar os moradores de seu prédio. Então me veio outra ideia fantástica à cabeça. Lembrei-me de Lucia, esposa de Nestor, o dono da agência de entregas. Ela mencionou que os dois eram amigos de longa data. Por isso quero também ir à agencia e, caso não encontre dona Lucia lá, posso ir até sua casa. Portanto, meu amigo, vou demorar. Se alguém ligar perguntando por mim, peço que diga que não voltarei mais à delegacia hoje.

— Será que isso leva o dia todo?

— Não devo demorar o dia todo não. Mas, como não sei a que horas chegarei, prefiro não deixar ninguém me esperando hoje.

Oswaldo sabia que Alexandre levava a sua profissão muito a sério. Com um sorriso brincalhão, enquanto balançava a caneta, respondeu:

— Está bem. Mãos à obra, Faro Fino.

Alexandre saiu da sala do delegado sorrindo. Pegou a viatura e se dirigiu à casa de Lucia, viúva de Nestor.

Ao chegar em frente da casa, tocou a campainha. Saiu do interior da casa uma mulher morena com sorriso no rosto. Assim que abriu o portão ela lançou um olhar desconfiado para a viatura.

— Com quem deseja falar?

— Gostaria de falar com dona Lucia. Ela se encontra em casa?

— Não senhor. Está no trabalho.

— O que a senhora faz aqui? — perguntou o investigador.

— Trabalho com dona Lucia há mais de três anos.

— Qual é o seu nome?

— Claudete — respondeu a mulher, parecendo ainda mais desconfiada. Ela sabia de histórias de assaltos em casas feitos por homens que se diziam policiais.

— A senhora já viu algum Vítor por aqui?

— Várias vezes — tornou a mulher, com um ar de quem não queria muita conversa.

Claudete queria voltar logo para o interior da casa, temendo atrasar seu serviço.

O policial se despediu e se dirigiu à agência de entregas. Lá, deu de cara novamente com Leandro. Sentindo-se incomodado, perguntou:

— Você não trabalha, meu amigo?

Leandro fulminou o investigador com o olhar. Respondeu de maneira grosseira:

— Trabalho. Aliás, muito! Não sou como certas pessoas que ganham dinheiro apenas para vasculhar a vida dos outros.

Alexandre achou divertido o tom irritado do rapaz.

— Garanto que você gostaria de estar em meu lugar.

Leandro saiu da presença de Alexandre e, pegando uma pasta negra que estava sobre a mesa, saiu a toda velocidade da agência.

O investigador, sabendo onde se localizava o escritório de dona Lucia, rumou para lá. Bateu à porta e ouviu, em tom mal-humorado:

— Leandro, o que quer desta vez?

— Não é o Leandro, dona Lucia. Sou Alexandre, investigador de polícia.

Lucia tinha bastante trabalho para entregar naquele dia. Seus maiores clientes eram os despachantes da redondeza. Mostrando cansaço, gritou de dentro da sala:

— Entre, por favor!

Alexandre girou a maçaneta da porta e entrou. A mulher levantou o olhar por sobre os óculos.

— Em que posso ajudá-lo desta vez?

O investigador intuiu, mais que percebeu, que aquela mulher tinha tino para os negócios. Ela parecia ser muito organizada.

— Da última vez que conversei com a senhora — retrucou o policial, sorrindo —, fiquei sabendo que Vítor e seu marido eram muito amigos. Agora preciso saber sobre os familiares dele.

Lucia, em tom natural, falou:

— Nestor não gostava de falar sobre isso. Certo dia lhe perguntei de onde era Vítor Castelli, e ele apenas me respondeu que era da cidade de Campos, mas não me disse nada além disso.

Lucia não entendia por que Alexandre investigava daquela maneira a vida de Vítor, que era um renomado advogado. Ainda absorta nesses pensamentos, surpresa, viu o investigador despedir-se rapidamente e sair da sala.

Ao sair da agência, o investigador procurou um telefone público. Ligou para Oswaldo e disse que não voltaria mais naquele dia, pois estava indo para Campos, a cidade de Vítor Castelli.

Ao chegar a Campos, o policial sentiu-se confuso. Havia, num ímpeto, se dirigido para lá, mas como faria para encontrar o paradeiro de Vítor? Por um momento, arrependeu-se de ter sido tão impulsivo. Se ao menos tivesse um endereço em mãos...

Rodou pela cidade na viatura com placa do Rio de Janeiro, chamando atenção de alguns moradores. Passado algum tempo, parou no centro, em uma lanchonete. Fazia um calor terrível. "Campos, a primeira cidade com luz elétrica no estado do Rio de Janeiro. Mas as pessoas parecem não ter seguido o ritmo da modernidade... Parecem ser tão provincianas", pensou ele, enquanto observava o lugar.

Um pouco mais tarde, desesperançado, decidiu voltar ao Rio de Janeiro. Mas algo que não soube explicar o fez esperar mais um pouco.

Naquele momento, um rapaz entrou na lanchonete e pediu um refrigerante, Alexandre não notou a presença de uma entidade a seu lado, uma mulher muito bonita, que mantinha um olhar compassivo em sua direção.

Alexandre, sem entender a própria atitude, pensava: "Mas o que estou fazendo aqui? Sei muito bem que, ainda que Vítor estivesse escondido por aqui, nada poderia fazer. Estou fora de minha jurisdição. Tenho de voltar ao Rio e esquecer essa loucura que acabei de fazer".

Olhando para as pessoas que iam e vinham na calçada da cidade, entre elas, idosos que se mostravam exaustos com o calor, foi desperto pela voz do rapaz, que começou a falar alto na lanchonete, chamando sua atenção. O jovem gritava e gesticulava muito, fazendo com que o dono da lanchonete ficasse cada vez mais irritado.

Alexandre baixou os olhos e fingiu nada ver. Enquanto tomava seu refrigerante, no entanto, colocou toda a sua atenção no que o rapaz dizia.

— Escute aqui, seu português de uma figa: não posso esperar mais! Você me disse que me arrumaria o dinheiro ontem, mas até agora não vi nem um vintém. Deixe de me enrolar porque posso muito bem lhe dar um fim e sair ileso perante a justiça. Você sabe que tenho um primo que é um advogado muito importante. Sei que ele me tira fácil da encrenca. Não tenho medo porque minhas costas são quentes, tá entendendo?

O homem, muito nervoso, respondeu:

— Está bem. Vou lhe dar uma parte do dinheiro agora e outra mais à noite. Mas, depois que eu pagar você, não quero vê-lo mais por aqui. Para mim chega!

Alexandre se interessou pela conversa. Viu quando o rapaz pegou o dinheiro que o dono da lanchonete lhe dava. Jogou duas cédulas sobre a mesa e saiu atrás do rapaz.

O investigador sentia-se ridículo. Não entendia como podia, só pela intuição, seguir um jovem que ele não conhecia. "Devo estar maluco", pensou.

Contudo, Alexandre estava sendo inspirado por uma entidade que andava a seu lado. Ela lhe dizia: "Não deixe o rapaz escapar! Será por meio dele que você descobrirá o paradeiro de Vítor, que não está muito longe daqui".

O policial, com gestos um tanto automatizados, correu atrás do rapaz até alcançá-lo.

— Boa tarde. Tudo bem? Estava na lanchonete e vi como conseguiu receber seu dinheiro.

O moço, olhando de maneira desconfiada para Alexandre, retrucou secamente:

— E daí? Até onde sei, você nada tem a ver com isso.

Alexandre tentava manter a calma.

— Gostei do seu jeito. Aliás, gosto de ter amigos destemidos. Pelo que vi, você é muito valente.

O rapaz lançou um olhar satisfeito para o investigador.

— Realmente, sou muito valente. Ninguém brinca comigo.

Alexandre, demonstrando um medo que estava longe de sentir, indagou:

— O que acha de irmos àquele bar ali na esquina tomar alguma coisa? O calor está terrível hoje!

— Só se você pagar, meu amigo.

O policial atentou para aquela expressão no rosto do rapaz. Ele era parecido com alguém de quem não conseguia se lembrar. Voltando a si, explicou:

— Claro que sim. Você é meu convidado. Jamais deixaria que pagasse a conta. Se o convidei, faz parte da boa educação arcar com a conta.

O rapaz simpatizou com Alexandre. Em poucos instantes, estavam sentados na mesa do bar. O rapaz pediu cerveja, e Alexandre preferiu outro refrigerante.

Num tom falsamente casual, deu início à conversa.

— Você sempre morou aqui?

— Sim.

— Sempre gostei das cidades do norte do estado do Rio. Estou pensando seriamente em vir morar aqui — falou Alexandre.

O rapaz desconfiou daquela conversa.

— Se não é daqui, por que está sem carro?

O investigador deixara a viatura propositalmente estacionada perto da lanchonete onde encontrara o rapaz.

— Estou de passagem. Cheguei aqui pegando carona.

De súbito, num clarão, o policial descobriu com quem aquele rapaz se parecia: Vítor Castelli. Embora as feições fossem um pouco diferentes, havia um quê de familiaridade nos traços.

— É bom ser valente quando se tem costas quentes, não é verdade? — Alexandre empregou um tom irônico, disfarçando a própria ansiedade.

Com certo orgulho, o jovem respondeu:

— É muito bom. Se fizer alguma burrada, meu primo, que é advogado no Rio, com certeza vai me socorrer.

O investigador constatou que, de fato, o rapaz se referia a Vítor. Utilizando sua astúcia, mudou o rumo da conversa.

— Estou aqui conversando com um amigo e ainda nem me apresentei. Meu nome é Alexandre. Qual é o seu?

— Eu me chamo Reinaldo, mas meu apelido é Vadinho.

Alexandre sorriu e estendeu a mão.

Depois de se apresentarem, o policial pagou outra e outra cerveja ao rapaz. Assim que viu que o jovem não estava mais tão sóbrio quanto no início da conversa, perguntou:

— Quem é esse primo que acoberta qualquer burrada que venha a cometer?

— O nome dele é Vítor; você não o conhece.

Sentindo o coração disparar de contentamento, Alexandre compreendeu que sua ida a Campos não tinha sido em vão.

— Você tem pai ou mãe? — quis saber o investigador.

— Tenho mãe, mas meu pai é falecido. Ele morreu há onze anos. Meu primo é quem teve sorte. Ele trabalhava em um supermercado e estudava à noite. Assim que terminou o colégio, prestou vestibular e passou na Universidade Getulio Vargas, onde cursou direito. Agora ele está muito bem na capital.

— Você ainda mantém a mesma amizade ou ele passou a ser um almofadinha? — perguntou Alexandre com interesse.

— Qual nada! — tornou o rapaz. — Vitinho continua o mesmo. Depois que passou a ganhar dinheiro, ficou melhor que antes. Sempre que vem aqui ajuda todo mundo, principalmente a minha tia Francisca, que já está velha. Ele é o orgulho da família, e é muito paparicado.

Alexandre ficou surpreso com aquela informação. Continuou suas investigações.

— Ele sempre vem visitar a família?

O rapaz, sem nada perceber, entre um copo e outro, ia respondendo a qualquer pergunta que Alexandre fizesse. O investigador tinha deixado a pergunta que acabara de fazer para o momento ideal, porque era a mais importante.

— Meu primo vem duas ou três vezes ao ano para cá. O dinheiro ele envia pelo banco a minha tia, que é um pouco sovina.

Alexandre riu da sinceridade do rapaz.

— Esse seu primo é realmente um homem de bem. Sua tia deve se orgulhar muito dele.

— E como! Meu primo não ficou metido mesmo com o diploma de doutor e morando em um belo apartamento na capital. Mas minha tinha ficou. É metida até não poder mais, e vive às turras com minha mãe. Como minha mãe sempre diz, agora ela faz parte do lado rico da família.

— Qual foi a última vez que esse seu primo veio para Campos?

— Ele veio aqui na semana passada — respondeu o rapaz com naturalidade —, ficou três dias e depois disse que iria viajar para os Estados Unidos.

Subitamente, o investigador empalideceu ao receber aquela informação.

— E ele foi mesmo?

— Sim. E disse que não sabia quando ia voltar.

O policial sentiu-se desanimado. A peça principal para desvendar o crime de João Albuquerque de Lima havia fugido para fora do país!

Como não havia mais nada a fazer ali, desiludido, Alexandre se despediu de Vadinho, que continuou tomando a última cerveja que o policial pagara.

Alexandre não podia acreditar... A investigação, mais uma vez, voltara ao ponto de partida.

Tomou a rua onde a viatura estava estacionada. Ao entrar nela, pegou seu bloco de anotações. Concluiu que havia percorrido 286 quilômetros para nada. Olhando o relógio, constatou que passava das cinco da tarde. Ele deveria voltar ao Rio rapidamente. Naquela noite tinha reunião no Centro Espírita. Mas, de qualquer maneira, ele não conseguiria chegar a tempo. A viagem de volta levava em média três horas e meia. Ele deveria chegar em casa um pouco depois do horário do início da reunião.

No caminho, o policial ainda tentou compensar o tempo acelerando um pouco mais, mas viu que de nada adiantaria. Para detê-lo ainda mais, teve um imprevisto na estrada: o pneu da viatura furou.

Já passava das dez e meia da noite quando o policial entrou em casa. Sentia-se triste por ter perdido a reunião da noite. Foi à cozinha fazer um lanche e em seguida tomou um banho para relaxar. Adormeceu rapidamente.

⁓๑)

Alexandre levantou e encontrou com Maria Luiza na cozinha. O café, porém, ainda não estava pronto. Estranhando o fato, Alexandre comentou:

— Pelo que vejo, você perdeu hora, não foi, querida?

— Não, Alexandre. É que estou preocupada com algumas coisas.

Vendo que algo incomodava a esposa, o policial pensou se tratar da viagem que fizera.

— Ontem me atrasei e não pude ir ao centro pois tive de ir a Campos para investigar o paradeiro de Vítor.

Luiza, levando a mão à cabeça, tornou, cenho franzido:

— Não é isso que me preocupa, Alexandre. Liguei para Oswaldo e ele me avisou que você havia viajado a trabalho.

O investigador não entendia o motivo da preocupação da esposa.

— Por que a preocupação, Luiza? Não gosto de vê-la assim.

— Na verdade, estou preocupada com Marco Aurélio, querido.

Sem entender ainda do que se tratava, Alexandre esperou que a mulher prosseguisse. Mas ela se calou.

Sem paciência, Alexandre pediu:

— Por favor, fala logo de uma vez o que está acontecendo!

Mal contendo as lágrimas, Maria Luiza explicou:

— Esta noite, enquanto você dormia, fui acordada por Eliseu, aquele irmão desencarnado que conversa comigo. Ele me disse que talvez Marco Aurélio acabe por sucumbir às expiações.

Aturdido, o policial perguntou:

— Como assim "sucumbir"? Não estou entendendo.

— Querido, o rapaz está entrando facilmente nas ondas vibratórias negativas, que estão lhe intuindo a cometer o suicídio. Você sabe o que isso significa, não?

Perplexo com aquela informação, o policial pensou um pouco antes de dizer:

— Não há motivos para preocupação. Na cela onde ele se encontra não há nada perfurocortante, de modo que não há como ele cometer uma loucura.

Maria Luiza percebeu que o marido não compreendia bem suas palavras.

— Uma pessoa não se mata apenas com algum objeto cortante, Alexandre. Há muito bem chance de ele se enforcar, por exemplo.

Alexandre, levando um choque, compreendeu o que ela queria dizer: quando alguém desejava se suicidar, arranjava diversas formas de fazê-lo.

Sem pensar muito, novamente levado por um impulso, o policial saiu rapidamente de casa. Ao chegar ao estacionamento do prédio, notou que havia um carro fechando a entrada do estacionamento.

O investigador não conseguia esquecer as palavras da esposa. Em desespero, vendo que não conseguiria sair com o próprio carro, devido ao motorista que estacionara desavisadamente, saiu em direção à rua e pegou um táxi para chegar logo à delegacia.

Lá, tudo parecia normal.

O policial se censurou por tamanha impulsividade. Afinal, Maria Luiza poderia estar enganada. Ainda assim, a primeira coisa que fez foi ter com Marco Aurélio.

Na frente da cela, não viu o rapaz deitado como era de costume. Chamou-o pelo nome, mas não obteve resposta. Em desespero, gritou a ponto de chamar a atenção de Santos, soldado que estava de plantão naquele dia.

Ao vê-lo chegar apressadamente à cela, Alexandre gritou:

— Abra aqui, por favor!

— Calma. Vou pegar as chaves.

— Não tenho tempo para ter calma.

O soldado, sentindo a urgência no olhar de Alexandre, com rapidez fez o que lhe fora pedido.

Ao entrar na cela, o investigador notou que a cama estava sem o lençol. Correndo para o banheiro, entrou no exato momento em que o rapaz soltava o corpo, tentando se enforcar com o lençol.

Em fração de segundos, impediu que o rapaz se enforcasse levantando o corpo dele. Sendo assim, o policial não deixou que o nó da forquilha se fechasse na garganta do jovem.

Com a ajuda de Santos, Alexandre tirou Marco Aurélio do lugar. O rapaz chorava desconsoladamente.

Arfando com a correria, o policial lhe perguntou:

— O que está pretendendo fazer?

— Quero morrer, já que não vou mesmo sair daqui.

Com a voz embargada, o investigador, de modo compassivo, disse:

— Você acha que vai resolver o problema fugindo dele? Pelo contrário, meu amigo. Você iria arranjar ainda mais problemas para você.

Marco Aurélio apenas chorava, sem conseguir articular palavra alguma.

Alexandre se voltou para o soldado Santos.

— Por favor, traga um pouco de água com açúcar para Marco Aurélio.

O soldado imediatamente obedeceu ao pedido do investigador.

Sozinho com o jovem, o investigador pediu:

— Marco Aurélio, por favor, peço que mantenha a calma. Seu desespero não vai levá-lo a lugar algum. Em vez de se desesperar, não consegue ter um pouco mais de paciência? Já é hora de acreditar em Deus. Você tem de confiar em você mesmo e em sua inocência. Se tivesse cometido suicídio, teria assinando sua sentença de culpa perante a sociedade. Não se esqueça que, por continuar ainda vivo, tenho um motivo para continuar a trabalhar nesse caso. Meu desespero seria, além de vê-lo morto, ainda constatar que o verdadeiro assassino de seu pai estaria à solta tranquilamente, por certo vivendo bem, com o dinheiro que é seu por direito.

Quanto mais Alexandre falava, mais o rapaz chorava. O investigador esperou alguns segundos até o rapaz serenar as emoções. Então continuou:

— Pelo que sei, você não é nenhum covarde. Não tem por que tentar fugir dessa situação. Lembre-se, meu amigo, de que só provará a sua inocência se permanecer vivo!

Marco Aurélio, tomado de profundo sentimento, abraçou Alexandre.

— Você é o único que acredita em minha inocência — desabafou. — Talvez nem mesmo os empregados de casa acreditem em mim.

— Por acreditar em sua inocência é que o salvei da morte prematura.

Recordando a maneira abrupta com que o investigador irrompera cela adentro, o rapaz perguntou:

— Por que você entrou daquele jeito na cela? Ouvi seus gritos mandando a Santos que abrisse logo a cela.

Alexandre concluiu que a melhor coisa seria dizer a verdade ao rapaz.

— Na verdade, foi Maria Luiza quem me alertou de que você estava pretendendo fazer uma loucura.

— Mas como ela sabia?

— Já lhe disse que Luiza conversa com um espírito chamado Eliseu, lembra? Foi ele que a avisou de que você estava querendo tirar sua vida.

Perplexo, Marco Aurélio não acreditava que tinha sido salvo por um espírito.

— Mas por que esse espírito contou a sua esposa que eu estava querendo morrer? Ele deve saber que sou inocente... Por que não o ajuda a pôr as mãos logo no assassino de meu pai?

Passando a mão nas costas do rapaz, o policial retrucou:

— Marco Aurélio, você sabe o que estava fazendo?

— Sim. Queria me livrar de um problema.

— Já parou para pensar que talvez você arranjasse outro problema ainda maior para você?

— Desde que cheguei aqui, você foi meu único amigo — desabafou o jovem, num suspiro de cansaço. — Quero entender o que diz, mas não consigo. Se eu morresse, estaria livre da reclusão desta cela. Você não imagina o que é dormir e acordar olhando para essas paredes rabiscadas pelos antigos moradores que por aqui passaram. Na verdade, a morte seria para mim um alívio, ou melhor, me soaria como um orvalho. Sim, isso mesmo, um orvalho de liberdade, algo que uma pessoa inescrupulosa fez questão de me tirar. Só queria morrer em paz. Contudo, pelo que me conta, um espírito impediu que eu fizesse isso. Por que esse mesmo espírito não impediu o assassino de matar meu pai?

Alexandre notou o tom melancólico e rancoroso na voz de Marco Aurélio. Com os olhos úmidos, comovido pela tristeza que o rapaz sentia, respondeu:

— Amigo, vejo que todas as nossas conversas nesse tempo em que esteve aqui de nada adiantaram, não é mesmo? Você ainda acredita que a morte é o fim de tudo, mas está enganado. A morte é o início; sim, o começo de uma nova vida e a beleza dessa vida dependerá muito do que fazemos aqui neste planeta. Como lhe disse certa vez, vivemos num planeta de expiação e provas. Sendo assim, a vida por aqui não é um paraíso e está longe de ser um lugar de delícias. Como o nome já explica, é um local de provas. Por isso, somos sempre colocados à prova em relação ao que realmente somos diante dos reveses que a vida nos traz. Estamos expiando neste planeta, reavendo erros do passado. Por isso estamos aqui: para provar a nós mesmos quem somos e o que temos feito para melhorar. Quando sucumbimos às dificuldades da vida e tentamos usar a morte como subterfúgio, deparamos com uma triste realidade, que vai fazer com que nos arrependamos pelos nossos atos. Marco Aurélio, entenda uma coisa: uma vez que você está aqui, tem de chegar ao fim da corrida.

Vendo os olhos curiosos, apesar de tristes, do rapaz se abrirem de curiosidade, o policial prosseguiu:

— Costumo pensar que a vida é como uma corrida, na qual todos os espíritos que encarnam estão na linha de partida. Mas é uma corrida diferente... Vence quem chegar, mesmo que para isso leve muitos tombos devido aos buracos do caminho. Ainda que o desânimo nos faça companhia na caminhada, devemos continuar a correr. Só assim seremos vitoriosos. Não importa se chegarmos esfolados ou exaustos. Enfim, não importa nosso estado, devemos nos esforçar sempre para chegar.

O investigador parou e levou a mão vagarosamente à testa, continuando a formular seu argumento.

— Sabemos que nesse percurso de vida há muitos obstáculos — continuou o policial —, mas jamais devemos pensar em abandonar a corrida. O que pensamos se alguém resolve fugir da maratona?

Marco Aurélio havia se envolvido com a explanação do amigo.

— Se fugir, nem deveria ter se inscrito para a prova — retrucou o jovem. — A meu ver, o esportista não passa de um covarde.

— Pois então... Se alguém foge da maratona da vida, não é o mesmo caso? Como terá a oportunidade de melhorar se covardemente se retira da batalha?

— Quem faz isso é um covarde também — respondeu Marco Aurélio, impulsivamente.

Alexandre sorriu ao ver que o rapaz havia entendido seu ponto de vista.

Marco Aurélio, com a voz amargurada, concluiu:

— Eu estava sendo covarde. Estava justamente querendo abandonar a corrida. Ah, graças a Deus, e a esse visitante espiritual com quem sua esposa tem contato, eu não cheguei a fazer isso. O que aconteceria comigo se eu tivesse conseguido meu intento?

Alexandre encarou firmemente seu interlocutor e prosseguiu:

— Posso lhe adiantar que você não seria nada feliz praticando um ato desses. Um suicida, se tivesse consciência do que realmente o espera, jamais pensaria em se matar. A morte, para alguns, é um processo tranquilo; é apenas o despertar de um sono. Mas o mesmo não ocorre com o suicida, que sofre atrozmente. Quando estamos para reencarnar, assumimos perante as leis divinas um tempo de vida útil. Como cada ação provoca uma reação, se tentarmos abreviar nossa vida, teremos de arcar com as consequências dos nossos atos. Certamente você iria ter tempo suficiente para se arrepender desse ato tresloucado. Se hoje acha que sofre por estar temporariamente encarcerado, imagine o sofrimento pelo qual você passaria ao se suicidar! Agonia, desvario, dores atrozes seriam sua companhia diária. Em seu caso, como tentou se enforcar, sentiria por muito tempo falta de ar, responsável por seu desencarne. Enfim, enfrentaria muitos problemas, que desencadeariam um grande arrependimento. Arrependa-se agora por ter cogitado tal ideia e agradeça a Deus por esse ato ter sido evitado.

Marco Aurélio se deu conta de que seu livramento havia se dado pela Misericórdia Divina. Chorou copiosamente ao chegar a essa constatação.

— Já lhe disse que Deus nunca dá um fardo pesado a ombros fracos — prosseguiu o investigador —; se está passando por isso é porque tem a capacidade de suportar. Portanto, não se subestime achando que não conseguirá aguentar. Confie em Deus e em você mesmo em vez de achar que nunca vai sair daqui. Pense na alegria que sentirá quando for provada sua inocência para todos os que um dia acharam que você fosse capaz de um ato horrendo como esse. Meu amigo, se você conseguisse seu intento, o que provaria para as pessoas maledicentes do seu meio social?

Marco Aurélio deu de ombros, como dizendo que não sabia.

— Você assumiria para sempre sua culpabilidade — explicou o policial, convicto —, o que o faria sofrer ainda mais, pois a vida continuaria do outro lado.

— Ah, meu amigo, se não fosse você, não sei o que seria de mim... — desabafou Marco Aurélio.

— Só quero saber de uma coisa: vai tentar se suicidar novamente? — perguntou Alexandre.

— De maneira alguma! Provarei a todos que não sou um covarde e também provarei minha inocência. Se estou passando por isso é porque tenho condições de vencer essa situação.

Alexandre ficou satisfeito com a resposta do jovem.

— Seja forte e corajoso, e logo colherá os frutos dessas qualidades maravilhosas. — Ao proferir estas últimas palavras, voltou-se para o soldado: — Santos, abra a cela.

Em poucos segundos o soldado o fez, e o investigador se despediu do rapaz. Andando pelo corredor ao lado de Santos, perguntou:

— Quem vai assumir o plantão às nove da manhã?

— O Walter.

— Diga a ele que fique de olho em Marco Aurélio. Ainda temo que ele venha a cometer alguma loucura.

Santos concordou com Alexandre.

Em seguida, o investigador dirigiu-se a sua sala. Lembrou então que havia deixado a viatura no estacionamento do prédio. Decidiu voltar para buscá-la. Aproveitaria a oportunidade para contar as novidades a Maria Luiza.

Pegou novamente um táxi e rumou para o prédio onde morava.

Em pouco tempo, entrava em seu apartamento. Ao chegar, enlevado, ficou ouvindo a esposa cantar uma canção que fazia sucesso no momento enquanto limpava os vidros da sala.

Luiza assustou-se ao ver o marido aquele horário em casa.

— Alexandre, o que houve para você estar em casa a uma hora dessas?

Sorrindo, o marido respondeu:

— Na verdade, querida, esta manhã um motorista desavisado deixou o carro estacionado na entrada do estacionamento, impedindo que os carros aqui do prédio pudessem sair. Preocupado com Marco Aurélio, peguei um táxi e dirigi-me à delegacia. Pude impedir que o rapaz cometesse uma loucura. Ele tentava o suicídio, como você temia. Agora voltei para pegar a viatura e levá-la à delegacia. Passei aqui apenas para lhe contar as novidades. Agradeça a Eliseu por ter impedido que o jovem se enforcasse. Era assim que ele tentava se matar quando entrei na cela.

Sentindo-se emocionada, aproximou-se do marido, enlaçando-o pelo pescoço. Deu-lhe em seguida um sonoro beijo.

— Eu já o agradeci, querido. Fico feliz por você ter provas concretas de que não sou louca.

Olhando seriamente para a esposa, Alexandre falou:

— Nunca pensei isso de você, Luiza!

— Eu sei, querido — tornou a esposa, rindo. — Estava brincando.

Alexandre deu um beijo em Luiza e se despediu:

— Agora preciso voltar à delegacia. Tenho de fazer o relatório da viagem que fiz ontem a Campos.

Dizendo isso, o policial se desvencilhou dos braços da esposa e saiu dizendo que voltaria no horário de sempre.

Novamente só, uma vez que Humberto estava no apartamento de Mirtes, sua vizinha, para que ela pudesse fazer a faxina, Luiza desligou o rádio e fez uma prece em agradecimento a Deus pelo suicídio evitado naquela manhã.

O destino dos imprudentes

Kim se encontrava bastante feliz naquela manhã. Havia passado a noite com Rubens, que, para ela, era o único homem a quem amara em toda a vida.

Rubens era um homem alto, de cabelos lisos e negros. Os olhos azuis lhe emprestavam uma beleza que poucos homens tinham.

Embora fosse apaixonado por Kim, Rubens não se atrevia a se separar de Janete. Afinal, ela era a esposa perfeita e, embora não tivessem filhos, Janete era tudo que um homem podia desejar. Era compassiva, paciente e apaixonada. Janete jamais desconfiara das traições do marido.

Rubens costumava mentir a Janete para se encontrar com Kim. Dizia que viajaria a trabalho, mas acabava dormindo na mansão dos Albuquerque de Lima. Fazia isso mesmo quando João era vivo. O empresário viajava muito, não era difícil para Kim arranjar uma desculpa para não acompanhá-lo.

No dia anterior, Kim ligara para o amante.

— Quero que venha até minha casa hoje! Não suporto mais essa solidão.

— Kim, não posso ir até aí hoje. Janete agora sabe que sou eu quem comanda os negócios de João. Talvez ela desconfie de uma noite fora de casa.

— Não me venha com desculpas. Você sabe que Janete é uma imbecil. Ela acredita em tudo que você diz. Espero você às vinte e três horas em minha casa. Por favor, não se atrase.

Rubens não gostava do jeito autoritário de Kim. Contudo, como fazia já um bom tempo que não se encontravam, ele pensou que talvez valesse a pena mentir para a esposa.

— Está bem — concordou. — Direi a Janete que vou a Fortaleza e que voltarei amanhã.

— Ótimo. Você não vai se arrepender.

Mais tarde, no horário combinado, Rubens entrava no jardim da mansão. Foi visto por Jair, o jardineiro, assim que desceu do carro. A porta da sala se abriu e Jair, escondido, pôde ver que fora a própria patroa quem abrira a porta para ele.

Assim que Rubens entrou, foi enlaçado por Kim, que o beijou várias vezes nos lábios.

— E então? — perguntou ela — Como Janete se portou quando soube que você iria viajar?

— Ela não gostou muito. Mas concordou, afinal, ela compreende que, para eu dar a vida que ela leva, preciso trabalhar.

— Gosto muito de Janete, mas ela sempre me pareceu alguém extremamente ingênua e idiota por confiar em você. Será que ela nunca percebeu que você é um homem como todos os outros, ou seja, que é um cafajeste?

Rubens, sorrindo, retrucou em tom jocoso:

— Concordo com você que eu seja um cafajeste, mas você se apaixonou por mim justamente por isso. Se eu não presto, você também não presta. Gostamos das mesmas coisas: perigo e mordomia.

Kim não gostou de ouvir aquilo. Mas também sabia que era o descaramento de Rubens que o fazia ainda mais charmoso. Conduziu-o apressadamente a seu quarto, onde ficaram a noite toda se entregando ao prazer da paixão. Apenas no dia seguinte Rubens deixou a mansão, saindo sorrateiramente da casa antes que alguém o visse.

Ao sair da casa de Kim, Rubens se dirigiu ao aeroporto e comprou uma passagem para Fortaleza. De fato, ele precisava saber como estavam indo os negócios por lá, e ainda poderia mostrar casualmente a passagem para esposa, a fim de que sua ausência não despertasse nenhuma suspeita.

Saíra tudo como ele tinha planejado.

Kim não sabia ao certo o que sentia por Rubens. Era evidente que ele era um homem muito bonito, mas não era só isso. Havia algo nele que prendia sua atenção, algo que ela nunca sentira por ninguém.

Por outro lado, Rubens apreciava a maneira vulgar com que Kim o tratava quando estavam a sós. A esposa, Janete, não era assim; era uma mulher ponderada nos hábitos, e nunca se excedia.

Rubens sabia que amava a esposa, mas era a paixão por Kim que o motivava a viver aquele caso. Ele se sentia mais belo, mais inteligente e mais viril quando estava com Kim. Ela o fazia se sentir um homem de verdade. Com a esposa não era assim; Janete, por amá-lo, se mostrava submissa. Diversas vezes Rubens dissera à esposa:

— Janete, eu te amo. Mas não gosto quando você se porta como um cão fiel. Queria que fosse menos cordata e mais hostil comigo.

Janete, com seu jeito calmo, lhe respondia:

— Você me pede para maltratá-lo?

— Não é isso, querida. Apenas desejo que você seja uma mulher como outra qualquer, e não o protótipo da mulher perfeita.

Não raro, Janete chorava ao ouvir aquelas palavras do marido, mas nunca conseguira mudar seu jeito de ser. Ela o amava, e ele estava em primeiro lugar em sua vida.

Após tomar seu café da manhã, Kim dirigiu-se à biblioteca, onde ficava o cofre da família. Como precisava de dinheiro, rumou para o banco a fim de hipotecar um colar de diamantes que ganhara do marido assim que tinha ficado noiva.

Kim queria comprar um carro. Nunca gostara de ter motorista. Aliás, ela sabia que aquele era o jeito que João arranjara de controlar seus passos.

Porém, Kim desconhecia que João, em seu corpo perispiritual, ficava a par, aos poucos, de tudo que acontecia. Com o passar dos dias, sentia seu ódio aumentar ao constatar que Kim e Rubens tinham um caso.

João se sentia triste e revoltado. Lembrava-se de que o filho havia tentado abrir seus olhos a respeito da traição da esposa, mas ele se voltara contra o filho, fazendo-o passar por mentiroso.

O empresário chegava à conclusão de que Kim desejava apenas seu dinheiro e a boa vida que ele lhe oferecia. Sentia-se um verdadeiro idiota. E seu ódio, nesses momentos, aumentava vertiginosamente.

O filho não saía dos pensamentos de João. Como podia ficar preso por um crime que não cometera? Naquela noite, que pôde presenciar o romance de Rubens e Kim, decidiu que faria tudo para tirar o filho da prisão.

Sempre que o ódio e a revolta tomavam seu coração, o empresário sentia o ferimento na testa sangrar. Muitas vezes, por isso, ele perdia os sentidos.

Em certo dia, quando João resolvera ganhar a rua, viu com surpresa um bando vindo a seu encontro. O chefe do bando era um homem de aproximadamente quarenta e cinco anos. Suas vestes eram sujas, suas unhas eram terrivelmente grandes, seus dentes mais pareciam presas de um animal. João sentiu-se amedrontado ao olhar para o bando, cujos integrantes tinham as mesmas características físicas do chefe, sem contar o aspecto sujo e o mau cheiro.

O bando, composto por cinco homens, se voltou para o empresário:

— O que aconteceu a você?

— Fui ferido por uma bala.

— Ainda sente dor?

— Só quando me zango ou me aborreço com alguma coisa.

O chefe do bando coçou a barba e perguntou:

— Quem fez isso com você?

— Não vi o autor do crime. Ele estava com um capuz, por isso foi impossível reconhecê-lo.

O chefe mais uma vez indagou:

— Você sabe o que aconteceu com você?

— Sei sim. Fui ferido, mas, graças a Deus, não morri. Tive sorte, porque um ferimento como esse poderia ter me matado.

Ouvindo aquilo, o bando desatou a rir.

João, confuso, falou:

— Escutem aqui, não sou homem de ouvir chacotas e permitir que fiquem rindo de mim. Além do mais, não preciso dar satisfações da minha vida a um bando de mendigos.

O chefe do bando tornou-se subitamente sério.

— Se eu fosse você, tratava de ficar mansinho. Você não sabe quem eu sou; também pouco me importa quem foi quando estava vivo. Só por ter me ofendido, agora vai ter de trabalhar para mim.

— Não vou trabalhar para ninguém. Sou um homem livre e rico, por sinal. Vocês me devem respeito.

Enquanto dizia essas palavras, o bando ria ainda mais. Enraivecido, João sentiu o sangramento da testa aumentar.

— Escute aqui, seu idiota — retrucou com ironia o chefe do bando —, você acha que com um tiro certeiro como esse você sobreviveria? Só se você fosse um gato, que tem sete vidas.

Aquela figura horrenda desatou a rir, no que foi acompanhada pelo bando.

João não entendia por que eles riam tanto.

— Por que estão rindo? Não contei nenhuma piada.

— Ei, entenda uma coisa: você está morto. Nós estamos todos mortos!

Desta vez quem desatou a rir foi João. "Estou falando com um bando de loucos", pensou o empresário.

— Se não acredita em mim — falou o chefe —, me responda uma coisa: onde fica o cemitério onde estão enterrados seus entes queridos?

— Meu pai e minha mãe foram enterrados no cemitério de São João do Meriti.

— Ah, sei... — tornou o chefe do bando. — Conheço aquele cemitério.

— Eu também — acrescentou um dos homens do bando. — Meu corpo foi enterrado lá.

Rindo gostosamente, João continuou:

— Que vocês parecem realmente seres espectrais, disso não há dúvida. Mas contar histórias de terror com o sol brilhante como está já é demais.

O chefe do bando riu com João. Pegando-o pela mão, gesto que causou um intenso enjoo em João, e segurando-o fortemente, sem saber como aquilo era possível, João de súbito se viu no cemitério que mencionara.

— Como fizeram isso? Estávamos bem longe daqui e, de repente, aqui estamos, num segundo.

— É mais uma prova de que estamos mortos. — E voltou a rir de maneira grotesca, deixando João embaraçado e perplexo. A distância de onde estavam até o cemitério era grande; João sabia perfeitamente disso.

João arrependia-se de ter saído da mansão. Lá ele estivera todo o tempo protegido de pessoas como aquelas, pensava ele.

Sem ter outra saída a não ser acompanhar aqueles seres horríveis, João avistou um jazigo todo em mármore preto com letras douradas, que compunham as palavras: JAZIGO DA FAMÍLIA ALBUQUERQUE DE LIMA.

O que intrigou João foi o fato de agora não haver três lápides — seu pai, sua mãe e sua ex-esposa. Olhou para a lápide ainda reluzente, o que comprovava que era nova. Nela se lia: JOÃO ALBUQUERQUE DE LIMA. Ao vê-la, João caiu para trás, enquanto o resto do bando sorria sem parar, chamando-o de fracote e imbecil.

Orgulhoso como sempre fora, João vociferou:

— Escutem aqui, não sou homem de ouvir humilhações e ficar quieto! Não sei quem são e tampouco me interessa saber, mas saibam que não me intimidam. Agora saiam daqui; quero ficar sozinho.

O chefe do bando percebeu que João estava desesperado. Portanto, disse amigavelmente:

— Meu nome é Oscar. Se porventura precisar de mim, é só me chamar que virei rapidamente socorrê-lo.

João se arrependeu por ter sido grosseiro com a única pessoa com quem conversara naqueles últimos tempos. Querendo conciliar os pensamentos, respondeu, mais calmo:

— Desculpe-me. Espero que compreenda que estou muito nervoso. Encontro você e seu bando na rua próximo a minha casa e, num piscar de olhos, vocês me trazem ao cemitério onde minha família foi enterrada. Não bastasse toda a surpresa, ainda deparo com meu nome na lápide. Tudo isso está sendo muito perturbador.

— Entendo que esteja confuso — contemporizou Oscar. — É difícil para nós entendermos que estamos mortos. Mas você não pode mais viver na ilusão de que tudo é como antes. As coisas mudaram. Você não percebeu que ninguém mais falava com você?

— Percebi sim — concordou João. — E isso estava me deixando bastante irritado. Por diversas vezes, ao ver minha esposa, tentei tocá-la para que me desse atenção, mas sentia que ela não percebia meu toque. Nem mesmo meus empregados me obedeciam mais. O pior de tudo foi saber que meu único filho está preso. Mas sei que não foi ele quem me deu esse tiro, porque quando se deu esse ato de violência ele já tinha ido dormir. Além do mais, a pessoa que atirou em mim era bastante diferente de meu filho fisicamente.

— Mas você não disse que a pessoa que atirou em você estava usando um capuz?

— Estava. Mas uma coisa ficou-me indelevelmente registrada na memória: embora a pessoa usasse terno e gravata, a impressão que me deu é que não era convidada da festa, pois a sua roupa de gala parecia muito grande. A roupa não parecia ser dela, se é que me entende. Parecia mais um arranjo feito às pressas.

— Você nos encontrou pela primeira vez, mas nós já o conhecíamos — explicou Oscar. — Sabíamos que sua esposa é infiel e que seu filho tinha sido preso pelo seu assassinato. Também estamos ciente de que o homem que o trai com sua esposa é quem está tirando o maior proveito dos negócios, que agora ele dirige. Sabemos tudo, mas não somos bandidos, tampouco mendigos. Na verdade, somos justiceiros. Se quiser fazer justiça, é só dizer que terá nossa ajuda. Tenha certeza de que, nesse caso, sua esposa, o amante dela e seu filho terão o acerto de contas com a justiça que nós impusermos.

João recordou-se dos últimos dias, da leviandade de Kim. Viu também que Rubens havia trocado de carro, um modelo bastante luxuoso. E tudo com o dinheiro dele! Pensar nisso fez que seu ferimento voltasse a sangrar.

Oscar notou que seu discurso fazia efeito. Com sua fala mansa, continuou:

— Se você quiser, poderemos levá-lo a um lugar para cuidar do ferimento. Depois o traremos de volta.

O empresário, como sempre fora homem de negócios, indagou:

— E o que querem em troca? Pelo que sei, a vida não dá nada de graça, e vocês não me ofereceriam ajuda se não estivessem pensando em ser recompensados.

Oscar sorriu.

— Queremos apenas que se junte a nós. Assim como você, há muitos que perderam o corpo de carne injustamente e hoje clamam por vingança. Depois de analisarmos cada situação, se a pessoa merecer, nós a ajudamos. Sabíamos o quanto você precisava de ajuda. Por isso estamos lhe oferecendo o auxílio necessário.

João pensou com ódio na esposa infiel e também no homem que considerava como seu braço direito. Dupla de traidores! Num impulso, falou:

— Muito bem. Se estão querendo me ajudar, aceitarei o que me propõem.

Oscar se sentiu satisfeito.

— Agora vou levá-lo a um lugar para tratar desse ferimento. Quando estiver bem e tiver aprendido algumas técnicas, voltaremos para nos vingar dos traidores.

— Mas eu serei tratado aqui mesmo, no cemitério?

— Não — respondeu Oscar. — Vamos levá-lo à comunidade. Lá há uma pessoa que poderá curá-lo.

Sorrindo, João respondeu:

— Então, o que estamos esperando? Cada minuto é necessário para que os traidores paguem pelo que fizeram.

— Romualdo — chamou Oscar —, pegue nas mãos de João. Temos de levá-lo agora para a comunidade. Justino, acompanhe Romualdo. Eu irei na frente para avisar José Carlos que estamos levando um paciente para ele. Vocês sabem como ele odeia ser pego de surpresa.

Romualdo e Justino fizeram o que Oscar havia mandado. Pegaram nas mãos de João e pediram-lhe que fechasse os olhos.

João sentiu seu corpo leve como uma pluma. A brisa batia contra seu corpo.

Em pouco tempo, Oscar e os demais integrantes do bando aguardavam a chegada dos três. João pôde então abrir os olhos.

A paisagem com que deparou não o agradou. Avistou árvores ressequidas e um mau cheiro marcante pairando no ar, como o odor de lama misturada à sujeira. "Isso aqui é uma favela medonha!", pensou ele.

Oscar interceptou os pensamentos de João.

— Não, João, não se trata de uma favela. Estamos numa comunidade que fica num plano inferior à Terra. Mas não se assuste; tudo é questão de adaptação. Logo você se acostumará e não sentirá essa repulsa pelo lugar. Eu, honestamente, gosto daqui. Neste lugar me sinto livre. Aqui sou o soberano e mando em todo mundo; nada escapa ao meu conhecimento. Bem diferente da vida que você levava, em que se preocupava em ganhar dinheiro enquanto seu braço direito e sua esposa se esbaldavam enquanto você não estava.

João recordou-se com amargura de Kim, lembrando-se de que ela nunca queria viajar com ele. Rubens, se o acompanhava, voltava em seguida dizendo que não podia deixar a esposa sozinha por muito tempo.

— Se tudo é questão de adaptação — respondeu João, enraivecido —, muito bem. Vou me acostumar a esse lugar. Só tenho a impressão de que não me acostumarei tão rápido quanto gostaria.

Oscar riu amigavelmente. Ele e João atravessaram um imenso portão que se encontrava todo enferrujado. O empresário percebeu que se tratava de uma cidade. Porém, o lugar era fétido e os moradores vivam na semiescuridão, onde bruxuleava uma tênue luz vinda de um archote que não se apagava nunca.

Havia também casas enfileiradas, que muito se assemelhavam aos barracos das favelas das grandes cidades. A rua era um lago que nunca secava, uma vez que não havia a luz do dia nem o calor do sol.

Por uns instantes, João se arrependeu de ter acompanhado aqueles homens. Mas, em seguida, lembrou-se de Kim e Rubens, e, sentindo o ódio invadir seu coração, decidiu que se acostumaria com aquele lugar.

Oscar caminhava na frente e os demais o acompanhavam obedientemente. Ao chegar em frente de uma tapera, cuja fachada mais parecia a de alguns barracos que João havia visto no Rio, observou que um homem de meia-idade abria a porta. Oscar, num tom temeroso, explicou:

— Zeca, preciso de sua ajuda. Trouxe a seus cuidados o mais novo membro do nosso grupo.

Justino empurrou João para frente a fim de que José Carlos, mais conhecido como Zeca, pudesse vê-lo.

— Este é João — prosseguiu Oscar. — Ele foi assassinado e sua esposa o está traindo com o homem em quem João confiava nos negócios. Vamos ajudá-lo a se vingar. Antes, no entanto, peço que cuide de seu ferimento.

O homem se aproximou lentamente de João.

— Foi morto por uma bala... Em algumas semanas você estará bem.

João nada disse, mas Oscar continuou:

— Ótimo! Quero que você o ajude a desenvolver algumas técnicas para que ele possa nos acompanhar em nossas missões.

José Carlos deixou a porta do barraco à mostra para João e disse a Oscar:

— Está bem. Farei o que me pede. Pode voltar daqui a algumas semanas que ele vai estar do jeito que você quer.

— Muito bom — respondeu o chefe do bando. — Está na hora, João, de sua esposa pagar pelo que fez a você. E também vamos descobrir quem o matou.

José Carlos indagou:

— Você não sabe quem fez o serviço?

— Não — João disse em voz baixa, envergonhado. — O homem que fez isso comigo usava um capuz.

Zeca não comentou mais nada. Apenas pediu que João entrasse, enquanto João e seu bando se afastavam.

Ao entrar, a impressão de João não foi das melhores. Viu que as paredes revestidas por um musgo emprestavam ao local a aparência de um lugar sujo. Perto dali havia um banco, onde estavam várias velas.

— Aqui vocês não têm luz elétrica? — inquiriu o recém-chegado.

José Carlos soltou uma risada.

— Este lugar poderia ser confortável, mas os moradores daqui estão sempre pensando em vingança, na falsa moral de justiça, ou seja, aqui todos são egoístas demais para pensar no bem coletivo.

João ficou em silêncio. Obedeceu a Zeca, que o mandara entrar no casebre e seguir até um quarto onde havia apenas uma cama. As roupas de cama cheiravam a mofo. Mesmo assim, Zeca pediu que se deitasse ali.

À medida que João ia mergulhando a cabeça naquele travesseiro, sentia o cheiro de mofo invadir-lhe as narinas. Vez por outra, também tinha a impressão de que o colchão estava molhado.

José Carlos percebeu o quanto João estava incomodado com o ambiente, mas ignorou o mal-estar do visitante.

— Colocarei um remédio nesse ferimento. Antes, porém, tome um pouco desse remédio que vou lhe dar. Você vai ter sono. Aproveite para dormir e descansar; logo não terá mais tempo para isso. O grupo de Oscar trabalha incessantemente.

João permaneceu calado. José Carlos sumiu no interior da casa, deixando o recém-chegado com seus pensamentos: "O que estou fazendo aqui? Por que tive de me envolver com essa gente? Agora vou ter de ficar neste lugar nojento, sem nem mesmo saber o que será de mim".

Entretido com essas reflexões, não viu Zeca se aproximar. Quando deu por si, tinha o dono da casa a seu lado, tendo nas mãos um recipiente que mais parecia uma lata. Ele lhe ofereceu um gole.

João não conseguia conter o nojo que sentia por estar naquele lugar sujo. Seu estômago revirava. Quando fixou seu olhar nas roupas de José Carlos, notou que ele também tinha as vestes sujas, como todo o bando de Oscar.

Zeca interceptou os pensamentos de João. Com voz áspera, comentou:

— Escute aqui, pelas suas roupas, sei que era um homem rico. Mas aqui não há nada disso. Se quiser se curar, vai ter de tomar isso aqui. Se não tomar, vou ser obrigado a contar a Oscar o que está acontecendo.

João pensou: "Oscar vai me dar razão. Duvido até que ele tomasse alguma coisa dessa lata imunda".

Zeca captava os pensamentos de João. Por isso, respondeu:

— Há muito tempo, Oscar chegou aqui nas mesmas condições que você. Ele queria se vingar do homem que havia estuprado e matado sua mãe. Nesse duelo, acabou perdendo a vida. Chegou aqui em péssimas condições. O ferimento que o assassino causou nele era no abdômen. Ele sangrava bastante, assim como o seu. Oscar se submeteu a meus tratamentos e hoje não tem mais nada. Bem, estou aqui para ajudá-lo. Se não quiser, posso avisar Oscar, e você poderá ir embora.

João ficou constrangido por ter seus pensamentos invadidos daquela maneira. Pediu desculpas e tomou o remédio, que tinha gosto de ervas amargas. Em seguida, Zeca colocou o mesmo líquido sobre seu ferimento e mandou que ele descansasse.

Ao relaxar, João sentia a cabeça rodar. Não conseguiu controlar o torpor que se abateu sobre ele. Adormeceu. Mas o sono de João não foi tranquilo. Ele se sobressaltava e murmurava palavras indefiníveis enquanto dormia.

Zeca, ao reparar na intranquilidade daquele enfermo, refletiu: "Este homem jamais poderá ter o sono dos justos. Ele sabe muito bem o que fez para conseguir o dinheiro que tinha".

José Carlos esperou que João acordasse naturalmente, fato que se deu depois de dois dias. O sono ajudava seu perispírito a se recompor.

Quando acordou, o falecido empresário disse que sentia sede. Zeca lhe ofertou o líquido na mesma lata em que tomara o remédio anteriormente. Desta vez, porém, ele não fez nenhuma objeção. Sentia a garganta muito seca.

Depois de tomar água mais uma vez, João recostou-se e adormeceu. Enquanto dormia, José Carlos passava um unguento que ele mesmo havia preparado no ferimento da testa de João.

Após cinco dias, quando João despertou definitivamente, o ferimento não sangrava mais e fechava aos poucos.

João notou que não sentia mais dores, como se fossem queimaduras, na testa. Sentia-se bem melhor. Levantou-se e falou a José Carlos que estava com fome.

O dono da casa lhe ofertou um pedaço de pão com água. João comeu o alimento sem reclamar. Estava faminto.

— E então, como se sente? — perguntou Zeca, depois que João havia terminado de comer.

— Estou bem melhor. Você fez um belo trabalho comigo.

José Carlos respondeu:

— É bom que seja assim. Oscar já veio duas vezes aqui para saber sobre seu ferimento. Ele tem pressa em começar o trabalho junto a quem o traiu.

— Bom sujeito esse Oscar! Sequer me conhece, mas está bastante disposto a me auxiliar.

José Carlos riu da ingenuidade de João.

— Não se fie nisso. As coisas não são como parecem. Lembre-se de que para tudo há um preço. Não pense que ele fará tudo isso de graça. Oscar o ajudou porque quer que você se junte ao bando dele. Você será mais útil a ele do que ele a você.

Estremecendo involuntariamente, João indagou:

— O que quer dizer com isso, José Carlos?

— Só estou dizendo para você não acreditar nas aparências. Você deve ser observador e prestar atenção a todos à sua volta.

João nada respondeu. Resolveu mudar de assunto

— Há quanto tempo você está nesta comunidade? — perguntou.

José Carlos não queria falar sobre aquilo.

— Acho que está na hora de você aprender determinadas coisas para se sair bem quando fizer parte do bando de Oscar.

— Que coisas?

— Você vai aprender a viver como espírito. Para os que ainda estão na carne, você é invisível. Ainda assim, poderá fazer tudo que quer com uma pessoa que está na carne.

João se interessou por aquele assunto.

— Vou ensinar você a se transportar com a força do pensamento — prosseguiu Zeca —, e você também aprenderá a ouvir os pensamentos das pessoas. Dessa maneira, você saberá muito bem o que um encarnado está pensando, além de aprender técnicas sobre como se esconder de desencarnados inimigos. E o mais importante: eu o levarei para um terreiro para que conheça o processo de incorporação. Enfim, você aprenderá muitas coisas. Como o Oscar o deixou sob meus cuidados, terá de aprender tudo. Para isso, vai ficar por aqui o tempo que for necessário.

João só não havia gostado da parte do terreiro. Quando estava encarnado, sempre tivera medo dessas coisas. Lembrou certa vez que os negócios começaram a decair, e um empregado lhe dissera que ele precisaria ir a um terreiro para fechar o corpo contra a inveja e a maldição. O empresário seguiu o conselho. Mas não gostara do lugar. Havia um homem todo vestido de branco com um turbante, que atendia em uma tenda. Enquanto falava, bebia também muita cachaça. O pai Dito, como era conhecido, dizia estar incorporado.

João respeitou o que viu, mas nunca mais voltou àquele lugar.

Enquanto o visitante ia pensando aquelas coisas, José Carlos interceptava tudo, como se ele estivesse lhe falando abertamento tudo aquilo.

— Você viu o lado físico de um terreiro — comentou, para surpresa de João, que não percebera o outro a lhe captar os pensamentos. — Agora você o verá em toda sua extensão, principalmente a espiritual. Quando você falou com o "cavalo", não era ele quem bebia daquela maneira. Eram nossos companheiros que lhe diziam aquelas coisas. Alguns gostam bastante de beber.

Confuso, João indagou:

— Quer dizer que não conversei com o pai Dito naquela noite?

— Claro que não. Conversou com um de nossos companheiros de infortúnio. Eles é que bebiam daquela maneira.

— Como pode ser isso, sendo que só vi o pai Dito naquele lugar?

Com uma risada, Zeca retrucou:

— Sabe por que você não viu ninguém a não ser o Dito? Porque estava em seu corpo de carne. E, pelo jeito, não tinha sensibilidade para ver os desencarnados.

— Agora eu vou ver? — perguntou João, ainda confuso.

— Claro que sim. Você agora é como qualquer um de nós. As coisas apenas se inverteram. Quando você estava encarnado, não conseguia ver os espíritos. Mas, agora que é um espírito, os encarnados é que não têm a sensibilidade necessária, portanto não vão poder vê-lo.

João observou que estava fazendo muitas perguntas. Resolveu se calar. Já havia percebido que José Carlos não era dado a muita conversa. Não queria melindrar o dono da casa.

Conforme combinado, nos dias que se seguiram, Zeca passou a ensinar a João como viver sem o invólucro carnal. A cada novo aprendizado, o falecido empresário se sentia mais imbatível. Segundo seu raciocínio, totalmente errôneo, nada mais poderia feri-lo.

Passados alguns dias, João criou coragem para fazer uma pergunta que o enchia de curiosidade:

— Se todos nós temos um espírito imortal, onde estão meus pais e minha esposa? Não consigo vê-los.

— Por certo foram levados pelos espíritos iluminados.

— Mas para onde esses espíritos poderiam levá-los?

José Carlos não queria dar detalhes a respeito daquele assunto. Sabia como João era inteligente. Portanto, sua resposta foi fria e indiferente:

— Não sei. Se soubesse, já teria ido me encontrar com os meus. Agora deixe de fazer essas perguntas difíceis e aprenda o que tenho a lhe ensinar. Daqui a alguns dias, Oscar virá buscá-lo. Como ficarei eu se você não tiver aprendido o necessário?

João se arrependeu de ter feito aquelas perguntas. Esforçou-se vigorosamente para aprender a fim de que pudesse sair logo dali. Achava José Carlos muito antipático.

Para desenvolver bem seu aprendizado, era necessário muita disciplina mental. E João era um aluno dedicado. Mesmo nos momentos em que José Carlos não estava ensinando, ele treinava mentalmente como desenvolver determinadas técnicas.

Certo dia, João conversava sobre o que aprendera com Zeca quando avistou Oscar se aproximar.

— E então, Zeca, como está indo o homem de cem milhões de dólares?

João não gostou da maneira escarnecedora com que Oscar se referia a ele, mas preferiu se omitir e não dizer nada.

José Carlos, com seu jeito monossilábico de falar, respondeu:

— Está pronto para o trabalho, se é o que quer saber.

— Ótimo. João, venha comigo. Começaremos a trabalhar com sua esposa infiel e depois vamos nos vingar do amante dela. Em seguida, você terá de participar de outras tarefas que já tenho em mente para você.

João não estava gostando nada do rumo da conversa. Arrependia-se de ter se envolvido com o chefe do bando. Sabia que aquilo não sairia de graça, como Zeca havia alertado. Mas, sem saber direito como agir, decidiu concordar.

— Venha, está na hora — chamou Oscar. — Antes de começar seu trabalho, entretanto, quero que conheça um lugar.

João o acompanhou e deparou com o restante do bando, que o aguardava do lado de fora. Pareciam-lhe estranhos e amedrontados, agora que João podia olhar para eles com mais cuidado. Ele se juntou ao grupo, conduzido por Oscar. Andaram por algum tempo até se aproximarem de um lugar escuro, cujas luzes tênues emprestavam ao local um ar sombrio. Os moradores mais pareciam espectros que seres humanos desencarnados.

João caminhava sem nada dizer. Entrando em um lugar que lembrava um velho mausoléu, Oscar se manifestou:

— Se pensa que eu sou o chefe, está muito enganado. Agora você vai conhecer o líder da organização de justiceiros.

Ao caminhar por ali, o recém-chegado sentia o frio intenso e tenebroso do lugar, aliado ao mau cheiro. Sentiu seu estômago revirar, mas continuou calado.

Em pouco tempo foi introduzido em uma sala onde havia apenas um archote no lado esquerdo da parede. Oscar mandou que esperasse ali.

Enquanto esperava, João pôde observar melhor o local. Era rústico e praticamente escuro, não fosse o archote da parede. Notou também que a antessala não tinha mobília nenhuma.

Logo Oscar voltou. Pegando João pelo braço, levou-o à sala de onde havia saído minutos atrás. O outro deixou-se levar pelo chefe do bando. Para sua surpresa, o local que adentrou não se parecia em nada com a antessala onde estivera aguardando. Aquele cômodo tinha mobílias rústicas e no centro havia uma mesa. A um canto, um ser que tinha aspectos humanos, como olhos, orelhas e nariz, porém possuía o corpo coberto de pelos, lembrando um gorila, e patas como as de um canguru. João assustou-se assim que o viu. Temendo que Oscar se zangasse, tentou não olhar muito para ele.

— Aproxime-se!

João obedeceu aquele ser aterrador, permanecendo com a cabeça baixa. Ele examinou João sem dificuldade, uma vez que estava habituado a viver nas sombras. O examinado se sentiu desconfortável com aquela situação.

O ser se dirigiu a João:

— Oscar me falou de você. Contou-me que foi traído por longo tempo antes de desencarnar. Agora você quer se vingar de sua esposa infiel, é isso?

— Sim — respondeu João, sem querer desperdiçar palavras.

— Trouxemos você para cá, cuidamos de sua ferida e vamos ajudá-lo a se vingar de sua esposa infiel. Depois que o trabalho estiver consumado, no entanto, você terá de continuar nos ajudando a fazer justiça. Isso significa que eu lhe darei ordens e você as executará, sem questionar. Assim como os outros o auxiliarão em seu caso pessoal sem fazer perguntas, você também deverá fazê-lo com relação às questões pessoais de outros. Isso está entendido?

— Sim, senhor — falou João, à beira de uma explosão. Não estava habituado a aceitar ordens de ninguém. Sempre era ele quem ditava as regras. Mas agora vinha aquele ser horrendo, e o fazia passar por aquela humilhação...

O "chefe", como era chamado por todos, voltou-se para João com um brilho de ódio no olhar, e vociferou:

— Escute aqui: o que foi enquanto esteve encarnado não me interessa. Aceite sua nova realidade — comentou ele, tendo plena consciência de tudo que João havia pensado. — Você se tornou meu escravo e me deve obediência. Se foi rico, para mim isso não tem importância nenhuma. Se tivesse usado seus bens para ajudar o próximo; se tivesse um bom coração, que não lhe permitisse abandonar sua esposa, desamparada e sozinha, quando ela mais precisou; se tivesse dado crédito a seu filho, por certo não estaria aqui. Mas, já que está, acho bom me obedecer, ouviu bem?

João se deu conta, perplexo, enquanto aquele ser elencava suas atitudes, que errara muito enquanto estivera encarnado. Além de fazer fortuna de maneira desonesta, desamparara seus entes queridos. Só havia acolhido o filho em sua casa depois que a ex-esposa havia partido.

Oscar encarou João com raiva. Ele não gostava de ver o chefe aborrecido porque, uma vez nessa condição, ele descontava nos demais.

Com medo, Oscar intercedeu:

— Deixa comigo, chefe. Vou dar o castigo que este infeliz merece!

Encolerizado, o ser horrendo ordenou:

— Não, você não fará nada contra ele. Ele terá tempo suficiente para se arrepender de seus pensamentos. Vou mandá-lo ao Abismo, junto com aqueles que ousaram me desobedecer.

Oscar sabia do que se tratava. O Abismo era um local de gemidos pungentes. Lá se encontravam criaturas que vagavam sem chegar a lugar algum. Além do mau cheiro, característica marcante do lugar, havia também o frio glacial, acompanhado de noites intermináveis.

João, ao contrário, desconhecia o Abismo, mas, em sua ingenuidade, achava que qualquer lugar seria melhor do que aquele onde estava, próximo de Oscar e daquele ser animalesco.

Com os dentes à mostra, feito uma fera, o chefe explicou a João:

— Esqueci de me apresentar. Chamo-me Dente-de-Sabre porque minhas presas são enormes. Saiba que não sou nada compassivo com pessoas arrogantes como você, que pensam ter privilégios só porque tinham dinheiro no mundo material. Neste lugar, nem prata nem ouro, tampouco títulos de nobreza, têm valor. Você, para nós, é como aqueles miseráveis que serão seus companheiros de infortúnio daqui por diante.

João não havia entendido ainda o que o chefe Dente-de-Sabre queria dizer com aquilo. Permaneceu de cabeça baixa.

— Lancem-no ao Abismo — ouviu-se o grito vibrante do chefe. — Lá ele terá tempo suficiente para saber que comigo não se brinca.

No mesmo momento, os integrantes do grupos de Oscar pegaram João pelo braço e o retiraram da presença de Dente-de-Sabre. Encaminharam-no para um longo corredor. À medida que andavam nele, ficava cada vez mais escuro.

João ia sentindo, aos poucos, o frio e o mau cheiro aumentarem. Seu estômago revirava cada vez mais, provocando-lhe náuseas.

Algumas vezes João parou, tentando tomar fôlego. Mas os homens do bando de Oscar não se importavam e continuavam a puxá-lo, sem dizer uma única palavra sequer.

Como a náusea aumentasse, João caiu algumas vezes, e pôde então sentir um lodo viscoso impregnar suas vestes. Dessa maneira, aquele cheiro insuportável ia ficando também em suas roupas.

Não havia mais luz. O lugar era totalmente sombrio. João tentava, em vão, definir a fisionomia de seus opressores naquela escuridão.

Chegaram a um lugar onde havia uma grande pedra. João não pôde deixar de notá-la porque deu um encontrão com ela, esfolando o braço. Em seguida, começou a ouvir bramidos vindos do buraco, algo que o deixou bastante assustado. Em desespero, procurou falar com quem o puxava pelo braço:

— De onde vem esse barulho infernal?

— Neste lugar ficam os que desobedecem ao chefe e outros que se recusam a viver na carne. Aqui é o Vale de Lágrimas descrito pelos poetas da Terra.

João, tomado pelo temor, conjecturou que não precisava de Oscar para resolver o problema familiar que o angustiava; ele mesmo poderia tê-lo resolvido. Estava arrependido de ter se metido com aquele bando.

Ao chegarem à beira de um grande buraco, quem o puxava lançou-o para dentro da cratera, na qual João rolou por alguns minutos chegando ao fundo. Sentiu-se, então, totalmente encoberto por aquele lodo viscoso que ocupava o local.

Vez por outra, uma luz muito tênue clareava a cratera. Nesses momentos de fraca luz, o que viu deixou-o estarrecido. Jamais imaginara que a morte seria aquilo. Uns andavam pelo lodo, gemendo, enquanto outros procuravam escalar a encosta do Abismo, tentando escapar daquele lodo gélido.

O desespero que havia ali fez João recordar-se de um quadro que vira quando pequeno, intitulado *Inferno*, porém, na lembrança mental que tinha, havia pessoas sendo queimadas. Ali, no entanto, não havia sequer uma faísca para lhe aquecer o espírito.

"Que triste situação a minha! Morri e vim parar nesse inferno", pensou ele. Enquanto tentava escalar aquela cratera, um ser puxou-o pelo braço, fazendo com que caísse de novo naquele lodo malcheiroso. Usando toda a sua força, o falecido empresário acabou por empurrar o outro, desvencilhando-se de uma vez das mãos fortes daquela criatura.

"Tenho de ficar longe desses dementes que se encontram aqui, gritando e chorando. Preciso sair deste lugar, senão acabarei por enlouquecer neste inferno medonho", refletiu, em meio a seu desespero.

Sem desistir, João conseguiu chegar à encosta do Abismo. Passando as mãos pelas calças sujas de lama, notou que estava com fome e frio. Mas naquele lugar não havia um local quente e confortável onde pudesse descansar. Sentou-se, portanto, na encosta. Em meio à vontade de sair dali o mais rápido possível, contraposta à necessidade de ficar mais um tempo ali para adquirir fôlego, perguntou-se como podia haver tantas pessoas ocupando o mesmo buraco.

O tempo foi passando... Quando se cansava de ficar sentado, João se levantava e caminhava um pouco. Porém, incomodava-o sentir seus membros sempre gélidos. Por mais que passasse as mãos nos braços para se aquecer, de nada valia. O frio fazia com que se encolhesse ainda mais.

Já não tinha mais noção de tempo. Não sabia dizer se era dia ou noite, pois ali havia apenas escuridão, salpicada muito raramente com alguns feixes mais claros, que lhe permitiam enxergar outros moradores do lugar.

Ora João chorava, lamentando-se por sua sorte; ora se revoltava, culpando Dente-de-Sabre por aquela situação de penúria.

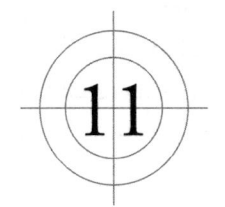

Intranquilidade no mundo dos encarnados

Alexandre chegou em casa irritado. Por mais que tentasse encontrar uma pista, não conseguia nada que inocentasse de vez Marco Aurélio.

Maria Luiza percebeu que o marido não estava bem logo que ele entrou em casa. Tratou de levar o pequeno Humberto à casa de Mirtes, pois sabia que Alexandre, quando estava naquele estado, tornava-se impaciente com os pedidos do menino.

Alexandre nada disse ao ver Luiza sair, segurando o pequeno Humberto pela mãozinha. Sentia o desânimo abater-lhe o espírito. Jogou-se no sofá e ficou olhando o teto, fazendo-se muitas interrogações.

Fazia já dois meses que Vítor estava foragido, e o investigador não conseguira nenhuma pista sobre o paradeiro daquele que poderia desvendar o caso da morte do empresário assassinado.

Passou a mão pela testa, como se assim pudesse afastar o problema de sua mente, mas aquela questão não lhe saía da cabeça. O policial resolveu então tomar um banho. Pensou que isso o ajudaria a relaxar e a esquecer os problemas do trabalho, porém nada o tranquilizava. Após o banho, foi para a cozinha e, sem dizer uma única palavra, viu que Maria Luiza colocava um bolo no forno.

Como Alexandre tinha temperamento impulsivo, a esposa, quando o reconhecia desse jeito nervoso, não ficava lhe fazendo perguntas. Não gostava de iniciar assunto nenhum, ainda que banal, porque sabia que ele poderia se irritar com facilidade.

— Você preparou o café? — perguntou ele.

— Sim. Está na garrafa térmica. Fiz faz pouco menos de trinta minutos.

O marido não respondeu. Pegou uma xícara e se serviu. Lentamente, começou a saborear o café, olhando fixamente para um ponto perdido na parede. Subitamente, teve uma ideia e chamou a esposa.

— Luiza, por favor, venha até aqui. Precisamos conversar.

A esposa se aproximou.

— O que você quer falar comigo, Alexandre?

— Estive pensando... Não costumo ficar falando de meus problemas no trabalho, mas, como você sabe, é minha única amiga. Além do mais, também é minha companheira.

"O que será que ele vai querer desta vez...", pensou ela.

Alexandre prosseguiu:

— Minha querida, faz três meses que Marco Aurélio se encontra preso na delegacia. Quanto mais procuro arrumar provas para inocentá-lo, mais elas parecem fugir de mim. Eu descobri, em minhas investigações, o envolvimento de Kim Albuquerque com o advogado Vítor Castelli Filho. Ela contou uma história absurda, porém, nada se poderia fazer contra ela sem provas convincentes. Quanto a Vítor, o canalha sumiu sem deixar pistas. Estou preocupado, Luiza, pois o tempo está passando e o rapaz continua preso. Ainda bem que ele não corre mais o risco de ir para uma penitenciária estadual, pois isso seria terrível para ele.

Maria Luiza aguardou o marido deixar de rodeios e ir direto ao assunto.

— Querida, chamei você aqui para que implore a seu amigo espiritual que me ajude a desvendar este caso. Confesso que estou à beira da loucura por caminhar em círculos e não chegar a lugar nenhum.

A esposa ficou atônita com a maneira humilde com que o marido se expressava. Com suavidade, respondeu:

— Meu bem, de fato Eliseu é uma excelente companhia. Mas você se esquece de que é um ser espiritual?

— Não, não estou me esquecendo disso — completou Alexandre.

— Exatamente por ser um espírito, ele sabe quem matou o empresário e poderá nos ajudar a desvendar o porquê desse brutal assassinato.

Maria Luiza sorriu diante da ingenuidade do marido. Com um leve sorriso, respondeu:

— Alexandre, as coisas não funcionam assim. Eliseu é um amigo espiritual muito querido por mim, mas ele jamais vai dizer a você quem é o assassino do empresário somente para livrar o rapaz da cadeia. Você se esquece, meu querido, de que a vida é regida por leis imutáveis, e uma delas é a lei de causa e efeito? Talvez hoje, em sua ânsia de descobrir o assassino para que o rapaz se livre da prisão, não consiga enxergar determinadas coisas, por exemplo, o porquê de Marco Aurélio estar preso enquanto o assassino continua solto. Já falamos sobre esse assunto...

Alexandre empertigou-se na cadeira.

— Sei de tudo isso. Mas o que você não entende é que já fui considerado por meus companheiros de trabalho como o melhor detive da delegacia. Agora, contudo, sinto-me tolhido diante dos fatos, que me impedem de sair do lugar!

Com bondade, Maria Luiza continuou sua explicação:

— Querido, tudo está certo como está. Se Marco Aurélio continua preso, é para o aprimoramento espiritual dele. Por certo ele ainda tem coisas a aprender com essa prisão, mesmo que seja inocente. Você está demasiadamente preocupado com sua reputação de bom investigador, e é isso que o chateia. Não está sendo vaidoso demais com sua imagem de bom profissional? Eu sempre o amei, querido, por isso vou lhe dizer algo que nunca antes lhe disse: você quer solucionar este caso para alimentar ainda mais seu orgulho.

Alexandre prontamente discordou:

— Nunca fui orgulhoso assim, você bem sabe disso!

— Sei que está preocupado com o rapaz preso inocentemente — Luiza contemporizou —, mas o que está perturbando você é que em três meses você ainda não conseguiu solucionar o caso. Você mesmo me disse que, na delegacia, você é conhecido como Faro Fino. O que lhe dói, querido, é saber que o tempo está passando e o Faro Fino ainda não conseguiu farejar nada de substancial para que o rapaz seja libertado.

Surpreso, Alexandre se voltou para a esposa. Jamais pensara em ouvir algo assim dela.

— Entenda que você é um homem com limitações, como qualquer outro — continuou ela, sem se intimidar. — Ser um bom investigador de polícia não lhe é suficiente? Não está querendo ser melhor que os outros dois investigadores da delegacia? Você não precisa provar nada a ninguém, a não ser a você mesmo! Entenda que, se esse caso ainda está complicado, é porque não chegou o momento de desvendá-lo. Segundo os ensinamentos de Kardec, quando alguém encarna, tem o conhecimento sobre as principais fases da vida. Portanto, Marco Aurélio devia saber o que o aguardava, e escolheu essa fase como um período bendito de expiação.

Maria Luiza adquiriu novo fôlego, e prosseguiu:

— Você tem de aceitar as coisas como são. Não queira mudá-las. Lembre-se de que o espírito está em constante desenvolvimento. Se quer saber algo sobre o caso de algum bom espírito que o inspire, por que não entra no quarto e faz uma prece pedindo a Deus que envie um de seus mensageiros para lhe dar uma boa intuição sobre o caso? As coisas não vão mudar apenas porque você quer que mudem; elas só mudarão quando determinada situação não estiver dando resposta aos anseios do espírito; porém, até que aconteça isso, as coisas ficarão como estão, quer você goste ou não. No momento exato, as coisas vão se desenrolar por si sós, e você verá que qualquer situação é como um quebra-cabeça, cujas peças vão se encaixando na hora certa.

Alexandre estava constrangido. Pela primeira vez, a esposa havia lhe dito coisas que antes jamais pensara ser. Como ele era vaidoso... Queria a simpatia de todos para que a presunção de ser o melhor investigador da delegacia se mantivesse.

Sentindo o embaraço do marido, Luiza se aproximou e lhe acariciou os cabelos.

— Eu me apaixonei por você não por parecer o melhor, mas porque você é o melhor marido *para mim*, embora muitas vezes se mostre irredutível em relação a determinadas coisas. Acalme-se e verá que tudo vai se resolver no tempo certo. Só lhe peço que confie em Deus. Será que não está confiando excessivamente apenas em você? Quando colocamos Deus à frente de nossos assuntos, as coisas se tornam bem mais fáceis.

— Você tem razão. Estou preocupado com a situação do rapaz na delegacia, mas acho que estava mais preocupado com a minha reputação de bom investigador do que com qualquer outra coisa.

— Você não tem de provar nada a ninguém — falou Luiza com suavidade. — Basta ser você mesmo e aceitar suas limitações. Faça a sua parte que do resto Deus se encarregará, trazendo luz ao caso no tempo certo.

Sorrindo, Alexandre confessou à esposa:

— Querida, o que seria de mim se não fosse você? Estava abatido pela situação, mas você me fez ver pontos que outrora não conseguia ver. Acho que sou um dos homens mais felizes do mundo e ainda não me dei conta disso.

Maria Luiza pousou levemente seus lábios nos do marido.

Após aquela conversa, o investigador disse à esposa que iria se deitar um pouco. Precisava descansar pois estava com uma terrível dor de cabeça.

Assim que o marido se recolheu, Maria Luiza foi buscar o pequeno Humberto na casa de Mirtes para lhe dar banho e o jantar.

Ao entrar no quarto, o policial jogou-se na cama e ficou refletindo sobre o que a esposa havia dito. Embora Alexandre considerasse que Maria Luiza havia sido um tanto dura com ele, sabia que ela tinha razão. Preocupava-o, na verdade, a reputação de Faro Fino.

Fechou os olhos e agradeceu a Deus por ter uma esposa lúcida como Maria Luiza. Pediu aos bons espíritos que viessem ajudá-lo no caso, se o momento fosse oportuno. Após a prece, sentiu sono. Decidiu tirar um cochilo antes de tomar seu lanche da noite.

Alexandre dormiu e sonhou que a porta de seu quarto se abria. Por ela entrava uma bela mulher no quarto, que lhe dizia:

— Não se preocupe demais com o caso de Marco Aurélio, Alexandre. Nunca se esqueça que, na hora oportuna, ele conseguirá provar sua inocência. E será você o investigador que desvendará o caso. Confie em Deus. Tudo está acontecendo segundo a permissão Dele.

O policial abriu os olhos e pôde ver que o quarto estava parcialmente escuro; a noite chegara. Ele sentia ainda no ar um suave perfume de rosas. Não teve dúvidas de que havia recebido uma visita espiritual enquanto seu corpo estava placidamente adormecido sobre a cama.

Com o odor de rosas adentrando suas narinas, sorriu, erguendo os olhos para o Alto e se entregando em prece de agradecimento.

Após a prece, repassou o sonho. Podia se lembrar com clareza do que lhe fora dito pela bela figura: "Nunca se esqueça que, na hora oportuna, ele conseguirá provar sua inocência. E será você o investigador que desvendará o caso".

Sentindo-se revigorado, o investigador foi ter com a esposa a fim de tomar seu lanche noturno. Luiza notou, alegre, que o marido não era o mesmo homem de quando havia chegado, com cenho franzido.

Marco Aurélio, com o passar do tempo, se acostumara à situação. Não se rebelava mais. Gastava a maior parte do tempo dormindo ou lendo.

O rapaz não via, mas sempre, a seu lado, havia uma figura feminina que lhe emanava luz, acalmando-o nos momentos de maior desespero.

Enquanto estava preso leu todo *O Livro dos Espíritos* e estava no capítulo XV de *O Evangelho segundo o Espiritismo*. Essas leituras o faziam se sentir bem. Em um desses dias, no capítulo XX de *O Evangelho segundo o Espiritismo*, leu um trecho que o deixou encantado: "Seja o que for que peçais na prece, crede que o obtereis e concedido vos será o que pedirdes".

Marco Aurélio fechou os olhos cheios de lágrimas e elevou uma prece vinda do coração, pedindo para que o verdadeiro assassino fosse descoberto, pois o que estava lhe acontecendo era uma injustiça.

Naquela manhã Marco Aurélio se encontrava um pouco desanimado. Todas as portas lhe pareciam fechadas. Ele não viu, mas, no momento de sua sentida prece, saíram feixes de luz de seu peito e uma luz celeste invadiu a cela, fazendo com que ele sentisse grande bem-estar. A partir daquele dia, sempre que se encontrava desanimado ou revoltado com a situação, dirigia seus pensamentos em prece e logo se acalmava.

Nesses momentos, a entidade, que sempre estava a seu lado, emanava luzes claras e depois acariciava seus cabelos.

Marco Aurélio aprendeu que a prece era de fato um instrumento eficaz para trazer paz em momentos de total desespero.

❧

Naquela manhã, Kim estava intratável. Gritava com os empregados, mostrando-se insatisfeita com tudo e com todos.

Leila era quem menos estava aguentando o mau humor da patroa. Além de tratar mal os empregados, Kim esbravejava em inglês, o que dificultava o entendimento de todos.

Em uma de suas crises, vociferou para Leila:

— Você passou mal esta blusa. Não vou vesti-la; nem esta, muito menos esta — e ia jogando as blusas que estavam passadas nos cabides do guarda-roupa.

Leila pegou todas as roupas que a patroa havia jogado no chão e as levou para passar de novo. Então Kim prosseguiu histericamente:

— Você não entendeu, Leila. Não quero que passe estas blusas; quero que as lave novamente. Detesto usar a mesma roupa passada duas vezes.

Leila obedeceu em silêncio. Levou as roupas com rapidez à lavanderia. Estava difícil aguentar a patroa naquele dia. Kim era mal-educada e mimada. Leila não se conteve ao encontrar o mordomo. Contou a ele os acessos de fúria que a patroa havia tido. Jonas ouvia as reclamações e concordava:

— Hoje dona Kim está terrível. Tudo isso porque o senhor Rubens não passou a noite com ela.

Leila, que até então não sabia a que Jonas se referia, perguntou, curiosa:

— O quê? O doutor Rubens não passou a noite aqui? Mas eu o vi entrar lá pelas tantas da noite.

— Sei disso — retrucou Jonas. — Ele ficou com a patroa no quarto dela pouco mais de uma hora e depois foi embora. Ela desceu até a cozinha e comeu o bolo de chocolate quase todinho. Digo isso porque, assim que ela deixou a cozinha, fui pegar um copo com água e do bolo só havia uma fatia diminuta.

Leila sabia que a patroa, quando tinha seus ataques de nervos, comia compulsivamente e, em seguida, trancava-se no banheiro, ficando lá por mais de quarenta minutos. Quando saía, estava sempre pálida, como um boneco de cera.

A empregada indagou

— Você viu se ela, após comer o bolo, foi ao banheiro?

— Sim, foi. Eu a ouvi dando descarga em seu banheiro particular — respondeu Jonas, sem entender onde Leila queria chegar.

A empregada, que não podia conter a língua dentro da boca, falou:

— Jonas, vou lhe contar uma coisa. Mas, se alguém vier a saber disso, eu o esgano!

— Pode confiar em mim, Leila — prometeu Jonas, beijando os dedos em cruz.

— Muito bem... Desde que o doutor João morreu, dona Kim anda esquisita. Quando ela fica nervosa, come excessivamente. Depois, vai ao banheiro e provoca vômito, o que a deixa com olheiras profundas.

Jonas não deu muita importância ao caso. Apenas respondeu:

— Isso é coisa de gente rica! Quando exageram na comida sentem remorso e querem se livrar dos quilos a mais que poderão ganhar com os excessos.

Dando de ombros, a empregada comentou:

— Para mim, é coisa de gente louca. Onde já se viu comer para jogar fora depois? Então, para que comer?

Jonas riu do argumento de Leila. Mas o riso congelou nos lábios quando ouviram gritos. A empregada prontamente se movimentou. Sabia se tratar dos gritos de Kim. Esta esbravejava, completamente fora de controle:

— Jonas, não sei por que lhe pago, seu imprestável! O piano está cheio de pó. Quero que tire imediatamente o pó dos móveis.

— Mas, dona Kim, eu já tirei...

— Está discutindo comigo, seu miserável? Se disser mais uma palavra, vou despedi-lo, para saber quem é Kim Butler Albuquerque de Lima. Agora, faça o que estou mandando. Não pago você para ficar de conversinhas com Leila na lavanderia.

Aos gritos, ela se dirigiu à cozinha e vociferou outras frases para Wanda, a cozinheira, dizendo-lhe que estava ficando relaxada no preparo das refeições. Wanda chorava desconsoladamente. Ela estava acostumada com o patrão, João, que adorava seu tempero e a elogiava sempre que podia.

Leila, que nunca recebera uma repreensão sequer na época em que João estava vivo, revoltou-se. Enquanto lavava novamente as roupas que Kim havia jogado no chão, pensava: "Quem essa megera pensa que é para nos tratar assim? Ela sabe muito bem que, se eu contar o que sei para a polícia, ela corre o risco de nunca mais entrar nesta casa. Maldita! Faz-se de santa, mas traiu o doutor João sob o seu nariz. O pobre Marco Aurélio agora está preso por um crime que pode muito bem ter sido cometido por ela. Não vou suportar desaforos. Quer saber de uma coisa? Vou falar com ela agora mesmo!".

Jogando as roupas na máquina, saiu a passos firmes em direção à sala, pois sabia que Kim estava lá. No caminho encontrou Jonas cabisbaixo. Em sete anos de trabalho, jamais se sentira tão humilhado naquela casa.

Ao chegar à sala, Leila encontrou Kim folheando uma revista de moda. Com voz firme, falou:

— Dona Kim, precisamos conversar.

Kim levantou os olhos e a encarou.

— Não tenho nada para falar com você. Se quiser aumento, veio pedir em dia errado. Hoje estou com os nervos à flor da pele.

As palavras de Kim deixaram Leila ainda mais revoltada. Perdendo por completo a compostura, respondeu, sem se intimidar:

— Não vim em busca de aumento de salário. Temos algo muito mais importante que salário para discutir.

Kim, que já se encontrava irritada, olhou para Leila com verdadeiro desprezo.

— Quem pensa que é para falar assim comigo? Se não me respeitar, vou despedi-la.

Leila sentiu que havia atingido a patroa. Prosseguiu em tom sarcástico:

— Pelo que sei, sou um ser humano como a senhora. Vim aqui justamente pedir o mesmo: que me respeite. Nem mesmo o doutor João nos tratava dessa maneira.

Kim desatou a rir. Com desdém, retrucou:

— Vejo que o cãozinho está ladrando, não é mesmo?

— Escute aqui — gritou a empregada, furiosa —, não sou obrigada a aguentar seus desaforos. Trabalho porque preciso, mas isso não me torna alguém inferior. Aliás, é a senhora que tem se comportado de maneira indigna dentro desta casa. Pensa que não sei que tem um caso com o doutor Rubens, que por sinal era tratado como da família pelo doutor João?

— Insolente! Não vou permitir que se intrometa em minha vida, sua criadinha de quinta categoria. Está despedida. Fora de minha casa agora! — vociferou Kim, sem se preocupar com o escândalo que dava.

Rindo, a empregada retrucou:

— Não vou embora. Quem pensa que é para me tratar dessa maneira? Não sou nenhum de seus amantes para obedecê-la, assim como o doutor Rubens faz. Esqueceu que dona Janete a tem como melhor amiga? Que diria ela se soubesse que a senhora e o marido dela... — Leila deixou a frase no ar.

Kim empalideceu. Estava nas mãos da empregada. E o que ela menos precisava, no momento, era se envolver em algum escândalo. Por isso, falsamente, resolveu contemporizar:

— Acho que estou sendo realmente dura demais com você. Estou passando por muitos problemas, mas não quero que pense que eu sou uma tirana.

Leila se sentia triunfante. Havia ganhado a primeira etapa daquela batalha.

— Entendo que a senhora está com problemas — continuou a empregada —, mas isso não lhe dá o direito de nos tratar feito animais domésticos. Espero que a senhora tenha dignidade. Somos empregados, não cavalos do haras do doutor João.

Kim, que não queria mais confusão com a empregada que a ameaçara, pediu que Leila chamasse Jonas. Tendo os dois diante de si, disse:

— Passei dos limites com vocês. Peço que me desculpem. Estou me sentindo meio perdida desde que João morreu e sinceramente não sei o que fazer, tampouco o que pensar. Estou muito nervosa.

Jonas permaneceu em silêncio. Leila sorriu, satisfeita.

— Não queremos que a senhora nos peça desculpas, dona Kim; apenas não queremos ser maltratados. Estamos aqui porque gostamos de trabalhar para a senhora. Queremos, contudo, que nos veja como seres humanos, que considere nossos sentimentos.

Kim sentia-se constrangida. Não deveria ter sido tão intolerante.

— Por mim, tudo fica como antes, dona Kim. Agora, se me permite, tenho de voltar a tirar pó dos móveis.

Kim retrucou:

— Jonas, não precisa se preocupar com o pó do piano. Está bom assim. — E voltando-se para a empregada: — Leila, por favor, lave aquelas roupas e depois as passe, mas não precisa ter pressa.

— Pois não, dona Kim.

Jonas e Leila se retiraram da presença da patroa, que ficou sozinha com seus pensamentos.

❧

Mais uma vez sozinhos na lavanderia, os dois empregados conversavam.

— Leila, pensei que hoje você seria despedida. Onde já se viu tomar satisfação com dona Kim?

Sentindo orgulho de seu feito, a empregada respondeu:

— Seja como for, se não fosse por mim dona Kim ainda estaria nos tratando como dois imprestáveis dentro desta casa. Tenho minhas artimanhas, e pode ter certeza de que vou abusar delas todas as vezes que a patroa estiver abusando de sua autoridade sobre nós.

Jonas meneou a cabeça.

— Nunca concordei com as suas bisbilhotices, mas, se não fossem elas, estaríamos perdidos hoje.

Leila sorria triunfante ao ouvir aquelas palavras de Jonas, por quem nutria um sentimento secreto.

O mordomou pediu licença e se dirigiu à sala de visitas para saber se estava tudo em ordem. Também iria conferir mais tarde o serviço de Jair. Mas não deveria haver problema; o jardineiro trabalhava o dia todo, conversando somente quando necessário.

❧

Assim que Leila e Jonas se retiraram, Kim se jogou no sofá, aturdida com aquela situação. Jamais imaginara que algum dia teria de pedir desculpas aos empregados pelos seus atos.

Kim não se sentia exatamente humilhada. Sabia que estava, de fato, sendo intolerante demais com aquelas pobres criaturas.

"Não sei o que está havendo comigo. Como posso ser capaz de humilhar os empregados deste jeito? Hoje, sinceramente, nem eu estou me aguentando. Porém, de uma coisa tenho certeza: Leila, a partir de hoje, se tornou um perigo para mim. Preciso me livrar dela antes que conte ao investigador metido que me viu sair do quarto de Marco Aurélio naquela fatídica manhã. Isso me causaria muitos problemas. Estou sendo investigada pela ideia idiota de fazer uma surpresa para João e pela imprudência de ter pedido auxílio àquele crápula do Vítor. Se o policial descobrir mais alguma coisa, vou me tornar ainda mais suspeita", pensava. "Preciso me acalmar. Mas como poderei fazer isso sem o amor de Rubens? Não acredito que ele tenha me trocado para ficar com aquela sonsa da Janete, que nem mulher sabe ser... Alguém que está sempre às voltas com boas ações".

Balançou a cabeça, como se tentasse afastar aqueles pensamentos angustiantes.

"Não vou permitir que Rubens me deixe agora", tornou a pensar. "Afinal, já estamos juntos há dois anos. Ele não vai se ver livre de mim assim tão facilmente."

Com esses pensamentos nebulosos, Kim se levantou e se dirigiu a seu quarto. Tomaria um banho e colocaria roupas mais alegres. Decidiu que, depois disso, iria ao centro da cidade fazer compras.

Os seres iluminados

João não aguentava mais ouvir os gemidos e os lamentos daqueles seres o tempo todo.

À medida que se cansava de ficar na encosta, João não tinha outra saída a não ser andar por aquele local lamacento. Como o frio era algo que o irritava profundamente, de novo voltava à encosta e ficava aguardando não sabia o quê, afinal, já não nutria mais nenhuma perspectiva para o futuro.

"Preciso descobrir quem foi o maldito que me tirou a vida. Eu tinha tudo que alguém poderia querer: dinheiro, posição social, quantas mulheres quisesse, belos carros... Por que alguém desejou me matar", pensava.

O empresário se torturava com aquelas indagações quando de repente lhe veio à mente que Rubens era quem mais lucraria com sua morte. Ele estava de caso com Kim, mas talvez não lhe bastasse sua esposa... Talvez ele quisesse tudo que possuía.

A partir daquele momento, João passou a acreditar que fora Rubens quem lhe dera aquele tiro. Sentindo o ódio entrar em seu coração, resolveu que teria de sair dali para se vingar. Tanto Rubens quanto Kim iriam pagar muito caro por terem conspirado contra ele.

— Ajude-me a sentar do seu lado — João ouviu alguém próximo dele pedir.

Mas João ignorava aqueles companheiros de infortúnio, sentindo-se ainda mais sozinho.

No Abismo em que Dente-de-Sabre havia lançado João havia seres que estavam lá há muito tempo. Não bastasse o frio intenso, as criaturas sentiam também o cansaço de ficar tentando se esquivar do lamaceiro e do fedor do lugar. Os pobres seres gemiam por todos esses motivos, e mais alguns: fome e sede, por exemplo.

João já se sentia bastante cansado, mas tinha forças para ficar na encosta do Abismo. Por isso não se preocupava com ninguém, a não ser com ele mesmo.

Certa vez, avistou uma comitiva de cinco pessoas andando pelo local, ora conversando com uns, ora com outros. João não entendia como aqueles seres podiam ser tão diferentes dos demais. Eles eram bonitos e não estavam sujos. Sorriam sempre e, de vez em quando, alguém lhes pedia auxílio. Então eles estendiam a mão e desapareciam do local levando a pessoa, deixando que o ambiente fosse invadido de novo pela escuridão dilacerante, que fazia os moradores do tenebroso lugar sentirem ainda mais frio.

Num desses dias, um ser que, segundo João notou, encontrava-se em piores condições que as suas lhe explicou:

— Os seres da luz não desistem. Eles vêm aqui buscar quem não merece. Olhe, estão levando mais alguns hoje.

João percebeu que a luz que emanava daqueles seres chegava até onde ele estava. Distraído, não ouviu que alguém se aproximava dele. Quando se voltou para o lado e constatou aquela presença, questionou-o:

— Faz tempo que você se encontra aqui?

— Sinceramente, não sei há quanto tempo estou aqui, mas confesso que já estou cansado. O frio glacial e a fome são insuportáveis!

O companheiro de infortúnio de João se parecia bem psiquicamente; era diferente dos demais, que gemiam sem parar, parecendo completamente dementados.

João continuou com suas indagações:

— Quem o mandou para cá? Foi o Dente-de-Sabre?

O outro, fixando um ponto vazio qualquer, respondeu mais como se falasse consigo mesmo:

— Não sei de quem está falando. Sei que fui morto em uma emboscada e quando acordei percebi que tudo havia mudado. A minha esposa e meus filhos não falavam mais comigo, embora eu pudesse ver as mudanças que se deram em meu lar. Quando decidi me vingar dos meus agressores, consegui fazer com que dois deles se suicidassem e outros três fossem mortos em assaltos, mas, para meu desespero, eles acordaram e vieram me fazer cobranças. Todos aqueles miseráveis tiveram auxílio. Foram ajudados por um tal de Oscar. Foi ele quem me jogou aqui.

João mal podia acreditar no que ouvia. Será que se tratava do mesmo Oscar que lhe oferecera ajuda?

— Se esse Oscar de quem você fala for o mesmo que estou pensando, foi ele quem me colocou nessa encrenca também. Primeiro, me fez ter consciência de que eu havia morrido. Depois, cuidou de meus ferimentos e me levou à presença de Dente-de-Sabre, seu chefe. Esse ser horrendo, como não gostou de mim, mandou que me jogassem neste lugar horrível.

O interlocutor de João respondeu:

— Eles se julgam justiceiros, mas na verdade são verdadeiros demônios. Eu me vinguei dos que me tiraram a vida, e eles se colocaram a favor de meus algozes e me prenderam aqui.

— E esses que andam pelo local sem se sujar, o que fazem aqui?

— São os chamados "iluminados". Veja como eles brilham, clareando o local por onde passam. Estão aqui à procura de alguém que queira acompanhá-los.

— Para onde eles levam os que se juntam a eles?

— Isso eu não sei. Mas confesso que tenho muita curiosidade de ir — disse o outro a João. — Só que tenho medo. Disseram que eles levam a gente para um outro lugar para que sejamos escravos deles.

João ficou indignado com o que ouvira, e sendo assim disse:

— E se a pessoa não quiser ir? O que eles fazem?

— Pelo que tenho visto por aqui, eles não levam ninguém à força. Parecem bastante educados. Mas prefiro ficar longe deles. Antes ficar aqui do que me tornar escravo de alguém.

João lembrou-se de um livro de História que havia lido, no qual aprendera sobre a escravidão no Brasil. Recordando-se do que tinha visto no livro, concordou resolutamente:

— Eles que nem percam tempo em me convidar para ir com eles. Sou um homem fino e não me curvo diante de ninguém. Quer saber de uma coisa? Vou é me esquivar deles. São perigosos.

— É o melhor que temos a fazer.

— Estamos conversando e ainda não sei o seu nome...

— Meu nome é Genésio.

João queria saber mais sobre a vida daquele companheiro.

— Mas por que fizeram uma emboscada para você?

— Bem, vim de uma família rica. Eu era um rapaz de uma família tradicional do Rio de Janeiro. Tive tudo que o dinheiro pode comprar, mas sempre tive um lado voltado para o mal. Certo dia, entrou uma moça chamada Nanci para trabalhar em minha casa. Ela tinha vindo do subúrbio carioca, para trabalhar e estudar. Fiquei louco por ela. Na época eu tinha apenas vinte e um anos; não pensava muito nas consequências de meus atos. Comecei a assediar a moça cada vez mais descaradamente, mas ela se esquivava dizendo que tinha um namorado no subúrbio. Eu não me dava por satisfeito. Sempre me considerei um rapaz bonito e inteligente. Achava que aquela mulatinha não tinha o direito de me esnobar daquela maneira.

João ouvia atentamente a história de Genésio. O outro prosseguiu:

— O que no começo não passava de uma paixão, logo se tornou uma verdadeira obsessão para mim. Comecei a segui-la até o subúrbio, e lá descobri que ela tinha um namorado que era considerado o mais valente do lugar. Fiquei indignado com aquilo. Embora sabendo que jamais iria me casar com ela, primeiro pelo fato de ela ser pobre e segundo pelo fato de ser negra, eu a desejava freneticamente ainda assim. Desenvolvi um desejo insano de tê-la ao menos uma vez. Nanci era uma moça boa. Trabalhava honestamente e estudava magistério à noite. Minha mãe gostava dos serviços da mulata, mas eu a desejava para outros fins. O tempo foi passando. Eu não trabalhava; vivia apenas da fortuna de meu pai. Tinha bastante tempo livre. Assim que terminei um curso de inglês, decidi que não queria mais estudar. Meus pais concordaram com essa minha decisão, que hoje para mim foi absurda, e eu ficava o dia todo em casa, ora dormindo, ora tomando banho de piscina. À noite eu saía e voltava altas horas da madrugada, onde me entregava a todo tipo de excessos.

— Seus pais não reclamavam com você da vida que levava? — quis saber João, curioso.

— Meus pais achavam que quando eu me apaixonasse eu mudaria, mas qual nada! Mulheres para mim só serviam para uma noite e nada mais. Fiz mal a muitas moças de família, porém não conseguia tirar Nanci dos meus pensamentos. Ela havia se tornado o centro de tudo que eu mais queria no mundo. Ela era uma mulata belíssima, alta, de cabelos cacheados e muito bem-feita de corpo, o que me fazia ficar ainda mais atraído por ela. Mas ela era uma moça séria, que gostava do namorado; trabalhava para ajudar os pais, que eram muito pobres. Certo dia Nanci estava em meu quarto guardando as roupas que havia passado. Entrei e não consegui dominar a paixão.

A conversa entre Genésio e Nanci se deu assim:

— Você está muito bonita hoje.

— Escute, Genésio, nunca lhe dei liberdade de falar assim comigo. Você sabe que sou pobre, mas sou uma moça de bem. Além do mais, estou noiva. Pensa que não vejo você com o olhar espichado pra cima de mim? Não sou como as rameiras com as quais você está acostumado a andar. Peço que me deixe em paz, senão conto tudo para sua mãe sobre essa falta de respeito.

Genésio prosseguiu:

— Foi então que notei que Nanci era moça virgem. Um desejo violento se apoderou de mim ao saber disso. Eu a tranquei em meu quarto e a forcei a se deitar comigo. Portei-me como um verdadeiro animal. A moça chorava e pedia que eu não lhe fizesse aquilo, mas, quanto mais ela pedia, mais eu a desejava. Só parei quando senti que meus instintos de homem estavam completamente satisfeitos. Nanci chorava, e eu, sem entender, senti uma enorme repulsa por ela. Mandei que saísse do meu quarto. Não sei o que houve comigo... A repulsa que sentia por ela era tão grande depois desse dia que sequer conseguia olhar para seu rosto.

— Como Nanci ficou depois disso tudo? — perguntou João.

— Ela emagreceu muito, acho que de tristeza. Certo dia, pediu demissão do trabalho, o que me deixou bastante aliviado, porque a simples presença dela já me incomodava. Minha mãe sempre desconfiou de que eu estivesse encantado por ela, mas fingia nada ver. Assim o tempo passou. Nunca mais ouvi falar de Nanci. De minha parte, fiz questão de esquecer o assunto. Conheci uma moça e me casei com ela. Tive dois filhos, trabalhava na empresa de meu pai e tudo ia bem quando, certo dia, um bando me aguardava no estacionamento. Mostrando-me uma arma, me mandaram entrar num carro. Obedeci. Levaram-me para um lugar escuro, e no meio do mato escuro havia um homem negro e alto me esperando. Não o reconheci de imediato, mas ele logo fez questão de se apresentar.

Genésio passou a narrar a João como havia se dado a conversa entre o bando naquele dia fatídico:

— Como vai, doutor? O senhor não me conhece, mas eu conheço perfeitamente o senhor.

Genésio observou que se tratava de um homem negro muito forte, e os outros eram negros também. O homem se apresentou:

— Doutor, muito prazer. Sou o Rogério, hoje marido da Nanci. Lembra dela?

Naquele momento, todo o passado que Genésio quisera esquecer veio à sua mente, mostrando-lhe tudo que fizera com a moça com muita riqueza de detalhes, como se fosse um filme. Ele recordava também da moça chorando e implorando para que ele não continuasse com aquele ato vil.

Saindo de seus pensamentos, Genésio ouviu a voz de Rogério:

— Pois bem, o doutor estragou a vida da minha esposa. Sei tudo que o senhor aprontou. Esperei um bom tempo para me vingar e hoje estou aqui. Temos muito que conversar, não acha?

Genésio estava paralisado, mas ainda assim conseguiu dizer:

— Olhe aqui, é dinheiro que você quer? Eu lhe dou o que pedirem. Dinheiro não me falta.

Rogério o olhou com desprezo e pediu aos outros que segurassem os braços de Genésio para que ele o esmurrasse. Quando o emboscado já se encontrava sem forças, arriaram suas calças e Rogério decepou seu membro.

— Senti uma dor lancinante — prosseguiu Genésio em seu relato a João. — Aos gritos, pedia: "Matem-me de uma vez, seus canalhas. Pois, se eu ficar vivo, acabo com todos vocês". Enquanto sentia meu sangue se esvaindo, Rogério pegou uma garrafa de cachaça e jogou no ferimento. A sensação de ardência que senti foi enlouquecedora. Quando estava totalmente combalido, ouvi Rogério dizer: "Creio que já me vinguei do canalha que estuprou uma moça pobre que queria apenas trabalhar. Você levou a alegria da minha amada. Quanto a mim, vou levar a sua também, seu cafajeste. Não quero deixá-lo vivo, porque sua esposa iria odiar ter um marido capado". Enquanto Rogério falava, os demais riam sem parar.

— E depois, você morreu? — indagou João.

— Todos eles, a um aviso de Rogério, investiram contra mim e me espancaram até que eu perdesse os sentidos. Quando acordei, sentia muitas dores no baixo-ventre. Tinha consciência do que haviam feito comigo. Com muito custo, voltei para casa, acreditando que mandaria a polícia atrás daqueles bandidos. Porém, ao chegar em casa, as coisas estavam muito diferentes. Havia outro homem na minha casa que se dizia marido de minha esposa. Meus filhos não eram mais crianças, e sim adolescentes irascíveis. Eu, por mais que tentasse falar com minha esposa, não conseguia. Ela me ignorava. Até que, certo dia, decidi que iria me vingar de todos aqueles que haviam tirado o que eu tinha de mais meu: minha masculinidade. Embora sentisse muitas dores e por vezes ainda sangrasse, mantive-me determinado a me vingar de meus algozes. Graças a minha esposa, que chamou o seu Hélio em casa, pois, depois que parti, ela se tornou espírita, fiquei sabendo que eu havia desencarnado. Minha sede de vingança só aumentou depois disso. Comecei a perseguir todos eles. Como lhe disse, consegui que alguns se suicidassem e que outros fossem mortos em assaltos. Mas eles, depois de mortos, vieram em meu encalço. Logo descobriram que eu estava por trás da onda de azar pela qual estavam passando, em que um a um daquele bando ia morrendo.

João não pôde deixar de sentir certa repulsa por Genésio àquela altura de seu relato. Mas ouviria até o fim.

— Hoje vivo aqui, neste lugar horrível e sem luz. E ainda por cima nesse frio, que me tira o sossego... Se estou aqui é porque mereço. Se não tivesse sido tão canalha, nada disso teria acontecido e hoje não estaria nesta situação.

João achou que Genésio começava a se arrepender pelo mal que praticara.

— Quem foi que lhe disse que estes iluminados levam as pessoas daqui para serem escravos?

Genésio deu de ombros.

— É o que escutamos aqui. Às vezes duvido de que a história seja verdadeira...

João refletiu sobre aquela história ser falsa ou não. Se fosse falsa, quem a teria propagado, e com que finalidade? Queria conversar sobre essas dúvidas com Genésio mas, ao vê-lo como que anestesiado pelo sofrimento, pensou que talvez não estivesse lúcido o suficente para conversar sobre aquilo. Resolveu ficar quieto.

Genésio ficou ali algum tempo. De repente se levantava e saía para andar, a fim de se aquecer com o movimento. Mas o frio se mostrava implacável; os seres que lá habitavam sentiam as dores usuais de quem era exposto a um frio exagerado.

João passou a analisar o comportamento de Genésio. Chegou a uma conclusão: "Ele é um calhorda. Se sofre assim é porque merece". Mas João pensava que ele próprio havia feito coisa muito pior: envolvera-se em atitudes ilícitas tanto no Brasil como nos Estados Unidos. Sabia muito bem de onde provinha sua fortuna. E mais: todos os que constituíram uma ameaça para ele haviam sido tirados de seu caminho.

No entanto, se justificava pensando que eliminara os que queriam prejudicá-lo nos negócios. Quanto a Genésio, ele estuprara uma moça! Para João, o que Genésio havia feito era bem pior, afinal, ele não tivera compaixão por Nanci, que tanto pedira que a deixasse em paz.

Nessa linha de raciocínio, João se sentiu um pouco melhor, diminuindo sua culpa enquanto aumentava a do outro. Mas ele próprio não tivera misericórdia pelos que friamente haviam sido executados a mando dele.

O tempo passou. Certo dia, um dos iluminados se aproximou de Genésio.

Vendo que aqueles seres vinham em sua direção, João correu em direção ao lodo. Genésio, ao contrário, continuou sentado, olhando para o nada, como costumeiramente fazia, apenas guardando em seu íntimo, uma atrás da outra, as sensações desagradáveis do lugar.

João espreitava de longe. Viu quando Genésio olhou para um daqueles seres e pediu, com lágrimas nos olhos:

— Por favor, tirem-me daqui. Se quiserem que eu seja escravo de vocês, irei de bom grado, desde que eu não sinta mais esse frio pungente.

João ficou indignado com Genésio. Sentando-se no outro lado da encosta, pensou: "Genésio está louco. Onde já se viu implorar para ser escravo? Se esse lugar o enlouqueceu a tal ponto, comigo isso não vai ocorrer. Tenho de manter minha lucidez a todo custo. Tenho muitas coisas para resolver quando sair daqui".

Um daqueles belos seres sorriu para Genésio e perguntou:

— Por que quer sair daqui?

— Prefiro trabalhar todo o tempo a ficar aqui pensando no mal que pratiquei a Nanci e a minha família. Por favor, levem-me com vocês.

O ser iluminado, que usava longas túnicas brancas e tinha em sua fisionomia um aspecto compassivo, estendeu a mão a Genésio:

— Grande é a alegria de Deus, pois hoje você se arrependeu do que fez. O arrependimento é o passaporte para sair daqui.

João, que ouvia a conversa, refletiu: "Será que eles levam as pessoas daqui para serem escravos mesmo? Não está parecendo que seja assim. Eles têm um aspecto bondoso, coisa que não se vê neste lugar infernal.

O ser iluminado agora estendia a mão para Genésio. Sorrindo, prosseguiu:

— Você ficou aqui o tempo necessário para se arrepender de seu ato. Vamos agora para outra das moradas do Pai, que ele bondosamente oferece aos que se arrependem de seus atos.

João observou a distância. Todos da comitiva fizeram um círculo ao redor de Genésio. Este e aquele que literalmente lhe havia dado a mão para que se levantasse ficaram juntos no centro do círculo e sumiram diante dos olhos de João, que observava atônito o acontecimento.

Sendo assim, de novo João passou a se sentir sozinho naquele lugar, ora sentando-se nas encostas, ficando por muito tempo ali, ora se irritando com quem queria agarrá-lo para conseguir subir pela encosta o mais rápido possível.

Com o passar do tempo, João esqueceu-se completamente de Genésio, que desaparecera como por encanto de sua mente. Se de início se irritava muito com os gemidos daqueles que vagavam pelo lamaçal, agora já não prestava mais a mínima atenção aos lamentos e gemidos dos que ficavam vagando pelo mar de lama.

João voltou a pensar em Kim. Será que continuava a ter um caso com seu falso amigo e empregado Rubens? Ao pensar em Kim, João sentia o ódio aumentar. O sentimento era tão forte que nem o frio do lugar o atingia. Era como se estivesse imunizado contra o frio e a fome que o torturavam.

Certo dia estava sentado na encosta quando viu Oscar se aproximar. Ele vinha mostrando os dentes, como um felino.

— Venha, o chefe quer falar com você — foi dizendo rusticamente.

Em tom gélido, João retrucou:

— O que ele quer comigo? Não basta o que fez, lançando-me neste lugar horrível?

— Não perca tempo com indagações. Apenas venha comigo.

João foi tomado de verdadeiro ódio por Oscar.

— Se você se coloca na posição de escravo de Dente-de-Sabre, eu não! Diga-lhe que não tenho nada a falar com ele, muito menos a ouvir. Entre ser escravo dele e ficar aqui, prefiro ficar aqui. Agora vá; não quero ver mais nenhum de vocês.

Oscar lançou um sorriso sarcástico para João.

— É uma pena... Justamente agora que você iria se vingar de seus algozes, você dá uma de orgulhoso? Muito bem. Se quer ficar aqui, isso é com você. Mas vou ter de contar a Dente-de-Sabre o que acabou de me dizer!

João achou que realmente aquele não era o melhor momento para mostrar sua revolta. Tentou contemporizar:

— Está bem, eu vou com você. Mas não vou ser escravo de Dente-de-Sabre por muito tempo. Arranjarei um jeito de me livrar de todos vocês.

Pegando no braço de João, Oscar falou em tom raivoso:

— Chega! Já fui muito complacente com você. Agora venha comigo. O chefe não gosta de ficar esperando.

João deixou-se conduzir por Oscar, que subia a encosta com muita facilidade. Depois de andarem por algum tempo, reconheceu o lugar. Ele tinha vindo por ali, andando pelo túnel escuro e fétido. À frente viu uma tênue luz bruxuleante. Ao se aproximar dela, João levou a mão aos olhos. Ficara tanto tempo na escuridão que, por mais fraca que fosse a luz, sentia-a ferir seus olhos.

Logo os dois estavam naquela mesma antessala vazia. João esperou que Oscar entrasse primeiro, anunciando a presença de João, e em seguida ouviu seu nome ser chamado.

Ao entrar e reencontrar Dente-de-Sabre, concluiu que ele era mais feio do que realmente se lembrava. Desta vez, porém, João não se intimidou com a presença daquele ser. Fitou-o firmemente.

Dente-de-Sabre o recebeu com um sorriso.

— Vejo que aprendeu a lição. Não está mais parecendo um bicho acuado como antes. Vejo determinação em seus olhos.

Oscar não entendeu muito bem o que acontecia. A primeira vez que João ficara diante de Dente-de-Sabre, ele se mostrara submisso. Agora, contudo, ele deixava clara a revolta que sentia e o chefe o elogiava.

— Você e Oscar voltarão a seu antigo lar. Vou lhe dar a chance de se vingar de seus traidores. Mas, assim que o trabalho estiver encerrado, vocês deverão voltar. Tenho outro trabalho em mente.

Sentindo genuína raiva de Dente-de-Sabre, João respondeu com altivez:

— Já era tempo! Achei que tivesse me lançado naquele lugar horrível por nada.

Dente-de-Sabre soltou uma gargalhada.

— De fato você é um bom aluno. Aprendeu depressa a lição que lhe passei.

Oscar, à medida que via o bom humor de seu chefe, menos entendia.

— Agora vá! Realize o desejo de seu coração — disse Dente-de--Sabre a João. E, com um sinal, mandou que os dois se retirassem de sua presença.

Ao saírem, Oscar disse a João:

— Espere-me lá fora. Tenho algo para conversar com o chefe antes de iniciarmos esse trabalho.

João ficou aguardando.

Uma vez estando na frente do chefe, que voltava a se sentar em sua cadeira, Oscar disse:

— Não entendi sua maneira de agir com esse energúmeno. Da primeira vez que ele esteve em sua presença, mostrava-se mais humilde e, no entanto, o senhor mandou que fosse lançado no Abismo das torturas. Agora ele está revoltado e rancoroso, e o senhor é complacente com ele. Por que isso ocorreu?

— Vejo que você é um cretino. Mandei que ele fosse lançado ao Abismo exatamente para que desenvolvesse o ódio em seu coração. Com aquela maneira subserviente que demonstrava a princípio, tendo medo de tudo e de todos, jamais ele poderia ser útil para mim. Agora, contudo, revoltado como está, fará tudo que lhe ordenarem; melhor, fará tudo com mais força e determinação. O Abismo não é somente para que alguns idiotas se arrependam. Serve também para que sejam instilados o ódio e o rancor no coração dos mais fortes. João tem potencial, por isso investi no desenvolvimento de seu rancor. Mas pare de me encher com essas perguntas e saia daqui. O trabalho aguarda você.

Oscar entendeu o que seu chefe havia explicado. A partir daquele momento, passou a respeitar João por sua força e determinação.

Ilusões inebriantes; desfechos dolorosos

Alexandre continuava inconformado com a lentidão da justiça em libertar Marco Aurélio. Só havia contra ele provas que claramente haviam sido forjadas pelo assassino.

Alexandre ficou horas pensando em como arranjar uma prova conclusiva para tirar o amigo da prisão. Entretanto, sempre que parecia pegar o fio da meada, mais uma vez se sentia perdido, como se rodasse em um grande labirinto cuja porta de entrada ou de saída lhe pareciam cada vez mais distantes.

Devido a essa situação, o policial começou a voltar para casa irritado, perdendo muitas vezes a calma com a esposa e o filho.

Maria Luiza, por sua vez, sabia que o marido tinha um temperamento explosivo. Procurava fazer de tudo para não irritá-lo, mas Alexandre ficava aborrecido com as menores coisas: o volume do rádio, ou até mesmo as gargalhadas do pequeno Humberto.

Certo dia, Luiza estava brincando com o pequeno Humberto quando Alexandre falou aos berros:

— Será que posso ter um pouco de paz dentro de minha casa? Não estou aguentando esse alarido de criança e sua voz estridente, Luiza.

Luiza rapidamente se voltou para o filho:

— Papai está nervoso. Acho melhor fazermos silêncio para que ele possa descansar. Amanhã continuaremos nossa brincadeira.

Humberto compreendeu o que a mãe queria dizer. Assentiu com a cabeça e levou o polegar à boca, em um gesto de silêncio, como se cooperasse com o que a mãe dizia.

Mas Maria Luiza ficou ofendida com a grosseria do marido. Embora de maneira respeitosa, advertiu-o:

— Entendo que esteja nervoso com o andamento do caso em questão, mas já parou para pensar que Humberto e eu nada temos com isso? Além do mais, não é justo que por seu visível mau humor tenhamos de ficar em silêncio em nossa própria casa somente porque você não está conseguindo resolver um problema de trabalho! Sempre soube que você tem um temperamento explosivo, e faço tudo para que não se irrite. Porém, você tem se aborrecido conosco por mínimas coisas ultimamente. Se continuar assim, toda vez que entrar por aquela porta, tanto seu filho como eu ficaremos em total silêncio, tal qual estivéssemos em um velório. Agora eu pergunto: você acha que está sendo coerente conosco? Não faça com que sua família se afaste de você. Jamais esqueça que, para toda ação, há uma reação correspondente. Se isso acontecer, não venha nos culpar. Lembre-se de que a culpa será toda sua.

Respirando fundo, Maria Luiza prosseguiu:

— Nos últimos tempos, tenho percebido que Humberto muda toda vez que você está em casa. Não acha que você tem de aprender a ser um pouco mais tolerante para conosco? Além do mais, acredito que problemas de trabalho não devam entrar por aquela porta, para que não prejudiquem nosso bom relacionamento.

Alexandre ouvia calado tudo o que a mulher dizia. Percebeu, subitamente, como estava sendo rude com o filho e a esposa. Baixando os olhos, respondeu com humildade:

— Luiza, sei que tem razão. Só lhe peço que tenha um pouco de paciência comigo. Esses últimos tempos não têm sido fáceis para mim.

Estou acostumado a resolver casos com rapidez e competência, mas desta vez estou me sentindo um verdadeiro idiota. Ando em círculos e quando acho que avancei percebo que meus esforços foram em vão. É como se eu nadasse contra a maré, sem chegar a lugar nenhum.

Compreensiva, Maria Luiza passou a mão pelos cabelos do marido.

— Querido, já conversamos sobre isso. Faltam a você a fé e a confiança em Deus. Não aprendeu que para toda coisa há um tempo determinado? Por que não pede forças a Deus para mudar o que pode ser mudado e resignação para aceitar as coisas que não estão a seu alcance resolver? A aceitação dos fatos também é um ato de humildade. Nunca esqueça, querido, que nada passa despercebido por Deus. Tudo, dentro de seu tempo, é descoberto. Esse assassino talvez se ache muito esperto, mas isso só está acontecendo a esse rapaz porque ele tem débitos do passado a reaver. Por ora lhe peço que confie em Deus e não nos castigue pelas suas frustrações pessoais.

Tomado de grande emoção e arrependimento, Alexandre olhou fixamente para a esposa e pediu com sinceridade:

— Querida, me perdoe. Sei que estou sendo duro com vocês. Prometo que doravante não trarei mais problemas para casa e evitarei pensar no assunto aqui dentro deste apartamento.

Com doçura, Maria Luiza respondeu:

— Esse é meu marido. Foi por esse homem que me apaixonei, um homem bom e compreensivo.

Alexandre sorriu e abraçou a esposa com carinho.

A partir daquele dia, Alexandre se empenhou em cumprir o que prometera. Nunca mais chamou atenção da esposa e muito menos do filho, que sempre fazia a maior algazarra com a mãe.

Naquela manhã, quando Alexandre chegou à delegacia, viu Judite e Gervásio, dois companheiros de trabalho, conversando preocupadamente:

— Olha, sinceramente não sei o que vai ser do poder sem Jango. Os militares o tiraram à força da presidência!

Era então o início da década de 1960.

Alexandre, que não se interessava pela política da época, comentou:

— Em plena terça-feira, início do expediente, e vocês aqui jogando conversa fora? Não acham melhor voltar para o trabalho? — brincou ele com os colegas da delegacia.

Judite olhou para Alexandre, indignada, e respondeu:

— Não acredito nisso... O país passando por uma crise dessas, e você ainda não está sabendo dos últimos acontecimentos?

Alexandre ouvira um rumor sobre a queda de João Goulart do poder, mas não se preocupara com o assunto. Com seu jeito brincalhão, retrucou:

— Meu Deus, hoje o país acordou pegando fogo. — E, ao dizer isso, caiu na gargalhada, à qual ninguém o acompanhou, ficando os dois colegas olhando seriamente para ele.

Alexandre, meio sem graça, parou de rir. Notou que havia sido inconveniente.

— Por que vocês estão com essas caras? O que está havendo? Fala logo de uma vez — falou Alexandre, já irritado com o ar enigmático dos colegas de trabalho.

— Bem, o governo do presidente João Goulart foi derrubado graças a uma conspiração auxiliada pelo governo americano, a fim de impedir a ascensão dos trabalhadores e o desenvolvimento do país. Pelo menos é isso que dizem as más línguas.

Alexandre pouco se inteirava daqueles assuntos.

— Mas isso não pode acontecer, afinal, João Goulart foi escolhido pelo povo. Uma vez colocado no poder, nada pode tirá-lo de lá.

— É exatamente isso que pensávamos — falou Gervásio —, mas Jango está na China e os militares finalmente deram esse golpe baixo no presidente, acusando-o de comunista.

Sem entender ainda a profundidade do problema político que o país enfrentava, comentou:

— Mas nós sabemos que João Goulart não é comunista; antes, diga-se de passagem, é um reformista, pois ele visa sempre o bem-estar dos trabalhadores e o desenvolvimento do país.

— Não é bem assim que Jango está sendo visto por alguns — completou Gervásio, preocupado. — Para os militares, ele não passa de um comunista disfarçado. Mas é claro que houve um interesse de classes dominantes nesse evento. Por certo os empresários cooperaram para que Jango caísse, impedindo assim que os trabalhadores tivessem mais direitos. Resumindo: os ricos serão sempre ricos, e os pobres, cada vez mais pobres.

— O pior de tudo isso — disse Judite — é que, segundo os boatos, os militares assumiram o poder, e dizem que viveremos, daqui por diante, sob uma ditadura que escravizará muitos.

Alexandre deu-se conta da complexidade da questão. Embora fosse alienado no tocante a assuntos políticos, sabia muito bem o que significaria viver sob um regime político sustentado pela ditadura. O povo viveria de maneira repressiva, sem ter sequer liberdade de pensamento.

Naquele dia, o investigador não ouviu outra coisa que não fosse a queda do governo do então presidente João Goulart, de modo que logo se aborreceu com tantos comentários sobre a ditadura. Embora as pessoas se mostrassem preocupadas com a situação política, Alexandre não conseguia deixar de pensar no caso de Marco Aurélio, que se encontrava injustamente encarcerado.

Ouvindo todos aqueles comentários a respeito da ditadura, Alexandre decidiu ir ter com o rapaz para conversar um pouco com ele e saber como se encontrava emocionalmente. O policial deu ordens a Walter para que abrisse a cela. Foi atendido prontamente. Encontrou Marco Aurélio deitado, olhando para o teto da cela fria. Em seus olhos havia somente dor e desesperança.

— Como está, meu amigo? — perguntou o investigador.

Marco Aurélio sentou-se na cama e fitou seu interlocutor.

— Como acha que eu poderia estar? — respondeu o rapaz grosseiramente.

O policial refletiu que o rapaz devia estar num dia daqueles em que conversar com ele era um verdadeiro exercício de paciência. Procurando dar uma entonação natural à voz, retrucou:

— Pensei que fosse chegar aqui e encontrar um rapaz que tem confiança na justiça, e principalmente em Deus. Mas, pelo jeito, encontro alguém revoltado com sua sorte, que vem descontar seu aborrecimento no primeiro que aparece para estancar sua dor.

Marco Aurélio sentiu-se constrangido. De fato havia sido bastante grosseiro.

— Desculpe, não quis ofendê-lo!

Alexandre sorriu, procurando tranquilizá-lo. Tentou contemporizar:

— Não se preocupe com isso. Está tudo bem. Compreendo que para você não esteja sendo nada fácil. Mas acredito piamente que será liberto das suspeitas que pesam sobre você.

Marco Aurélio levou a mão à cabeça num gesto angustiado.

— Não sei não... Faz cinco meses que estou aqui e nada acontece de novo. Acho que ficarei aqui até morrer.

O rapaz estava depressivo, mas Alexandre não desistiu. Com um jeito brincalhão, falou:

— Pelo amor de Deus, eu não quero vê-lo envelhecer nesta cela. Se isso acontecer, peço transferência para outra delegacia!

O policial sorriu, e Marco Aurélio, levantando os olhos, abriu um sorriso amarelo, um tanto desajeitadamente. O investigador não pôde deixar de notar como Marco Aurélio havia emagrecido. Parecia ter encolhido nas próprias roupas. Sentindo-se penalizado, disse em tom confortador:

— Marco Aurélio, um grande homem não é aquele que se revolta com sua situação, mas, antes, quem a suporta com resignação e coragem, na certeza de que tudo vai se resolver da melhor maneira possível.

— Você acredita que vou sair desta cela? — perguntou o rapaz, olhando fixamente para o investigador.

Em tom sincero, o policial retrucou:

— Sim, tenho absoluta certeza disso. Você é inocente e, com o tempo, a verdade aparecerá.

— Às vezes sinto que isso vai acontecer, mas então, com o passar dos dias, a esperança vai embora. Que dia é hoje?

— Primeiro de abril de mil novecentos e sessenta e quatro. Por quê?

— Porque me sinto como um mero espectador de minha própria vida nos últimos meses. Nada se descobre de novo sobre esse irritante caso, e me resta apenas observar a vida passar por entre as grades desta cela.

Alexandre ficou compungido. Sabia que um homem encarcerado era como um animal enjaulado — perdia a noção do tempo e do espaço, e ficava apenas ruminando a dor por ter desperdiçado a liberdade.

— Por que Deus permite tanto sofrimento e injustiça? — perguntou. — Por mais que você queira me mostrar que a vida é justa, de maneira alguma eu a vejo assim. Só enxergo esta existência injusta e malfazeja que insiste em me castigar por algo que não fiz.

O policial viu ali a brecha para suas próximas explicações.

— Bem, meu amigo, o primeiro passo para que fique bem é sair desse estado de vítima em que se encontra. Além do mais, a vida não é malfazeja; ela é, antes de tudo, justa. Cada um colhe segundo seus atos, nada além disso. Já falamos muito a respeito disso, não lembra? As consequências de agora podem ter sua causa em outra existência.

— Só se for... Porque já passei e repassei, e sei que nesta existência não fiz mal a ninguém!

— Em algum momento de nossa vida eterna, é claro que já fizemos mal a alguém. Aceite sua provação com coragem; não fique se sentindo uma vítima. E agradeça a Deus por lhe dar a oportunidade de saldar uma dívida do passado.

Marco Aurélio gostava quando Alexandre se mostrava firme. Isso fazia com que ele próprio se sentisse mais confiante no futuro e principalmente em Deus.

— Mas por que uns parecem sofrer mais que outros? Sei que muitas vezes estamos saldando dívidas, porém não consigo entender como o sofrimento pode ajudar alguém a melhorar.

Alexandre observou a fisionomia abatida do rapaz.

— Acho que está na hora de vermos uma passagem do Evangelho que, a meu ver, é uma das partes mais bonitas e proveitosas dos ensinamentos do nosso mestre Jesus — explicou o policial suavemente. — Onde está o Evangelho que lhe dei de presente?

Marco Aurélio levantou-se e pediu que Alexandre levantasse também. Retirou de sob o fino colchão o Evangelho, que estava junto de *O Livro dos Espíritos* e de outras revistas que Alexandre lhe trouxera para passar o tempo.

O investigador sorriu consigo mesmo ao ver que o rapaz guardava com cuidado as publicações que ele lhe dera de presente logo que havia chegado à delegacia. Estendeu a mão e pediu:

— Me dê o Evangelho. Quero lhe mostrar algo que nosso Divino Mestre ensinou.

Marco Aurélio entregou o livro a Alexandre. Depois de folhear algumas páginas, passou a dizer, sem levantar o olhar:

— O que Jesus disse certa vez foi o seguinte: "Bem-aventurados os que choram, pois que serão consolados. Bem-aventurados os famintos e os sequiosos de justiça, pois que serão saciados. Bem-aventurados os que sofrem perseguição pela justiça, pois que é deles o reino dos céus. São Mateus 5:5, 6 e 10".

O rapaz se deixou levar pela entonação que o policial dava à leitura dos versículos. Era muito agradável ouvi-lo. Ajeitou-se no lugar, inclinando-se melhor. Virou a cabeça para prestar ainda mais atenção a Alexandre, que continuava:

— "Bem-aventurados vós, que sois pobres, porque vosso é o reino dos céus. Bem-aventurados vós, que agora tendes fome, porque sereis saciados. Ditosos sois, vós que agora chorais, porque rireis. São Lucas, 6:20, 21".

Embora o investigador já houvesse lido esse trecho do Evangelho, não havia percebido como eram profundas aquelas palavras de Jesus. Observando que também o jovem rapaz dava atenção diferenciada ao que ele lia, colocou em sua voz ainda mais emoção:

— "Mas ai de vós, ricos, que tendes no mundo a vossa consolação! Ai de vós, que agora tendes fome, porque sereis saciados porque tereis fome. Ai de vós que agora rides, porque sereis constrangidos a gemer e a chorar."

Encantado, Marco Aurélio sentia grande paz interior. Aguardou Alexandre fazer alguma explanação sobre o que lera.

O investigador, também envolto em profunda emoção, continuou a falar com Marco Aurélio em um timbre que mais parecia uma melodia:

— Pensa, meu jovem, que é só você que está passando por estas aflições aqui na Terra? Se pensa que sim, meu amigo, saiba que está muito enganado. Toda a humanidade passa por muitas dores, porque a Terra não é um planeta de delícias, antes, é um lugar de provas e expiação. Toda a humanidade tem passado pelas agruras da vida porque tem ainda muito que aprender e progredir espiritualmente. Se estamos aqui, é porque ainda temos muitos débitos passados a saldar. Nunca ouviu dizer que há duas maneiras de aprender? Ou se aprende por amor, ouvindo e procurando assimilar o que a vida está querendo ensinar, procurando seguir os passos do Mestre; ou se aprende pela dor. Isso acontece quando insistimos em determinado proceder e acabamos por sofrer as dores, que nos ensinarão, no futuro, a não tropeçar nas mesmas pedras. O que fará a diferença é a escolha que fazemos.

Tomando fôlego, embora sem perder a doçura na voz, prosseguiu:

— Não pensou que seu espírito está aprendendo com isso? Caro amigo, nunca esqueça que sofremos por nossa própria improcedência. Você não é vítima. Apenas dá a seu espírito o que ele precisa para o desenvolvimento espiritual.

Marco Aurélio ficou em silêncio alguns minutos. Sentiu a veracidade incontestável daquelas palavras.

— Acho que tem razão, Alexandre. Mas o que tenho de aprender?

— O que tem de aprender com tudo isso não sabemos; o importante no momento é que desenvolva agora a fé necessária para que no futuro tenha adquirido duas qualidades adicionais: paciência e resignação.

O rapaz empertigou-se na cama.

— Não quero mais ficar lastimando minha sorte. Compreendo que, se estou aqui, há um porquê. Pela bondade infinita de Deus, eu desconheço esse porquê, mas não vou mais reclamar. Vou esperar com paciência.

Sorrindo, o policial falou:

— É assim mesmo que deve pensar, meu amigo. Enquanto estiver sentindo pena de si mesmo, achando que está passando por um mal sem solução, só vai conseguir atrair mais dor e sofrimento para você. Espera e confia! Seja como for, esse mal-entendido será desfeito quando seu espírito tiver assimilado os ensinamentos que este planeta tem para lhe mostrar.

Marco Aurélio assentiu. Mudando de assunto, indagou:

— Descobriu o paradeiro de Vítor?

— Ainda não descobri. Mas algo me diz que ele não saiu do país, como me disseram. Talvez esteja sob meu nariz. Porém, de uma coisa tenho certeza: esse caso não ficará sem solução para sempre. No momento certo, descobriremos quem matou seu pai e por quê.

Sentindo tamanha convicção por parte do investigador, Marco Aurélio sentiu-se melhor.

— Deus o ouça, meu amigo. Deus o ouça...

— Não se esqueça que Deus é soberanamente justo e bom. Ele não vai permitir que uma patifaria como esta se estenda por muito tempo.

— Acredita mesmo nisso?

— Claro que sim — respondeu Alexandre resolutamente.

O rapaz se sentia fortalecido depois daquela conversa. Pegou o Evangelho e folheou algumas páginas aleatoriamente.

— Conhecer algumas passagens de nosso Divino Mestre muito o ajudará neste momento tumultuado de sua vida.

Marco Aurélio confessou:

— Honestamente, estava mesmo precisando de uma conversa como esta. Nos últimos dias, sentia-me muito triste e descrente. Não acreditava mais na justiça dos homens e, muito menos, na justiça divina. Entretanto, depois de conversarmos, parece que você mudou esse meu sentimento. Agora me sinto mais confiante. Acho que é mesmo uma questão de tempo sair daqui.

— Marco Aurélio, isso é tão certo como o sol que brilha lá fora.

— E o amigo espiritual da sua esposa? Não falou mais nada sobre o caso?

— Não. Ele não pode trazer esclarecimentos para o caso só porque desejamos. Se ele falar alguma coisa, será no tempo certo. Confie nisso. Pode ter certeza de que, se ele não falou nada até agora, é porque talvez não tenha permissão para isso.

— Que pergunta mais estúpida esta que fiz agora! — concluiu Marco Aurélio. — Estou aqui pedindo que o espírito amigo de sua esposa diga alguma coisa sobre o caso... Claro que os espíritos têm mais o que fazer, não é mesmo?

E, levado pelo bom humor de seu espírito, agora renovado, desatou a rir, como se tivesse falado uma grande besteira.

Alexandre achou contagiante aquela risada espontânea do rapaz. Sentiu-se satisfeito por ter podido ajudar de alguma maneira.

— Se pudesse, ficaria aqui o dia todo conversando com você. Mas o trabalho me espera. Hoje nesta delegacia não se fala mais nada que não seja a queda do governo.

— Como assim? — indagou o rapaz, curioso.

— Não sou muito dado a política. Vou às urnas porque tenho de atender bem minhas responsabilidades civis — explicou o investigador.

— Mas, pelo que ouvi, parece que hoje os militares deram um golpe de estado em Jango, e talvez o regime presidencialista do país venha a mudar, ou seja, deixará de ser um regime presidencialista para se tornar um regime militar. Mas, por enquanto são só especulações. Não se preocupe com isso. Pense apenas em coisas boas, como o amor de Deus para com seus filhos.

Alexandre pediu que Walter abrisse a cela e deixou Marco Aurélio só com seus pensamentos.

Rubens andava de um lado para outro. Em sua fisionomia havia muita preocupação, pois não queria continuar seu romance com Kim Albuquerque. Contudo, quanto mais ele se esquivava dela, mais ela o perseguia.

"Onde estava com a cabeça quando fui me envolver com a esposa de João? Claro que a princípio estava apaixonado, mas a paixão acabou e ela não entende isso. Agora vive me cobrando para que abandone Janete e fique com ela. Não farei isso, de modo algum. Embora seja dado a aventuras, a mulher que realmente amo é Janete, que acredita em mim mesmo quando digo mentiras. Ela sim mostra uma confiança cega em mim. Kim é bonita e atraente, mas a mulher da minha vida é Janete. Se Kim pensa que vou abandonar minha esposa para ficar com ela, está muito enganada. Quando ela me conheceu, eu já era casado com Janete, e com ela ficarei até meus últimos dias", pensava Rubens.

Envolvido nessas reflexões conflitantes, Rubens sentia-se ainda mais nervoso. Como falaria para Kim que não queria prosseguir com aquele romance infundado?

Rubens tomou uma decisão: "Quer saber? Vou até a casa de Kim dizer a ela que nosso romance acabou. Se ela quiser me despedir, que o faça. Mas perder Janete, jamais!". Pegou o paletó que estava no encosto de sua poltrona e saiu, determinado. Avisou a Maria, sua secretária:

— Vou sair e não voltarei mais hoje. Tenho assuntos particulares para resolver.

A secretária, no entanto, avisou:

— Mas, doutor, hoje o senhor terá uma reunião muito importante com dois dos sócios do hotel em Salvador.

Irritado, Rubens retrucou com impaciência:

— Se tenho essa reunião, desmarque. Minha vida pessoal é mais importante que os assuntos de trabalho. Ademais, eles ficarão no Rio o resto da semana. Remarque para amanhã no mesmo horário.

A secretária percebeu que o chefe não estava nos seus melhores dias. Tratou de dizer rapidamente:

— Pois não, doutor. Farei isso.

— Ótimo. Não é para isso que está sendo paga? Pois bem, a única coisa que esperamos da senhora é que continue a desempenhar bem o seu papel como secretária.

Maria sentiu uma raiva surda brotar em seu íntimo, mas resolveu nada dizer para não irritar ainda mais o patrão. Mas, ao ver Rubens sair, pensou: "Miserável! Aposto que esse mau humor tem a ver com mulheres, ou, melhor, com uma mulher: Kim Butler Albuquerque de Lima".

Procurando não pensar mais no assunto, abriu sua agenda e fez uma ligação para o hotel onde os que viriam à reunião estavam hospedados. Informou que a reunião fora adiada para o dia seguinte.

Rubens, por sua vez, ao ganhar a rua, decidiu pegar um táxi. Não queria que ninguém visse seu automóvel em frente da casa de Kim.

Ao chegar à mansão dos Albuquerque de Lima, foi prontamente atendido por Jonas.

— Preciso falar com a senhora Albuquerque. Ela está em casa? — perguntou Rubens em tom de urgência.

— Entre, por favor — convidou polidamente o mordomo, deixando Rubens parado na antessala. Com rapidez, saiu para chamar a patroa.

Em poucos minutos, Kim se dirigiu à sala de visitas e aguardou que Jonas trouxesse Rubens até ela. Ela estava apreensiva. Rubens não estava acostumado a ir ter com ela em sua casa durante o dia. Algo muito sério devia ter acontecido. Porém, vendo-o se aproximar, colocou a ansiedade de lado. Com classe, pediu:

— Por favor, Jonas, deixe-me a sós com o doutor Rubens.

Jonas, em silêncio, saiu com passos suaves da sala.

Vendo-se sozinha com o amante, perguntou:

— O que faz a uma hora dessas em minha casa? Está louco?

Rubens apertava as mãos nervosamente.

— Kim, precisamos conversar, e o assunto é sério.

Sem entender, a dona da casa indagou:

— O que está acontecendo? Rubens, *speak! What is there?*

O sócio do falecido empresário, alteradíssimo, falou em tom desesperado:

— Por favor, fale em português. Neste momento não estou em condições de entender nada em outra língua!

Kim, que havia usado seu idioma natural sem sequer ter percebido, traduziu:

— O.k.! Fale, Rubens. O que está havendo?

— Kim, nunca deveríamos ter iniciado essa aventura maluca — iniciou ele, ainda apertando as mãos. — Você é uma mulher bonita e atraente; além do mais, rica. Poderá ter qualquer homem a seus pés. Eu não sou um homem livre; não posso continuar com essa loucura.

Kim empalideceu ao ouvir aquelas palavras. Friamente, perguntou:

— Rubens, você um dia me amou?

Querendo contemporizar, ele retrucou:

— Kim, você é uma mulher que qualquer homem gostaria de ter. Mas, para mim, é um fruto proibido.

— Já fui um fruto proibido; agora, contudo, é diferente. Sou livre, e você pode ficar comigo sem receios.

— Mas *eu* não sou livre, Kim. Quando nos conhecemos, eu já era um homem casado. Estive observando Janete esses dias. Ela é tão pura e boa que acredita nas mentiras mais deslavadas que conto. Estou me sentindo mal com essa situação. Não gosto de ficar inventando mentiras para Janete todo o tempo. Além do mais, ela é tão dependente e frágil que não posso me separar dela.

Kim, que ouvia calada as observações de Rubens, conseguiu arranjar forças para voltar a falar:

— O quê? Janete, uma mulher frágil? Isso ela não é mesmo. E se pensa que vou desistir de nosso romance, está muito enganado. Não o farei por nada nem por ninguém. Traí meu marido, que só faltava adivinhar meus pensamentos e que me deu uma vida de rainha dentro desta casa. Se o fiz, foi por amor a você. Agora que me usou até se cansar, está me dispensando como se dispensa um empregado imprestável? Não vou permitir isso. Eu o amo, e você será meu.

— Não, Kim, já tenho uma dona, e ela se chama Janete. Não vou desistir de meu casamento por nada.

Kim sentiu verdadeiro ódio por Janete tomar seu coração. Respondeu em tom gélido a Rubens:

— Veremos se você não volta para mim. Basta uma ligação para a central, a fim de que o dispensem, e você mudará de ideia.

Rubens arrependera-se de ter ido à casa de Kim. Sabia o quanto ela era vingativa.

— Kim, você não poderá fazer nada contra mim — advertiu Rubens. —Você não vai conseguir nada. Tenho uma folha de serviços irrepreensível.

Kim sabia que aquilo era verdade. Entretanto, sem se dar por vencida, falou cinicamente:

— Bem, pelo menos posso tentar. Mas tem algo que aquele investigador metido vai adorar saber: que você dormiu aqui no quarto de hóspedes com Janete na noite da festa. Isso iria mudar o rumo das investigações, não acha? A polícia já sabe que temos um romance; se souberem que dormiu aqui, logo presumirão que foi você quem matou João, por minha causa. Você não vai querer que isso aconteça, vai?

Kim se dirigiu ao barzinho da sala e pegou um copo. Serviu-se de uísque, colocando pedras de gelo no copo. Tomou um gole e passou a observar a reação de Rubens.

Ele sentiu as pernas bambearem. Nunca havia pensado que Kim poderia ser fria daquela maneira. Enquanto arrumava a gravata, observava Kim com o canto dos olhos. Ela permanecia em silêncio, embora mantivesse um olhar expressivamente malicioso.

Sem suportar mais aquela situação, Rubens rompeu o silêncio:

— Você não pode fazer isso comigo. Sabe muito bem que, no momento do tiro, estávamos trancados no outro quarto de hóspedes. Você não lembra?

— *Eu* sei disso, Rubens. Mas a polícia não sabe...

Rubens mal pôde conter a repulsa que sentiu. Era como se visse a Kim verdadeira pela primeira vez.

— Não sei como me deixei levar por você. Deveria ter notado que espécie de mulher você é. Jamais vou me perdoar por minha leviandade.

Kim sorriu sarcasticamente.

— Que você é leviano, disso eu sempre soube. Pensa que não me inteirei de seus passos? Pensa que não sei que, antes de mim, você chegou a ficar noivo de uma moça, prometendo-lhe casamento, mesmo sendo casado?

Rubens não podia imaginar que Kim soubesse desse episódio de sua vida. Compreendeu que estava nas mãos daquela mulher implacavelmente ardilosa. Contudo, sem querer demonstrar seu nervosismo, respondeu:

— Seja como for, é passado. E se pensa que vou me dobrar para você está muito enganada! Não quero continuar nosso romance, ainda mais agora que você me mostrou quem realmente é.

— Acho bom você repensar o assunto — ameaçou Kim. — Se eu der com a minha língua nos dentes, você será despedido e preso pelo assassinato de seu patrão. Aí, meu amigo, é que ficará mesmo sem a sua querida esposa Janete.

— Está bem — retrucou Rubens, enraivecido. — Se quer continuar comigo, assim será. Mas depois não diga que eu não a avisei.

Kim ignorou a ameaça de seu amante. Sorrindo, disse-lhe:

— Vou esperá-lo mais à noite no mesmo horário. Ah, entre pela porta dos fundos. Eu a deixarei aberta para você. Vou estar em meu quarto esperando você, pronta para ser amada.

Rubens meneou a cabeça e pediu licença para se retirar. Kim concordou num gesto de cabeça, com um sorriso amargo no rosto. Esperou ouvir o barulho da porta, constatando que o amante tinha saído. "Rubens, meu amor", pensou ela, "se acha que sou dessas mulheres com quem você estava acostumado a se envolver, enganou-se comigo. Você será meu enquanto eu quiser, e não terá vontade própria enquanto estiver a meu lado".

Sorveu mais um gole do copo com uísque que tinha nas mãos e depois largou-o no pequeno bar, no canto da parede.

Rubens praticamente cuspia fogo ao sair dali. Por estar envolvido com Kim, não tinha conseguido enxergar quem ela realmente era: uma mulher interesseira e volúvel. Lembrando-se das palavras da amante, refletiu consigo mesmo: "Se ela pensa que vai me fazer de cachorrinho, assim como fazia com João, está muito enganada. Se é um homem que ela quer, ela terá. Mas que não me venha reclamar depois".

Rubens ganhou a rua e dirigiu-se a um ponto de táxi que ficava próximo da casa de Kim. Sequer notou que estava sendo observado. Jair, o agente da polícia norte-americana, percebeu a expressão desgastada de Rubens. "Aconteceu alguma coisa para Rubens ficar com essa cara. Acho que vou dar a desculpa de pedir água para Leila. Quem sabe ela não me conta o que está acontecendo...", refletiu ele.

Jair chegou com seu chapéu entre as mãos à porta da cozinha e encontrou com Leila, que tomava um copo de suco e conversava com a cozinheira. Com seu jeito fingidamente acanhado, o jardineiro interpelou:

— Leila, o calor está terrível. Por favor, me arranje um copo com água fresca. Lá fora não há como conseguir porque o calor está escaldante.

Leila gostou de Jair estar ali. Ela estava há um bom tempo apaixonada pelo jardineiro, mas ele se mostrava arredio com as brincadeiras insinuantes de Leila.

Assim que ouviu o pedido humilde, a empregada pegou um copo e despejou água gelada nele.

O jardineiro pegou o copo e sorveu rapidamente todo o líquido, pedindo mais.

Leila sorriu e lhe deu o segundo copo. Para puxar conversa, perguntou:

— O que está fazendo no jardim?

— Replantando as roseiras de dona Kim — respondeu ele, estendendo a conversa propositalmente.

A empregada, que pouco se interessava por jardinagem, continuou:

— Você viu o doutor Rubens sair daqui?

— Vi sim — respondeu Jair. E tornou para ela um olhar inquiridor. Como Leila não podia se conter quando tinha alguma informação, ela saiu para a varanda e disse baixinho a Jair:

— Meu amigo, você não sabe o que aconteceu? O doutor Rubens veio aqui para terminar seu romance com dona Kim. Mas ela disse que, se eles terminassem, ela contaria à polícia algo que só ela sabe, e que a situação dele ia se complicar caso isso acontecesse.

Jair fingiu desinteresse, mas estava ávido para que Leila continuasse seu relato. Ela gostava de fazer fofocas; achava que aquela maneira de contar as coisas dava um aspecto melhor a qualquer novidade.

— É bom não nos metermos nisso — aconselhou dissimuladamente o jardineiro. — Eles, que são ricos, que se entendam!

— Sim, que são ricos nós sabemos — falou a empregada. — E que são sujos também.

— Ah, Leila, só você mesmo para me fazer rir com um sol desses — tornou Jair, soltando uma risada.

O jardineiro então agradeceu Leila e se afastou. Decidiu que na noite seguinte iria ao Centro Espírita e contaria a Alexandre tudo sobre a inusitada visita e a conversa que Rubens tivera com Kim.

Rubens ainda se encontrava agastado. Sempre lhe fora fácil terminar um relacionamento com uma mulher, mas com Kim estava absolutamente impossível.

Com esses pensamentos, tentou voltar ao trabalho, mas lembrou-se que havia pedido a Maria que desmarcasse sua reunião com os sócios do hotel. Sendo assim, decidiu voltar para casa.

Ao se aproximar de sua casa, notou certa movimentação. Várias mulheres saíam da casa acompanhadas de seus respectivos motoristas.

Ao entrar, encontrou Janete conversando com uma senhora de aproximadamente cinquenta e seis anos de idade, chamada Alda. Elas falavam sobre a arrecadação que queriam fazer para ajudar na reforma da maternidade do hospital.

Assim que Janete viu o marido entrar, disse à mulher:

— Dona Alda, este é Rubens, meu marido, de quem lhe falei.

Rubens sorriu para a mulher, estendendo a mão. Aproximou-se de Janete e lhe deu um beijo na têmpora. Pediu licença e se retirou sutilmente.

Alda continuou discutindo com Janete sobre o que deveriam fazer para arrecadarem uma boa soma em dinheiro.

Rubens, assim que se encontrou sozinho no quarto, tirou a gravata, soltou o botão do colarinho e jogou-se na cama. Com sofreguidão, pensou: "Por que não consigo controlar meus instintos? Por que tive de me envolver justamente com Kim? Por certo Janete não merece um comportamento desses. Foi sempre boa esposa, atenciosa com suas obras assistenciais, além de boa pessoa. Onde eu estava com a cabeça? Posso ter envolvimentos com outras mulheres, afinal, todo homem tem. Mas deixar minha esposa, jamais! Janete é a mulher que amo e é com ela que quero ficar todos os dias de minha vida".

Após fazer essas conjecturas, Rubens deixou que uma lágrima rolasse sobre sua face. Nesse exato instante, Janete entrou no quarto. Assim que viu o marido estirado na cama com o rosto úmido, perguntou, em tom preocupado:

— Querido, está acontecendo alguma coisa?

Rubens passou rapidamente a costa da mão na face e respondeu secamente:

— Estou com uma forte dor de cabeça. Tanto que voltei mais cedo do trabalho justamente por isso.

Sorrindo compreensivamente, Janete falou:

— Homens são apenas meninos crescidos. Chorar por uma simples dor de cabeça. Ora... Vou pegar um analgésico para você.

Tristemente Rubens anuiu. "Como posso perder uma esposa como esta? Ela é tudo que preciso, é a mulher que amo", pensou ele.

Janete voltou em poucos minutos trazendo um copo com água e um comprimido para o marido, acreditando que Rubens de fato estivesse com dor de cabeça.

Para não desagradar a esposa, Rubens tomou o comprimido e, em seguida, pegou a mão de Janete e a forçou a se sentar a seu lado na cama. Com docilidade, disse:

— Janete, haja o que houver, quero que saiba que você é a mulher mais importante da minha vida e que eu a amo muito. Não consigo imaginar minha vida sem você.

Janete apertou a mão do marido.

— Rubens, você foi o primeiro e sempre será o único em minha vida!

Envolvendo a esposa em um abraço, Rubens deu-lhe um beijo terno e afetuoso.

Janete amava o marido. Embora ele trabalhasse muito, ela procurava ser a esposa perfeita em todos os momentos, agradando-o sempre que podia.

Fitando intensamente a esposa, Rubens pediu:

— Por favor, minha querida, feche a janela. Gostaria muito de ficar no escuro. Está luz está aumentando minha dor de cabeça.

Rapidamente Janete se levantou e fechou a janela, retirando-se em seguida. Ao sair, encontrou com Denise, a empregada, que trazia roupas passadas numa mão e camisas para colocar no cabide em outra. Educadamente, Janete advertiu:

— Denise, não entre no quarto agora. Rubens chegou do trabalho com uma enxaqueca terrível.

— Onde deixo as roupas, dona Janete?

— Deixe na lavanderia. Assim que Rubens melhorar eu mesma guardo, não se preocupe.

Denise gostava de Janete.

— Está bem. Deixarei as roupas na mesa de passar roupas da lavanderia.

— Você já tomou o café da tarde? — perguntou Janete.

Denise não pode conter um sorriso. Todos os dias a patroa lhe fazia a mesma pergunta.

— Ainda não, dona Janete. Tive pressa em passar as roupas e esqueci desse detalhe.

Como era bastante rigorosa com alimentação, Janete a chamou:

— Vamos fazer isso agora. Embora tenha servido lanche para minhas amigas, ainda não comi nada.

Denise acompanhou a patroa, que foi para a cozinha enquanto ela deixava as roupas na lavanderia. Assim que Denise entrou na cozinha, encontrou a pequena mesa posta. Havia a garrafa térmica com café, o leite que esquentava no fogão, um pacote de biscoitos, muçarela em um prato e pães.

— Deixe, dona Janete. Eu cuido de tudo para a senhora.

—Ah, Denise, deixe de bobagem. Só coloquei sobre a mesa o que já estava pronto. Ademais, não sou nenhuma inválida que não possa fazer as coisas. Vamos, sente-se e me faça companhia.

Assim que o leite ferveu, Janete o colocou em um bule de porcelana e sentou-se à mesa com Denise.

— Não posso me demorar muito no café. Ainda tenho de limpar os tapetes que coloquei lá fora.

Janete também gostava de Denise. Ela já trabalhava na casa há sete anos. Em tudo que podia procurava ajudá-la.

— Não se preocupe com isso. Fique em paz. Se hoje não der tempo de limpar os tapetes, amanhã você faz isso. Aqueles tapetes não fazem tanta falta assim.

Denise achava a patroa bondosa com ela e com seu filho. A empregada sustentava sozinha a criança, uma vez que o marido havia ido embora com outra mulher. Denise sabia que Janete vinha de uma família humilde. Embora ela tivesse melhorado de vida por causa de Rubens, continuava a ser a mesma pessoa simples.

Rubens nada proibia a Janete, mas de uma coisa ele nunca abriu mão: queria que ela continuasse administrando de perto os assuntos domésticos. Como Janete tinha verdadeira adoração pelo marido e sempre lhe fora obediente, mas tampouco gostava de ficar sem fazer nada, havia se juntado às senhoras beneméritas em trabalhos de obras assistenciais. Janete estava envolvida em mandar alimentos para as famílias necessitadas, arrecadar roupas e promover bingos. Para tanto, ora se juntavam em uma casa, ora em outra para organizar os eventos.

A bondade de Janete se estendia também a Denise. Além de lhe dar dinheiro a mais com o pagamento, comprava roupas para o filho da empregada e, sempre que havia alimentos a mais na casa, compartilhava-os com Denise.

O coração bom e ingênuo de Janete a havia levado a ajudar até mesmo uma "prima" do marido. Mas ela ignorava o fato de que a "prima" era a amante de Rubens, que tivera o primeiro romance extraconjugal ainda no primeiro ano de casamento. Ele trouxera a moça para o Rio de Janeiro e lhe dera moradia, além de pagar suas contas. Justificara à esposa que, como se tratava de um parente, era obrigação dele ajudá-la. Janete, compungida, concordara prontamente. O caso só terminara porque Vera, a pseudoprima, havia arranjado alguém que queria casar com ela e que fazia questão de auxiliá-la na criação de seu filho. Os encontros amorosos haviam tido fim desde então.

Mas Rubens continuara a ter aventuras com outras mulheres, embora Janete nunca tivesse desconfiado. Ele, sentindo-se culpado, procurava agradar a esposa com presentes fora de datas especiais, que deixavam a pobre Janete ainda mais apaixonada.

Naquele dia, enquanto tomavam café, Janete falava justamente sobre o marido. Tinha Denise como uma verdadeira amiga.

— Eu amo tanto Rubens que não sei o que seria da minha vida se um dia o perdesse. Ele é o melhor marido do mundo, sempre atento às minhas necessidades de mulher e sempre preocupado em me fazer feliz, trazendo-me presentes.

— É, dona Janete — dizia Denise —, realmente o doutor Rubens é um marido e tanto, mas a senhora também é uma excelente esposa. Se o casamento da senhora dá certo é porque a senhora coopera, e muito, para que ele funcione bem.

— Para mim, o casamento é a mais pura doação. Quando amamos, isso é muito fácil. No meu caso, nunca amei outro homem que não fosse Rubens.

— Como o doutor Rubens se tornou o sócio do doutor João Albuquerque? A senhora sempre me disse que ele era bancário.

Janete olhou para um ponto indefinido, como rememorando o passado.

— Ele conheceu João no banco. Logo se tornaram muito amigos. Certo dia, João o convidou para ser sócio dele em um de seus hotéis. No começo, João não tinha tanto dinheiro para comandar os negócios sozinho. Rubens contou que tinha uma boa economia guardada para montar um negócio próprio. Foi então que João lhe ofereceu a sociedade do primeiro hotel, que, diga-se de passagem, era uma verdadeira espelunca. Era um prédio velho que precisava urgentemente de reformas. Rubens ficou com medo de se aventurar, mas sabia que João era um homem determinado. Sendo assim, aceitou o convite de sociedade. No começo as coisas não foram muito fáceis. João e Rubens trabalhavam na manutenção do hotel e pagavam apenas dois funcionários. Então Rubens teve a ideia de fazer um restaurante no próprio hotel. Certamente assim levantariam dinheiro ainda mais rápido.

Denise ouvia com atenção as palavras da patroa enquanto bebia seu café.

— Tudo começou a dar certo — prosseguiu Janete. — Mudamos do pequeno apartamento que tínhamos em Ipanema para uma casa aqui no Leblon. Não era esta, claro, pois apenas começávamos a crescer financeiramente. Só depois de cinco anos que Rubens pôde comprar esta casa para nós, da qual, aliás, gosto muito.

Denise gostava de ouvir Janete falar. Ela ficava mais bonita quando conversava, com uma covinha no rosto que vez por outra aparecia, emprestando-lhe jovialidade e graça.

A empregada, que jamais se atrevera antes a entrar nesse assunto, com cautela perguntou:

— Dona Janete, há quantos anos está casada com o doutor Rubens?

— Há dezessete anos. Completaremos dezoito em maio. O melhor mês para se casar, não acha? Mês das noivas... Até nesse detalhe Rubens fez questão de me agradar.

— Mas por que a senhora não teve filhos?

Janete, como se tivesse sido violentamente arrancada de suas belas recordações, perdeu a jovialidade e com amargura no semblante respondeu:

— Não sei. Sempre quisemos ter filhos, mas Deus não nos deu. Rubens me levou ao médico, porém nada foi descoberto. Segundo o doutor Dorival Siqueira, o médico que me acompanhou, estava tudo normal. Ele me disse que eu poderia ter quantos filhos quisesse.

— Ah, então o problema não é com a senhora? Talvez seja com o doutor Rubens... Ele não fez exames também? — perguntou Denise em seu tom simples, sem perceber que invadia a privacidade de Janete.

A patroa, como era uma mulher demasiadamente mansa de temperamento, respondeu educadamente:

— O doutor Siqueira quis fazer exames em Rubens, mas ele se esquivou dizendo que tinha saúde perfeita. E eu, para não arranjar encrenca com ele, me calei. Às vezes acho que deveria ter insistido para que ele fizesse os exames e, caso fosse descoberta alguma anormalidade, talvez pudéssemos ter feito um tratamento para conseguir pelo menos dois filhos.

Denise deu-se conta do quanto aquele assunto entristecia a patroa. Resolveu, portanto, parar com aquela conversa.

— Dona Janete, é melhor eu limpar os tapetes. A noite cai rapidamente e, se eu não me apressar, não os limpo ainda hoje.

Janete sorriu compreensivamente. Havia notado que Denise estava envergonhada por sua indiscrição. Sem abordar o assunto para não constranger ainda mais a moça, falou:

— Faça isso. Limpe os tapetes e poderá ir embora, Denise. Ah, leve os lanches que sobraram da reunião para seu filho. Garanto que ele vai gostar muito.

Denise olhou com gratidão para a patroa.

— Dona Janete, a senhora merece a felicidade que tem. Nunca vi uma patroa tão boa. Por isso é que faço tudo de coração para agradá-la.

— Minha amiga, eu não sou boa. Como disse Jesus, "Bom é Deus". Eu só procuro fazer a minha parte para garantir a minha ida para o céu. E olha que é difícil...

Denise riu com espontaneidade do comentário. Saiu da cozinha cantarolando uma canção e dirigiu-se para fora a fim de limpar os tapetes.

Janete continuou sentada na cozinha, pensando sobre por que Deus não lhe dera um filho. Sacudindo a cabeça, passou a mão na testa, como que para afastar os maus pensamentos. Levantou-se e foi até o quarto para saber se Rubens estava melhor da "suposta" dor de cabeça.

Quando chegou ao quarto, viu o marido se preparando para tomar banho.

— Rubens, você vai sair? — perguntou ela.

— Sim. Lembrei-me de que preciso voltar ao escritório. Deixei documentos importantes para rever à noite.

— Você está melhor da enxaqueca?

— Sim, querida. O remédio que você me deu foi ótimo. Obrigado.

Em tom subitamente melancólico, Janete comentou:

— Entendo que você trabalha muito, mas chego a pensar, meu querido, que talvez pudéssemos ir ao doutor Dorival Siqueira para recomeçar aquele tratamento. Você não sabe como me sinto só.

Vendo a esposa entristecida, sentou-se a seu lado na cama.

— Meu amor, sei que o sonho de toda mulher é ter um filho. Com você, é claro, não poderia ser diferente. Mas ando sem tempo de ir ao médico.

— Rubens, o que seriam duas horas para ir ao médico e deixar que ele examine você? Ah... muitas vezes sonho com crianças correndo pela casa. A falta delas me deixa um vazio.

Rubens, que já sentia dor na consciência devido à sua mais recente traição amorosa, beijou a mulher ternamente.

— Está bem, meu amor. Marque a consulta ainda para esta semana que voltaremos ao doutor Siqueira. Se é um filho que você quer ter, é um filho que terá.

O rosto de Janete se iluminou.

— Você vai mesmo, Rubens? Não vai fazer como nas outras vezes, em que marquei e você não apareceu?

— Não. Juro que desta vez vou mesmo ao médico. Você me dá tudo que um homem precisa. Por que não posso também fazer de tudo para lhe dar esse filho?

Janete abraçou o marido amorosamente. Sequer desconfiou de que aquele horário, quase seis horas da tarde, era muito esquisito para uma ida ao escritório.

Rubens realmente foi ao escritório, mas apenas para, depois de algum tempo, ligar para casa e dizer que ficaria até mais tarde. Na verdade, ele iria encontrar Kim. Não estava gostando mais de enganar a esposa, principalmente para se encontrar com a amante, mas agora estava nas mãos dela. Tinha decidido que fingiria que estava tudo bem. E, assim que arranjasse um jeito de se livrar dela, ele o faria sem compaixão.

O paradeiro de Vítor — um novo olhar

Faltavam vinte minutos para começar a reunião quando Alexandre entrou na Casa Espírita para ouvir a palestra da noite e receber o passe energético que tão bem lhe fazia. De repente, foi atraído para a última fileira de cadeiras, onde viu Jair com os olhos fechados meditando. "Bom sujeito esse James Scott. Parece que ele gostou mesmo da Casa Espírita", pensou o policial.

Maria Luiza entrou com o pequeno Humberto e o levou para a biblioteca, onde sempre ficava alguém com as crianças fazendo desenhos com elas a fim de que os pais pudessem ouvir a palestra em silêncio.

Humberto gostava de ir à Casa Espírita. Ele dizia que tinha vários coleguinhas e que tia o deixava pintar.

A reunião da noite teve início com dona Wanda fazendo uma sentida prece. Em seguida foi apresentado o tema que seria abordado aquela noite: "A fé transporta montanhas". Com sua mansidão habitual, começou por ler o trecho do Evangelho, que diz:

Quando ele veio ao encontro do povo, um homem se lhe aproximou e, lançando-se de joelhos a seus pés, disse: "Senhor, tem piedade de meu filho, que é lunático e sofre muito, pois cai muitas vezes no fogo e muitas vezes na água. Apresentei-o aos teus discípulos, mas eles não puderam curar". Jesus respondeu, dizendo: "Ó raça incrédula e depravada, até quando estarei convosco? Até quando vos sofrereis? Trazei-me aqui esse menino". E tendo Jesus ameaçado o demônio, este saiu do menino, que no mesmo instante ficou são. Os discípulos vieram então ter com Jesus em particular e lhe perguntaram: "Por que não pudemos nós outros expulsar esse demônio?". Respondeu-lhe Jesus: "Por causa de vossa incredulidade. Pois em verdade vos digo: se tivésseis a fé do tamanho de um grão de mostarda, diríeis a esta montanha: 'Transporta-te daí para ali e ela se transportaria e nada vos seria impossível'" (São Mateus, 17:14 a 20).

Após ler os versículos do Evangelho, dona Wanda passou a dizer:

— A fé, meus irmãos, é algo que faz com que o homem se sinta mais forte, é algo que lhe dá autoconfiança e que o induz a vencer as dificuldades que se colocam como verdadeiras barreiras para o ser humano. O que se constitui verdadeiramente como um entrave no caminho do homem é não raro a resistência, que serve como pedra de tropeço. A má vontade, o egoísmo, a cegueira do fanatismo e as paixões orgulhosas são outras tantas montanhas que barram o caminho para quem trabalha pelo progresso da humanidade. Porém, irmãos, nossa fé tem de ser robusta, pois, quanto mais firme for, mais facilmente ela vencerá as barreiras naturais que se colocam em nosso caminho para nos testar. Ao contrário, a fé frágil faz que desistamos muitas vezes na metade do caminho, uma vez que nem mesmo nós acreditamos ser possível vencer as barreiras.

Os ouvintes da palestra, sentados em suas cadeiras, refletiam sobre aquelas palavras. Dona Wanda prosseguiu:

— Quando temos consciência de algum defeito moral nosso, por vezes dizemos: "Ah, infelizmente sou assim. Não posso fazer nada para mudar. Esse é o entrave que vou carregar para as próximas encarnações". Quando acreditamos que é impossível vencer um defeito moral, procrastinando o embate contra ele para as vidas subsequentes, estamos demonstrando quão frágil é nossa fé. Não acreditamos que podemos encarar o desafio. Nesse momento, duvidamos de nós mesmos. Como poderemos ter uma fé robusta dessa maneira? E quando um problema muitas vezes nos assola, tirando-nos o sono, e, por mais que procuremos encontrar a saída, não a encontramos? Devemos fazer preces pedindo a Deus que nos mostre o caminho a seguir. Aí então faremos nossa parte. Ou seja: claro que não vamos esperar que a solução de nossos problemas venha num passe de mágica, ou que essa solução venha pronta da parte de Deus. Antes, ele envia os mensageiros da seara do bem para que nos intuam a determinadas soluções.

Jair e Alexandre prestavam atenção ao que dizia a bondosa senhora. Parecia-lhes que dona Wanda falava especialmente ao caso deles.

— Mas seria razoável fazermos preces e esperarmos que a solução viesse de forma miraculosa? — continuou dona Wanda. — Claro que não, meus irmãos. Devemos nos esforçar para encontrar a saída, mostrando que, além de confiarmos em Deus, confiamos em nós mesmos. Jesus, ao repreender os discípulos, deixou claro que eles não tinham a confiança básica para realizar a cura psíquica do menino, uma vez que não confiavam em si mesmos. Tal foi um grande entrave para eles. Irmãos, confiem que todos nós temos nossos protetores e, quando se faz necessário, eles nos ajudam. Mas há coisas que não farão por nós porque somente nós mesmos podemos fazer. A fé nos dá a lucidez necessária para atingirmos determinado fim.

Enquanto a palestrante falava mais a respeito da fé, Alexandre refletiu que sempre lhe fora fácil resolver os problemas de trabalho, e que antes ele tinha maior confiança em si mesmo que no presente momento. O investigador pensou também que se sentia diminuído diante das dificuldades que se levantavam cada vez que ele perdia o fio da meada. Chegou à conclusão de que sua fé não era tão robusta como pensava.

Deu-se conta de que em nenhum momento ele havia se dirigido a Deus em prece, pedindo sabedoria para chegar ao responsável pelo assassinato de João Albuquerque de Lima. Seguindo nessa linha de reflexão, o policial concluiu que era fácil levar o nome de "cristão", mas difícil colocar em prática os ensinamentos do mestre Jesus.

Assim que a palestra terminou e os presentes foram sendo encaminhados aos passes, Alexandre fechou os olhos e mergulhou em seu interior. Dirigiu-se a Deus em prece, pedindo para que Ele lhe desse a fé e o amadurecimento espiritual necessários para que ele pudesse se aproximar dos passos de Jesus.

Não demorou muito e Alexandre e Maria Luiza foram chamados para se dirigir ao passe.

Já na saída do Centro Espírita, ouviu uma voz atrás de si:

— Alexandre! Alexandre!

Voltando-se, viu Jair acenando para ele.

— Ah, meu amigo, me desculpe. Estava desatento. Meu pensamento estava na palestra de dona Wanda, que me chamou a atenção sobre o quanto estou falhando em demonstrar a fé necessária.

— Feliz é você, que está refletindo sobre o que ouviu. Há muitos que, ao ouvirem uma palestra como esta, dizem que foi providencial para a pessoa ao lado, para a esposa, os pais, menos para ele próprio.

Alexandre constatou que Jair estava muito diferente, mais alegre e sensato.

— De fato, meu amigo. É muito fácil dizermos que esse ou aquele ensinamento foi para todos, menos para nós mesmos. Esquecemos que, ao apontar um dedo para o próximo, temos quatro apontando para nós.

Jair riu do exemplo que Alexandre dera. Mudando de assunto, perguntou:

— Você está com pressa para ir embora?

— Na verdade, não — respondeu Alexandre. — Luiza está resolvendo alguns assuntos da Casa Espírita e vai demorar um pouco. Quanto a mim, vou pegar Humberto, que está com outras crianças na sala ao lado.

— Como as pessoas da Casa do Caminho são dedicadas! Elas se preocupam com todos os detalhes. Quando as crianças ficam sob a supervisão de um adulto, os pais podem tirar o máximo proveito da reunião.

Alexandre analisou o semblante leve de Jair. Constatou que ele realmente estava feliz em participar das reuniões.

— Você faz uso da biblioteca da Casa Espírita? — perguntou Jair.

— E como! Tenho emprestado muitos livros, que têm me ajudado a compreender melhor essa doutrina.

— De que tipo de livros você gosta? — quis saber Alexandre.

— Já li *O Livro dos Espíritos* e agora estou lendo *O Livro dos Médiuns*. Andei conversando com dona Wanda e ela me convidou para fazer um curso oferecido pela Casa Espírita. Ele elucida melhor a doutrina.

Admirado, o investigador ficou feliz em saber como Jair avançara com os conhecimentos espirituais, conjecturando até mesmo a possibilidade de fazer um curso na Casa.

— Por favor, Alexandre — pediu Jair —, vá buscar seu filho. Você acha que está tarde para conversarmos?

— Claro que não, meu amigo. Espere um minuto que vou pegar Humberto. Assim que Maria Luiza sair, vamos ao meu apartamento para conversarmos um pouco.

Alexandre pediu licença e se retirou, prometendo que voltaria em seguida. Pegou Humberto, que se encontrava com bastante sono, e chamou Jair para irem ao carro. Deixou o menino nos braços do jardineiro para que pudesse abrir a porta e, após, instalou Humberto no banco de trás confortavelmente.

Enquanto isso, Luiza combinava com algumas senhoras do Centro a montagem de cestas básicas com os alimentos que haviam arrecadado num trabalho árduo em favor do próximo.

Como o investigador ainda teria de esperar um pouco mais a esposa, convidou Jair para que se sentasse a seu lado no carro e lhe adiantasse alguma coisa sobre a conversa. Estava curioso.

Jair passou a narrar tudo que acontecera no dia anterior sobre a visita fora de hora de Rubens à mansão de dona Kim. Fez questão, principalmente, de relatar o teor da conversa que tivera com Leila.

— Vejo que desponta aí uma outra parte da história. Talvez isso seja de suma importância para nós.

— Sim — concordou Jair. — Por que Kim ameaçaria Rubens sobre contar algo à polícia que o complicaria? Claro que não foram eles que cometeram o assassinato. Leila me contou que Rubens, em tom desesperado, respondeu a dona Kim que no momento do disparo os dois estavam em pleno colóquio amoroso num dos quartos de hóspedes da casa.

Alexandre coçou a cabeça. Queria entender como os dois haviam conseguido se encontrar às escondidas com João e Janete na casa. Expressando suas dúvidas ao jardineiro, obteve dele que também gostaria de saber como haviam feito aquilo; ele não entendia o fato.

Ao olhar para o lado, avistou Maria Luiza, que se aproximava, sorridente.

— Querida, Jair vai para o nosso apartamento agora. Estamos tratando de assuntos da investigação do caso de Marco Aurélio.

Luiza, simpática por natureza, respondeu:

— Que bom! Assim que chegarmos vou preparar um lanche para todos. Estou faminta.

Constrangido, Jair retrucou:

— Ora, dona Maria Luiza, não será necessário se incomodar. Já contei o que queria a Alexandre. Não há motivos para ir ao apartamento de vocês a uma hora dessas.

Luiza, para deixá-lo mais à vontade, falou:

— Ah, então é isso? O senhor só vai à nossa casa quando tem assuntos de trabalho para tratar com meu marido? Não gostei disso — brincou ela. — Ademais, gostamos muito de receber visitas. Para nós será um imenso prazer tê-lo em nossa companhia na hora do lanche.

Jair sorriu, ainda envergonhado.

— Se é assim... Mas não quero atrapalhar.

— Deixe disso — pediu Alexandre. — Você não vai nos atrapalhar em nada. Passa um pouco das nove da noite apenas.

O jardineiro, também agente da Interpol, sentiu-se feliz porque havia angariado, em meio à confusão daquele caso, amigos verdadeiros.

Desde que chegara ao Brasil vivia isoladamente; estava contente por aquela situação ter se modificado.

No trajeto de volta, Maria Luiza perguntou ao amigo:

— Você gostou da palestra de hoje, Jair?

— Sim, gostei muito. Dona Wanda disse que, para sermos bem-sucedidos na empreitada do dia-a-dia, é imprescindível ter fé. Mas devo confessar que muitas vezes isso é tão difícil... Sabe como somos imperfeitos... Queremos que tudo se resolva com rapidez.

Alexandre, que gostava de ouvir a esposa falar sobre assuntos espirituais, continuou dirigindo em silêncio.

— Pois é, Jair — continuou ela. — Nossa fé deve ser robusta, algo que nos faça acreditar incontestavelmente na ajuda divina, mas também em nós. Muitas pessoas dizem que têm fé; porém, na primeira provação, a abandonam e passam a agir por si próprias. Como sabemos, nem sempre as consequências são boas neste caso. Jesus disse a seus discípulos que, se eles tivessem fé do tamanho de um grão de mostarda, nada lhes seria impossível. O que isso quer dizer? Que, quando temos uma fé robusta e verdadeira, temos a perseverança, a energia e os recursos que nos ajudam a vencer os obstáculos. Isso quer dizer que a fé é o alimento que precisamos em todos os momentos de nossas vidas para atingirmos determinado fim. É ela que nos dá forças para vencermos os obstáculos que a vida nos apresenta.

Jair ouvia atentamente, e de vez em quando anuía com um gesto de cabeça. Concordava com o que a amiga dizia.

— Quando temos a fé vacilante, entretanto — prosseguiu Maria Luiza —, tornamo-nos frágeis diante do problema, a ponto de desanimarmos diante das dificuldades e acreditarmos que jamais teremos forças para remover os obstáculos que se apresentam em nosso caminho. A fé é que nos dá a segurança necessária para que tenhamos convicção suficiente para sermos fortes diante dos problemas.

Alexandre diminuiu a velocidade para não interromper a esposa. Havia gostado da palestra da noite, e não queria interromper o raciocínio de Luiza chegando ao apartamento e tendo de estacionar o carro.

— Essa é uma grande verdade — concordou Jair. — Desde que comecei a conhecer essa doutrina bendita, percebi que me tornei mais confiante com respeito aos problemas que se apresentam. Hoje em dia não me sinto mais tão desanimado quando as coisas não saem do jeito que eu esperava. A fé me faz ver com olhos espirituais, por isso constatei que nada perdura. Por pior que seja o problema, confio que sempre encontrarei a saída. Várias coisas mudaram em minha vida desde que passei a conhecer a doutrina espírita. Antes eu sentia saudades de minha terra. Sabia, quando vim ao Brasil, que teria de ficar aqui muito tempo investigando porque o doutor João era um homem muito esperto. Agora tenho certeza de que logo tudo se esclarecerá, principalmente os crimes cometidos nos Estados Unidos. Quando menos se esperar, desmontaremos a quadrilha da qual João Albuquerque de Lima fazia parte. Quanto mais acredito nisso, mais coisas descubro a respeito do caso.

Alexandre se interessou instantaneamente por aquela parte da conversa.

— O que você descobriu, Jair?

— Consegui levantar contatos de João Albuquerque nos Estados Unidos. Também descobri que seu antigo sócio foi brutalmente assassinado alguns dias depois da morte de João.

— Meu amigo, vamos subir que quero saber de tudo isso — avisou Alexandre enquanto estacionava o carro no prédio. — Talvez essas descobertas me ajudem a desvendar o assassinato de João.

Alexandre pegou Humberto no banco traseiro do carro e, juntos, subiram ao apartamento do policial.

Assim que entrou, o investigador levou o pequeno Humberto até sua cama e Luiza se dirigiu à cozinha para preparar o lanche da noite.

O policial voltou rapidamente e prosseguiu sua conversa com Jair.

— Como você descobriu os contatos de João?

— Como você sabe, interajo com a polícia americana, embora esteja no Brasil. Descobri que João mantinha negócios com um homem chamado Arnold Bauer. Ele tinha antecedentes criminais por furtos e estelionato. Já falei sobre Arnold com você. João o conheceu numa das vezes em que foi aos Estados Unidos a passeio. Foi também nessa viagem que ele conheceu Kim, uma moça que se dizia estudante mas que, na verdade, era o que chamamos de oportunista. Consciente de sua beleza, envolvia-se com homens ricos para manter o luxo em que vivia. Na ocasião, João foi informado de que havia um homem que poderia ajudá-lo com os negócios nos Estados Unidos. Era um americano chamado Dean Miller. João soube que esse homem poderia auxiliá-lo a comprar um hotel que estava na ruína financeira. João, homem de negócios astuto, queria comprar o hotel, mas na ocasião ele não tinha dinheiro. Sendo assim, fez alguns negócios escusos com Arnold, que roubava carros de luxo e os vendia legalizados depois, como já lhe contei. Depois de certo tempo, João passou a financiar Arnold. Chegou a comprar um galpão no México para deixar os carros roubados lá, até saber que os veículos não mais eram procurados pela polícia. Nesses roubos, João levava a maior parte, porém o que sobrava para Arnold também não era pouco.

— Você me disse que esse Arnold acabou sem dinheiro, não foi? — perguntou Alexandre.

— Sim, foi isso mesmo. João, tendo tino para os negócios, passou a investir em oportunidades lucrativas, como a compra daquele hotel nos Estados Unidos e de outros aqui no Brasil. Enquanto isso, Arnold ia a Las Vegas e gastava altas somas de dinheiro em jogatina. Gastava o dinheiro desonesto de maneira ainda mais desonesta: jogos de azar e mulheres. Depois de um tempo, Arnold começou a sentir inveja de João. Ele o chamava de "brasileiro ladrão", porque João soube investir e prosperava enquanto a vida de Arnold continuava na mesma miséria. João, cansado daquela situação, queria se livrar de Arnold. Temia que ele fosse preso e mencionasse seu nome. Sendo assim, aproveitando uma discussão acalorada que teve com o sócio um dia, criou coragem e lhe disse que não queria mais parceria com ele. Por um tempo, Arnold ainda tentou levar adiante o negócio de roubo de carros, mas por fim desistiu. Quem legalizava os veículos no México passou a cobrar cada vez mais caro, e não havia como dar continuidade ao negócio. Pelo que soube, Arnold nunca mais teve contato com João. Mas então João foi assassinado e, em seguida, Arnold também. E a autoria dos dois crimes continua desconhecida.

Alexandre, com seu faro de investigador, perguntou:

— Você acredita que Arnold estava no Brasil no dia em que João foi assassinado?

— A princípio pensei que sim — explicou Jair. — Por isso pedi a um companheiro que investigasse se Arnold tinha saído do país naqueles dias. Segundo as investigações, ele não saiu do país.

O policial brasileiro, bastante arguto, continuou:

— Esse tal de Arnold era um estelionatário e, portanto, um falsário também. Ele pode muito bem ter saído do país com outro nome. Por certo tinha vários passaportes em seu poder.

Jair não havia pensado nisso.

— Bem que pode ser, meu amigo. Ele não poderia ter vindo como Arnold, mas, se viesse com outro nome e documentos falsos, ninguém poderia saber que ele havia saído do país.

Maria Luiza, que até então estivera calada, chegou à sala e convidou:

— Peço que os senhores investigadores me façam companhia comendo esse bolo que está uma delícia!

Alexandre havia praticamente esquecido a esposa, tão envolvido estava naquelas descobertas.

— Muito bem, minha senhora. Vamos comer esse bolo, Jair, senão dona Luiza não nos dará sossego.

Jair sentou-se à mesa e se serviu do saboroso lanche que Luiza havia preparado.

— Está ótimo mesmo! Ficar conversando sobre investigação na hora do lanche não é de bom-tom. Continuemos depois — disse Jair ao dono da casa.

Luiza aprovou a educação do visitante. Serviu-lhe mais uma boa fatia de bolo.

Jair morava sozinho. Durante o dia, almoçava no trabalho e, à noite, costumava comer qualquer coisa na rua. Como naquele dia fora à Casa Espírita sem ter tido tempo de comer, estava bastante faminto.

— Querida — disse Alexandre à esposa —, voltando à palestra desta noite na Casa Espírita... Você poderia me dizer como a fé poderia nos ajudar a solucionar este caso?

— Querido, a fé pode nos ajudar em todos os setores da vida. A fé robusta dá uma espécie de lucidez que permite ver em pensamento a meta a ser alcançada. No seu caso específico, com ela, você terá a segurança necessária para chegar aonde quer bem como os meios necessários para conseguir dar um fim a esse mistério. Há duas espécies de fé: a raciocinada e a cega. A fé cega leva o indivíduo a ser guiado pela emoção, impossibilitando assim que ele consiga raciocinar de modo claro. Por outro lado, o espiritismo nos exorta a termos uma fé robusta e raciocinada, ou seja, a espécie de fé que inspira a ter paciência e saber esperar, uma vez que tem seu ponto de sustentação na inteligência e na compreensão das coisas, propiciando a quem a sente chegar ao objetivo visado. Quem lida com ela tem a capacidade de atrair aquilo que deseja, embora, claro, com esforço e trabalho.

Para Alexandre, aquilo começava a fazer sentido.

— Portanto — continuou Maria Luiza —, se vocês realmente tiverem fé no que fazem, por certo chegarão ao final das investigações com sucesso, porque vão confiar primeiro em Deus, que os fará caminhar a passos firmes em busca da verdade. É assim que a fé pode ajudar a todos nós. Ela é de fato bastante benéfica para todos que a sentem. Não seria muito cômodo achar que Deus vai resolver o caso para vocês, e que isso virá de maneira miraculosa? Mas não é assim... A fé raciocinada conduz a duas leis imutáveis de Deus: a lei do trabalho e, em decorrência, a lei do progresso.

Jair ouvia as palavras de Luiza sem desviar seus olhos. Sentia que ela falava de coração.

Alexandre sorveu mais um gole de café. Então prosseguiu:

— Entre nós não há segredos, Maria Luiza, você sabe. E confio em Jair também, a quem considero já um amigo. Vou lhes confessar uma coisa: este caso está sendo o mais difícil de toda minha vida. A facilidade que tinha para resolver os casos anteriores não se aplica a este. Tudo mudou!

— Nada mudou, querido. A única coisa que está diferente é sua postura diante dos fatos. Antes você acreditava que logo desvendaria o caso, o que o fazia começar a investigação confiante, embora, para outras pessoas, o caso parecesse praticamente insolúvel. Neste caso, contudo, você se deixou intimidar. Passou a duvidar de si mesmo. Você foi a Campos atrás de Vítor mas, assim que soube que ele havia saído da cidade, concluiu que ele tivesse saído do país e deixou aquela ideia inicial adormecer. Não voltou mais lá para saber se de fato ele se dirigiu a outro país. Acreditou em tudo que o tal sobrinho contou. Você se acomodou, baseando-se em teorias talvez falsas para essa situação. Você sabe como o Brasil é um país enorme. Não seria difícil para quem quer que seja se esconder em uma cidadezinha de qualquer estado.

Sentindo-se mais e mais inspirada, sob o olhar surpreso dos dois investigadores, a dona da casa prosseguiu:

— Se tivesse mantido a mesma disposição mental que utilizava em casos anteriores, teria concluído que seria muito fácil ele se esconder até mesmo em uma das cidadezinhas do Rio, ou quem sabe em São Paulo, ou ainda em outro estado. O que na verdade lhe faltou foi motivação para prosseguir nessa linha de raciocínio. Foi mais cômodo pensar que Vítor estava em outro país, portanto não havia mais nada a fazer. Você checou, meu querido, se Vítor fez mesmo isso? Não! Apenas acreditou na palavra do sobrinho. Já parou para pensar que talvez esse parente tenha recebido instruções do próprio tio para dizer a quem quer que fosse que ele tinha saído de Campos e viajado com destino desconhecido?

Alexandre estava cada vez mais estupefato com a linha de raciocínio da esposa. Com certeza dera um crédito inabalável às palavras do sobrinho de Vítor. Mas não comentou nada naquele instante porque não queria interromper a esposa, que estava flagrantemente inspirada em suas palavras.

— Encontrar esse Vítor é muito importante — continuou ela. — Se em sua conduta não houvesse nada suspeito, por que ele teria fugido? Mas acreditar simplesmente que ele tenha saído do país porque um desconhecido disse isso chega a ser ingênuo de sua parte.

Alexandre corou de vergonha. Deu-se conta do quanto a esposa tinha razão.

— Querido — ela prosseguia —, não estou querendo lhe dizer que tenha lhe faltado inteligência, mas, antes, faltou-lhe determinação, que só a fé proporciona, para examinar todas as possibilidades.

Jair, que ouvia as palavras de Luiza, começou a aplicar o que ela dizia a si mesmo e, principalmente, às investigações que permeavam a vida de negócios de João Albuquerque de Lima.

— Sabe, dona Luiza, vejo que a senhora tem razão — disse ele. — Realmente fiquei esperando que Leila me trouxesse notícias do que acontecia na casa, mas nunca me atrevi a entrar para ver se descobria alguma coisa, com medo de ser flagrado por outros empregados ou até mesmo por dona Kim. A fé vacilante me fez sentir medo de uma situação que talvez nem chegue a acontecer. Não fui atrás de provas; antes, fiquei em busca das fofocas que Leila faz a todos nós, empregados da casa.

Alexandre riu, divertindo-se com as afirmações de Jair.

— Vejo que vacilamos na fé — constatou o investigador. — Quando penso que perdi novamente o fio da meada, simplesmente abandono a linha de raciocínio, como disse Luiza. E você, com medo de ser surpreendido, prefere saber de Leila o que não é novidade para nenhum empregado. Devemos mudar nossa atitude diante deste caso, Jair. A nós foi delegada a autoridade para investigar, portanto devemos fazer isso com perseverança e determinação. Não podemos nos esquecer que a fé robusta nos dá confiança de sermos capazes de solucionar qualquer problema que possa haver.

Luiza, ouvindo as palavras do marido, ficou contente. Ele havia entendido o que ela queria dizer.

— Você quer mais uma fatia de bolo, Jair? — perguntou a dona da casa.

— Não, obrigado. Quero na verdade continuar a ouvir o que tem a dizer a respeito dos assuntos espirituais que a senhora tão bem conhece.

Maria Luiza ficou constrangida. Se havia uma coisa que ela aprendera com os ensinamentos espíritas é que a fé vem sempre acompanhada de humildade. Sendo assim, ela sorriu, baixando os olhos.

Alexandre amava a esposa, mas, quando ela se portava de maneira humilde e respeitosa, amava-a ainda mais.

— Eliseu, meu amigo espiritual, sempre me diz que, ao sentirmos que algo é demasiadamente pesado para nossos ombros, devemos descobrir a força interior que todos temos — comentou Luiza. — Portanto, o que tenho a lhes dizer é que, enquanto ficarem à espera de que algo novo aconteça, nada vai acontecer. O que está faltando a vocês é buscar força interior para ir atrás de pontos que venham a desvendar esse mistério.

Jair compreendeu bem as palavras de Eliseu. Sendo assim, tomou uma decisão:

— De hoje em diante, vou ousar mais, vou entrar na casa, vou procurar fatos novos que me esclareçam em que João estava envolvido e de que modo conseguiu aumentar vertiginosamente sua fortuna em tão pouco tempo.

Alexandre concordou com o amigo:

— Hoje quero pedir a Deus que me dê sabedoria e perseverança para que eu consiga finalmente descobrir quem foi o assassino de João Albuquerque de Lima. Quero livrar o filho do falecido daquela angustiante situação. Voltarei a investigar os pontos que, com o passar do tempo, mostraram-se irrelevantes para mim. Por certo poderei descobrir alguma coisa.

Maria Luiza aprovava aquele novo ânimo dos investigadores.

— Jair, espero que não se incomode com minha ausência. Vou me deitar. Amanhã tenho de levantar mais cedo que de costume.

Alexandre, franzindo o cenho, não compreendeu o que a esposa queria dizer.

— Mas o que tem a fazer de tão importante?

Luiza sorriu diante do espanto do marido.

— Ora, querido, pretendo levantar-me mais cedo para adiantar meus serviços domésticos porque, logo depois do almoço, combinei de ajudar a embalar os alimentos para distribuição às pessoas carentes.

Envergonhado por sua desconfiança antecipada, o marido respondeu:

— Querida, não é necessário levantar mais cedo. Faça o que der para fazer; o que não der, fica para outro dia. Sei como é cansativo cuidar da casa, do pequeno Humberto, e de mim... — sorriu ele.

Maria Luiza sabia que os dois homens tinham assuntos pendentes para tratar, por isso queria deixá-los a sós.

Alexandre falou para a esposa que lavaria as xícaras e tiraria a mesa. Ela então deu boa-noite e se despediu de Jair.

Assim que ela foi para o quarto, Jair comentou:

— Alexandre, fico perplexo com o bom senso de sua esposa. Ela assimila muito bem o que está aprendendo com os ensinamentos do nosso mestre Jesus.

— Luiza é uma mulher especial. Era tida como louca, mas, no final das contas, é apenas um ser humano com a mediunidade bastante aflorada. Por meio da doutrina ela conseguiu atingir o equilíbrio de que necessitava. Graças a essa paz, ela vem se tornando uma pessoa melhor em todos os sentidos, além de levar muito a sério o que vem aprendendo no decorrer do tempo.

Jair ainda queria saber mais sobre a doutrina.

— Eu gostaria de lhe pedir, meu amigo, que me permitisse vir aqui uma vez por semana aprender mais com você e sua esposa.

— Ora, Jair, para mim será um prazer tê-lo uma vez por semana aqui em minha casa. Acho sinceramente que nós dois temos muito a aprender com Luiza. Às vezes penso que tenho uma joia em casa e que ainda não me dei conta disso.

— Antes de me dar sua resposta, pergunte a Luiza o que ela acha. Apesar de serem casados, ela ainda toma as decisões dela, não é verdade?

— Claro que sim. Falarei com ela sobre isso. É bom que tenhamos boas perguntas para fazer.

— Ah, já pensei nisso. Vou continuar a ler *O Livro dos Espíritos* e, quando houver dúvidas, farei uma lista de perguntas. Certamente ela não vai me negar ajuda.

Alexandre nada disse, apenas sorriu.

Jair, que já gostava de Luiza, passou, a partir daquele dia, a ter verdadeira admiração por aquela que, em todas as vezes em que estivera em sua presença, mostrara-se lúcida e sensata.

— Luiza tem razão quando diz que não tenho uma fé inabalável — comentou Alexandre. — De fato, tem me faltado confiança. Para mim foi mais cômodo acreditar que Vítor saiu do país. Tenho de mudar minha maneira de pensar; devo projetar o fim do caso em minha mente e confiar plenamente na bondade divina.

— Não é só a você que tem faltado fé; a mim também.

— Amanhã mesmo pegarei minhas anotações e voltarei a investigar o que havia deixado de lado.

Entusiasmados com as novas reflexões, os dois investigadores continuaram a conversar por mais de uma hora, até que Jair, assustado com o horário, despediu-se.

❧

No dia seguinte, assim que chegou à delegacia, Alexandre abriu a gaveta e pegou um de seus blocos. Observou algumas anotações que fizera tempos atrás. Decidiu que deveria voltar a Campos. Precisava descobrir o verdadeiro paradeiro de Vítor.

Ele não deveria ter saído do país, pensou o investigador, lembrando-se do que a esposa dissera. Era bem provável que o sobrinho tivesse sido instruído para dizer aquilo.

Em seguida, o investigador também considerou importante descobrir sobre a morte do dono da agência e do motoqueiro que havia prestado serviços ali.

Estava em meio a suas notas, refletindo, quando alguém bateu à porta.

Sem sequer levantar o olhar do bloco de anotações, falou:

— Entre!

De repente a porta se abriu e o investigador deu com Oswaldo, entrando na sala todo sorridente.

— Bom dia, Oswaldo. O que faz em minha sala a uma hora dessas? Sempre que chega à delegacia você costuma esperar que eu vá vê-lo em sua sala...

— Ah, Alexandre, estou aqui em busca de novidades sobre o caso do empresário assassinado.

Em tom cordial, o policial retrucou:

— Ontem, depois de uma palestra esclarecedora na Casa do Caminho, decidi que devo voltar a Campos.

— Mas o que tem a ver a sua religião com o caso do empresário? — perguntou o delegado ironicamente.

— Se analisarmos friamente a situação, não veremos nada em comum. Porém, os conselhos que nos foram dados ontem podem muito bem ser aplicados ao trabalho.

Oswaldo, intrigado, sentou-se à frente do investigador.

— E o que você ouviu de tão impressionante para que decidisse voltar a Campos?

— Ontem a palestra foi sobre a fé. Falou-se sobre como é importante termos uma fé baseada na razão, mas, sobretudo, sobre como é imperioso que tenhamos confiança em nós mesmos. Por isso, meu amigo, pensei bem e cheguei à conclusão de que este caso está se mostrando insolúvel porque eu venho mudando minha postura diante do caso, ou seja, em vez de confiar em mim, tenho apenas acreditado que sempre perco o fio da meada. A fé nos leva a ter, sobretudo, perseverança e paciência, duas virtudes que não ando cultivando muito nos últimos tempos. Veja só: bastou um rapaz dizer que Vítor tinha viajado para que eu desistisse de procurá-lo. Faltou-me fé, em Deus e em mim mesmo.

Oswaldo sentiu uma ponta de sensatez naquela nova forma de raciocínio.

— Você tem razão... Talvez Vítor tenha mandado seus parentes dizerem que ele viajou a quem perguntasse por ele. Já imaginou se a caça não estiver assim tão longe do caçador?

— Talvez tenha de levar Walter comigo, Oswaldo. Não vou com a viatura. Quero ir com meu carro particular e Walter à paisana para não chamarmos a atenção de ninguém.

— Agora sim vejo que Faro Fino voltou à ativa! Muito bem, pode levar Walter. Na volta, peço que deixe o relatório em minha mesa.

— Vamos desvendar esse caso, Oswaldo, com a ajuda de Deus e com nossa perseverança.

— Deus o ouça, Alexandre. Deus o ouça...

— Bem, vou para minha sala trabalhar — disse o delegado. — Avise-me a que horas pretende ir a Campos.

— Certo, avisarei. Logo chegaremos ao final deste caso, pode aguardar.

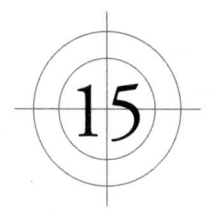

O martírio começa

João recebia ordens de Dente-de-Sabre naquele momento. Reparou que o chefe o fitava insistentemente, fazendo-o sentir-se mal.

Dente-de-Sabre tratava todos com a habitual rudeza, que evidenciava uma personalidade irascível e atormentada.

João pouco falava, mas, depois da estadia no Abismo, ainda que por tempo relativamente curto, não se intimidava mais com o jeito do chefe dos justiceiros, como ele gostava de ser chamado.

Oscar, ao contrário, sempre se mostrara servil a Dente-de-Sabre. O chefe deu ordens para que Oscar acompanhasse João a seu antigo lar e que fosse feito justiça com o seu assassino e a sua esposa adúltera.

Assim se deu. Oscar, acompanhado de outros do bando, foi à casa de João. Este sentia saudades da vida de luxo à qual estava habituado. Por Kim sentia um ódio surdo, que o fazia perder o controle da situação.

Foi então que, naquele dia, estando eles na antiga casa de João, observaram Rubens conversando com Kim. João ficou absolutamente irado ao saber que no dia de sua morte Kim estava em pleno colóquio amoroso com Rubens, seu falso amigo e sócio, a quem sempre se referia como sendo seu braço direito.

Aproximando-se de Kim, João tentou esmurrá-la, mas seu punho não a atingia, ela se encontrava totalmente alienada ao que acontecia ali.

Oscar e os demais do bando, ao verem a revolta de João, começaram a gargalhar. Oscar explicou, entre risos:

— Deixe de ser idiota. Para ela, você não está aqui nesta sala. Ela acredita que você está se decompondo naquele cemitério horrível. Você tem de aprender uma coisa: para se vingar de sua esposa, tem de trabalhar com a inteligência e, principalmente, com as vibrações mentais.

João não entendeu o que Oscar lhe dizia.

— Do que você está falando?

Com ar de superioridade, Oscar mostrou os dentes largos enquanto respondia:

— Na verdade, não poderá atingi-la com socos e pontapés, mas aprenderá que pode influenciá-la em sua maneira de ser por meio das vibrações mentais que dirigir a ela, levando-a à loucura. Hoje vou lhe ensinar como interferir em sua vida material. Não pense que pode chegar aqui e ir se vingando de sua esposa adúltera e de seu amigo infiel. Primeiro tem de passar por um aprendizado sobre como agir com espíritos encarnados.

João sentou-se na poltrona onde costumava se sentar quando estava em casa e passou a ouvir as instruções de Oscar, que falava mansamente para que João pudesse entender.

Nesse momento João viu como Kim, satisfeita com a ameaça que fizera a Rubens, subiu lentamente as escadas, indo para seu quarto.

Oscar o provocou:

— Veja, a traição continua. Esta mulher não teve sequer a decência de preservar sua memória.

Romualdo, um dos membros do bando de Oscar, comentou:

— Pior que ser traído é ver a traição depois de morto.

Os outros membros do grupo começaram a caçoar de João, o que aumentou ainda mais seu ódio pela esposa e pelo falso amigo.

— Escutem aqui, seus seres infernais — interpelou João —, de uma coisa tenho certeza: esses dois vão pagar muito caro por terem me traído e vocês pagarão junto com eles se continuarem a zombar de mim.

Oscar percebeu que ali poderia se formar um conflito. Resolveu, portanto, contemporizar:

— Vocês não estão aqui para brigar. Lembrem-se do que o chefe nos informou: uma missão está perdida quando os membros do grupo entram em guerra entre si. Por isso, respeitem João. Não quero ouvir mais nenhuma risadinha a esse respeito.

Justino se interpôs:

— Mas Oscar, Romualdo não disse nada de mais a ele. Ele foi e continua sendo um homem traído.

Oscar, que podia ser tão cruel quanto Dente-de-Sabre, mostrou os pavorosos dentes animalescos.

— Se é assim, então deixem-me lembrá-los de alguns episódios que talvez tenham passado desapercebidos. Justino, se João é um homem traí-do, você, o que é? Lembro muito bem de sua esposa, que o vivia traindo. Recorda-se de quando ela o embebedou para poder recolher o amante em sua própria casa? E, ainda, roubou todo o dinheiro que você tinha ganhado naquela semana de trabalho. Não foi assim que aconteceu?

Justino, humilhado, baixou a cabeça e voltou a sentir ódio da mu-lher, de quem já havia se vingado, incitando o assassinato de seu aman-te e fazendo que ela ficasse sozinha morando em um barraco, sem ter nem mesmo meios de sobreviver.

João riu da expressão de Justino, respondendo em tom irônico:

— É como diz o ditado: macaco, olha o seu rabo!

Romualdo, vendo o rumo que a conversa tomava, ficou quieto para que Oscar não comentasse fatos de seu passado.

Assim, a conversa se deu por encerrada. Em seguida, Oscar ordenou

— Não quero zombarias. Estamos aqui para cumprir uma ordem do chefe, e vamos fazer isso. Quem se atrever a fazer qualquer tipo de comen-tário, será lançado no Abismo e, desta vez, ficará lá por muito tempo.

Todos do bando de Oscar ficaram quietos, pois sabiam muito bem o que significava ficar no Abismo e os sofrimentos que teriam em decorrência disso.

— Venha, você precisa aprender algumas coisas sobre a sua nova forma de vida — explicou Oscar a João. — Quanto a vocês, espalhem-se pela casa e, se houver alguns daqueles intrometidos que se dizem do bem, me avisem.

João acompanhou Oscar para o quarto de Kim e a encontrou em frente do espelho penteando os cabelos castanhos.

Oscar ficou calado por um longo tempo, apenas observando aquela cena.

— É uma bela mulher — constatou ele, voltando-se para João. — Pena que não valha nada.

João nada disse. Apenas fulminava Kim com o olhar.

Oscar captou os sentimentos de João.

— Não perca tempo com esse ódio estúpido. Deixe para senti-lo quando estiver se vingando dela.

João respondeu grosseiramente:

— Você diz isso porque não está diante de uma adúltera como esta.

— Escute bem — respondeu Oscar —, você está aqui para fazer justiça porque sua esposa foi infiel. Mas, enquanto estiver sentindo esse ódio todo, não terá cabeça para aprender algumas coisas que faltam para ser realmente útil ao grupo. O primeiro passo é aprender como se dá o intercâmbio de pensamento a pensamento com o encarnado. Neste momento, pela sua cabeça passam muitas coisas, mas, se você não aprender a ouvir os pensamentos dela, de nada vai adiantar. Primeiro você tem de aprender a ouvir os pensamentos da outra pessoa. Ela está pensando em alguma coisa agora, mas você não está ouvindo. Isso se dá porque você não está concentrado nela; antes, está concentrado em si mesmo. Deixe de ser tolo e comece a prestar atenção no que ela está pensando.

— Mas como farei isso? — perguntou João, tentando conter todo o ódio que sentia.

— É simples. Aproxime-se dela e se deixe envolver pelas energias que emanam de sua esposa. Uma vez estando imantado, começará não a ouvir os pensamentos dela, mas a senti-los. Com o passar do tempo, depois de prática e perícia, você começará a ouvir os pensamentos dela, mas os pensamentos virão como uma voz interior para você. Como pensa que sei que continua a sentir ódio? Porque me é fácil sentir essa densa névoa que vem de você!

João aproximou-se de Kim, que continuava a escovar os cabelos, e percebeu que um calor provinha dela. Era um calor agradável, coisa que há tempos não sentia. Ele tentou por um tempo assimilar os pensamentos de Kim, mas não teve resultado nenhum. Em sua ignorância, comentou:

— Não sinto nada. Apenas sinto um calor vindo dela.

Oscar, que observava calado, explicou:

— O calor que você sente emanando dela são as energias dela. Sei que está gostando de ficar com ela, mas não é para isso que estamos aqui.

Oscar se interpôs entre Kim e João. Espalmando a mão sobre a cabeça da mulher, que continuava a escovar os cabelos, e a outra sobre a cabeça de João, pediu:

— Feche os olhos. Agora você sentirá como se uma voz viesse de seu interior, mas lembre-se de que não são seus pensamentos, e sim os dela. É fácil confundirmos.

João permanecia quieto. Subitamente, veio à sua mente: "Se Rubens pensa que vai me jogar fora assim, está muito enganado. Ele tem de saber que eu determino o fim do jogo".

João voltou-se rapidamente para Oscar.

— Senti! Senti os pensamentos dela. Você também sentiu?

— Claro que sim, seu tolo — tornou o outro grosseiramente. — Não preciso ficar com as mãos espalmadas deste jeito para sentir os pensamentos de quem quer que seja. Só o fiz para que você veja que é possível ouvirmos pensamentos, tanto de encarnados quanto de desencarnados.

João encontrava-se tão encantado com o que descobrira que ignorou a grosseria de Oscar.

Novamente concentrou-se e continuou a sentir os pensamentos de Kim: "Rubens não vai se ver livre de mim. Onde já se viu me trocar por aquela sonsa da Janete?! Eu é que sou mulher para ele, não ela. Além do mais, Rubens tem de entender que ele precisa de mim, como mulher e, principalmente, como aliada, pois posso muito bem fazê-lo perder tudo. Se eu disser àquele investigador metido que ouvi ruídos na porta do quarto de hóspedes e, em seguida, ouvi um tiro, logo todas as suspeitas recairão sobre ele. Sendo acusado de assassinato, ele perderá a esposa e também tudo que conquistou".

Então Kim passou a se recordar do marido.

"João... Eu gostava dele, mas não como homem. Será que ele nunca percebeu que eu o via como um pai? Deitar com ele era um verdadeiro suplício para mim."

Em seguida Kim passou a se lembrar de como conhecera João e do interesse que ele havia demonstrado por ela. "Não gostava de João como homem. Nem poderia! Um homem velho e sem classe. Mesmo sendo rico, continuou a ser o mesmo provinciano e arcaico de sempre. Mas era feliz com o casamento e a proteção que ele me oferecia."

Kim saiu de frente do espelho da cômoda e se retirou com o intuito de dar algumas ordens aos empregados.

João, após ter lido os pensamentos de Kim, vociferou para Oscar:

— Maldita! Interesseira! Sou o mesmo provinciano e arcaico de sempre, não é mesmo? Ela vai me pagar. Isso eu juro!

Oscar, cujo olhar era frio como gelo, retrucou:

— Guarde seu rancor para o momento certo. Agora o que temos a fazer é continuar a investigar. Só agiremos quando tivermos envolvido tanto Rubens quanto sua esposa!

João compreendeu que, embora tivesse aprendido algumas coisas com José Carlos, ou Zeca, como Oscar o chamava, ainda tinha muito que aprender.

— O que vamos investigar? — perguntou João. — Está claro que essa rameira me traiu; não temos mais nada para investigar. Temos é de agir, e logo.

Oscar respondeu em tom de superioridade:

— Não seja estúpido. Todos somos dotados de pontos fracos. O que faremos é pegar o ponto fraco de sua esposa e de seu amigo traidor. Aí sim faremos o trabalho. Lembre-se de que, para um trabalho ser bem-feito, é necessário que se conheçam bem o inimigo e suas estratégias. Se agirmos de maneira impulsiva, poderemos nos dar mal.

— Mas o que eles poderão fazer contra nós? Esqueceu que já estamos mortos? — respondeu João sarcasticamente.

— Bem, todo encarnado tem, por assim dizer, um guarda-costa, o que se chama de protetor. Se ele estiver sintonizado com esse guardião, pouco poderemos fazer.

João averiguou todo o quarto com o olhar.

— Kim não tem. Não vejo ninguém aqui.

— O fato de estarmos sem o corpo de carne não nos torna poderosos. Esses guardiões, na verdade, são muitas vezes invisíveis a nossos olhos. Precisamos de cautela. Se o encarnado estiver sintonizado com ele, temos de esperar o momento oportuno para atacar. Se estiver sintonizado com suas paixões mais baixas, contudo, então serão presas fáceis para nós.

João estava perplexo com aquele mundo desconhecido. Acreditava que ainda haveria muitas surpresas pela frente e várias coisas para aprender.

— Não seja afoito — continuava Oscar. — Esta não é a primeira missão que recebo nem será a última. A única coisa que você tem a fazer é me obedecer. Sei muito bem o que estou fazendo.

❧

Naquela mesma noite, o relógio da sala dava onze badaladas quando Rubens entrou na mansão.

João olhou-o com verdadeiro asco. Sabia perfeitamente bem o que aconteceria. Seus pensamentos foram interrompidos pela voz de Oscar:

— Venha. Vamos começar nosso trabalho.

— Mas você não disse que temos de analisar a estratégia inimiga?

— Sim; e é justamente o que faremos.

— Mas não tenho estômago para ver um colóquio amoroso entre Kim e aquele traidor miserável.

— Não seja piegas. Só porque ela foi sua esposa não quer dizer que ela era propriedade sua. Além do mais, você terá de aprender a controlar esses impulsos.

Depois de alguns instantes, João decidiu acompanhar Oscar. Ao adentrarem o quarto, avistaram Rubens, que disse a Kim com frieza:

— Você não tem o direito de fazer isso comigo. Sempre soube que eu era casado. Nunca pretendi me separar de Janete.

Oscar e João estavam em frente do guarda-roupa.

— Você deveria saber que sou uma mulher voluntariosa. Sendo assim, as coisas vão até onde eu desejar. Portanto, não fique se justificando. Eu o fiz feliz, e quero continuar a lhe dar a mesma felicidade.

Rubens sentou-se na cama. Embora não quisesse continuar o romance, quando viu Kim nua, deixou-se levar pelo momento.

A cada troca de carícias, João fechava os olhos, sentindo o coração se contrair de dor.

— Não seja fraco — Oscar o avisou. — Veja tudo para que isso aumente o ódio que você nutre pelos dois. Não esqueça que o ódio é um alimento de que você vai necessitar no tempo certo.

— Não suportarei. A cada minuto minha indignação aumenta. Não sei se conseguirei manter a calma.

— Claro que vai suportar. Afinal, tenho quase certeza de que eles estão, de alguma maneira, envolvidos em sua morte.

João refletiu que, com a morte dele, com certeza os dois seriam beneficiados. Afinal, Marco Aurélio havia deixado claro que não queria seguir seus passos nos negócios. Logicamente seria Rubens quem cuidaria de tudo.

Rubens, que não medira esforços para roubar sua mulher, por certo não teria escrúpulos em roubar seu filho.

Quanto a Kim, ela receberia uma boa quantia em dinheiro, de modo que poderia levar uma vida confortável pelo resto de seus dias.

João tentou se concentrar na cena entre o casal.

— Veja, ele não está tão entusiasmado com ela. Para ele está sendo um suplício dormir com alguém que o está chantageando.

João se deu conta de que Rubens fazia aquilo por obrigação. Sentiu-se um pouco mais tranquilo com isso.

Kim, por sua vez, dizia sem parar que o amava. Mas Rubens, ao contrário, não via a hora de aquilo terminar para que pudesse se retirar.

Oscar, querendo mostrar sua força, explicou a João:

— Preste atenção. Vou me aproximar dele para que ele a humilhe em todos os sentidos.

Oscar se aproximou da cama e deixou que uma densa névoa saísse de seu baixo-ventre. Na verdade, Oscar queria, de alguma forma, unir-se energeticamente ao casal, embora João não tivesse percebido nada.

Rubens, que até então apenas cumpria com seu papel de homem, começou a sentir uma súbita vontade insana de tomar o corpo de Kim de forma absurda. Esqueceu-se da delicadeza e passou a usar de violência contra Kim, que, em vez de sentir prazer, pedia que ele parasse.

Rubens, como se estivesse alheio àqueles pedidos, usou sua força bruta para jogá-la no chão. Ali a humilhou, fazendo-a chorar. Quando mais ela implorava para que ele parasse, mais prazer ele sentia.

Rubens agia como um verdadeiro animal, mordendo e esbofeteando Kim. Só parou quando conseguiu se realizar.

João, que continuava a olhar atônito para o ato, percebeu que Oscar, de certa forma, estava extasiado. Só agora notava que devia ser Oscar o culpado por Rubens agir daquela maneira.

Rubens levantou-se, deixando Kim chorando e caída ao chão. Oscar sorria ao ver o estado lamentável em que Kim se encontrava.

Ao se ver livre da influência de Oscar, Rubens se deu conta do que tinha feito. Tocando Kim, que continuava a chorar copiosamente, pediu:

— Perdoe-me. Não sei o que me deu.

— Não ponha as mãos em mim, seu canalha!

Rubens passou a mão pelo cabelo e sentou-se na cama. Em seguida, começou a chorar.

— Kim, por favor, me perdoe. Nunca fui violento, você sabe disso.

— Sim, mas agora é diferente. Você sente ódio de mim. Eu não o quero mais, entendeu? Não sou uma mulher qualquer para receber esse tratamento.

Rubens ouviu aquelas palavras e sentiu-se, de certo modo, aliviado. Ele não queria mesmo continuar com aquele relacionamento, pois temia perder a esposa. Vestindo-se rapidamente, saiu pela porta da cozinha sem nem mesmo olhar para trás.

João observou Kim se dirigindo ao banheiro. Ela ficou ali por muito tempo.

— Esse animal estuprou Kim — esbravejou João.

— Uma rameira não merece tratamento diferente. Ele apenas cumpriu com seu papel de macho — respondeu Oscar, e caiu na gargalhada.

— Diga-me: o que era aquela névoa que saía do seu baixo-ventre?

— Na verdade — explicou Oscar —, aproveitei para apimentar a relação. E posso lhe garantir que foi muito bom.

Vendo o riso perverso que Oscar exibia, João não se atreveu a dizer mais nada.

Kim, ao sair do banheiro, vestia uma fina camisola. Deitou-se e chorou copiosamente. Vê-la chorar fez João perceber que ainda a amava. Ele ficou penalizado por ela estar sofrendo daquela maneira.

Oscar não pôde deixar de notar o que acontecia. Sentindo que João poderia fracassar em seus planos de vingança, advertiu:

— Ouça, não se deixe levar pela piedade. Esse sentimento poderá fazê-lo fracassar em sua missão. Pense que ela o traiu e que se casou com você apenas pelo dinheiro. Não seja tolo em se deixar levar pelas lágrimas de uma mulher. Ela recebeu o que merece. E todas as vezes em que ela tentar se deitar com Rubens, farei a mesma coisa. Logo você mesmo poderá fazer isso. Essa é nossa estratégia: agir nas sombras.

Vendo que João ainda exibia uma expressão incerta, prosseguiu:

— Não acredito que depois de tudo que ela lhe fez você ainda nutra algum sentimento por ela! Você foi ferido em seu sentimento mais íntimo. Eles zombaram de você, traíram-no miseravelmente, e agora você sente pena dela? Por favor, João! Não se esqueça de que estamos aqui para fazer com que os dois traidores paguem pelo que fizeram.

João nada respondeu. Permaneceu olhando Kim, que continuava a chorar com o abajur ainda aceso.

— Sei muito bem por que estou aqui. Não precisa ficar me lembrando disso a toda hora. Agora saia! Quero ficar sozinho.

— Vai consolar a mulher que o traiu e que jogou seu nome na lama? Tenho certeza de que é de domínio público essa traição.

— Saia! — vociferou João. — Quero ficar sozinho.

Sorrindo ironicamente, Oscar se aproximou de João.

— Escute aqui, seu infeliz, não vou sair porque está mandando, mas para contar aos outros o que fiz. Mas voltarei em seguida. Você não manda em ninguém, nem em você mesmo, seu tolo.

Oscar sabia como ferir alguém. Suas palavras eram sempre duras e cruéis. Ele se retirou, deixando João sozinho no quarto com Kim.

Ao ver mais atentamente os ferimentos de mordidas nas costas e nos braços de Kim, João sentiu pena. Se aquilo havia acontecido, a culpa era dele. João se lembrou de uma frase que sua mãe sempre usava: "A vingança não é para os fortes, mas para os fracos que não têm força de se sobrepor à dor". Ao recordar aquela frase, arrependeu-se por ter se envolvido com Oscar e seu bando, mas sentia que agora já não poderia mais voltar atrás.

Rubens saiu da casa de Kim arrasado. Não conseguia entender como pudera ser tão cruel com ela. Kim só queria, pensava ele, ser amada, como toda mulher.

Ao ganhar a rua, Rubens pegou o carro que deixara a duas quadras da casa. Sentando-se, pegou firmemente no volante e chorou... Chorou como uma criança que houvesse machucado seu cãozinho sem querer.

Depois de se acalmar, resolveu voltar para casa. Afinal, Janete estava há muito tempo sozinha.

Ao chegar em casa, encontrou-a com as luzes apagadas, exceto a luz do grande corredor que levava ao quarto do casal e, no lado oposto, ao quarto de hóspedes.

Rubens sabia que Janete já se encontrava dormindo, por isso decidiu que iria dormir no quarto de hóspedes. Precisava tomar um banho e pensar no que acontecera em seu encontro com Kim Albuquerque.

Rubens decidiu que, para não acordar Janete, pegaria roupas na lavanderia. Sabia que Denise havia passado as roupas e que não as tinha guardado. Ele se dirigiu à lavanderia e pegou um pijama. Após, entrou no banheiro do quarto de hóspedes. Depois de um banho demorado, jogou-se na cama, completamente descoberto. Por mais que quisesse entender, menos explicação encontrava para a selvageria cometida. Logo ele, que era tido pelas mulheres como um verdadeiro cavalheiro, havia se deixado levar pela raiva surda de Kim. Praticamente a violentara!

Rubens voltou a chorar até que, vencido pelo cansaço, adormeceu. Mas seu sono foi intranquilo e perturbado.

No dia seguinte, Kim levantou-se e não dirigiu uma palavra que fosse a ninguém. Sentia ainda no corpo os reflexos da violência sofrida.

Sentou-se para tomar café e ficou olhando para um ponto indefinido. Não havia percebido que Jonas estava ali, servindo-lhe o leite. Subitamente, irrompeu em um pranto sentido.

Jonas, habituado a ignorar qualquer atitude dos patrões, fez de conta que nada havia percebido. Retirou-se com rapidez dali.

Leila, no entanto, resolveu perguntar:

— Dona Kim, se sente mal?

Kim não prestou atenção nas palavras de Leila. Levantou-se brusca-mente e subiu quase correndo as escadas.

Jonas, como era de costume, após ter voltado para a cozinha, aguar-dava as ordens da patroa para retirar a mesa.

Leila entrou na cozinha e imediatamente contou ao mordomo sobre as lágrimas pungentes da patroa.

Jair, que entrara na cozinha naquele momento para perguntar a Jo-nas se iriam mudar as azaleias de lugar, ouviu parte da conversa. O jardineiro pediu um pouco de café, na intenção de se demorar mais na cozinha a fim de saber sobre os últimos acontecimentos. Quando Leila se dirigiu a ele e relatou o que estava acontecendo, adicionou a informação de ter visto Rubens entrar na casa para se encontrar com dona Kim.

A discrição era peculiar a Jair, de modo que ele demonstrou não estar nem um pouco interessado na conversa, embora estivesse atento a cada palavra de Leila.

Jonas, como que para cortar a conversa, interpelou:

— Muito bem, repórter Esso. Agora que já contou sua fofoca mati-nal, vá cuidar do serviço.

Jair sorriu com o comentário de Jonas. Leila, pegando sua touca, saiu a fim de cumprir as obrigações do dia.

Kim entrou em seu quarto e jogou-se na cama entre lágrimas e so-luços sentidos. Os reflexos da violência não estavam somente em seu corpo, mas, sobretudo, em sua alma feminina, que sofrera o abuso e nada pôde fazer contra seu agressor.

João estava encostado na janela e viu o estado lastimável em que Kim se encontrava. Naquele momento não sentia raiva de Rubens. Sabia que fora Oscar quem orquestrara aquela selvageria. Decidiu então que teria de se livrar daquele bruto e de seus companheiros.

Por mais que dissesse sentir ódio por Kim, na verdade João a amava. Dera-se conta disso quando vira as lágrimas caírem sofregamente dos olhos daquela que havia sido sua esposa.

Oscar se aproximou, como se atraído pelos pensamentos de João. Vendo o olhar condolente do empresário falecido, comentou em tom jocoso:

— Não vá me dizer que está com dó da meretriz.

João sentiu uma raiva intensa de Oscar. Mas não disse nada.

Oscar se dirigiu à cama onde Kim se encontrava, qual trapo jogado no chão.

— Meu amigo, ela está fazendo graça. Na verdade, ela gostou. Essas lágrimas parecem pedir outra dose do remédio.

João se sentiu cego pelo ódio. Perdendo a calma, avançou na direção de Oscar e deu vazão a seu rancor contra aquele que fora culpado pela agressão que Kim sofrera.

Oscar não se intimidou, e a briga com ofensas começou a se tornar intensa.

Kim, que nada sabia sobre o caso, continuava deitada, mergulhada na própria dor, enquanto Oscar e João se esbofeteavam, caindo muitas vezes sobre a cama e sobre Kim, que passou a sentir arrepios intensos e muito frio. Kim se levantou e pegou um cobertor. Enrolou-se nele, sem vontade de sair do quarto naquele dia.

Enquanto a briga prosseguia, Romualdo foi até Dente-de-Sabre e contou o que estava acontecendo. O chefe foi pessoalmente tentar acalmar os ânimos. Entrando no quarto, ordenou gritando:

— Parem, ou mando os dois para o Abismo! Seus incompetentes! Mando vocês até aqui para cumprirem uma missão e tenho de vir separar a briga de dois idiotas.

Oscar levantou-se e olhou para Dente-de-Sabre, a quem muito respeitava. João, por sua vez, encostou-se na parede e começou a contar o que Oscar havia feito.

Dente-de-Sabre voltou-se para João:

— Você é o mais idiota de todos! Onde já se viu isso? Oscar está querendo ajudá-lo a se vingar de seus traidores, e você ainda se deixa levar pelo sentimento de afeição por essa rameira! Não posso acreditar.

Oscar sorriu sutil e vitoriosamente ao ouvir as palavras do chefe.

Dente-de-Sabre comentou:

— Você deveria ser grato a Oscar, isso sim. Afinal, ele estava aqui lavando sua honra, que foi manchada pela traição dessa mulher adúltera.

João nada respondeu, porém continuava a sentir raiva de Oscar.

Dente-de-Sabre, percebendo o que João sentia, ordenou:

— Pois bem. Você não vai sair daqui, e vai olhar o que farei.

João ficou preocupado com Kim, que sequer desconfiava do que estava acontecendo em seu quarto. Sentia apenas o frio aumentar vertiginosamente.

Dente-de-Sabre, querendo se mostrar superior aos dois que haviam brigado, aproximou-se de Kim e a envolveu em densa névoa. Kim rapidamente adormeceu.

Depois de alguns minutos, Kim dormia a sono solto. Por fim, João avistou Kim se duplicar. A parte mais leve ficou suspensa sobre o corpo que estava estendido na cama.

João assustou-se. Imaginou que Dente-de-Sabre houvesse tirado a vida de sua esposa. Mas Kim estava apenas se desdobrando, algo comum a todos os encarnados no momento do sono. Entrando em um torpor natural, o espírito se livra dos grilhões que o prendem a matéria e alça novos voos, nos quais aproveita a liberdade espiritual.

Sendo assim, Kim não se deu conta de que seu corpo material estava em repouso quando avistou Dente-de-Sabre, João e Oscar, que a fitavam sem nada dizer.

Dente-de-Sabre deu início à conversa:

— Você continua a ser a meretriz que causou a morte de João. Por esse motivo, não terá paz enquanto viver.

Kim permaneceu em silêncio. Fitou João e pôde notar, pelo seu olhar, como ele estava triste. Sem saber como, o corpo fluídico de Kim mergulhou no corpo carnal, fazendo que sua matéria acordasse sobressaltada. Sentou-se na cama, preocupada, porque havia sonhado com João. A única coisa que ficara registrada em sua mente era o olhar triste do marido e sua postura imóvel. Forçou-se por lembrar mais, e então recordou da figura grotesca que lhe dissera algo, mas de cujas palavras não conseguia se lembrar.

Kim resolveu levantar. O sonho lhe causara grande mal-estar, a ponto de sentir uma grande angústia brotando no âmago de seu ser. Dirigiu-se ao banheiro para um banho, enquanto Dente-de-Sabre dizia aos dois:

— Vocês estão aqui justamente para fazer com que essa mulher pague pelo que fez, e não para ficar brigando sem motivo algum. Você, Oscar, causa-me repulsa. Sendo o mais experiente do grupo, não deveria ter se deixado envolver e perdido o controle da situação. Quanto a você, João, tinha em mente fazer algo muito pior com sua esposa, mas vi que estava em franco desespero. Porém, apoio Oscar. Kim vai ter de sentir na carne a besteira que fez ao trair você justamente com seu sócio e amigo. Se ainda a ama, por que quis fazer parte de nosso grupo? Molengas como você não têm lugar entre nós. Mas, já que entrou para o bando, vai ter de aprender a se controlar. Deixe de ser tão bobo. Enquanto sente pena da traidora, ela se esbalda com Rubens.

Aquelas palavras mexeram com João. Ele sentiu o ódio por Rubens aumentar a ponto de dizer:

— Você tem razão. Rubens e Kim não merecem minha compaixão. Sempre dei tudo que o dinheiro podia comprar a ela; dei-lhe, além disso, meu nome e um lar. E ela me responde como? Traindo-me dessa maneira? Oscar, pode continuar com seu intento. Não vou me importar mais. Acho que já é hora de aproveitar essa fragilidade de Kim e atormentá-la até vê-la se rastejar, tal como a cobra que é.

Oscar sorriu com admiração para Dente-de-Sabre. Ele havia conseguido fazer que o ódio de João por Kim e Rubens voltasse com mais intensidade ainda.

— Está certo — respondeu Oscar a João. — Espero que contenha seus impulsos, pois este é meu trabalho, e me foi concedido autonomia total. Se Kim vai sofrer, isso virá como punição pelos seus erros cometidos.

— Vamos terminar logo com isso. Quero saber o que acontecerá comigo depois que terminarmos esse trabalho com Kim e Rubens.

— Calma! — respondeu Oscar. — As coisas devem ser meticulosamente estudadas. Você sentirá o gostinho da vitória quando ver os dois traidores sofrerem como cães sarnentos.

"Não devo ter compaixão de Kim. Afinal, ela não teve pena de mim quando decidiu me trair. Quero vê-los sofrendo", pensou João.

— Ótimo! — respondeu Dente-de-Sabre, como se João tivesse falado em voz alta tudo que havia pensado. — É assim que se diz.

A partir daquele momento, João começou a controlar melhor seus sentimentos, a fim de que a compaixão não atrapalhasse seus intentos. Sempre que ficava diante de Kim, fazia questão de manter em sua mente a traição cometida pela esposa.

Dente-de-Sabre ordenou a Oscar que envolvesse Rubens a fim de que ele não se separasse de Kim naquele momento. Era imperioso que o romance entre os dois continuasse. O chefe, após se retirar, deixou Oscar e João ainda no quarto de Kim.

— Vai me deixar trabalhar agora ou não?

João apenas meneou a cabeça confirmando.

Kim, depois do sonho que tivera, lembrava-se sempre de João, de como ele procurava ser atencioso com ela, embora fosse um homem ocupado. Não lhe saíam da mente as gentilezas do marido, as vezes em que recebera flores quando ele não estava na cidade.

Parada em frente da cômoda, demorou seu olhar sobre o retrato dela e do marido no Central Park, em Nova York.

Um profundo remorso por ter traído o único homem que a amava assomou seu coração. Consciente de sua beleza, ela sabia que a maioria dos homens com quem se envolvera não a via como pessoa, mas sim como um belo troféu para exibir em restaurantes finos e casas de espetáculo.

Sentindo o coração se enternecer, João firmou o pensamento na traição de Kim. Com isso, sentiu o ódio voltar com toda intensidade.

— Muito bem — aprovou Oscar. — É exatamente assim que você deve se portar. Se ficar preso somente aos bons momentos que teve com sua esposa, fracassará em sua missão. E você não é um fraco, não é mesmo?

João não gostava nem um pouco de Oscar. Por isso, preferiu silenciar a dizer qualquer coisa.

Oscar se aproximou de Kim e a envolveu em uma névoa escura, fazendo que ela sentisse saudade do amante.

Enquanto isso, Kim pensava: "Estou sentindo falta de Rubens... Não, não posso sentir saudades dele! Não depois da violência que ele me infligiu ontem à noite. Ele mais parecia um animal, um ser selvagem, alguém que faz questão de mostrar sua força".

O que Kim não podia ver, no entanto, era que aquele ser, antes um homem em seu corpo de carne, a envolvia, provocando nela a falta do contato físico de Rubens. Deixando-se levar pelas lembranças das noites que passara ao lado do amante, saiu do quarto e dirigiu-se para o corredor, onde havia um telefone.

Ouvindo a voz da secretária do outro lado da linha, Kim falou secamente:

— Alô. Aqui é Kim Albuquerque. Preciso falar com o senhor Rubens. Ele está?

— Sim, senhora. Um minuto só que vou pedir que ele a atenda.

Kim esperou alguns minutos e então ouviu a voz grave de Rubens:

— Alô.

Kim, por um momento, arrependeu-se de ter ligado, mas agora não podia mais voltar atrás. Afinal, o que ele pensaria?

— Rubens, sou eu, Kim — respondeu ela em voz insegura. — Preciso que venha aqui esta noite. Precisamos conversar.

Rubens passou nervosamente a mão pelo cabelo.

— Kim, espero que me perdoe. Não sei mesmo o que ocorreu.

— Esse não é um assunto para ser tratado por telefone. Peço que venha me fazer uma visita, no mesmo horário.

Assim que disse essas palavras, desligou o telefone, deixando Rubens sem nenhuma possibilidade de se esquivar daquela intimação.

Rubens baixou a cabeça entre as mãos sobre a mesa. Como pudera ser tão venal a ponto de se envolver com uma mulher caprichosa como Kim?, ele refletia. Ele sabia que corria um sério risco a partir daquele momento. Conhecera o lado vingativo de Kim, e ele não era nada agradável. Decidiu encontrá-la naquela noite, mas não se deitaria mais com ela.

Após desligar o telefone, Kim, por outro lado, havia também tomado uma decisão: ela se vingaria de Rubens, principalmente pela humilhação à qual ele a submetera na noite anterior.

Voltou ao quarto e de novo se jogou na cama pensando em uma maneira de fazer com que Rubens pagasse pela ofensa cometida.

❧

O dia transcorreu tranquilamente. Rubens, porém, encontrava-se interiormente destruído. Agora sentia plenamente que estava nas mãos de Kim.

Ligando para Janete, mentiu:

— Querida, hoje chegarei mais tarde em casa. Temos muito trabalho aqui. Não me espere para o jantar, por favor.

— Que estranho... — respondeu Janete. — Ontem você voltou ao escritório e não tenho sequer ideia de que horas chegou. Para completar, ainda me deixou dormindo sozinha. E hoje de novo vai ficar por aí?

— Sei que tenho trabalhado muito, minha querida. A única coisa que peço é que compreenda. Logo poderemos tirar umas férias e viajar para Aspen, no Colorado. O que me diz? Poderemos ficar num belo hotel ao pé da montanha e esquiar. Sei o quanto você gosta de esquiar.

Janete se deixou envolver inteiramente pela conversa macia do marido.

— Querido, vai ser maravilhoso! Quero mesmo esquiar e esquecer um pouco da rotina.

— Então, meu bem, deixe-me colocar o trabalho em ordem para que possamos viajar e aproveitar a companhia um do outro.

Janete, não cabendo em si de tanta alegria, respondeu:

— Ah, não vejo a hora de você tirar férias do trabalho. Você não sabe como sinto sua falta em casa, querido. Bem, já que vamos tirar férias, prefiro ficar sem você algumas horas a demorar mais ainda para viajarmos.

Rubens gostava muito do temperamento compreensivo da esposa.

— Muito bem, querida. Vou trabalhar agora para que possamos viajar e fazer dessa viagem a nossa segunda lua-de-mel.

Assim que Janete desligou o telefone, Rubens voltou a ficar com o cenho fechado. Refletindo bem, seu relacionamento com Kim já havia se desgastado mesmo antes do que acontecera.

Para si, Rubens afirmou taxativamente:

— Preciso arrumar um jeito de me livrar dessa mulher. Ela não pode acabar com meu casamento.

Com esse pensamento, Rubens decidiu que não se encontraria com Kim naquela noite. Voltou a trabalhar, procurando esquecer o assunto que tanto o atormentava.

Grandes descobertas em Campos

Alexandre continuava radiante pela injeção de ânimo recebida no Centro Espírita. Mal via a hora de chegar a Campos e procurar por Vítor novamente. Sabia que, se o encontrasse, estaria com a ponta do *iceberg* nas mãos.

Foi ter com Walter para avisá-lo da viagem.

— Walter, peço que me faça companhia em uma investigação a Campos.

Walter estranhou o fato.

— Eu?

— Sim, você — respondeu Alexandre com seriedade.

— Preciso falar com o doutor Oswaldo antes.

— Não há necessidade; já pedi autorização a ele.

Walter não gostava muito de sair da delegacia, mas aquiesceu. Afinal, era uma ordem de trabalho.

— Certo. A que horas pretende ir?

— Agora mesmo.

Walter, ainda que não entendesse a urgência do investigador, falou:

— Estou a sua disposição, Alexandre.

— Então vamos. Antes, porém, quero que passe em sua casa e tire a farda. Prefiro que vá à paisana.

Walter, como sempre discreto, respondeu:

— Está bem. Você me leva até em casa? Lá me trocarei rapidamente para seguirmos sem atraso.

Dando um tapinha nas costas de Walter, Alexandre avisou:

— Claro que levo. Mas peço que não se demore mesmo. Quanto mais cedo chegarmos lá, mais tempo teremos para trabalhar.

— Alexandre, Campos não é tão perto... Por que não ficamos hospedados na cidade por uns dois dias? — sugeriu Walter. — Assim teremos tempo para descobrir mais coisas.

O investigador achou a ideia boa, mas pensou em Luiza e Humberto. Tendo isso em mente, considerou melhor voltarem no mesmo dia. Mas, enquanto se dirigia à casa de Walter, decidiu que realmente não poderia desperdiçar uma oportunidade como aquela.

— Walter, estou pensando aqui... Pegue uma muda de roupas. Vamos ficar hospedados lá, como você sugeriu.

Era acertada aquela decisão, pensou Alexandre. De fato precisariam de um tempo razoável para descobrir o que os familiares de Vítor estavam escondendo.

Depois de dez minutos, Walter saía de casa com uma pequena mochila nas mãos. Alexandre aprovou a diligência do soldado, pois ele também teria de passar em casa e pegar algumas roupas, além de avisar a esposa de que ficaria em Campos uns dias.

Maria Luiza compreendeu pacificamente a ausência do marido. Pediu que não se preocupasse com eles, pois ela e Humberto ficariam bem.

Alexandre despediu-se da esposa e do pequeno Humberto, e partiu rumo à delegacia a fim de avisar Oswaldo sobre a permanência na cidade.

— Vá tranquilo, Alexandre — respondeu o delegado. — Mas me traga resultados, por favor. Não suporto mais passar em frente da cela de Marco Aurélio e ver a tristeza estampada no rosto daquele rapaz.

Meneando a cabeça, Alexandre comentou:

— Quem te viu e quem te vê, não é mesmo, Oswaldo? Para quem tinha certeza antes de que Marco Aurélio era o culpado...

Mal-humorado com a brincadeira do investigador, Oswaldo resmungou:

— Vá logo e me deixe trabalhar!

Alexandre sabia que o delegado não gostava quando alguém o contrariava. Soltou uma espontânea gargalhada

— É isso mesmo, doutor Oswaldo. É muito bom reconhecermos quando alguns de nossos pensamentos estão errados.

Oswaldo, ainda de semblante fechado, nada respondeu.

Alexandre se despediu rindo, sem levar em conta a expressão séria do delegado. Walter permanecia no carro esperando.

Após colocar o cinto de segurança, perguntou:

— Walter, você está levando seu revólver?

— Claro, Alexandre. Você já viu um policial que não tem arma desempenhar um bom papel? Estou pronto para o que der e vier.

Ligando o carro, finalmente partiram para Campos.

Walter dormia, por isso não viu quando, passando por um buraco na rodovia, o investigador furou o pneu. Só acordou quando Alexandre tirava o macaco do porta-malas. Em minutos ele estava fora do carro ajudando o investigador.

Após a troca do pneu e quase cinco horas de viagem, chegaram à cidade.

Alexandre voltou ao estabelecimento onde encontrara Vadinho pela primeira vez. A pretexto de tomar um sorvete, ficou ali conversando com Walter, porém o rapaz não apareceu naquele dia.

Lembrando-se de que o dono do estabelecimento parecia conhecer Vadinho, aproximou-se e perguntou:

— Por favor, o senhor poderia me informar como posso encontrar Vadinho?

O dono do local, achando que Alexandre era da mesma espécie de Vadinho, encolheu-se, o que chamou atenção de Alexandre e Walter. O homem não conseguia disfarçar o medo que sentia daquele indivíduo.

Alexandre aguardava uma resposta do homem quando, de repente, Vadinho em pessoa entra na lanchonete. Ao vê-lo, o investigador foi a seu encontro.

— Que bom ver o amigo por aqui. Perguntava justamente sobre você ao dono da lanchonete.

Vadinho se lembrou no mesmo instante de Alexandre.

— Estou sempre aqui tratando de negócios. Mas, diga-me: por que voltou à cidade?

— Vim porque estou com uns probleminhas em casa com minha esposa e hoje quero lhe pregar uma peça. Ela vai sentir minha falta. Só volto amanhã à noite. Quem sabe na solidão ela não aprende a me dar valor...

Agradava Vadinho saber sobre os problemas alheios.

— Ah, entendo — respondeu ele. — Pelo jeito, você ama mesmo essa mulher, não?

— Muito. Sou louco por ela. Mas, para ela, tudo que faço é pouco; nada está bom.

Alexandre mentia sobre sua vida para conseguir um ponto de identificação com Vadinho. Sabia como ele era mau elemento.

Vadinho, sem desconfiar de nada, entrava na conversa do policial.

— Venha se sentar conosco. Hoje trouxe um amigo para me fazer companhia. O nome dele é Walter. Ele é solteiro — mentiu o investigador.

Walter, com todos aqueles anos de profissão, conseguia identificar um mau elemento de longe. Desse modo, apenas sorria e meneava a cabeça.

Alexandre queria tirar mais coisas de Vadinho. Convidou-o, portanto, a ir àquele bar onde tinham ficado durante horas da outra vez que estivera em Campos.

— Vou sair com meus amigos mas volto depois para pegar meu dinheiro — avisou Vadinho ao dono da lanchonete.

O dono do local permaneceu em silêncio.

Walter sentiu verdadeiro asco por Vadinho. Imaginava que o dinheiro que o dono da lanchonete lhe devia não passava de um pagamento às chantagens feitas pelo mau sujeito.

Fingindo ignorar o que Vadinho dissera, Alexandre chamou:

— Venha! Hoje quero tomar todas e conversar muito. Estou precisando de alguém que me ouça.

Vadinho, como era interesseiro e sabia que Alexandre iria pagar a conta, sorriu como se Alexandre fosse seu grande amigo.

Os três se aproximaram do carro. Walter deixou Vadinho sentar no banco da frente, todo orgulhoso, para incitá-lo a ficar mais à vontade. Era evidente que o sujeito era bastante vaidoso.

Aprovando a atitude de Walter com uma troca de olhar rápida, o policial se dirigiu ao bar. Escolheu uma mesa e logo pediu uma cerveja.

Vadinho, como era grande consumidor de bebida alcoólica, acompanhou avidamente com o olhar o garçom que chegava à mesa com os copos.

— Escute aqui — falou Vadinho —, não quero tomar em copo não. Prefiro as canecas de chope, pois são maiores.

Os policiais riram da observação de Vadinho. Acompanharam o garçom, que foi e voltou, desta vez, com as canecas. Nelas, é verdade, cabia praticamente uma garrafa inteira da bebida.

Quanto mais Alexandre enchia a caneca de Vadinho, mais rápido ele a virava.

Depois de um tempo, Alexandre começou a falar de mulheres. Passou a contar mentiras tão deslavadas que, por vezes, Walter não podia conter um sorriso.

— Não sei por que as mulheres são tão complicadas. Quando nos conhecem, mostram-se como as criaturas mais doces e encantadoras que existem. Porém, quando passamos a conviver com elas, aí sim é que mostram quem realmente são. Em geral são autoritárias, ciumentas, briguentas; enfim, nos tiram a paz.

— É por isso que não levo nenhuma mulher a sério — respondeu Vadinho. — Gosto de usá-las, nada mais. Para conviver comigo, basta minha mãe!

Walter sorriu ao ouvir o comentário bem-humorado de Vadinho. Alexandre, de sua parte, se esmerava como ator.

— Você é casado ou amasiado? — perguntou Vadinho.

— Amasiado — mentiu o policial. — Se ela já é capaz de me humilhar e maltratar sendo amasiado, imagine se fosse casado com ela! Acho que ela faria coisas ainda mais terríveis comigo.

Vadinho perguntou novamente:

— Você a ama?

Alexandre, naquele momento, para se inspirar, pensou em Maria Luiza. Não conseguiu esconder a emoção ao falar da mulher que amara a vida toda.

— Sou louco por ela. É a criatura mais doce que já conheci, a mais compreensiva. Ela é a mulher da minha vida.

Vadinho, percebendo que Alexandre caíra em contradição, perguntou assustado:

— Mas você não acabou de dizer que sua esposa o maltrata e é intransigente com você?

Alexandre se deu conta da mancada que acabara de dar.

— Quando eu respondi pensava em como ela era na época em que a conheci — respondeu ele, tentando despistar. — Ela era tudo de que eu precisava naquele momento. É daquela mulher que sinto saudades. Embora ela seja difícil, eu ainda a amo muito.

Vadinho ficou convencido, para alívio dos policiais.

— Escute aqui, amigo — aconselhou Vadinho —, enquanto você ficar preso à época em que namoravam, continuará a sofrer por ela. Esqueça a moça que conheceu e pense na mulher que ela é hoje e no quanto ela tem tirado sua paz. Deixe de sofrer por quem não merece. Sou do tipo que, antes de amar alguém, prefiro amar a mim mesmo e fazer tudo que me traz alegria. Prender-me a uma mulher? Jamais!

Walter não se surpreendeu. Achava Vadinho egoísta demais para conseguir amar outra pessoa. Com certeza era do tipo que preferia continuar sozinho, abusando da ingenuidade das moças desavisadas. Então ele, que até ali estivera quieto, resolveu entrar na conversa.

— Mas amar é a melhor coisa do mundo. Tenho uma namorada e sou muito feliz com ela.

Vadinho riu ao ouvir as palavras de Walter.

— Você diz isso porque não conhece as mulheres. Quando namoram, elas são uma coisa. Porém, quando passam a viver junto com algum otário, elas se mostram. Olha, se você gosta de ser capacho de mulher é problema seu. Mas eu não sou assim mesmo. Sou esperto e não caio em conversa macia de mulher. Para mim, elas não passam de uma boa diversão. Tenho várias namoradas, mas não fico com nenhuma.

Interessado naquele rumo de conversa, Alexandre perguntou:

— Mas você mantém relações com essas moças?

— Com duas delas sim. As outras não me deixam nem chegar perto.

— Então por que você as namora?

Vadinho, olhando para um ponto indefinido, explicou:

— Tenho várias namoradas justamente para não acontecer o que aconteceu com vocês dois: não quero me apaixonar. Todo homem apaixonado vira cobra, pois vive se rastejando. Eu sou esperto, meu amigo. Não me apaixono nunca, nem quero.

Alexandre riu da colocação de Vadinho. Walter, porém, se segurava para não dar um soco no rosto de Vadinho.

Enquanto conversavam, Alexandre ia pedindo outra e outra cerveja. Quando Vadinho saía para ir ao banheiro, algo que acontecia com frequência, pelo volume de cerveja que consumia, Walter e Alexandre colocavam o conteúdo de seus copos na caneca de Vadinho, que já estava visivelmente alterado. Além disso, aproveitavam também essas ocasiões para conversar.

— Não gostei nem um pouco desse sujeito — afirmou Walter na primeira vez em que ficaram sozinhos. — Você ouviu o que ele disse. Acabou de nos chamar de otários por sermos apaixonados por nossas esposas.

— Não se deixe levar pelas provocações dele. O que ele pensa a nosso respeito não me faz a mínima diferença. Estamos aqui para descobrir o paradeiro do primo, e é isso que faremos.

— Mas, Alexandre, você não vê que ele vive aterrorizando os comerciantes da cidade? Por certo está fazendo chantagem com aquele pobre homem da lanchonete.

— Sim, também percebi isso. Mas, seja como for, só depois que descobrirmos o paradeiro de Vítor é que poderemos dar um jeito de ajudar o pobre homem.

Vadinho já voltava. Apesar do volume de álcool ingerido, o moço ainda estava firme. Continuando a encenação, Alexandre, que esvaziara o copo há pouco, se serviu de mais um pouco de cerveja.

Vadinho nem mesmo se sentara direito e já virava o conteúdo da caneca de chope, ajeitando-a para que Alexandre a enchesse novamente.

O investigador estava atônito ao ver o quanto Vadinho bebia. Mas sentia-se satisfeito também. Quanto mais rápido ele ficasse bêbado, mais rápido acabaria por abrir o bico e falar sobre Vítor.

Com o passar das horas, entre uma caneca e outra, e várias idas ao banheiro, Alexandre chegou à conclusão de que Vadinho estava bêbado. Ele tropeçava nas próprias pernas cada vez que saía da mesa.

— E aí, meu amigo? Como vai a família? — perguntou Alexandre, como quem não quer nada.

— Estão todos bem. Só estou incomodado com algumas coisas que estão acontecendo em casa, mas, no mais, está tudo ótimo.

Então ele estava com problemas familiares? Alexandre sentiu que esse ponto poderia dar em alguma coisa.

— Seu primo está tomando seu espaço na sua própria casa, não é mesmo? Por que ele não fica na casa da mãe dele?

Vadinho, sem se dar conta, respondeu:

— Ele não fica na casa da mãe dele porque sabe que lá iria ser encontrado. Mas quem iria suspeitar que ele está na casa da tia, não é mesmo?

O investigador procurou controlar a ansiedade. Seu coração batia descompassado.

— Mas por que ele tem de ficar na sua casa? O que ele fez?

Vadinho, levando o dedo à boca, disse em tom de confissão:

— Olha, vou lhe contar, mas não fale para ninguém esse segredo, está bem?

— Pode deixar — assentiu Alexandre, tentando manter um tom natural.

— Sinceramente, não sei ao certo o que Vítor fez, mas, pelo medo que tem, deve ter sido coisa grave. Ele disse à minha mãe que se deixou levar por uma dona ricaça do Rio, e fez a maior burrada de sua vida.

Walter perguntou:

— Mas que tipo de burrada?

— Bem, pelo que sei, meu primo foi obrigado a apagar o dono de uma agência de entregas e também um empregado.

Alexandre sentiu uma luz reacender no fim do túnel.

— Ah, mas aqui ele está bem escondido. Ninguém vai descobri-lo. Ele fez muito bem em sair do Rio.

— Pois é... Mas confesso que não sei até quando ele ficará em minha casa. Minha mãe gosta de tratá-lo bem só porque ele é um doutor. Mas eu estou cansado de tanta paparicação da família pra cima dele. Às vezes tenho vontade de fazer uma denúncia anônima só para que ele saia da minha casa de uma vez.

O próprio investigador podia ser testemunha desse cansaço. Desde a última vez que falara com Vadinho notava-se a diferença: agora ele se mostrava mais aberto. Certamente a permanência do primo doutor não o estava agradando nem um pouco. Ele estava irritado com a preferência que a mãe demonstrava pelo sobrinho.

Walter, interessadíssimo no que Vadinho dizia, perguntou em tom inocente, fingindo tomar um gole de cerveja:

— Mas por que Vítor tem de ficar em sua casa? Por que ele não fica na casa da mãe dele?

Alexandre achou a pergunta de Walter bastante oportuna.

Vadinho, tomando o resto de cerveja que estava em sua caneca, como que para adquirir forças, continuou:

— Também acho que ele deveria ficar na casa da mãe dele. Todo mundo o tem como o bom rapaz da família e agora todos estão encobrindo seu crime, deixando-o se esconder em Campos. Minha mãe se põe contra mim e a favor dele. Confesso que não suporto mais essa preferência. Se ele ficasse na casa da minha tia, por certo a polícia já o teria achado. E eu, que sou a ovelha negra da família, tenho de ouvir minha mãe dizer o tempo inteiro: "Vadinho, não coma isso porque é do Vítor. Não pegue tal cobertor porque é do Vítor. Vadinho, a partir de hoje você vai dormir na sala, pois seu primo está acostumado a ter privacidade". Meus amigos, estou cansado disso tudo. Desde que meu primo se instalou em minha casa, sinto que perdi meu espaço.

Alexandre estava eufórico, embora não deixasse transparecer nada. Ele mal podia acreditar que descobrira enfim o paradeiro de Vítor Castelli.

— Mas, da última vez que conversamos, você não disse que ele não se encontrava mais na cidade?

Sorrindo, sem se importar com o fato de estar dando com a língua nos dentes, Vadinho confessou:

— Da última vez que o vi, não sabia que minha mãe ia mudar tanto comigo por causa de um assassino. Por isso contei aquilo que fui instruído para contar. Mas agora estou cansado de ser preterido, principalmente por minha mãe, por causa de um doutorzinho assassino como aquele.

Feliz com a descoberta, o investigador arrematou:

— Vadinho, vou levá-lo embora. Você tomou todas; não quero que saia por aí desse jeito.

Vadinho, que pensava que os outros dois também haviam bebido além da conta, respondeu:

— Sei que bebi. Eu assumo. Mas vocês estão querendo provar que estão bem, quando sei que tomaram tanto quanto eu. Só querem botar banca pra cima de mim.

Alexandre piscou disfarçadamente para Walter. Após pagarem a conta, fingiram também estar bêbados. Carregaram Vadinho até o carro cantando uma música que estava em voga.

Sob o efeito do álcool, Vadinho começou a dizer:

— Escute aqui, vocês são meus únicos amigos. Não tenho mais ninguém. A única pessoa em quem confiava era minha mãe, mas agora nem nela confio mais...

Ao dizer isso, Vadinho teve uma crise de choro. Tentou agarrar Alexandre pelo pescoço dizendo que ele era seu amigo do peito.

Walter estava irritado. Se havia algo que não suportava eram bêbados que falavam sem parar.

— A sua mãe prefere seu primo por quê? Ele dá dinheiro a ela? — indagou Walter.

Vadinho se voltou para Walter, no banco traseiro do carro.

— Claro! Desde que ele chegou em casa, minha mãe tem pouquíssimos gastos. Ele vai até o banco e sempre retira dinheiro de sua conta para ajudar a minha mãe em suas despesas domésticas. Toda a família o tem como o mais generoso de todos os parentes, mas, na verdade, ele não me engana. Quando estava ganhando bastante dinheiro no Rio, ele sempre mandava dinheiro para a mãe *dele*, e não para a minha. Sei que minha mãe não passa de uma mulher interesseira, pois se ele não a estivesse ajudando em casa, ela o trataria como me trata. Ela sempre diz que sou a vergonha da família, que sou um vagabundo. Até de marginal ela vem me chamando ultimamente.

Alexandre percebeu o ciúme contido nas palavras de Vadinho.

— É, meu amigo, as pessoas são todas iguais. Basta alguém lhes dar dinheiro para que mudem radicalmente de lado — confirmou Alexandre.

Vadinho, em tom choroso, prosseguiu:

— Minha mãe tem de entender que eu sou o filho dela, e não aquele assassino revestido de doutor. Sei que tenho muitos defeitos, mas se tem uma coisa da qual minha mãe jamais poderá me acusar é de ser assassino.

Walter não aguentava a curiosidade, por isso indagou:

— Que dinheiro você estava cobrando do dono da lanchonete?

Vadinho levou o dedo indicador à boca e falou baixinho:

— Vou lhes contar um segredo. Mas vocês não podem contar a ninguém! Cobro o dono da lanchonete porque lhe digo que protejo o local do assédio de ladrões. Só que, das quatro vezes em que foi assaltado, fui eu mesmo quem facilitou tudo para os ladrões. Agora ele me paga para não ser assaltado novamente.

Walter se indignou com aquilo. Respondeu em tom sarcástico:

— Você faz a vigilância da lanchonete.

— Não só da lanchonete, mas dos bares em geral. Na verdade, não protejo nada; só digo para os marmanjos não roubarem os estabelecimentos de que tomo conta.

Sem poder se conter, Vadinho explodiu em uma risada, enquanto dizia, quase sem fôlego, que os comerciantes eram otários.

Walter teve de controlar o ímpeto de esbofetear Vadinho. Olhando para Alexandre, que lhe passou uma mensagem de cautela com o olhar, se conteve.

Em pouco tempo Alexandre deixava Vadinho em frente de sua casa. Ele precisava saber com certeza onde ele morava.

Depois de Vadinho se despedir, Alexandre pediu que Walter voltasse para o banco da frente. Assim poderiam conversar melhor no caminho.

— Ele mal se aguenta de tanto ciúme que tem de Vítor. Foi por isso que deu com a língua nos dentes!

— Também percebi isso — disse Alexandre. — Ele condena o primo, mas presta menos que ele.

— Manda assaltar os estabelecimentos e depois cobra dos donos, fazendo a "segurança" do local. — Walter sacudia a cabeça numa expressão de profundo desgosto. — Isso é crime, não é?

— É delito de extorsão. Mas, na verdade, é menos grave do que o assassinato que o primo cometeu.

Curioso, Walter perguntou:

— E o que faremos agora?

— Vamos procurar um hotel para passarmos a noite. Amanhã de manhã vou ligar para Oswaldo pedindo que ele entre em contato com o delegado daqui a fim de podermos procurar Vítor na casa da tia.

— Por que simplesmente não vamos à casa da tia e o prendemos? — perguntou Walter, que pouco entendia sobre leis.

— Ora, Walter, não podemos fazer isso. Vítor está em outra jurisdição. Oswaldo tem de mandar o pedido de busca para o juiz, e este terá de enviar uma carta precatória para o juiz desta comarca. Só então o juiz desta comarca fará o pedido de busca. Não podemos infringir as leis.

Walter, ainda um tanto confuso com os termos usados por Alexandre, pediu:

— Por favor, troque em miúdos o que acabou de dizer.

— Certo. Não posso fazer nada. Quem tem de fazer é a polícia daqui. Quem vai entregar Vítor Castelli a Oswaldo é o delegado daqui.

Sentindo-se um tolo, Walter decidiu que precisaria voltar a estudar a fim de não passar mais por tais constrangimentos.

Alexandre chegou ao centro da cidade e encontrou uma pensão, onde arranjou um quarto barato com duas camas. Queria economizar porque a conta do bar ficara alta.

Walter estava cansado. Além de aguentar Vadinho, o que não havia sido fácil, tinha também a viagem, que havia sido desgastante.

Ao chegarem à modesta pensão, Alexandre e Walter entraram no humilde quarto cujas paredes tinham um tom claro de bege e onde havia duas camas com um criado-mudo entre elas. Um velho guarda-roupa jazia com a porta aberta.

— Walter, o banheiro fica no corredor — avisou Alexandre. — Tome banho primeiro. Depois vou eu. Se quiser, poderemos sair para tomar um lanche.

— Vou aceitar sua oferta. Estou completamente suado. Mas me recuso a comer qualquer coisa. Estou muito cansado para sair do quarto após o banho.

O investigador, que também se sentia bastante fatigado, concordou. Assim que Walter deixou o banheiro, Alexandre foi rapidamente se banhar também.

Ao voltar para o quarto, Walter já dormia.

No dia seguinte, Walter e Alexandre se levantaram e foram à lanchonete tomar café da manhã. Em seguida, o investigador arranjou uma maneira de ligar para o Rio e relatar tudo que havia descoberto a Oswaldo.

Quando Oswaldo tomou conhecimento das descobertas feitas na viagem, ficou radiante. Não demorou muito para que enviasse ao juiz um pedido de busca na cidade de Campos. Mas, como era de seu conhecimento, o processo não era rápido. Tudo dependeria do juiz da comarca da cidade.

Oswaldo mandou que Alexandre permanecesse em Campos. Ele se encarregaria de avisar Maria Luiza e a esposa de Walter sobre a demora deles por mais um ou dois dias.

Alexandre queria voltar logo para o Rio, mas sabia que Vítor era a peça principal para aquele quebra-cabeça, que parecia ter um milhão de peças. Portanto, todo esforço no sentido de capturá-lo era necessário.

Walter não se importou em ficar mais, embora não tivesse gostado da cidade. Para ele, não havia cidade tão bonita quanto o Rio de Janeiro.

Oswaldo agilizou o pedido para o juiz. Depois de cinco horas, o juiz da comarca de Campos enviou o mandato à polícia da cidade para prender Vítor, que estava sob investigação.

Eram mais de quatro horas da tarde do dia seguinte quando a polícia se dirigiu à casa da mãe de Vadinho a fim de buscar Vítor para esclarecimentos.

Alexandre acompanhava os policiais e pôde auxiliar na captura de Vítor, que estava sentado comodamente na varanda atrás da casa lendo uma revista em quadrinhos. Vadinho não se encontrava na casa naquele momento.

Alexandre ouviu o chefe de polícia dizer:

— Vítor, por favor, nos acompanhe.

Vítor, ao reconhecer Alexandre, concluiu que nada poderia fazer. Entregou-se sem resistência, deixando a tia aos prantos, gritando que o sobrinho não era bandido.

Walter havia ficado do lado de fora. Logo viu Vítor saindo do interior da casa algemado.

O delegado mandou que enviassem Vítor naquela mesma tarde ao Rio. Providenciou um camburão, cuja parte de trás foi reservada para o preso.

O delegado de Campos deu o caso como encerrado para ele. Estendendo a mão para Alexandre, parabenizou-o:

— Ah, se todos os investigadores fossem como você, não teríamos tantos casos arquivados.

Alexandre sorriu e agradeceu o elogio. Aguardou que a viatura saísse na frente e partiu em seguida, acompanhando-a. Chegaram à delegacia por volta de dez e meia da noite. Oswaldo os aguardava.

— Como sabe, tenho direito a um advogado — Vítor falou secamente, assim que deparou com o delegado. — Vou ligar para o Maurício Villa Verde a fim de que venha me tirar dessa enrascada.

Alexandre se sentara na ponta do tampo de uma das mesas da delegacia.

— Vítor, por que fugiu daquela maneira? — inquiriu ele.

Vítor conhecia as leis muito bem. Sabia que a justiça lhe conferia o direito de ficar calado até que o advogado de defesa chegasse. E foi isso que ele fez.

Depois de cerca de trinta minutos, Maurício chegou à delegacia. Ele estava por dentro do assunto porque havia feito a defesa de Kim.

— Já vi gente burra — foi logo dizendo a Vítor —, mas como você ainda está para existir. Por que fugiu? Não sabia que, com sua fuga, iria apenas agravar a sua situação?

Vítor não gostou das palavras do advogado.

— Escute aqui, estou na condição de cliente. Portanto, desejo que me respeite.

Desta vez, foi Maurício que não gostou das palavras do cliente. Contudo, contemporizou.

— Está bem. Conte-me tudo para que eu descubra um modo de fazer a sua defesa.

Vítor a princípio começou a mentir para Maurício, mas o advogado, que conseguia reconhecer muito bem quando alguém mentia, aconselhou:

— Vítor, para que eu possa defendê-lo, preciso saber a verdade. Não posso pegar seu caso se vejo claramente que está mentindo para mim.

Constrangido, Vítor passou a narrar, desta vez, detalhadamente tudo que sabia e, principalmente, o que havia feito.

Maurício não se mostrou surpreso com nada que Vítor contou. Apenas respondeu:

— Com toda a experiência que tenho como criminalista, posso lhe afirmar que está bem encrencado. Verei o que posso fazer, mas acho por bem você confessar o que fez. Talvez eu possa pedir um *habeas corpus* para que responda em liberdade.

Naquela mesma noite, Oswaldo pediu a prisão preventiva de Vítor, pedido prontamente atendido pelo juiz Fernando Marques, o mesmo que cuidava do processo do assassinato de João Albuquerque de Lima.

Vítor foi encaminhado à cela da delegacia, mas não ficou com Marco Aurélio. Sozinho, poderia refletir melhor sobre o que havia feito.

Alexandre se encontrava muito cansado. Por isso disse ao delegado:

— Amanhã não estarei aqui na parte da manhã. Preciso descansar com urgência. Talvez só chegue depois das duas da tarde. Tudo bem?

Oswaldo, bastante orgulhoso do trabalho feito por Faro Fino, respondeu:

— Farei melhor por você. Tanto você quanto Walter não precisam vir amanhã. Descansem à vontade.

— Também não é para tanto... Vou dormir até um pouco mais tarde e virei depois das duas.

— Está bem, Faro Fino — sorriu o delegado. — Faça como quiser.

Lembrando-se do desenho animado que inspirara aquele seu apelido, devolveu o sorriso. Dando um tapinha nas costas de Oswaldo, despediu-se. Não via a hora de chegar em casa. Estava com muita saudade da esposa e do pequeno Humberto.

As forças do mal e as forças do bem

Rubens chegou naquele dia à casa de Kim bem mais sério que o habitual. Entrando pela cozinha, subiu para o quarto da dona da casa.

Kim estava deitada. Ao ouvir a porta se abrir, apenas sentou-se na cama e, em tom frio, perguntou:

— Alguém o viu entrar?

— Não. Tomei cuidado para que ninguém me visse aqui. Aliás, cuidadoso eu sempre fui. Você não tem do que se queixar.

— Posso dizer que até ontem eu não tinha do que me queixar em relação a você. Hoje, no entanto, posso enumerar algumas das coisas que você me fez, às quais não consigo perdoar.

Sentado na cama, Rubens passou a mão nos cabelos, denunciando o quanto estava nervoso.

— Kim, perdoe-me. Sinceramente, não sei o que me deu. Fiquei pensando nisso o dia todo hoje e não consigo entender o que houve.

— Se você não sabe o que aconteceu, eu sei: pensou que eu fosse alguma das rameiras com as quais sempre esteve acostumado a se envolver. Rubens, eu ainda o amo, mas você me feriu muito com aquela grosseria de ontem.

Rubens, ao observar Kim, pôde notar o quanto ela estava abatida. Suas olheiras estavam fundas e denotavam todo seu sofrimento pelo abuso sofrido na noite anterior. Sem se conter, Rubens se entregou às lágrimas.

— Kim, me perdoe — pediu ele entre soluços. — Você sabe que sempre fui um homem gentil, mas ontem era como se não fosse eu; era como se uma força maior me impelisse a fazer aquilo com você.

Kim sentiu sinceridade nas palavras do amante. Porém, como ainda estava tomada de raiva, continuou:

— Se eu tivesse mil vidas, nas mil vidas eu não o perdoaria. Você foi longe demais, e me humilhou indescritivelmente com aquela atitude.

— Está bem, Kim. Acho melhor não vir mais aqui. Agora sinto que há uma lacuna entre nós. Vejo que é impossível continuarmos.

Envolvida pelo ódio, Kim vociferou:

— Então confessa que me humilhou ontem somente para encerrar o nosso relacionamento?

À beira do desespero, Rubens retrucou:

— Por favor, nunca faria uma coisa dessas. É como eu lhe disse: não sei o que me deu. Mas, se não me perdoa, como é possível continuarmos nosso romance depois de tanta mágoa?

— Eu lhe disse que nosso relacionamento só vai terminar quando eu quiser — gritou Kim —, e digo mais: não o perdoo, é verdade, mas também não vou deixá-lo se livrar de mim. Se fez aquilo pensando que terminaria nosso caso, está redondamente enganado, meu caro. Você vai ficar comigo até quando eu quiser. E eu não quero dispensá-lo agora. Até ontem eu o amei, mas agora o desprezo. Você será para mim como um empregado, que estará a meu dispor quando eu desejar.

Rubens, considerando insuportável a empáfia de Kim, começou a gritar, sem se importar com quem pudesse ouvi-lo.

— Preste atenção! Não sou seu escravo para satisfazê-la quando bem desejar. Sou um homem que cometeu um erro, isso sim. E meu maior erro foi ter me apaixonado por você. Mas essa paixão já terminou, e você não imagina o sacrifício que tenho feito para me deitar a seu lado. Se me odeia tanto, é preciso que saiba que também eu não a tenho mais em alta estima há muito. Não dormirei mais com você, entendeu? Se quiser contar para Janete, pode fazê-lo! Confio no amor que minha esposa tem por mim. Você não poderá fazer nada para nos separar. Para mim, Kim, você era apenas um passatempo, que me cansou depressa, aliás. Se tem uma coisa de que me arrependo, foi ter traído meu amigo e sócio, o João, que não merecia ter uma mulher leviana como você. Assim como foi leviana a ponto de se deitar comigo, pode fazer o mesmo com qualquer outro. Jamais trocaria Janete por você. Agora, faça o que deseja, porque eu não volto mais atrás. Nosso caso terminou, e pronto! Vamos ver em quem Janete vai acreditar mais, se em mim ou em você.

Sentindo o ódio aumentar vertiginosamente, Kim esbravejou em resposta:

— Cale a boca! Não aceito ser tratada como uma meretriz numa noite e na noite seguinte ainda ouvir desaforos de você, seu miserável. Você não deveria se preocupar tanto com aquela sonsa da sua esposa; antes, deveria levar em conta sua reputação, que ficará gravemente comprometida se eu disser que você matou seu sócio à polícia. E eles acreditarão em mim, pode ter certeza. Não terei compaixão ao vê-lo trancafiado numa cela imunda, sendo acusado de assassinato.

As pernas de Rubens bambearam. Nervoso, ele constatou que, se Kim o acusasse pela morte de João, ele não só perderia Janete como também sua liberdade e a posição social que havia conquistado a duras penas.

Rubens não teve mais argumentos para protestar contra a vingança da amante. Sendo assim, deixou que as lágrimas caíssem livremente, dando curso a um pungente pranto. Sentando-se na cama, pediu humildemente:

— Por favor, entenda, nosso caso acabou na noite de ontem, quando eu a tratei como uma mulher qualquer. Não podemos prosseguir com esse sofrimento. Você, melhor que ninguém, sabe que eu não matei João. Afinal, estávamos em pleno colóquio amoroso no momento do disparo. Não seja tão cruel e vingativa.

Kim sentiu um prazer intenso, como nunca imaginara sentir na vida, ao ver o desespero de Rubens. Ela chegara à conclusão, altamente gratificante para ela, de que apesar de o amante ser um belo homem, ele reagia como uma criança ao se sentir ameaçado. Querendo ainda dar continuidade ao romance, ela disse, resoluta:

— Eu lhe disse que nosso caso vai acabar quando eu quiser. Por mais incrível que possa parecer, eu não quero perder você.

— Mas, Kim, se me odeia tanto... Não é melhor terminarmos tudo?

— Não sei se você é merecedor sequer do meu ódio. Só sei no momento que, enquanto eu desejar, você será meu.

Rubens arrependia-se infinitamente do grande erro que cometera ao se deixar levar pelos encantos de Kim. Sentindo-se completamente vulnerável pela chantagem que ela lhe infligia, ele deixou que ela o pegasse pela mão e o encaminhasse ao leito que outrora fora de João.

O casal não pôde perceber, contudo, que João e Oscar estavam no quarto. Por um breve instante, João sentiu pena de Rubens. Ele se envolveu com sua esposa porque ela havia dado espaço para isso.

Lendo os pensamentos de João, Oscar comentou:

— Não posso acreditar que você está com pena do homem que o traiu com sua esposa. Não vê o quanto é fraco? Além do mais, você estava caído lá fora e eles, se esbaldando dentro de sua própria casa. Tenho verdadeiro nojo de homens traídos que procuram arranjar justificativas para os traidores.

João procurou se manter forte diante de Oscar.

— Não estou arranjando justificativas para nada. Eles me traíram e agora têm de pagar. E você não tem o direito de dizer o que pensa para mim, Oscar. Não lhe dei liberdade para isso.

— Ótimo. Acredito em você. Então não haverá problemas se presenciar o que Rubens fará a Kim. Ele a tratará pior do que da última vez.

João concentrou-se na traição que sofrera, deixando-se envolver por pensamentos de ódio contra Kim e Rubens.

— Faça o que quiser — respondeu ele, já fortificado. — Não me importo. Ela se sentiu constrangida ao ser tratada como uma meretriz mas, na verdade, ela é menos que uma mulher da vida.

Oscar sorriu e esperou o momento em que, vencido, Rubens se deixou levar pelo desejo. Então se aproximou dele e o inspirou a tratar Kim com lancinante humilhação.

Kim, sem querer que a relação avançasse naquele tratamento, levantou-se da cama chorando.

— Não, não é isso que quero. Eu me apaixonei pelo homem gentil que conheci, e não por esse selvagem que você mostra ser agora. Sou uma mulher decente. Jamais permitirei que me trate como me tratou na noite de ontem. Vá embora!

Voltando a si após Oscar ter se afastado, Rubens também começou a chorar.

— Kim, acredite em mim. Não sei o que está havendo comigo. Nunca fui selvagem com mulher alguma. Acho que devo procurar um tratamento psiquiátrico. Perdoe-me, por favor.

Kim foi invadida por grande angústia ao deparar com o estado lastimável em que Rubens se encontrava.

— Eu não o amo mais. Por favor, saia da minha casa e não volte mais aqui. Você é um homem que não tem o mínimo respeito por uma mulher. Talvez Janete não o conheça suficientemente bem para saber com quem se casou. Agora, suma daqui!

Com os pensamentos conturbados, Rubens se vestiu e deixou o quarto de Kim sem ao menos olhar para trás. Saindo praticamente correndo dos limites da propriedade, já dando a partida no carro, refletiu sobre o que estava acontecendo com ele, sem encontrar nenhuma resposta.

Ao chegar em casa, viu que a luz da sala ainda estava acesa. Ao entrar, deparou com Janete, que falava ao telefone com uma daquelas senhoras beneméritas sobre a maternidade à qual prestavam ajuda.

Ao vê-la ao telefone, aproveitou para subir diretamente ao quarto e tomar logo um banho.

"O que há comigo? Por que, quando estou com Kim, sinto um prazer indescritível em humilhá-la? Será que estou deixando vir à tona um lado sádico que eu desconhecia?", pensava Rubens. "Por que sinto aquela angústia cada vez que entro naquele quarto? Acho que estou ficando louco! Sim, estou ficando louco, pois não há outra explicação plausível para meu comportamento."

Embaixo do chuveiro, Rubens deixou que as lágrimas caíssem. Talvez estivesse mesmo ficando louco.

Janete subiu a seu quarto assim que desligou e viu que a porta do banheiro do casal estava trancada. Batendo à porta, perguntou:

— Rubens, está tudo bem?

Sendo arrancado de seus temerosos pensamentos, ele respondeu:

— Sim, estou bem, querida. Já estou saindo.

Janete se censurou por estar preocupada demais. Devia estar vendo coisas que não existiam. Vestiu a camisola e deitou-se. Depois de alguns instantes, Rubens saiu do banheiro.

— Por que seus olhos estão vermelhos? Acaso esteve chorando?

Rubens tentou disfarçar a dor que invadia sua alma. Respondeu, querendo parecer natural:

— Querida, fiquei tempo suficiente embaixo do chuveiro para irritar os olhos. Veja como demorei. Minhas mãos chegaram a enrugar.

Janete ficou observando o marido se vestir. Embevecida por ter se casado com um homem tão bonito, convidou, em tom maroto:

— Por que vai se vestir? Venha se deitar.

Consciente da intenção da esposa, Rubens tentou fugir de seus apelos.

— Ah, meu bem, sinto muito. Estou cansado e amanhã tenho de ir ao escritório mais cedo.

Janete, que até então fora compreensiva com o marido, desabafou:

— Você anda se esquecendo que tem uma esposa que o ama em casa. Não acha que está trabalhando demais e dando atenção de menos a sua esposa?

Rubens sabia o quanto era justa aquela cobrança. Em silêncio, concordou e deitou-se ao lado da única mulher que realmente amara em toda a sua vida.

❧

No dia seguinte Kim estava pior que no anterior. Recusou-se a descer para o café da manhã, ficando no quarto o dia todo. Sentia uma angústia misturada com revolta e remorso por ter dispensando Rubens. Vez por outra, entregava-se às lágrimas, deixando-se levar pelo desespero.

Kim sabia que ainda amava Rubens. Porém, a atitude do amante nas duas últimas noites era algo que, de fato, nada tinha a ver com sua personalidade. Por mais que tentasse odiar Rubens, sabia perfeitamente bem que era apaixonada por ele.

Com esses pensamentos, soluçava baixinho, pois seu orgulho feminino não permitia que ela permanecesse se encontrando com aquele que a violara em seu sentimento mais caro.

João, ao deparar com Kim chorando por Rubens, não se conteve e, dando vazão à sua raiva, aproximou-se violentamente de Kim e, esbravejando, tentou golpeá-la. Oscar, a um canto do quarto, soltava gargalhadas.

Cego de raiva, João não percebeu que Kim se sentia mal a cada golpe desferido.

— Deixe de ser bobo! Não está vendo que só está judiando dela? Ela jamais vai poder sentir seus golpes. Não se esqueça: as melhores armas para um desencarnado são a inteligência e astúcia. Você não está encarnado para fazê-la sofrer fisicamente com seus socos. Posso dizer com convicção que está golpeando o ar.

João parou de tentar acertar Kim.

— O que quer dizer com isso?

Oscar, em tom superior, explicou:

— É fácil um encarnado acertar outro com socos ou com algum objeto, afinal, os dois estão na matéria, a qual responde adequadamente a vários tipos de reação. Quando, porém, um deles se encontra desencarnado, há outras maneiras de se vingar e maltratá-lo. Lembre-se: você não está encarnado; já perdeu seu corpo de carne. Contudo, agora que estamos desencarnados, somos muito mais fortes do que um encarnado, pois podemos agir sem que o encarnado tenha a menor suspeita de que estamos a seu lado. O desencarnado tem de compreender que a força física de nada vai adiantar. Antes, o que faz realmente a diferença é a maneira de golpear o inimigo encarnado.

João, sem muito entender, questionou:

— Como assim?

— Quero dizer que o desencarnado pode passar todo o seu ódio, amor ou mal-estar para um encarnado.

— Como podemos fazer isso?

— A maioria dos encarnados desconhece a existência de desencarnados a seu lado. Por isso, tornam-se presa fácil para um desencarnado que esteja querendo se vingar dele. Se um desencarnado tem um propósito de vingança, já conta com algo em seu favor: a ignorância do encarnado. Desse modo, ele poderá fazer uma simbiose energética com o encarnado sem que ele perceba isso. O desencarnado pode transmitir ao encarnado tudo aquilo que sente.

João lembrou-se então do que Oscar fizera Rubens praticar.

— Quer dizer que, quando se aproximou de Rubens fazendo com que ele agisse como verdadeiro cafajeste com Kim, você estava sentindo desejo de fazer isso com ela?

Oscar sorriu diante da ingenuidade de João.

— É claro! Ela é uma mulher linda, ao mesmo tempo que é uma meretriz. Lembrando a traição que ela lhe fez, senti como que uma repulsa por ela, por isso consegui que Rubens também a sentisse. Rubens, é evidente, não entendeu o que houve com ele. Afinal, ele desconhece essa realidade da vida, o que possibilita essa simbiose maravilhosa.

João estava perplexo.

— O que você sentiu ao fazer com que Rubens a humilhasse daquela forma?

Voltando a gargalhar, Oscar retrucou cinicamente:

— João, vou lhe dizer uma coisa: ainda sinto muita falta de determinados desejos pertinentes à carne. Sendo assim, no momento em que Rubens abusava de sua esposa, também me satisfiz, afinal estou tão próximo da matéria que ainda sinto os mesmos desejos de quando estava encarnado.

Boquiaberto diante daquela declaração, João desbafou:

— Isso é nojento! Como pode usar uma pessoa dessa maneira para satisfazer seus desejos mais baixos?

— Não, não é nojento. Aliás, não tem nada de nojento. Quem manda os desencarnados serem tão invigilantes? Você ainda está descobrindo esse lado da vida e ainda não atentou para determinados sentimentos e desejos. Porém, com o tempo, passará a sentir essas necessidades básicas. Você não percebeu como Romualdo, sempre que sai, volta um pouco alterado, como se tivesse bebido?

— Sim, percebi. Mas Romualdo jamais poderá beber, afinal ele está desencarnado — respondeu João.

— Engano, meu amigo. Cada vez que Romualdo sai, ele vai sempre atrás de alguém que tenha o mesmo vício que ele quando encarnado. Quando ele induz um encarnado a beber, também se aproveita do teor alcoólico do indivíduo, satisfazendo assim sua necessidade de álcool.

— Credo! Vocês são uns verdadeiros vampiros — concluiu João, admirado. — Isso me faz lembrar de filmes de vampiros que eu assistia nos cinemas.

— Se quiser chamar assim, pode chamar. Na verdade, é isso mesmo que fazemos. Precisamos fazer essa simbiose com o encarnado para nos sentirmos vivos.

João se lembrou do momento em que Rubens se apoderara do corpo de Kim feito um animal selvagem e sentiu verdadeiro asco por Oscar. Este, notando que João se deixava envolver por pensamentos mais puros, como a repulsa pela maldade que cometera, comentou:

— Cuidado com seus sentimentos. Você precisa melhorar esse seu lado humano. Isso pode prejudicá-lo.

Depois de dizer isso, Oscar se retirou, passando através da porta que se encontrava trancada pelo lado de dentro. João permaneceu ali, observando o quanto a esposa sofria. Sentou-se a seu lado na cama e passou a recordar como a havia conhecido e como ela mexera com seu coração. Foi demovido de seus pensamentos quando atraído por uma terrível mordida no ombro esquerdo de Kim, marcada em seu corpo pela selvageria que Rubens, inspirado por Oscar, havia cometido.

João sentiu raiva de Oscar. Ele se aproveitava da situação como desencarnado para agir como bem entendesse. Porém, sem querer arranjar confusão com Dente-de-Sabre, pensou: "Preciso arranjar uma maneira de enganar Oscar e Dente-de-Sabre. Não posso continuar a aceitar toda essa maldade. Sei que Kim e Rubens não me mataram. Claro que me traíram, mas será que Kim é totalmente culpada pela traição? Será que não tive minha parcela de culpa em tudo que aconteceu?".

Temendo não aguentar mais aquela situação, João concluiu que precisava arranjar um jeito de Kim se livrar de Oscar e seu bando. "Mas o que poderei fazer para ajudar Kim a se livrar desses demônios?", refletiu ele, colocando a mão na cabeça. João se encontrava visivelmente vulnerável diante daquela situação.

A partir daquele dia, João decidiu que precisaria arquitetar um plano para se livrar de Oscar e de todos aqueles espíritos imundos que estavam instalados em sua casa. Mas não demorou até que concluísse que não poderia fazer muita coisa, pois tanto Dente-de-Sabre como Oscar sabiam ler pensamentos. Sendo assim, logo descobririam o que ele estava decidido a fazer. João sentiu vontade de sair daquela casa e sumir para nunca mais encontrar Oscar e seu bando.

João não podia ver, mas, no mesmo ambiente em que se encontrava, formou-se uma linda figura de mulher que emanava luzes brancas sobre ele, envolvendo-o a ponto de fazê-lo sentir que tudo aquilo era errado.

Como João ainda estava muito envolvido com os fluidos deletérios de Dente-de-Sabre, não conseguiu ver a bela figura. Mas continuou pensando em sumir dali. "Por que simplesmente não podemos deixar de existir no momento da morte? Tudo seria bem mais fácil se deixássemos de existir. Ah, quantos mistérios ainda terei de descobrir com todo esse sofrimento?"

João começou a pensar no tempo que ainda era casado com Susana, e em como havia sido feliz naquela época. Ganhava pouco, mas tinha paz. Lembrou da ocasião do nascimento de Marco Aurélio, da felicidade quando ouviu o pequeno menino dizer pela primeira vez a palavra "papai" e de como Susana havia sido boa mãe e boa esposa.

Chegou à conclusão de que, se tudo aquilo havia acontecido a ele, era porque se mostrava mais amante do dinheiro e da ilusão da vida social que da família, que tantos bons momentos lhe proporcionara.

Embora se lembrasse dos momentos de felicidade que usufruíra em família, continuou a pensar: "Infelizmente Susana não era a mulher que eu precisava. Ela sempre se mostrou pacata e conformista com toda aquela pobreza em que vivíamos".

Susana se encontrava diante de João, e sentiu pena daquele que outrora fora seu marido. Depois de lhe emanar luzes, foi convidada a se retirar daquele local por Eliseu, que a olhava com complacência.

Kim sentou-se na cama, sentindo-se enjoada. "Não comi nada... Deve ser por isso que me sinto tão enjoada. Vou descer e comer alguma coisa a fim de que esse mal-estar passe."

Kim se vestiu e desceu. Já era quase hora do almoço. Ela encontrou Jonas tirando pó do piano. Com cara de poucos amigos, indagou:

— A mesa do café da manhã foi tirada, Jonas?

— Sim, dona Kim. Esperamos pela senhora mas, como não desceu, resolvi tirá-la porque estávamos quase arrumando a mesa do almoço.

— Está certo. Vou voltar para meu quarto. Peço que, assim que o almoço estiver pronto, venha me chamar.

— Pois não, senhora — respondeu Jonas, solícito.

Kim voltou a seu quarto e sentiu um breve arrepio percorrer-lhe a espinha, seguido de um frio indescritível. "Que estranho! Sinto tanto frio, mas não tenho febre. E o tempo está quente..."

Com esses pensamentos, Kim voltou a se deitar, cobrindo-se com um edredom leve. Rapidamente adormeceu.

João, que vigiava o sono de Kim, viu como ela se agitou antes de sair do corpo. Assim que se viu livre da matéria, João se aproximou e disse em voz suave:

— Kim, você precisa de ajuda. Deve procurar alguém que entenda de assuntos sobre a vida após a morte a fim de que compreenda o que está acontecendo. Aquele detetive, o Alexandre, deve ter respostas a algumas coisas que estão ocorrendo com você. Vá, não demore. Se não se apressar, eles vão acabar com você.

Kim, avistando João, passou a gritar:

— Você está morto! Vá embora para o inferno de onde veio!

João se encolheu quando viu Oscar entrar rapidamente no quarto. Kim, ao ver aquele espectro atravessar a porta, sentiu medo e se refugiou em seu corpo, que estava deitado sobre a cama.

Kim acordou sobressaltada. Então se lembrou de ter sonhado com João. Ela não conseguia se lembrar inteiramente do sonho, mas algumas palavras do marido haviam ficado registradas em sua memória: "Vá, não demore. Se não se apressar, eles vão acabar com você". E, logo em seguida, lembrava-se de ele ter mencionado o detetive.

Kim pensou se tratar de um pesadelo. Havia conversado na noite anterior sobre entregar Rubens à polícia. Sendo assim, relacionou o sonho a isso. Sua disposição havia melhorado. Sentia fome e não estava mais com aquele frio estranho que a fizera até mesmo se cobrir antes de adormecer.

Ao descer, encontrou a mesa posta e com Jonas, que subia as escadas.

— Dona Kim, estava indo chamá-la.

— Obrigada, Jonas. Quando estamos com fome, não é necessário que ninguém nos chame.

Jonas, um homem discreto por natureza, pediu licença e voltou à cozinha, rodopiando nos calcanhares.

Leila, que tagarelava com a cozinheira, deu-se conta de que Kim esperava o almoço quando Jonas entrou e avisou:

— Dona Kim está à mesa; vou servi-la.

A cozinheira respondeu:

— O almoço está pronto. Assim que dona Kim terminar de almoçar, tenho de sair. Vou ao colégio de meu filho. O diretor mandou me chamar. Acho que Roberto aprontou algumas das suas.

Comedido como sempre, Jonas disse:

— Está bem, pode ir. Mas não demore. Dona Kim pode entrar aqui a qualquer momento e não encontrá-la.

A cozinheira arrumou a mesa da cozinha onde os empregados comiam e ficou esperando Kim se levantar da mesa na sala de jantar para que finalmente pudessem comer em paz.

Leila estava ansiosa para que Kim almoçasse logo a fim de que os empregados pudessem almoçar e conversar sobre os últimos acontecimentos da casa.

Kim resolveu sair.

— Por favor, Jonas, diga a Cláudio que pretendo sair dentro de uma hora e meia.

— Pois não, dona Kim — respondeu polidamente o mordomo.

Em seguida, Jonas se encaminhou à cozinha para dizer a Cláudio que poderia almoçar antes dos demais, pois ele teria de sair em uma hora e meia.

Leila, ouvindo o que o mordomo havia dito a Cláudio, indagou:

— Tem certeza de que dona Kim vai sair hoje?

— Pelo menos foi essa a ordem que ela me passou — respondeu o mordomo, sem dar muita atenção à empregada.

Cláudio já estava faminto, portanto não achou ruim comer antes. Sabia que a patroa, quando marcava um horário, saía pelo menos com trinta minutos de antecedência.

Kim deixou a mesa e o mordomo começou a retirar os pratos.

— Estranho! Já faz algumas semanas que dona Kim não sai de casa. Para onde ela poderá ir? — questionou Leila, que viera ajudar Jonas na retirada da mesa.

Sem querer se envolver em assuntos que não lhe diziam respeito, o mordomo respondeu:

— Por que não pergunta a ela? Mas não esqueça de esperar para ouvir — sugeriu Jonas a Leila, rindo.

Em seguida os três empregados estavam à mesa da cozinha almoçando: Jonas, Leila e Jair.

Jair, como sempre, era o que menos falava, embora procurasse prestar atenção em tudo que ouvia. Leila iniciou a conversa:

— Não sei não... Acho que dona Kim está arrependida de mandar o doutor Rubens embora da sua vida!

Jair, que cortava tranquilamente um bife, voltou-se para ela.

— Leila, não acha melhor você não ficar falando essas coisas? Pode se meter em encrencas.

Leila, com ar de superioridade, respondeu:

— Olha, Jair, enquanto você cuida do jardim, sem saber de nada, eu, que fico dentro desta casa vinte e quatro horas por dia, sei de tudo que se passa neste mausoléu.

Jair riu das palavras de Leila.

— Como sabe que dona Kim não tem mais um caso amoroso com o doutor Rubens?

Avidamente, Leila passou a narrar:

— Ontem, enquanto eu fechava as cortinas para ir me deitar, ouvi uma conversa no quarto de dona Kim. Ela dizia que não queria mais nada com o doutor.

Jonas, tentando conter o entusiasmo de Leila, perguntou:

— Por que, em vez de ficar preocupada com a vida de dona Kim, você não cuida de sua própria vida?

Leila sentiu dentro de si a força de um vulcão entrando em erupção. Bruscamente retrucou:

— Escute aqui, Jonas, sei que você realmente é um mordomo cinco-estrelas, mas, se faz de conta que nada vê ou ouve nesta casa, eu não sou assim. Estou inteirada de todos os fatos.

Jair assustou-se com a reação de Leila, que praticamente gritava à mesa. Mal tendo tocado na comida, o jardineiro pediu licença e saiu para o jardim a fim de continuar seu trabalho.

Leila pensou consigo mesma: "Esse Jair não gosta mesmo de discussões". Após, encarando o mordomo, prosseguiu:

— Jonas, gosto muito de você. Posso lhe dizer que você é de fato um bom empregado. Porém, enquanto faz de conta que nada vê, apenas para manter o papel de mordomo exemplar, eu sinceramente não faço a mínima questão que dona Kim me veja assim. A única coisa que lhe peço é que não me chame a atenção na frente do Jair ou de qualquer outro empregado, entendeu?

Jonas, ignorando as palavras de Leila, continuou a comer lentamente, como se não ouvisse nada. Irritada, abusando de sua língua ferina, Leila não se conteve:

— Olha, meu amigo, se está apaixonado pela patroa, esse é um problema seu. Mas isso não lhe dá o direito de me tratar feito criança na frente dos outros. Agora me dê licença; tenho mais o que fazer.

Leila saiu rapidamente da mesa, dirigindo-se à lavanderia.

"Leila é uma boa pessoa. Infelizmente, não sabe controlar sua pior inimiga: a língua!", pensou o mordomo.

Terminando de almoçar, levantou-se e voltou a seus afazeres. Passados alguns minutos, ouviu a campainha tocar. Achando estranho receber visitas àquela hora, Jonas foi atendê-la prontamente.

Ao abri-la, qual não foi a surpresa de Jonas ao deparar com Alexandre, que aguardava do lado de fora.

— Por favor, Jonas — disse Alexandre —, gostaria de falar com a senhora Kim Albuquerque. Ela se encontra em casa?

Jonas sabia que Kim iria sair dali a alguns minutos, mas respondeu em seu costumeiro tom polido:

— Sim senhor.

— Peço que vá chamá-la, por favor.

Jonas pediu licença, fechou a porta atrás de si e saiu em direção ao quarto de Kim.

Ao bater à porta, ouviu uma voz estridente que vinha do interior do quarto:

— Quem é?

— Sou eu, dona Kim. Estou aqui para lhe dizer que o senhor Alexandre, o investigador, está aqui querendo ter uma palavrinha com a senhora.

Kim se irritou ao saber que Alexandre a esperava.

— Diga a ele que estou terminando de me arrumar e logo vou ter com ele.

Sem mais delongas, Jonas foi à sala de visitas e mandou que Alexandre entrasse. Com sua habitual discrição, pediu licença novamente e saiu.

Depois de alguns minutos, Kim saiu do quarto e foi até a sala de visitas conversar com o investigador. Encontrou-o consultando algumas de suas anotações. Ao se dirigir a ele, disfarçou sua dor e estampou um sorriso no rosto.

— Senhor investigador, o que faz em minha casa a uma hora dessas? Creio que não terei muito tempo, pois em quinze minutos vou às compras.

Com cordialidade, Alexandre respondeu:

— Dona Kim, entendo que é uma mulher muito ocupada. Mas lhe trago uma notícia que muito a agradará.

Sem nada entender, Kim olhou atentamente para Alexandre.

— Se está aqui na intenção de apenas informar algo, peço que o faça logo, pois meu motorista me aguarda para sairmos.

Alexandre não pôde deixar de notar o quanto Kim parecia mudada desde a última vez que a vira.

— Talvez a senhora não possa sair hoje. Ontem prendemos Vítor Castelli Filho, por isso apreciaria bastante se a senhora me acompanhasse à delegacia para uma acareação.

— Como? Acareação? Entendo que a polícia fez um excelente trabalho prendendo Vítor, mas o que tenho eu a ver com isso?

— Da última vez que esteve na delegacia, a senhora disse que foi Vítor quem enviou os convites para a festa na qual seu marido foi assassinado, não é mesmo?

— Sim... Mas eu já lhe contei tudo — respondeu Kim, encarando o investigador desafiadoramente.

— Hoje colheremos as declarações do doutor Vítor. Mas já adianto que ele poderá dizer algo que talvez venha a incriminá-la. Isso não seria nada bom para sua reputação perante a sociedade desta cidade.

Kim concordava com o investigador. Deixaria as compras para outro dia. Uma coisa ele havia dito bem: Vítor era bem capaz de dizer algo que a incriminasse e colocasse em maus lençóis. Depois de pensar por alguns minutos, respondeu:

— Vou avisando que só falo alguma coisa na presença de meu advogado, o doutor Maurício Villa Verde.

— Faça como quiser, senhora — respondeu Alexandre. — Só peço que não demore muito; o doutor Oswaldo está meio impaciente hoje.

— E o que eu tenho a ver com o mau humor do delegado?

— Talvez não tenha nada a ver, ou talvez tudo, não é mesmo?

Kim fuzilou o investigador com o olhar. Em tom nada amistoso, retrucou:

— Escute aqui, nada tenho a ver com a morte de João. Vou provar isso à justiça. O senhor vai ver.

— Dona Kim, o que penso ou deixo de pensar não vem muito ao caso; peço que ligue imediatamente para seu advogado a fim de que possamos estar o quanto antes na delegacia.

Kim se dirigiu prontamente ao aparelho telefônico e discou alguns números. Sendo atendida, pediu:

— Maurício, peço que venha à minha casa. Parece-me que a polícia encontrou Vítor e agora o investigador quer que eu vá à delegacia fazer uma acareação caso seja preciso.

O advogado, que sabia perfeitamente bem que aquela era uma atitude arbitrária da polícia, instruiu sua cliente:

— Kim, não saia daí. O delegado não pode fazer uma acareação entre você e Vítor sem uma prévia autorização do juiz Fernando.

Ao ouvir aquelas palavras, Kim sorriu vitoriosamente. Disse em seguida:

— Está bem. Vou esperar você chegar aqui para conversar com o investigador.

Assim que desligou, voltou-se para Alexandre.

— Não vou sair daqui sem que antes você fale com meu advogado. Ele acabou de me informar que essa coisa de acareação só se faz com uma prévia autorização do juiz.

Alexandre, em silêncio até o momento, respondeu:

— Está certo. Peço que me deixe fazer uma ligação para o delegado Oswaldo.

Sorrindo sarcasticamente, Kim indicou com as mãos o telefone.

Alexandre ligou para Oswaldo. O delegado respondeu que ela tinha todo o direito de esperar o advogado e ser levada por ele à delegacia.

Aproximando-se de Kim, o investigador falou que esperaria o advogado chegar sem maiores problemas.

Maurício Villa Verde chegou em menos de meia hora. Ao entrar na casa, pediu permissão a Alexandre para conversar com sua cliente antes de irem à delegacia.

Alexandre permitiu e, nesse meio-tempo, aproveitou para examinar melhor a sala onde estava. Notou o bom gosto que a dona da casa tinha. O bege do sofá combinava com as cortinas e com o tapete, e os móveis refletiam não apenas elegância, mas sobretudo poder aquisitivo, algo que Kim, sem dúvida, possuía.

Envolvido nessa observação, começou a sentir uma grande angústia, que não sabia de onde vinha. Ele sentia muita vontade de sair daquela casa, um desejo desesperador de deixar aquele ambiente.

Alexandre não pôde ver, mas os homens do bando de Oscar haviam se sentado a seu lado, sussurrando-lhe aos ouvidos que não deixasse Kim falar com o advogado, pois certamente ele a estava instruindo sobre como sair ilesa daquela situação.

A conversa entre Kim e o advogado durara cerca de quinze minutos quando Maurício, acompanhado por Kim, avisou:

— Creio que devemos ir. Afinal, minha cliente não tem nada a esconder.

Colocando-se em pé diante do advogado, o investigador forçou um sorriso e perguntou:

— A senhora vai comigo, não é mesmo?

— Jamais! — respondeu Kim. — Nunca entrei em uma viatura da polícia; tampouco o farei agora.

Alexandre sabia que não podia forçá-la a ir com ele. Ela era uma peça importante para a investigação, e não uma potencial suspeita.

Depois de alguns minutos, todos chegaram à delegacia. Kim, acompanhada de Maurício Villa Verde, não abandonou seu ar de superioridade.

Maurício, ao entrar na sala do delegado, estendeu-lhe a mão em um cumprimento cordial.

— Senhor delegado, não vejo motivo para trazer a minha cliente à delegacia. Creio que ela falou tudo que sabia. Mas, se acha necessário que ela esteja aqui, minha cliente fará tudo para cooperar com a lei e com a ordem.

Oswaldo, que conhecia muito bem aquelas palavras de praxe, sorriu e indicou a cadeira para que Kim se sentasse.

Alexandre, até então em silêncio, perguntou:

— Oswaldo, você pode mandar trazer Vítor, por favor?

Oswaldo foi categórico:

— Ainda não. Preciso conversar com dona Kim antes.

Kim olhou para Alexandre, deixando evidente a antipatia que sentia por ele. Sorriu silenciosamente.

Tal atitude deixou Alexandre furioso, mas ele, também sem dizer nada, apenas manteve o olhar.

Oswaldo começou a fazer as perguntas de sempre a Kim, às quais ela respondeu com as mesmas palavras, sem mudar em nada a versão que havia dado à polícia na ocasião de seu primeiro depoimento.

Para Alexandre era evidente que ela não estava mentindo. Depois de aproximadamente uma hora na sala, Oswaldo dispensou Kim e seu advogado. Kim perguntou se poderia usar o telefone. Pediria a Cláudio que viesse buscá-la na delegacia. Oswaldo permitiu que fosse usado o telefone de sua sala, o que causou uma expressão diferenciada no olhar de Kim.

Maurício Villa Verde, que também tinha Vítor Castelli como cliente, pediu licença a Oswaldo para conversar com ele. Alexandre não estava gostando nada daquilo.

— Não confio nesse advogado. Ele é uma raposa! É claro que deve ter instruído Kim para que continuasse a dizer as mesmas coisas.

Oswaldo notou que Alexandre já estava levando aquilo para o lado pessoal.

— Alexandre, cuidado! — aconselhou. — Você está levando as coisas para o lado pessoal, e isso não é bom. Seja como for, pelo menos ela conseguiu manter o mesmo depoimento. Vou ler os dois depoimentos, mas, pelo que percebi, não houve nenhuma contradição.

Alexandre olhou para Oswaldo e concordou.

— O pior de tudo é isso. Ela não caiu em contradição... Pelo que podemos concluir, ela não deve mesmo ter nada a ver com a morte do marido.

— Pelo rumo das coisas, acho que sim. Mas não é bom nos precipitarmos. Vamos estudar melhor o caso. Enquanto isso, peça que alguém conduza Vítor à minha sala. Está chegando a hora de ele começar a explicar tudo que sabe e, enfim, dar alguns esclarecimentos sobre os assassinatos de Nestor Martins e Isidoro de Almeida Fernandes.

Alexandre não cabia em si de alegria. Saiu praticamente correndo pelo corredor a fim de pedir que o soldado trouxesse Vítor à sala do delegado.

Vítor Castelli Filho, assim que chegou à sala de Oswaldo, sentiu ímpetos de sair correndo do local. Mas, como sabia que por toda a delegacia havia vários soldados armados, preferiu não arriscar.

Alexandre, sentado a uma pequena mesa, ao lado da máquina de escrever, à qual o escrevente usava, observou Vítor a distância. Nem de longe ele parecia o advogado garboso que vira pela última vez em seu escritório. Tomando a frente do delegado, Alexandre começou a fazer as perguntas.

Vítor, a princípio, respondia, mas não demorou para começar a gaguejar e entrar em condições, algo que deixou Alexandre satisfeito.

Oswaldo, em determinado momento, interferiu à queima-roupa:

— Por que matou Nestor Martins e seu empregado, Isidoro de Almeida Fernandes?

Vítor não estava habituado a ser pressionado. Raivosamente, respondeu:

— Não sei do que o senhor está falando.

Alexandre seguiu a mesma linha de perguntas.

— Como não sabe do que estamos falando? Não há por que negar. Já sabemos de tudo. É melhor dizer a verdade.

Vítor, certo de que se tratava de um blefe, respondeu:

— Continuo sem entender do que os senhores estão falando.

Alexandre por fim perdeu a paciência.

— Está lembrado de Vadinho?

Nesse momento, Vítor sentiu as pernas tremerem. Compreendeu que Vadinho o havia entregado à polícia.

Envolvido por essas reflexões, Vítor pediu com urgência:

— Peço que chamem o doutor Maurício Villa Verde para acompanhar esse interrogatório.

Alexandre não podia negar; era um direito de Vítor. Foi até o corredor e encontrou Maurício pegando alguns papéis com a recepcionista.

— Vítor está requisitando sua presença na sala. Será que poderia nos acompanhar?

O advogado, sem muita pressa, pegou alguns papéis da delegacia e colocou dentro de sua maleta. A caminho da sala do delegado e em poucas palavras, o investigador narrou tudo que acontecera em sua última viagem a Campos, principalmente o que Vadinho, primo de Vítor, havia dito.

Levantando o cenho, o advogado respondeu:

— Sou um homem honesto. Se meu cliente tiver mesmo metido nas mortes de Nestor e Isidoro, ele responderá por isso.

Os dois então entraram na sala. O interrogatório foi retomado.

— Aceitei defendê-lo — disse o advogado a Vítor — desde que fale a verdade, pois sou um homem de princípios. Não vou obstruir a lei, como alguns advogados fazem.

Vítor concluiu que não tinha escolha. Portanto, passou a responder às perguntas que a princípio se mostraram irrelevantes. Ao chegar à questão dos assassinatos, ele confessou:

— Sim, fui eu o responsável pelas mortes de Nestor e de seu empregado, mas, se o fiz, foi justamente para proteger Kim, pois ela queria fazer uma surpresa ao marido fazendo tiro ao alvo na festa. Porém, depois que João morreu, percebi que esse pequeno gesto de sua esposa poderia comprometê-la. Por isso decidi calar os dois, patrão e empregado, para que nada recaísse sobre ela.

— Mas por que você tentou esconder o fato do envio de um bilhete anexado ao convite para alguns convidados? — perguntou o delegado.

— Como já lhe disse, isso poderia envolver Kim, e isso eu não queria.

— Por que não queria? — indagou Alexandre, que era, sem dúvida, menos tolerante e paciente que Oswaldo.

Vítor baixou a cabeça e disse, num fio de voz:

— Porque estou apaixonado por ela.

O delegado, estupefato, mal podia acreditar.

— Então você confessa ser o autor das mortes de Nestor e Isidoro?

— Sim.

— Mas qual a sua relação com a morte de João?

— Nenhuma! Eu não sabia que aquela festa culminaria no assassinato do anfitrião.

Alexandre lançou um olhar significativo para Oswaldo, que permanecia encarando Vítor, para que nenhum detalhe de sua expressão lhe escapasse.

— Continuamos a investigar a morte de João Albuquerque de Lima, mas, se você tiver alguma coisa a ver com isso, saiba que sua situação se complicará ainda mais com a justiça.

Sem se intimidar, Vítor retrucou:

— Eu sei. Mas também sei que nada tenho a ver com o assassinato de João.

Mediante as palavras do cliente, o advogado de defesa falou:

— Meu cliente nada tem a ver com a morte de João e não negou em nenhum momento que foi o responsável pelas mortes de Nestor e Isidoro.

Oswaldo pediu que Vítor assinasse a confissão de assassinato. Uma vez feito isso, Vítor novamente voltou à cela onde estava.

O advogado comentou com o delegado:

— Como meu cliente não foi preso em flagrante, vou pedir um relaxamento da prisão por meio do *habeas corpus*.

— É um direito seu fazer isso — respondeu Oswaldo.

Despedindo-se do advogado, Oswaldo ficou apenas com Alexandre na sala.

— Parabéns, Faro Fino — cumprimentou o delegado. — Você conseguiu elucidar pelo menos uma parte desse crime que está me tirando noites de sono.

— Graças aos ensinamentos espíritas, com os quais aprendi que devemos confiar em Deus em primeiro lugar e também em nós mesmos, é que consegui pôr a mão neste sujeito.

Sorrindo, Oswaldo respondeu:

— Acho que devo estudar mais sobre espiritualidade. No que tange à confiança em nós mesmos, faz sentido, pois você estava desanimado e só conseguiu prender Vítor depois de voltar a confiar em si mesmo e em suas habilidades.

— Você faz muito bem se quiser estudar esses assuntos, Oswaldo.

Alexandre decidiu que já era momento de ter uma conversa com Marco Aurélio a fim de lhe contar sobre as últimas novidades do caso.

Assim se deu.

O rapaz ficou feliz com o novo rumo que as coisas estavam tomando.

— Não desanime, Marco Aurélio. Logo colocarei as mãos no assassino de seu pai e você ficará livre para retomar a sua vida.

Tocando a mão do policial, Marco Aurélio lhe disse:

— Deus tem ouvido as minhas orações. Honestamente, andei bem desanimado nos últimos dias, mas agora percebo que nem tudo está perdido.

— É assim que se fala, meu amigo. Continue demonstrando a mesma confiança em Deus e vai ver como tudo correrá bem em sua vida. Mas eu o aviso desde já: quando sair daqui, não pense que não precisará mais dos cuidados divinos. Se fizer isso, será um ingrato. Lembre-se de que precisamos de Deus em todos os momentos de nossas vidas, sejam eles alegres, tristes, cômicos ou trágicos.

Com lágrimas nos olhos, Marco Aurélio respondeu:

— De uma coisa tenha certeza: quando sair daqui, a primeira coisa que quero fazer é assistir a uma reunião no Centro Espírita que você frequenta. Têm me acontecido muitas coisas durante esse tempo em que estou encarcerado, por isso tenho certeza de que a doutrina me ajudará a entender o que houve.

Curioso, o investigador questionou:

— O que está havendo que ainda não tenha contado?

Marco Aurélio, baixando o olhar, disse ressabiado:

— Tenho visto minha mãe aqui na cela. Isso vem acontecendo há algumas semanas. Eu a vejo entrar por entre as grades e ficar parada em frente de minha cama. Ela está muito bonita, seus olhos castanhos estão ainda mais vivos, e ela me transmite muita paz. Além do mais, ela fala comigo, mas não como se estivéssemos conversando, como fazemos eu e você agora. Ela apenas pensa e eu posso sentir os seus pensamentos. É como se houvesse uma sintonia telepática entre nós, algo que torna bastante fácil nossa comunicação.

— E o que ela lhe diz? — perguntou Alexandre intrigado.

— Ela diz que, graças a Deus, estou aqui saldando uma dívida do passado. Embora eu não consiga entender direito o que isso significa, não importa. O que importa é o rastro maravilhoso no ar que ela me deixa quando vai embora; um cheiro de flores. Isso me faz dormir bem. Quando acordo, no dia seguinte, estou tão bem que fico com a impressão de ter dormido em minha cama. Depois, contudo, começo a sentir o desespero de estar preso nesta cela. É como se a realidade viesse à tona com toda força.

— Mas ela vem toda noite visitar você?

— Não. Por incrível que pareça, ela vem naqueles dias em que me sinto mais vulnerável diante do dilema que estou passando. Será que estou ficando louco, Alexandre? Às vezes penso que sim, que tudo não passa da minha imaginação, mas a sensação de vê-la é tão real que, só em pensar nisso, me vem aquele cheiro gostoso de flores que ela deixa no quarto. Preciso saber o que está havendo comigo. Se for um assunto de ordem emocional, vou me tratar. Mas como eu gostaria de ter certeza de que é minha mãe mesmo que vem me visitar...

Meneando a cabeça, o investigador sorriu:

— Calma, rapaz. Você não está ficando louco, apenas está deixando aflorar seu lado sensível que é capaz de ouvir os espíritos. Na verdade, meu amigo, sua mãe, depois de tudo que me descreveu, tem vindo visitá-lo sim. Por certo ela lhe diz muitas coisas que você não quer me contar. Está certo, não quero invadir sua privacidade. Respeitarei seu silêncio. Seja como for, sua mãe se preocupa com você. Se ela diz que você expia dívidas passadas, isso realmente é possível. E você deve ter sensibilidade mediúnica. Já falamos sobre isso, não é mesmo? O primeiro passo para você aceitar isso, meu amigo, é saber que a morte física não extingue o espírito, ou seja, o espírito continua vivendo mesmo após a morte do corpo físico. Isso é comprovado pelos inúmeros casos que vemos chegar às casas espíritas todos os dias. Você, Marco Aurélio, tem a capacidade maravilhosa de assimilar os dois mundos. Com trabalho, conhecimento e exercício, isso se tornará algo comum em sua vida.

Marco Aurélio respondeu temeroso:

— Eu não quero isso para mim! Quero ser como qualquer pessoa. Não desejo ver espíritos para que todos achem que sou mentiroso ou louco, pois é exatamente isso o que vão dizer de mim.

Alexandre compreendia a preocupação do rapaz.

— Marco Aurélio, há uns dois anos, mais ou menos, estávamos na Casa Espírita quando chegou uma moça chamada Odete. Ela chorava muito e dizia que precisava de ajuda. Dona Wanda, que iria dar a palestra daquela noite, pediu que ela ficasse sentada com os demais. Em seguida, ela seria encaminhada aos passes. Durante a palestra, a moça ficou atenta, prestando atenção em cada palavra que dona Wanda dizia. Depois de receber o passe ela já nem parecia a mesma moça que momentos antes havia chegado desesperada ao Centro Espírita. Dona Wanda, com seu jeito amoroso, fez um convite à moça que mudaria toda sua vida.

— Que convite? — perguntou Marco Aurélio interessado.

— Calma... Deixe-me terminar o relato que você vai entender — respondeu Alexandre. — Pois bem, dona Wanda disse que na quinta-feira haveria uma reunião e que ela estava sendo convidada. A moça ficou feliz por ser convidada e garantiu que compareceria. Pois bem, na primeira quinta-feira em que Odete deveria ir, ela não compareceu à Casa Espírita. Eu vou a essa reunião porque minha esposa é médium. Ela precisa trabalhar em favor dos espíritos sofredores e por ela mesma, como diz. Voltando ao assunto, depois de algumas quintas-feiras, a moça finalmente apareceu. Ela se mostrava agitada. Dona Wanda, com sua habitual brandura, disse a moça: "Odete, que bom que você veio". A moça respondeu: "Ah, dona Wanda, estou desesperada. Não aguento mais... Não consigo dormir e, quando começo a pegar no sono, ouço uma voz que me diz que vou pagar por todo o mal que pratiquei. Em seguida começam as torturas: um homem fala mal de mim, zomba, me chama de um nome que não é o meu, solta aquelas gargalhadas sinistras e me faz sentir muito frio. O frio chega a doer os meus ossos. Durante o dia eu não consigo dormir. Estou ficando deprimida. Confesso à senhora que nem vontade de me banhar eu tenho mais. Agora, para completar, ouvi minha mãe dizendo a meu pai que vai me internar em um sanatório para loucos".

Marco Aurélio assentia. Entendia o medo que aquela moça sentia. O policial retomou o relato:

— "Sinto que não sou louca, mas outras vezes tudo que ouço e sinto parece realmente ser fruto da minha imaginação doentia. Por favor, me ajude. Aqui é o último lugar que visitei em busca de ajuda. Se não conseguirem me ajudar, vou obedecer meus pais e ficar trancafiada num sanatório esperando a morte chegar. Só a morte poderá me trazer alívio dos sofrimentos pelos quais tenho passado."

— E o que fez dona Wanda? — quis saber Marco Aurélio.

— Às quintas-feiras, temos uma reunião chamada "reunião de desobsessão", portanto, ela foi ao lugar certo. A reunião se iniciou com uma prece fervorosa de dona Wanda, e os médiuns estavam todos em seus devidos lugares. Porém, dona Wanda colocou Odete sentada perto de uma médium cujo nome era Cleonice. Aliás, essa médium tem uma capacidade fantástica de ver os espíritos. Logo que a reunião começou, Cleonice viu uma figura dantesca logo atrás de Odete. A figura estava gritando e fazia gestos para a Odete. Rapidamente se descobriu, portanto, a causa do problema. A moça não era louca; antes, tinha um problema de ordem espiritual. Aquele espírito ficava torturando a pobre moça e, com isso, ele acabava com suas energias, fazendo com que a moça emagrecesse muito e que seu aspecto de fato parecesse o de alguém com um problema de ordem psiquiátrica. Mas, no decorrer da reunião, a moça estremeceu, suou, chorou e, finalmente, a entidade foi colocada atrás de Virgílio, médium que tem a capacidade de exprimir todos os sentimentos da entidade. Depois de um bom diálogo, a entidade compreendeu que poderia estar em mundos melhores em vez de ficar sofrendo e fazendo Odete sofrer.

Por fim, a entidade entendeu que sua revolta para com Odete não tinha razão de ser, pois ele havia guardado aquele ódio por muitos anos em seu coração e que aquele sentimento só lhe trouxera ainda mais dores.

— E como Odete ficou depois de todos esses acontecimentos? — indagou Marco Aurélio.

Alexandre, sem poder conter o riso diante da curiosidade do rapaz, respondeu:

— Bem, Odete nos contou, depois de alguns dias, que aquela primeira noite foi para ela maravilhosa, pois ela já não sabia o que era ter uma noite tranquila de sono. Depois começou a se reerguer e seu apetite voltou com força total. Ela não tinha mais aquela expressão de desespero. Além do mais, começou a trabalhar na Casa do Caminho como médium e hoje ajuda na Casa Espírita. Seus pais, a princípio, eram católicos ferrenhos e não podiam ouvir nada relacionado ao espiritismo. No entanto, ao perceberem a melhora da filha e, depois, constatando que ela não parecia mais precisar de um sanatório, com cautela Odete foi lhes contando aos poucos sobre onde conseguira ajuda. Hoje os pais dela são frequentadores assíduos da Casa Espírita.

— Então ela ficou boa mesmo? — inquiriu o rapaz.

— Sim, ficou. Todo médium, Marco Aurélio, vem com uma missão. Ele precisa usar essa capacidade para ajudar o próximo. A única maneira de fazê-lo é trabalhando. Quando o médium, por um motivo ou outro, não trabalha, ele entra num desequilíbrio grande. Foi justamente o que aconteceu com Odete. Pelo fato de ser católica, ela desconhecia o assunto mediunidade. Sem ter esse conhecimento, ela não pôde lidar com a sensibilidade mediúnica, o que lhe causou um desequilíbrio muito grande. A paz que ela desejava só foi conseguida depois de adquirir conhecimentos e, principalmente, trabalhar em favor do próximo. Hoje ela sente orgulho em contar como conseguiu a paz tão esperada. Conhecedora da doutrina espírita, ela vem ajudando muitos mediante essa ferramenta de trabalho. Quando sair daqui, vou apresentá-lo a ela e você poderá constatar, com os próprios olhos, que pessoa maravilhosa ela é. O mais importante é que ela é uma pessoa normal, como qualquer um de nós. A única coisa em que difere dos demais é na capacidade que, afinal, não é nenhum dom especial, pois todos os seres humanos a têm, em maior ou menor grau. Em alguns essa capacidade é mais aflorada.

Marco Aurélio, pensativo, continuava a ouvir atentamente o amigo.

— Se tiver uma capacidade mediúnica aflorada, meu amigo, não vai adiantar fugir dela, porque ela acontece independentemente de sua vontade.

— Eu gostaria de saber mais sobre isso. Onde eu posso pesquisar sobre esse assunto?

— Vou trazer a você um livro que vai elucidar várias de suas dúvidas — falou Alexandre. — É *O Livro dos Médiuns*. Nele você aprenderá que não há motivo para fugir de tal incumbência de trabalho, mas, antes, que deve agradecer a Deus pela oportunidade que tem de dar um passo largo rumo à evolução espiritual.

Nesse instante, Walter se aproximou da cela e se dirigiu à Alexandre:

— O doutor Oswaldo está chamando você à sala dele.

Sem entender direito, o policial questionou:

— Aconteceu alguma coisa?

— Não sei dizer.

Alexandre pediu que Walter abrisse a cela. Voltando-se para Marco Aurélio, completou, antes de sair:

— Agora tenho de ir. Mas não pense que está louco porque não está. Agradeça a Deus por estar recebendo essas visitas.

Assim que a cela foi aberta, Alexandre se retirou apressadamente em direção à sala do delegado Oswaldo.

Kim: beleza e maldade na mesma medida

Kim, ao sair da delegacia, sorria para si mesma. Entrou no carro onde o motorista a esperava, acomodou-se no banco traseiro e ordenou ao empregado:

— Cláudio, por favor, quero dar umas voltas por Copacabana. Estou com vontade de ver o mar.

O motorista apenas meneou a cabeça em sentido afirmativo. Ligou o carro e passou a conduzi-lo tranquilamente.

Cada lugar pelo qual Kim passava dava-lhe a sensação de que a vida realmente era bela e que ela deveria aproveitá-la melhor, uma vez que era rica e jovem.

Cláudio conduzia o carro próximo à praia.

— Por favor, pare aqui. Quero caminhar um pouco e sentir a brisa do mar.

O motorista parou o carro e abriu a porta para que Kim saísse.

— Onde quer que eu a espere, dona Kim?

— Espere-me aqui mesmo. Vou andar um pouco e em seguida voltaremos para casa.

Cláudio observou a placa à sua frente.

— Senhora, não posso ficar estacionado aqui. Vou esperá-la do outro lado, em frente daquele edifício.

Kim assentiu.

Cláudio trabalhava na casa dos Albuquerque há oito anos, mas não gostava nem um pouco de Kim. Achava a patroa esnobe e grosseira com os empregados.

Kim partiu para caminhar no calçadão. Ficou por alguns instantes observando as ondas que quebravam na praia, fazendo espumas. Refletiu sobre como era feliz, pois tinha tudo que o dinheiro podia comprar e, além do mais, sabia ter uma beleza singular.

Kim não reparou em um homem alto que vinha em sua direção. Ele trajava um terno, mas o paletó estava em seus braços. Ele se aproximou e parou a seu lado.

— Pelo jeito a madame gosta de observar a majestade do mar, não é isso?

Kim, que até aquele momento não havia notado o homem, olhou-o e percebeu se tratar de um turista, pois falava um português carregado, com sotaque, embora dominasse muito bem a língua.

Kim resmungou, sem querer esticar a conversa:

— Não existe ser humano que não goste de contemplar o mar e sua majestade!

O homem sorriu amigavelmente.

— De fato. O mar nos inspira a sonhar e amar. Não há nada mais romântico que ele. Seu ruído é como uma melodia para nossos ouvidos.

Aquele homem mostrava ter um lado bastante sensível. Essa característica chamou atenção de Kim. Ela então o encarou e constatou que se tratava de um belo homem, alto, loiro, de sobrancelhas grossas que realçavam olhos brilhantes e azuis, que lhe emprestavam um aspecto soberano. Sentindo-se admirada pela beleza dele, Kim respondeu:

— O mar dos amantes... É assim que posso definir o mar.

— Antes de qualquer coisa, deixe que eu me apresente. Meu nome é John Weber. Estou no Brasil há mais de um ano. Primeiro vim a trabalho, mas, mesmo após ter concluído meus negócios, resolvi ficar por aqui, pois amo esta terra.

— Então temos algo em comum — respondeu ela. — Cheguei ao Brasil por intermédio de meu marido, que conheci nos Estados Unidos. Mas, com o passar do tempo, descobri que não há lugar melhor para se viver. Gosto daqui, embora eu visite sempre que posso nosso país, a fim de rever meus familiares que se encontram lá.

John, com todo o cavalheirismo que lhe era possível, indagou:

— Por que não os traz para morar aqui? Tenho certeza de que adorariam ficar num ambiente paradisíaco como este.

— Eu bem que tentei, mas minha mãe não quer sair de seu país. Ela diz que lá nasceu e lá irá morrer.

— Nossa, que palavras tão fúnebres — riu John, bem-humorado.

Kim também deixou escapar uma risada. Porém, dando-se conta de que estava dando muita atenção a um estranho, falou:

— A conversa está muito boa, mas preciso ir embora.

O homem, olhando firme em seus olhos, inquiriu:

— Será que poderemos nos encontrar outras vezes?

— Acho que não. Dificilmente venho para esses lados da cidade.

Ao dizer isso, Kim começou a caminhar, afastando-se de John.

— *Good bye!* — despediu-se.

John não desviava o olhar de Kim. Acompanhou-a enquanto atravessava a rua e viu que um carro a aguardava em frente de um edifício.

Ao entrar no carro, Kim não pôde deixar de pensar em como aquele desconhecido lhe parecera agradável. Ele sabia como conduzir uma boa conversa. Sacudindo a cabeça, tentou não pensar mais no assunto.

— Pode guardar o carro — Kim avisou a Cláudio assim que chegaram à mansão. — Não pretendo sair mais hoje. Só peço que o deixe limpo para uma eventual saída inesperada.

— Pois não — respondeu o motorista educadamente.

Ao entrar, Kim notou que estava tudo na mais completa ordem. Mas não se sentia bem, portanto se dirigiu diretamente ao quarto.

Ela não sabia explicar, mas, enquanto estava na rua, sentia-se disposta e quase alegre. Quando chegava em casa, entretanto, sentia uma angústia indefinida que chegava a incomodar.

Kim não podia ver, mas quem lhe causava tal sensação eram Oscar e os outros do bando, que sempre ficavam ali de prontidão. Cada vez que um deles se aproximava dela, conseguia lhe transmitir um medo que ela não sabia explicar de onde vinha.

Kim entrou em seu quarto e começou a procurar um vestido alegre. Ela não gostava de se vestir com cores sóbrias. Sempre havia gostado de cores exuberantes, que realçassem ainda mais suas madeixas louras.

Após um banho demorado, ela se deitou e ficou lembrando da expressão de desapontamento no rosto de Alexandre, pessoa de quem ela particularmente não gostava.

João estava no quarto com Kim. Ele aguardava que ela decidisse o que fazer quando, num salto, ela saiu do quarto e dirigiu-se ao telefone que ficava no corredor. Discou e ficou esperando alguém atender.

— Alô — disse a voz do outro lado. Era a secretária de Rubens.

— Por favor, gostaria de falar com o senhor Rubens. Diga a ele que é Kim Albuquerque quem vai falar.

A secretária respondeu simpaticamente:

— Pois não, senhora. Vou transferir a ligação para a sala dele.

Kim esperou por mais uns dois minutos e então ouviu a voz de Rubens:

— Oi, Kim. Tudo bem?

— Sim. Estou ligando para informar que eu o aguardo hoje à noite.

Rubens, que se sentia pressionado com a insistência de Kim, retrucou:

— Esta noite não posso. Tenho de ir a um jantar beneficente com Janete.

— Não estou perguntando se você pode ou não. Apenas estou informando você de que vou esperá-lo.

Rubens, já fora de controle, berrou ao telefone:

— Por favor, me deixe em paz! Não vou a sua casa hoje porque tenho um compromisso com minha esposa. Peço que não insista!

— Com aquela sonsa você não tem compromisso algum. Seu compromisso é comigo; tenha a hombridade de me respeitar.

Rubens não suportava mais tudo aquilo.

— Eu não vou; já está decidido. Nunca nenhuma mulher mandou em mim e você não será a primeira.

Ao dizer isso, Rubens desligou o telefone irritadíssimo. Odiava ser grosseiro.

Kim, quando colocou o telefone no gancho, sentiu uma raiva imensa de Rubens. Não percebeu que João e Oscar se aproximavam dela e a envolviam com pensamentos odiosos. "Desgraçado, você me paga! Se não vier hoje, vai ver o que farei com você", pensou ela.

Kim voltou a seu quarto e se jogava na cama quando ouviu o telefone tocar. Em seguida, ouviu a voz de Leila:

— Sim senhor. Vou ver se ela não está descansando.

Kim continuou imóvel olhando para a cômoda. Não demorou muito e ouviu batidas à porta.

— Entre — gritou ela.

— Desculpe incomodá-la, dona Kim, mas o doutor Rubens deseja falar com a senhora ao telefone.

Inconscientemente, sentiu o rosto se iluminar. De um salto, correu para atender ao telefone, passando correndo por Leila.

— Sim? — respondeu ela.

Ao telefone, uma voz gélida dizia:

— Passarei por aí depois do jantar beneficente, em torno de uma da manhã.

— Que bom. Isso prova que você tem juízo — falou ela. E desligou o telefone sem se despedir, como ele fizera momentos antes.

Rubens chamou a secretária e lhe pediu:

— Por favor, não estou mais para ninguém. E, a partir de hoje, quando dona Kim Albuquerque ligar, diga sempre que não estou.

Pode dizer que estou em reunião ou em qualquer outro lugar, mas não passe mais a ligação.

A secretária apenas meneou a cabeça afirmativamente e saiu.

Naquela noite, Rubens entrou no salão principal do clube, onde haveria o jantar e logo após um bingo para levantar dinheiro para a reforma da maternidade.

Rubens sentia-se orgulhoso de Janete. Ela era completamente diferente de Kim. Além de sua beleza, era uma criatura quase angelical. Para ela, não havia maldade no mundo e todos eram bons.

Janete foi conversar com as senhoras enquanto Rubens a acompanhava. Num tom alegre, convidou a esposa em certo momento:

— Querida, vamos nos sentar. Eu já estou faminto.

— Claro, querido — respondeu Janete amavelmente. — Espero que esta noite seja especial para nós. Após o bingo, haverá um baile e desejo dançar todas as músicas com você.

Rubens fitou Janete com um brilho no olhar.

— Janete, você é a mulher da minha vida. Às vezes chego a pensar que não a mereço.

— Não diga isso — respondeu ela. — Você foi o primeiro e será o último homem de minha vida. Eu também o amo.

Rubens tocou a mão da esposa sobre a mesa. Nesse momento, um garçom se aproximou.

— Vai tomar alguma coisa, senhor?

— Sim. Traga-me um bom vinho.

Janete estava radiante naquela noite. Nos eventos beneméritos de que participava raramente Rubens estava presente.

O jantar transcorreu tranquilamente. Rubens se esqueceu por completo do que havia combinado com Kim. Ele participou do bingo e dançou com Janete durante quase todo o baile, saindo do clube perto das quatro da manhã.

Kim, em seu quarto, ardia de ódio. Ficara esperando por Rubens praticamente a noite toda.

Ela começou a pensar numa maneira de se vingar do amante. Afinal, apesar de amá-lo profundamente, ela estava com o orgulho ferido devido à sua ausência. Kim amargamente concluiu que não era mais tão importante para Rubens, que, antes, fazia mil e uma estripulias para ficar com ela. Chorando, refletiu: "Tenho saudades do homem por quem me apaixonei. No início Rubens era tão gentil que me fazia sentir como uma princesa em seus braços".

Enquanto as lágrimas escorriam livremente por seu rosto, decidiu: "Se Rubens está pensando que sou uma das mulheres desqualificadas com quem já se relacionou, está muito enganado. Vou lhe mostrar que sou uma mulher capaz de seduzir qualquer homem". Então, de súbito, ela se lembrou de John, aquele estranho que conhecera na praia. Resolveu que no dia seguinte voltaria ao mesmo lugar para ver se se encontrava com ele.

Pensando nisso, Kim adormeceu. Mas seu sono foi intranquilo, pois via João a distância olhando-a tristemente:

— Traidora! — ele lhe dizia. — Como pôde fazer isso comigo? Justamente comigo, que procurei lhe dar tudo que o seu coração desejasse. Não vou perdoá-la; jamais a perdoarei!

Kim acordou sobressaltada. Sentou-se na cama e olhou para as frestas da janela. Percebeu que o dia apenas amanhecia. Sendo assim, deitou-se novamente e ficou pensando no sonho que tivera com João.

Na verdade, Kim não conseguia esquecer o olhar magoado do marido. Mas, decidida a não pensar mais naquele assunto, ficou olhando para o vazio e pensando em uma maneira de se vingar de Rubens sem manchar sua reputação. Porém, quanto mais pensava, menos conseguia encontrar uma maneira de atingi-lo. Se ela o acusasse pelo assassinato de João, Alexandre não lhe daria sossego, e ela tinha certeza de que ele a colocaria entre os suspeitos.

"Vou me vingar", pensou consigo mesma, resoluta. "Tenho de reacender o interesse de Rubens por mim. Quando eu perceber que ele está em minha mão, vou mandá-lo embora da minha vida de uma vez por todas. Já que não posso mandá-lo embora dos negócios de João, uma vez que eles começaram juntos, posso muito bem destruir seu casamento."

Sem conseguir delinear um plano definitivo, Kim voltou a dormir. Desta vez, o sono foi tranquilo e sem imagens.

Rubens chegou à sua casa às quatro e dez da manhã. Carregava Janete, que se mostrava exausta devido ao salto alto que usara a noite toda. Ele a levou para o quarto.

Janete não cabia em si de felicidade. Rubens, naquela noite, parecia o rapaz apaixonado que ela conhecera anos atrás.

Depois de retirar a maquiagem e tomar um banho rápido, Janete saiu do banheiro e foi se deitar. Viu que Rubens ainda a esperava.

Assim que a esposa se deitou, ele a envolveu em um abraço e beijou seus lábios.

— Janete — confessou —, eu a amo e quero ficar a seu lado até o meu último dia de vida.

Embevecida com aquela declaração do marido, correspondeu aos carinhos e se deixou amar por ele.

Depois de um tempo, tendo Janete já adormecido, Rubens se lembrou de Kim. Talvez ela o estivesse esperando. Mas ele não tinha a menor vontade de encontrá-la. Voltou-se para a esposa, cujo rosto podia observar devido à luz do abajur. "Como pude ser tão leviano a ponto de me deixar levar pelos encantos de Kim?", pensou. "Como pude deixar de admirar a joia rara que tenho em casa para admirar um falso brilhante? Como me arrependo do que fiz. Casei-me com a mulher certa, embora tenha agido mal com ela. Mas uma coisa eu prometo a mim mesmo: nunca mais pretendo trair minha esposa com as mulheres fáceis que existem por aí, ainda mais nesta sociedade podre da qual faço parte."

Rubens virou-se de lado, exausto, e também adormeceu.

Em outro lugar, um outro homem também pensava em Kim.

Vítor, no desconforto de sua cela, não sabia como podia ter se apaixonado por Kim, que só o chamava quando queria alguma coisa.

Repassou a cena daquela segunda-feira quando, estando ele em seu escritório, atendeu ao telefonema de Kim. Ela o convidava para um almoço. Ele reviveu a alegria que sentira ao pensar que ela poderia se entregar a ele ali mesmo, em sua casa, uma vez que sabia que João viajava a trabalho.

Ao chegar à casa de Kim, encontrou-a deslumbrante em um suéter cinza com uma saia florida, que lhe dava um ar de menina ingênua.

— Que bom que você veio, Vítor. Tenho uma ideia brilhante para agradar João na festa da semana que vem e espero contar com você para que tudo finalmente dê certo.

Vítor ficou intrigado.

— Por favor, Kim, não faça rodeios, estou curioso. Do que se trata?

Sentando-se ao lado de Vítor na poltrona da sala, Kim explicou:

— Você, melhor que ninguém, sabe o fascínio que as armas de fogo exercem sobre João, não é verdade?

— Sim. Mas o que arma de fogo tem a ver com a festa?

— Estou pensando — ela deu um sorriso — em chamar alguns convidados e pedir que tragam suas armas. Assim poderemos fazer tiro ao alvo. O que me diz?

Vítor empertigou-se na poltrona.

— Sei que você é uma mulher de extremo bom gosto, Kim, mas não creio que seja de bom-tom os convidados trazerem armas para a festa que seu marido vai dar. João não vai gostar de saber que seus convidados estão armados. Para tudo há um momento certo. Mas acredito, minha querida, que o momento adequado para esse tiro ao alvo não é esta reunião.

— Deixe de bobagem. Claro que ninguém vai levar uma arma de fogo a uma festa comum, mas esta não é uma festa qualquer. É um marco para meu marido; um marco do império financeiro que ele construiu. Nesse caso, acredito que ninguém vai se assustar com a excentricidade de um milionário.

Vítor não estava gostando daquela conversa.

— Kim, sinceramente, não vejo com bons olhos estar em uma festa onde todos os convidados estejam portando uma arma de fogo; talvez essa ideia não seja boa.

Embora Vítor soubesse que Kim era uma mulher caprichosa, pensou que poderia tirar algumas vantagens por ajudá-la naquela ideia maluca. Portanto, falou:

— Está bem... Mas o que vou ganhar por ajudá-la?

Kim estreitou os olhos. Como Vítor era interesseiro!

— Terá para sempre a minha gratidão.

— Só isso? Gratidão não é pagamento.

— Então o que quer? Dinheiro? Quanto? — perguntou Kim, já irritada.

Vítor sorriu para ela e fitou intensamente os joelhos de Kim antes de responder:

— Talvez eu prefira outra forma de pagamento. Isso é com você.

Kim sentiu uma vontade imensa de esbofeteá-lo. Mas, como precisava dele, dissimulou sua irritação.

— Não sou esse tipo de mulher. Sou decente! Jamais me deitaria com você para pagar um favor. Se quiser assim, peço que esqueça o que acabo de pedir.

Vítor, com sua língua ferina, disparou:

— Bem, não é isso que estou sabendo... Sei que você mantém um romance com Rubens, aliás, o melhor amigo de seu marido. Portanto, ter uma tarde de amor comigo não vai lhe fazer diferença.

Sem conseguir se conter, Kim deu um sonoro tapa no rosto de Vítor. Gritando, ordenou:

— Saia! Saia agora mesmo de minha casa, seu oportunista sem-vergonha!

Vítor arrependeu-se do que havia dito a Kim. Tentou se desculpar, mas ela estava irredutível.

— Tenho nojo de pessoas como você. Eu tenho, de fato, um envolvimento com Rubens, mas ele é muito diferente de você. É um perfeito cavalheiro; jamais teria coragem de pedir tal coisa para uma mulher distinta como eu.

— Por favor, Kim, não quero que fique magoada comigo. Fiz apenas um comentário. A verdade é que a amo como nunca amei ninguém. E, se joguei baixo dessa maneira, foi na tentativa de fazê-la esquecer Rubens.

— Vítor, entenda uma coisa: não sou apaixonada por Rubens, mas pela sua delicadeza e pela maneira que ele trata uma mulher. Você não sabe o que é ser um cavalheiro, não é mesmo? Em vez de propor obscenidades a uma mulher, faça de tudo para conquistá-la. Se fizer isso, garanto que terá todas as mulheres que seu coração desejar.

— Mas o que Rubens tem que eu não tenho?

Para ferir ainda mais Vítor pela sua petulância, ela disse:

— Na verdade, Rubens tem hombridade, coisa que você não conhece. Além disso, ele sabe se portar como homem. Você, no entanto, me mostrou que não é um homem, e sim um inseto que posso esmagar com meus pés. Tenho verdadeira repulsa por homens como você. Agora, saia da minha casa.

Vítor constatou que havia ido longe demais. Com os olhos marejados, perguntou humildemente a Kim:

— O que posso fazer para que me perdoe?

Com toda a astúcia que lhe era peculiar, Kim respondeu:

— Posso perdoá-lo, desde que nunca mais toque nesse assunto. E também desejo que me ajude a fazer os convidados trazerem suas armas.

Vítor, demasiadamente envergonhado por ter sido inconveniente, concordou:

— Está certo. Traga-me a lista de convidados para que eu possa saber quem entre eles tem arma.

Kim continuou:

— Não quero que tragam qualquer arma. Desejo que todos tragam armas iguais.

Vítor já havia caçado com João, por isso sabia que ele tinha uma Taurus calibre 38.

— Pediremos então que os convidados que tiverem uma Taurus, calibre trinta e oito, tragam suas armas.

Kim se dirigiu à biblioteca e pegou a lista de convidados que estava na gaveta da escrivaninha. Voltando à sala, entregou-a a Vítor, que a analisou, lembrando-se das vezes em que saíra para caçar com João. Ele tinha excelente memória.

— Destes que estão aqui, nem todos têm uma arma dessas. São poucos os que têm.

Sem aparentemente se importar com aquele detalhe, Kim perguntou:

— Você sabe, desta lista, quem tem uma arma como essa?

— Sei alguns nomes. Mas vou precisar de um tempo para averiguar direito se essas pessoas ainda possuem tais armas. Eu mesmo tenho uma — respondeu o advogado.

— Mas quem tem da lista? Ou, pelo menos, quem tinha?

Vítor fez um "xis" a lápis à frente dos nomes: Rubens, Carlos Cintra, Fábio Mello, Adônis Vianna, Roberto Coimbra, Adalberto Martins, Guilherme Souza Filho, Antônio Neves, Marcos Padovan, Jorge Almeida Querubim e ele próprio, Vítor Castelli Filho.

Kim se sentia radiante. Onze armas era um total razoável para um verdadeiro tiro ao alvo.

Naquele mesmo instante, Vítor pegou o telefone e começou a ligar para todos os que tinham o nome com um "xis". Não foi difícil descobrir que ainda tinham as armas em questão.

O segundo passo foi Vítor dizer que, junto com os respectivos convites, deveria ir um bilhete adicional. Portanto, ele precisaria convencer João a enviar os convites por uma agência de entregas. Assim seria possível anexar os bilhetes sem que João soubesse.

Vítor se lembrou da agência de seu amigo, Nestor. Ligou rapidamente para ele e pediu o valor do serviço.

Depois disso tinho sido fácil, lembrava-se Vítor. Era só anexar os bilhetes aos convites e entregar tudo para o motoqueiro.

Assim foi feito. Vítor conseguira convencer João a aceitar o serviço da agência de entregas, pois era muito mais elegante, ele aludira, que entregar os convites pessoalmente.

Kim, ao saber do sucesso de sua ideia, disse a Vítor que, assim que a festa terminasse, ele teria uma boa soma em dinheiro, o que resolveria seus problemas financeiros de uma vez por todas.

O que Vítor desconhecia, porém, era que justamente naquela noite o anfitrião seria assassinado, e que todos que portavam uma arma na festa seriam suspeitos.

Deitado sobre o fino colchão daquela cela, lembrando-se de tudo que fizera, Vítor sentiu o amargor do arrependimento. Ela havia se deixado levar pelos encantos de Kim que, segundo ele pensava, era a única mulher por quem verdadeiramente havia se apaixonado.

O advogado repassou mentalmente as belas mulheres que haviam entrado em sua vida. Não conseguia entender como pudera deixar seu coração traí-lo daquela maneira, entregando-se a uma paixão praticamente impossível.

Lembrou-se também da ocasião em que fora reclamar o dinheiro que supostamente Kim estava lhe devendo. Estava, mais uma vez, arrependido de seu ato. Aquela atitude apenas agravaria ainda mais sua situação diante da justiça.

Subitamente, Vítor sentiu um desespero que o levou às lágrimas. Ele sempre fora correto, mas, num momento de pura falta de bom senso, agira no intuito de livrar Kim como suspeita e acabara assassinando duas pessoas.

Vítor esperava que Maurício conseguisse o *habeas corpus*, embora soubesse que ele poderia ser negado pelo juiz em questão, uma vez que ainda não havia concluído as investigações.

Vítor chorava abertamente quando, repentinamente, ouviu uma voz vinda da outra cela, que dizia:

— Vítor, você está bem?

O advogado reconheceu aquela voz como sendo de Marco Aurélio. Porém, deprimido como estava, não queria conversar. Por isso, apenas permaneceu calado.

O rapaz, contudo, continuava a chamar. Ele se viu obrigado a responder, em tom mal-humorado:

— O que quer de mim? Já não basta me ver humilhado desta maneira?

— Não fique se torturando com lembranças — alertou o rapaz —; sei que não está sendo fácil para você, como não tem sido para mim também. Mas quero que saiba que tudo na vida tem fim. Nossos problemas estão diante de nós para que possamos crescer e não repetir os mesmos erros. Sei o que houve com você, mas isso não lhe dá o direito de ficar se punindo inutilmente. Sabemos que errou, mas ainda bem que está disposto a saldar sua dívida perante a justiça e perante você mesmo. Fiquei sabendo do motivo que o levou a cometer essas imprudências. Não o condeno. A paixão muitas vezes nos deixa cegos, porém, acredito que nunca mais você se deixará envolver por uma mulher a ponto de praticar o mal. Acredite em Deus; acredite na vida. Acredite também em você. Logo, meu amigo, isso vai lhe parecer apenas um sonho ruim, e as lembranças serão deixadas para trás.

Vítor, que ouvia calado até então, indagou:

— Por que está me dizendo tudo isso? Você sabe bem que, de certa forma, contribuí para a morte do seu pai. Mas, quando me deixei levar por sua madrasta, jamais imaginei que seria este o desfecho.

— Fiquei calmo. Nosso sofrimento não é para sempre. Antes, é para nosso crescimento moral e espiritual. Esteja certo de uma coisa: nada fica sem resposta. Um dia você compreenderá que o que lhe aconteceu foi de fato para o seu bem.

Vítor estava com o rosto banhado em lágrimas. Elas insistiam em correr por suas faces, sem que ele pudesse contê-las.

— Marco Aurélio, lamento por tudo que lhe aconteceu. Se eu pudesse voltar atrás, juro que o faria.

— Não se lamente por mim, Vítor. Se estou passando por isso, é porque há alguma finalidade. Nada acontece por acaso. Talvez você pense que sou louco, mas, nesse tempo em que estou aqui, venho descobrindo muitas coisas a respeito de assuntos que jamais pensei existirem. Às vezes algo que julgamos ser um mal é um bem. Basta que o enxerguemos sob a ótica correta. Para isso, porém, é necessário que tenhamos humildade e paciência.

Vítor se deu conta do quanto a vida estava sendo injusta com aquele rapaz. Na verdade, ele deveria ser o primeiro a odiá-lo, mas, antes, consolava-o diante da situação.

— Você é um bom sujeito, Marco Aurélio — respondeu o advogado. — Certamente não merecia estar aqui, vivendo desta maneira.

— Aí é que você se engana, Vítor. Se estou aqui é porque mereço; claro, não pelo assassinato de meu pai, pois sei perfeitamente bem que sou inocente desse crime, mas por certo pela responsabilidade de algum erro passado, que estou expiando agora.

Vítor notou o quanto Marco Aurélio parecia diferente daquele moço de tempos atrás, sempre se esquivando de conversas e, principalmente, das amizades do pai.

Com humildade, o advogado desabafou:

— Marco Aurélio, sempre pensei que você não fosse muito bom do juízo, afinal, com o dinheiro de seu pai, poderia fazer inúmeras estripulias, como viajar, namorar... Enfim, fazer tudo que um rapaz de sua idade faria se tivesse o que tem. Só agora percebo que você realmente é um bom rapaz e que meu julgamento em relação a você estava equivocado.

— Nós nos enganamos a respeito das pessoas — concordou o rapaz.

— Se precisar conversar comigo, estou por aqui. Afinal, somos vizinhos de apartamento agora — brincou ele.

Pela primeira vez desde que fora preso, Vítor conseguiu esboçar um sorriso.

— Como você consegue ficar calmo diante das acusações que lhe pesam? — quis saber Vítor. — Eu me encontro aqui por um crime que de fato cometi, mas você não. Achei que estivesse revoltado, mas qual nada... Para minha surpresa, você ainda consola um réu confesso.

— O que quero dizer é que, ainda que encarcerado, você pode usufruir de uma relativa paz — considerou Marco Aurélio.

— Como posso ter paz sendo que minha consciência tornou-se meu cruel verdugo todo o tempo? Errei, mas não foram poucas as vezes em que me lembrei da fisionomia de Nestor, meu amigo, e do outro rapaz que matei. Essas lembranças me vêm fortemente à cabeça e me fazem sentir mal.

— Ora, está na hora de aprender um pouco mais sobre a vida. Principalmente, sobre o que ocorre após a morte. Se entender isso, passará a compreender muitas coisas que hoje não compreende.

Vítor olhava desconfiado para Marco Aurélio. Achou que o rapaz não estivesse em seu juízo perfeito devido ao longo tempo de cárcere. Mas, gostando do rumo da conversa, comentou:

— Você está diferente... Saiba que está sendo fonte de grande consolo para mim.

Marco Aurélio, sentindo-se motivado, correu e pegou sob o colchão *O Evangelho segundo o Espiritismo*. Folheou algumas páginas e encontrou o que queria.

— Acaso não foi Jesus quem disse: "Vinde vos que estais cansados que eu vos aliviarei?". Então, Vítor, eu encontrei alívio no conhecimento sobre as leis imutáveis de Deus que regem o universo. Isso tem me ajudado a manter a calma, ainda que em uma situação aflitiva como esta.

Vítor ficou curioso.

— Como você pode aprender algo estando preso nesta jaula? — perguntou.

— Tenho aprendido muitas coisas com o investigador Alexandre. Ele é espírita e sempre me traz livros para ler. Eu acabo aprendendo coisas com ele. Às vezes penso que, se nada disso tivesse acontecido, eu não teria aprendido o que sei hoje. É por isso que lhe digo: quando vemos as coisas ruins, é porque as estamos vendo apenas sob um único ângulo, mas, com os conhecimentos espirituais, você passa a ver uma situação de diferentes pontos de vista.

— Você disse que o investigador lhe traz coisas para ler? Será que você poderia me emprestar para ler também? — quis saber o advogado. — Quero manter a mesma calma que você enquanto estiver passando por este momento.

— Para mim vai ser um prazer. Em primeira mão vou lhe emprestar um livro intitulado *O Livro dos Espíritos*. Nele você conhecerá as diferentes leis que regem o universo. Mas, se houver qualquer dúvida, pode perguntar ao Alexandre, que ele não medirá esforços para ajudá-lo.

O advogado respondeu em tom abatido:

— Engana-se, Marco Aurélio. Esse investigador me odeia ainda mais agora que confessei meus crimes.

— Vejo que não conhece Alexandre. Ele seria incapaz de odiar alguém. Entenda que ele está apenas cumprindo com seu dever.

— Mas como emprestará o livro para mim se a minha cela é paralela à sua?

— Não se preocupe — respondeu o rapaz. — Pedirei a Walter que entregue o livro para você. Isso amanhã de manhã, Vítor. Agora trate de dormir, senão acabará doente.

Ao ver a preocupação de Marco Aurélio, um sorriso escapou novamente de seus lábios.

— Você tem razão. Por favor, peça ao guarda que me entregue o livro amanhã de manhã. Quero saber o que esse livro contém de tão interessante a ponto de fazê-lo aceitar de bom grado o que está acontecendo a você.

— Você saberá, Vítor. E, por certo, passará a compreender muitas coisas.

Os dois se calaram em seguida, deitando em suas camas. Marco Aurélio logo adormeceu, mas Vítor ficou se remexendo na cama, refletindo sobre tudo que escutara naquela noite.

Era quase manhã quando Vítor, vencido pelo cansaço, adormeceu. Seu sono foi tranquilo, como há muito não era.

◦◦◦

Alexandre acordou no dia seguinte e, como de costume, encontrou a esposa na cozinha, colocando o café na mesa.

Bem-humorado, passou a mão pela cintura de Maria Luiza, desejando-lhe um sonoro bom-dia.

Luiza, como não estava acostumada a ver o marido de bom humor quando ele ainda tinha um caso para investigar, perguntou:

— Nossa, dormiu em travesseiros de pétalas?

— Quisera, minha querida. Bem, felizmente, as coisas começaram a caminhar.

— Querido, tenho boas-novas para você.

Sem entender o que a esposa queria dizer, Alexandre indagou:

— Boas-novas? Acaso recebeu novas visitas de nosso amigo Eliseu?

Fitando o marido com ternura, baixou o olhar. Enigmaticamente, respondeu:

— Sim. Mas só vou contar do que se trata após o café. Vou chamar Humberto, que ainda está dormindo.

— Por favor, Luiza, não faça isso comigo. Sei que quando Eliseu vem conversar com você ele sempre traz novos esclarecimentos, portanto, não se negue a transmiti-los a mim.

— Não estou me negando a nada, apenas quero que tome seu café primeiro. Depois falaremos a respeito das declarações de Eliseu.

Alexandre, contrariado, disse:

— Se não me contar agora, não precisa falar mais.

Luiza sorriu e saiu em direção ao quarto do pequeno Humberto.

Alexandre estava eufórico em saber o que Eliseu havia dito à esposa. Tomou rapidamente uma xícara de café com leite e comeu uma fatia de pão. Em seguida, aguardou ansiosamente Maria Luiza voltar.

Luiza acordou o filho, tirou-lhe o pijama e, pegando na mão de Humberto, entrou na cozinha, encontrando Alexandre de cenho fechado.

Maria Luiza ignorou a expressão de mágoa do marido e, sorrindo-lhe, comentou:

— Já tomou seu café, querido? — brincou ela, bem-humorada.

— Já! Agora me diga o que Eliseu lhe disse.

Humberto se sentou em seu lugar habitual.

— Mamãe, quero tomar só café.

Luiza falou mansamente ao filho:

— Se não tomar leite de manhã, você não vai crescer e ficar forte como o papai.

O menino, fazendo beicinho, analisou o pai.

— Está bem — respondeu ele. — Vou tomar leite, mas com café. Não quero que coloque aquela vitamina de banana porque eu já estou enjoado.

Quase perdendo a paciência, Alexandre respondeu:

— Está certo, Humberto. Hoje pode tomar leite com café. Mas só hoje, está entendendo?

O menino sorriu para o pai, desceu de sua cadeira e foi correndo abraçá-lo.

— Papai, eu te amo!

Luiza observou que as palavras do menino amoleceram o coração de Alexandre. Ele colocou o filho no colo.

— Eu também o amo, filho.

Depois de muitos afagos, ele pôs o filho no chão e mandou que ele tomasse seu café para não esfriar.

Sentando-se diante do marido, Luiza comentou:

— Querido, embora às vezes você seja um pouco temperamental, é um excelente pai e um maravilhoso marido.

Alexandre já havia voltando a seu estado normal.

— Eu, querida, sou, na verdade, o homem mais feliz do mundo por ter uma família como esta.

Luiza beijou a palma da própria mão e assoprou os beijos para o marido.

— Amo você, Alexandre. Embora muitas vezes você se mostre um cabeça-dura!

Os dois começaram a rir.

Após Luiza colocar o menino para brincar na sala, ela voltou a se sentar.

— Querido — começou ela —, Eliseu me visitou esta noite e me disse que logo você chegará ao fim deste caso. Mas, para isso, ele diz que é necessário que comece a pensar sobre como um assassino agiria nesse caso. Ou seja: o que você faria para não ser descoberto?

— Mas como posso pensar como um assassino se não sou um assassino? Não tenho como fazer isso.

— Eliseu me disse isso, querido. E continuou falando que, mesmo no belo jardim, há sempre o galho seco encoberto; também disse que as coisas são da maneira que você menos imagina, mas, na hora em que começar a raciocinar como um assassino, você chegará a ele. Ele disse que as coisas que parecem ser na verdade não são. Mas que elas estão sob seu nariz, embora você não as consiga enxergar. Vítor foi imprudente em assassinar o dono da agência, mas ele não conseguiu esconder isso, por isso resolveu fugir. Entretanto, o assassino de João é uma pessoa indubitavelmente inteligente, que se camufla como uma pessoa de bem.

Sem compreender muito bem, o policial comentou:

— Não entendi uma só palavra do que Eliseu está querendo me dizer. Honestamente, não entendo. Por favor, da próxima vez que ele vier até você, peça que seja mais objetivo — pediu o investigador, agora com um enorme ponto de interrogação na mente.

Beijando a esposa, Alexandre despediu-se

— Você me prendeu aqui somente para sobrecarregar os meus neurônios com enigmas. Mas vou adiantando... Não sou bom nisso!

— Querido, se você não é bom em enigmas, deveria ter escolhido outra profissão — brincou Maria Luiza. — Claro que você é bom. Logo que descobrir a resposta do enigma que Eliseu lhe propôs, chegará ao assassino e conseguirá livrar o rapaz da prisão.

Alexandre se despediu enquanto pegava as chaves do carro. Saiu apressado em direção ao estacionamento do prédio onde morava.

Durante o trajeto, foi pensando nas palavras de Eliseu. "Devo pensar como um assassino. Galho seco encoberto. As coisas são da maneira que menos imagino. E tudo está sob o meu nariz. Meu Deus, o que esse irmão querido está querendo me dizer com tudo isso?"

Parado em um semáforo, Alexandre anotou as palavras-chave de Eliseu em seu bloco de anotações. Lembrou-se ainda das palavras finais da esposa: "Logo que descobrir a resposta do enigma que Eliseu lhe propôs, chegará ao assassino e conseguirá livrar o rapaz da prisão".

O policial chegou à delegacia e resolveu refletir em sua sala, uma vez que Oswaldo só chegaria mais tarde. Sentou-se na cadeira e, olhando para um ponto perdido na parede, começou a pensar, mais uma vez, em tudo que tinha ouvido durante aquela manhã.

Preso a esses pensamentos, Alexandre não foi visitar Marco Aurélio.

Assim que descobriu que o delegado havia chegado, foi em direção à sala dele.

Oswaldo notou que havia algo esquisito com Alexandre logo que este adentrou sua sala. Ele tinha uma expressão de preocupação no rosto.

— Credo, meu amigo. O que aconteceu? A Luiza deixou você dormindo no sofá?

Alexandre, sem sequer se dar conta da brincadeira do delegado, respondeu, sério:

— Oswaldo, eu já lhe disse que Luiza conversa com um espírito e que ele sempre a aconselha quando ela mais precisa, lembra?

O delegado disse em tom jocoso:

— Já sim. Você me contou que sua esposa fala com fantasmas. Mas o que tem isso?

Alexandre não gostou de Oswaldo ter chamado Eliseu de "fantasma". Para ele, tratava-se de um modo desrespeitoso de se dirigir a um espírito.

— Luiza não conversa com fantasmas — respondeu o investigador, com o cenho franzido. — Ela conversa com um irmão espiritual que aparece para aconselhá-la quando ela precisa. Se não acredita nisso, peço que tenha pelo menos o mínimo de consideração por esses trabalhadores espirituais. Não me sinto bem quando você faz piadas com os irmãos espirituais ou mesmo com Maria Luiza. Ela é a mulher mais lúcida que já conheci em toda a minha vida!

Alexandre, enraivecido, retirou-se batendo a porta atrás de si e deixando Oswaldo boquiaberto, sem ter sequer tido tempo para responder.

Indignado com a falta de respeito, Alexandre decidiu que não contaria mais nada ao delegado. Esquecendo do enigma de Eliseu, passou a refletir sobre como alguém poderia ser tão incrédulo quanto Oswaldo.

Perdido em pensamentos e sentindo uma grande mágoa no coração, o policial deu um salto, assustado com as batidas à sua porta.

— Entre — Alexandre falou.

A porta foi abrindo lentamente e o investigador viu a figura esguia do delegado entrar vagarosamente em sua sala. Ainda magoado, Alexandre disse:

— Desculpe, Oswaldo. Agora não posso falar com você, estou trabalhando.

Humildemente, o delegado pediu:

— Alexandre, não fique zangado comigo. Estava apenas brincando com você.

Alexandre sentiu a raiva aumentar.

— Acaso pareço uma criança que está brincando de detetive aqui na delegacia?

Oswaldo não respondeu. Alexandre prosseguiu:

— O que ia lhe contar alguns minutos atrás era exatamente sobre o caso de João Albuquerque de Lima. Mas, como você disse, minha esposa fica falando com fantasmas, portanto as informações por certo não são nada importantes. Como sabe, o que os fantasmas sabem fazer melhor é assombrar casas como a minha.

Se havia algo que o delegado sabia sobre o investigador, era que Alexandre sempre fora um homem lúcido e de bom coração.

— Confesso que realmente fiz uma brincadeira de mau gosto — ponderou Oswaldo. — Por esse motivo, quero que me perdoe. Fui um cretino em falar aquelas coisas para você. Sempre acreditei em você e tenho orgulho de tê-lo em minha equipe de trabalho. Não vamos deixar que uma bobeira como esta estrague nossa parceria.

Alexandre, sentindo a raiva sumir e penalizado diante da humildade do delegado, falou:

— Está bem. Mas fique sabendo desde já: se tem algo que me deixa muito irritado é alguém duvidar do que estou falando. Agora, vamos esquecer o assunto. Já passou.

Oswaldo estendeu a mão a Alexandre e disse com um sorriso:

— Então estenda sua mão e prove que não há ressentimentos.

— Não guardo ressentimentos de ninguém; não faria isso logo com você — respondeu Alexandre, que já tinha o semblante desanuviado.

Percebendo que a animosidade havia se esvaído, o delegado indagou:

— Por favor, diga o que estava querendo me dizer assim que entrou em minha sala.

Alexandre pensou um pouco e respondeu:

— Bobagem! Você não acredita mesmo...

— Não duvido de você, meu amigo — explicou o delegado —, muito menos do que sempre me contou sobre a amizade de Maria Luiza com Eliseu. Pelo contrário, sempre acreditei nesse laço espiritual. Na verdade, nunca quis dar o braço a torcer. Você já é muito orgulhoso e eu não queria deixá-lo ainda mais.

— Não se preocupe, Oswaldo. Está tudo bem — respondeu Alexandre jovialmente.

— Agora me diga: o que está acontecendo? — perguntou o delegado com curiosidade.

Sentindo-se vitorioso, Alexandre respondeu com um sorriso matreiro:

— Hoje de manhã minha esposa me contou que recebeu a visita desse amigo querido. Ele disse que logo chegaremos ao fim deste caso. Mas, antes, disse que eu deveria pensar como se fosse um assassino. Não consigo entender o que ele quis dizer com isso...

— Bingo! — disse o delegado, entusiasmado. — Se pensarmos por esse lado, veremos que ele tem razão. Apenas nos colocando no lugar do assassino é que poderemos averiguar todas as oportunidades. Alexandre, temos de pensar como o assassino: o que o teria levado a disparar contra João?

O investigador sentia-se ainda mais confuso.

— Que motivo alguém teria para disparar contra um outro?

— É sobre isso que devemos pensar. Muitos pessoas se enquadram no perfil psicológico equilibrado da maioria, mas o que não sabemos é até que ponto alguém é realmente equilibrado. João, como homem de posses, logicamente tinha seus dias de mau humor e, não raro, devia humilhar alguém.

Alexandre observava calado o entusiasmo de Oswaldo. Enquanto isso, pensava consigo mesmo: "Corri esse tempo todo atrás dos fatos, mas não conjecturei em nenhum momento sobre o que levaria alguém a cometer uma insanidade dessas".

— Ainda não lhe contei o que Eliseu disse a Luiza — falou Alexandre.

O delegado tinha os olhos brilhantes de curiosidade e euforia.

— E o que está esperando para me contar o resto da conversa, homem?

Sentindo-se mais confortável pelo interesse demonstrado pelo delegado, o investigador prosseguiu:

— Além de ele dizer que eu deveria pensar como um assassino, falou também que no meio do jardim sempre há um galho seco encoberto, e que as coisas são quase sempre como menos imaginamos. Honestamente, não sei o que pensar. Parece-me um enigma difícil de decifrar.

Oswaldo empertigou-se na cadeira. Colocando o indicador no rosto, refletiu sobre o que tinha ouvido, também sem conseguir chegar a nenhuma conclusão.

— Também fiquei na mesma. Mas acredito que, quando decifrarmos esse enigma, por certo colocaremos a mão no assassino.

Oswaldo se sentia realmente entusiasmado. Ele gostava de palavras cruzadas e de um bom jogo de xadrez. Agora estava diante de um jogo em que imperavam, também, a inteligência e argúcia.

O delegado anotou as palavras-chave de Alexandre e voltou a sua sala para refletir melhor sobre as palavras de Eliseu.

Alexandre, por sua vez, depois de fundir a mente sem chegar a uma conclusão plausível, decidiu visitar Marco Aurélio na cela.

Esclarecimentos espirituais

Janete sentia-se particularmente feliz naquela manhã. Tinha tudo que o dinheiro podia comprar e, além do mais, um marido que a amava.

Após tomar seu café, sentou-se na varanda para pensar um pouco em como as coisas iam bem para ela nos últimos dias. As obras da maternidade já haviam começado e agora os médicos e as enfermeiras do hospital não precisariam mais ficar se esquivando das paredes que vez por outra se desmanchavam ao menor toque involuntário. Sem contar que Janete e suas companheiras também tinham conseguido dinheiro extra para comprar cobertores para outros setores do hospital.

Denise, a empregada, ao ver a patroa sorrindo sozinha, aproximou-se e comentou:

— Hoje dá para ver que a senhora está feliz, dona Janete.

A bondosa mulher, olhando para a empregada, que era tratada como alguém da família, respondeu:

— Estou mesmo. Hoje desfruto de uma paz indizível. Tenho mais do que de fato mereço: usufruo de um conforto abundante, tenho um marido que me ama e, para completar, tudo está dando certo com a reforma da maternidade.

Em sua simplicidade, Denise falou:

— Graças a Deus, dona Janete, que tudo está dando certo para a senhora. Agradeça a Deus por tudo que tem.

— Denise, às vezes penso que todos deveriam ter essa mesma paz que eu tenho. Não é justo que alguns sejam tão felizes como sou e outros, tão infelizes.

Denise olhava a patroa com seriedade.

— Dona Janete, a vida é justa sim. Todos nós temos o que merecemos, pois a vida corresponde de acordo com nossas atitudes. Se muitos hoje não conseguem ter nem mesmo o necessário, será que ontem não foram perdulários?

— E como alguém que não tem sequer o necessário pode ser perdulário, Denise? Você não está sendo coerente em suas palavras — concluiu Janete.

— Dona Janete, como sabe, sou espírita e tenho minhas convicções, principalmente a respeito da reencarnação. Já parou para pensar que o pobre hoje é o rico de ontem? Apenas a reencarnação explica a desigualdade social existente no mundo. A senhora acha que Deus seria justo fazendo com que a minoria detivesse o conforto enquanto outros não têm nem mesmo o necessário para sobreviver? Como explicar o fato de algumas crianças já nascerem com graves defeitos físicos? Dona Janete, se vivêssemos somente uma única vez, não acha que deveríamos viver em condições semelhantes?

Janete ficou pensativa. Era difícil para ela acreditar naquilo.

— Como toda religião ensina que Deus é todo amor e bondade, não acha que essa dissonância distorceria essas qualidades divinas? — prosseguiu a empregada. — Aprendemos que Deus é imparcial; que ele trata todos com igualdade. Por que, então, vivemos de maneiras tão díspares? Se observarmos sob um ângulo diferente, logo chegaremos à conclusão de que viver apenas uma única vez na Terra não faz sentido. Com que intuito nos esforçaríamos em fazer o bem se a recompensa fosse a extinção eterna, o fim de nossa existência? É bom que a senhora comece a pensar sobre a bondade e a justiça de Deus, e em como a reencarnação é uma lei perfeita e imutável.

Janete foi tirada abruptamente de seu estado de plenitude. Em seguida, questionou:

— Como você afirma isso com tanta certeza, Denise?

— É simples. Basta que raciocinemos sobre a vida. Se agirmos assim, chegaremos à conclusão de que a reencarnação é justa e verdadeira.

Janete começou a refletir sobre tudo que ouvia.

— Quer dizer que já fui pobre?

— Dona Janete, a senhora mesma me disse que nasceu num lar humilde e que somente depois do casamento é que as coisas mudaram financeiramente.

Janete se perguntou se não estava dando muita liberdade a Denise e se ela não poderia se tornar inconveniente. Interessada em colocar um ponto final naquele tipo de conversa, explicou

— Denise, respeito a sua crença. Mas, sinceramente, não acredito em nada disso. Para mim, vivemos apenas uma única vez e, ao morrermos, tudo acaba.

Denise, que não queria de modo algum discutir com a patroa, silenciou. Pediu licença e retirou-se, voltando a seus afazeres.

Janete, embora não acreditasse no que tinha ouvido, se questionou sobre determinadas coisas. Por que algumas pessoas nasciam pobres e outras, ricas? Qual seria o motivo das desigualdades sociais? Por fim, como não poderia deixar de ser, terminou se perguntando por que não pudera ter um filho, uma vez que fizera vários tratamentos.

Ficou mais de uma hora envolta nessas questões. Decidiu retomar a conversa com Denise. Achara que havia sido muito dura com a empregada. Tratou de procurá-la para conversarem um pouco mais.

Denise limpava a vidraça da lavanderia quando Janete se aproximou.

— Denise, estive pensando... Acho que fui ríspida com você. Perdoe-me, por favor.

A empregada devolveu um sorriso sincero.

— Não se preocupe com isso, dona Janete. Sei que a senhora não falou por mal.

— Ontem você já fez a faxina. Por que está limpando a vidraça novamente?

— É que ontem não deu tempo de limpar esta. Deixei para limpar hoje.

— Depois disso o que você tem mais para fazer?

— Vou fazer o almoço e, em seguida, passar as roupas.

— Então está certo. Logo depois do almoço quero voltar àquele assunto. Estive pensando e vi certa coerência em tudo que você me disse. Logo que terminar de passar as roupas, quero que continuemos aquela conversa.

— Para mim será um imenso prazer poder conversar com a senhora — respondeu Denise. — Porém, já lhe adianto que não sou a detentora da verdade. A senhora é livre para refutar algumas das respostas que porventura eu venha a lhe dar.

Sorrindo, Janete assentiu e saiu lentamente em direção a outro cômodo.

O dia transcorreu na costumeira calma. Aproximadamente perto das quatro da tarde, Janete sentou-se no sofá da sala de estar e pediu que Denise fizesse o mesmo.

Denise, que não estava acostumada a se sentar com a patroa para conversar, ficou constrangida. Mas, depois que deram início ao diálogo, aos poucos a empregada foi se sentindo mais à vontade.

Janete iniciou a conversa:

— Fiquei pensando no que me disse. Para ser sincera, nunca havia pensado na hipótese da reencarnação. Gostaria de saber mais sobre o assunto.

— Dona Janete, todos nós devemos concordar que existem muitas coisas sobre as quais não entendemos. Mas devo lhe assegurar que apenas a doutrina kardecista pode explicá-las com coerência e exatidão. Muitas pessoas acreditam que não existe algo além da matéria, ou seja, que, ao morrermos, tudo acaba. Porém, como explicar quando, ao chegarmos a determinado lugar pela primeira vez, temos a nítida impressão de que já o conhecemos? Como explicar a sensação de estarmos sendo observados apesar de, ao olharmos para os lados, não vermos ninguém? Como explicar o fato de, ao dormirmos, sonharmos com um lugar que não conhecemos e vê-lo com riqueza de detalhes, e, com o passar do tempo, termos a oportunidade de conhecê-lo, exatamente como o havíamos visto no sonho?

Interessada no assunto, Janete comentou:

— Denise, vou lhe contar uma coisa que aconteceu comigo há muito tempo. Morei com meus tios numa fazenda no interior paulista. Lá havia uma cerca que fazia a divisa da fazenda. Embora a cerca fosse baixa, minha tia sempre nos explicou que não poderíamos passar daquele trecho porque era perigoso e que ali havia uma assombração. Como sempre fui obediente, quando estávamos brincando perto daquela cerca, nunca permiti que meus primos a atravessassem, temendo que algo lhes acontecesse. Certa noite, sonhei que estava perto da cerca, a qual atravessei, e comecei a andar mata adentro. Depois vi uma trilha onde havia pegadas de animais. Eu segui aquela trilha até chegar a um córrego. Nele, bem no centro, vi a carcaça de um boi.

Denise não despregava os olhos do rosto da patroa, o olhar denotando intensa curiosidade.

— No dia seguinte — prosseguiu Janete —, acordei assustada com a realidade do sonho para mim. Decidi, portanto, um dia em que estava longe dos meus primos, atravessar a cerca. Qual não foi minha surpresa quando observei boquiaberta a trilha no meio daquele mato, onde realmente havia muitas pegadas de bois. Andei por mais dez minutos e me lembro de que fiquei atônita com o que vi: uma carcaça de boi bem no meio daquele córrego. Ao deparar com a cena, fugi imediatamente daquele lugar, voltando à beira da cerca, que atravessei com a agilidade que só o medo pode garantir. Ao me sentir segura na fazenda, na qual meu tio trabalhava como colono, lembro de ter sentado numa pedra grande, o coração ainda descompassado, pensando no que havia acontecido. Como você me explica isso?

Denise pensou alguns instantes antes de começar a falar:

— Dona Janete, Allan Kardec fez a mesma pergunta aos espíritos da codificação. Eles responderam que durante o sono a alma não repousa como o corpo físico. Portanto, o corpo relaxa, mas, como ele não necessita do espírito, este se liberta do corpo, percorrendo o espaço e entrando em contato com outros espíritos. O espírito aprecia a sua liberdade quando o corpo está em estado de vigília. Essa experiência lhe veio por meio dessa liberdade. Muitas vezes a lembrança vem em forma de sonhos para a pessoa. Quando temos um sonho ruim, não é comum pensarmos que foi apenas um pesadelo? Mas não é bem assim. Não raro trata-se da experiência vivida pelo espírito enquanto o corpo está em repouso. No caso da senhora, o corpo permaneceu em repouso enquanto o espírito pôde ter liberdade de ver aquele lugar.

Janete estava interessada na conversa. Assim, aguardou que Denise continuasse com sua explicação.

— Como os próprios espíritos da codificação disseram — prosseguiu ela —, o homem se julga sábio, mas, na verdade, deixa escapar fatos tão simples como estes.

Janete empertigou-se na poltrona. Não pôde deixar de pensar que a explicação de Denise tinha fundamento.

A empregada percebeu que cativara a atenção da patroa. Portanto continuou:

— Todos nós, uma vez ou outra na nossa vida, passamos por experiências como essa que a senhora narrou. Tudo isso acontece para reforçar que aquele que crê que o homem não tem um espírito é realmente ignorante e não conhece nem mesmo as coisas mais simples da vida. Infelizmente, muitos dos que se julgam sábios não passam, na verdade, de pessoas sem entendimento, que creem apenas no que estão vendo. São pessoas realmente materialistas; precisam ver para acreditar. Mas, experiências como a que a senhora teve nos advertem: não somos apenas corpo; somos, muito além disso, uma junção de espírito e matéria. Não há vida humana na Terra sem espírito, e, no entanto, a vida continua apesar da inexistência de um corpo físico. A senhora mesma disse que sua tia falava em assombrações, não é? Mas, na verdade, quem seriam essas assombrações?

Janete, sem entender aonde Denise queria chegar, respondeu:

— Eu me lembro de que, quando morei com meus tios, em uma ocasião em que minha tia ficou muito doente, eles sempre falavam em assombrações e em verem coisas. Eu, particularmente, nunca vi nada, de modo que, depois que cresci, sempre encarei isso como uma crendice de pessoas ignorantes presas ao folclore. Porém, me recordo de ter sentido determinadas coisas quando me encontrava sozinha na fazenda ou até mesmo na casa da minha tia.

— A senhora não acha que o que chamavam vulgarmente de assombrações eram apenas espíritos que haviam se desligado do corpo e, por um motivo qualquer, haviam ficado ligados à terra? Assim como a senhora, muitos não têm sensibilidade para ver os espíritos. Aqueles que veem, contudo, sem entender o que são na verdade, chamam-nos de assombração. Pelo que acabou de me contar, a senhora tem sensibilidade para senti-los. A senhora sente que tem alguém perto da senhora, mas, como não vê nada, prefere ignorá-los a prestar atenção no que realmente está acontecendo.

Janete percebeu que era verdade aquilo que Denise estava falando. Quando isso acontecia, ela saía do lugar porque se sentia desconfortável e procurava fazer outras coisas.

Denise, sem querer sufocar a patroa com outras explicações, falou:

— Dona Janete, está ficando tarde... Preciso pegar meu filho para irmos para casa.

Janete, sem pretender ser inconveniente, concordou:

— Está certo, Denise. Gostaria de continuar essa conversa amanhã. O que me diz?

— Para mim será um imenso prazer. Mas agora vou ter de ir embora.

Denise despediu-se de Janete deixando-a sentada na sala.

Janete pensava na coerência do que Denise havia dito. Automaticamente, seu pensamento se voltou para João. Ponderou se ele estava vivo em algum lugar. E, se estivesse, o que estaria pensando sobre a morte violenta de que fora vítima.

⟨∾⟩

Naquele dia Alexandre não saiu da delegacia. Soubera que o juiz Fernando havia marcado o julgamento de Vítor Castelli para dali a dois meses, mas não se importou muito com o fato.

De sua cabeça não saíam as palavras de Eliseu: para chegar ao assassino, tinha de pensar como um assassino. Resolveu levantar os nomes dos convidados que haviam levado suas armas e conjecturou sobre quem teria razão para assassinar João.

Na lista de Alexandre havia os seguintes nomes: Vítor, Carlos, Fábio, Adônis, Jorge, Roberto, Adalberto, Guilherme, Antônio, Marcos e Rubens.

Alexandre começou por Rubens. A morte do sócio lhe seria providencial, é certo. Ainda mais sabendo que Marco Aurélio não queria se envolver nos negócios do pai. Seria fácil ludibriá-lo a ponto de ficar com o negócio só para si, sem contar que ele mantinha um relacionamento amoroso com a esposa da vítima. Rubens tinha motivos de sobra para querer que o sócio morresse.

Alexandre, portanto, marcou um "S", de suspeito, na frente do nome de Rubens.

Em seguida, o investigador começou a pensar em Vítor, que mantinha uma paixão secreta por Kim, esposa de João. Alguém, ele não podia esquecer, que não titubeara em matar duas pessoas somente para não ver a mulher por quem era apaixonado se tornar suspeita pela polícia.

Embora Vítor tenha negado a autoria do disparo que vitimara João, para Alexandre ele ainda continuava a ser um suspeito. Sendo assim, Alexandre marcou um "S" também na frente de seu nome.

Enquanto Alexandre pensava em Vítor, Oswaldo, o delegado de polícia, entrou na sala do investigador.

— Não consigo parar de pensar no que você me disse pela manhã — desabafou ele. — Cheguei à conclusão de que devemos investigar os motivos que cada um teria para assassinar João. Porém, não esqueço o que Eliseu falou sobre pensarmos como um assassino. Isso me fez refletir não somente sobre os motivos diretos que alguém teria para assassinar alguém, mas também nos motivos indiretos. Isso quer dizer que devemos colocar na lista de suspeitos todos os que teriam um motivo para matá-lo.

— É exatamente nisso que estou pensando.

Alexandre pediu permissão a Oswaldo para interrogar novamente todos os envolvidos, sem descartar até mesmo os que haviam comparecido sem arma na reunião na casa de João.

Oswaldo, que queria a todo custo elucidar o caso, deu a permissão. Deveria ser feito um levantamento de todos os convidados da festa para que uma intimação fosse entregue a cada um.

Assim que o delegado saiu da sala, Alexandre se pôs a pensar e decidiu voltar à casa de Kim para pedir a lista de convidados.

Pegando o paletó que havia colocado no encosto de sua cadeira e as chaves de uma das viaturas, dirigiu-se imediatamente para a mansão dos Albuquerque de Lima.

Ao chegar em frente à casa de Kim, Alexandre avistou Jair podando os pés de hortênsia. Antes de tocar a campainha, pensou em pedir ajuda a ele, que havia dois anos investigava a vida de João sem chegar, também, à conclusão alguma.

Ao ver o investigador se aproximar do portão, Jair esboçou um largo sorriso.

— Você por aqui? Descobriu algo novo sobre o caso?

Alexandre estendeu a mão para Jair e o cumprimentou.

— Sim e não. O que tenho de novo é que o amigo espiritual de Luiza, o Eliseu, aquele de quem lhe falei, me fez ver as coisas por um ângulo diferente. Agora vou investigar todos que estiveram na festa naquele dia que antecedeu a morte de João, e não apenas quem estava armado. Queria continuar a conversar com você. Será que poderemos nos encontrar hoje à noite?

— Para mim será um prazer conversar mais sobre esse caso.

— Ótimo! — respondeu Alexandre. — Vou esperá-lo em minha casa às dezenove horas.

— Está certo. Chegarei pontualmente. Você sabe como gosto de conversar com você e com dona Maria Luiza.

Sem querer estender a conversa, Alexandre finalizou:

— A senhora Kim se encontra em casa?

— Sim — disse Jair. — Ultimamente ela não tem saído muito de casa. Pelo que sei, Rubens não está vindo mais fazer as visitas noturnas que habitualmente fazia, e ela está deprimida, segundo Leila contou. Ela me mantém informado sobre o que se passa lá dentro.

Alexandre ficou intrigado com o fato de o romance ter terminado. Por que ele terminaria justamente agora, que ela estava livre para se relacionar com quem quisesse? Passou pela cabeça do investigador que talvez o romance houvesse terminado por eles terem algo em comum, algum segredo.

Alexandre entrou no grande jardim da casa e, chegando à porta, tocou a campainha, sendo atendido por Jonas.

Jonas não gostava das visitas de Alexandre, pois sabia se tratar sempre do assunto que deixava sua patroa irritada.

— Com quem deseja falar, senhor? — perguntou Jonas polidamente, disfarçando seu desgosto.

— Quero falar com dona Kim. Ela está em casa?

O mordomo, com semblante fechado, disse:

— Sim. Aguarde um momento que vou conferir se ela pode atendê-lo.

Alexandre foi encaminhado à antessala e ficou esperando que alguém aparecesse.

Passados alguns minutos, Jonas voltou.

— Aguarde um momento — avisou ele. — A senhora Kim descerá em breve para falar com o senhor.

Ao dizer isso, Jonas saiu discretamente. Alexandre não pôde deixar de pensar que a figura dele parecia ser destituída de emoção. Ele mais parecia um boneco, governado apenas pela voz da patroa.

Alexandre refletiu que Jonas poderia muito bem ser um potencial assassino, embora fosse um homem discreto e não parecesse ser capaz de matar ninguém. "Mas desde quando assassino tem cara de assassino?", pensou ele. E riu sozinho, discretamente. Em seguida ouviu passos na escada.

Alexandre aguardou até que a figura de Kim aparecesse na porta. Ao vê-la, o investigador se surpreendeu. Ela não estava mais tão bonita quanto antes. Emagrecera visivelmente e suas olheiras denotavam que ela passava por um momento bastante ruim.

Com toda educação, Alexandre cumprimentou-a:

— Boa tarde, senhora. Desculpe aparecer assim sem avisar, mas é que estamos tomando um rumo diferente nas investigações. Peço, por gentileza, que me forneça a lista de convidados da festa.

Visivelmente aborrecida, Kim retrucou em tom áspero:

— Não precisa pedir desculpas. Vocês, policiais, esquecem de usar o bom senso ao vir à casa das pessoas fora de hora. Estou me acostumando com tudo isso.

Alexandre sentiu o sangue lhe subir às faces. Ficou em silêncio para não responder à altura.

A dona da casa continuava a encará-lo com visível desprezo.

— Venha, vamos à biblioteca. Creio que a lista esteja na gaveta com algumas anotações de João.

Sem nada dizer, Alexandre seguiu a mulher. Adentrou a biblioteca, que permanecia a mesma. Nada mudara ali.

Ao se ver sozinho, o investigador sentou-se à grande mesa de madeira maciça e, abrindo as gavetas, pôs-se a procurar pela lista de convidados. Passados alguns instantes, ele viu uma folha em branco escrita com esferográfica azul que dizia: "Lista de Convidados". A seguir, havia vários nomes.

Alexandre pegou um papel em branco que estava sobre a mesa e, tirando a caneta do bolso, passou a copiar todos os nomes da lista. Após copiá-los, devolveu a lista à gaveta e saiu da biblioteca, deparando com Jonas parado no corredor.

Sem entender por que o mordomo estava ali, o policial questionou:

— O que está fazendo?

Jonas respondeu friamente:

— Aguardo o senhor. Dona Kim pediu que eu o esperasse e o encaminhasse à porta.

Alexandre sentiu uma raiva fervilhante daquela mulher e do mordomo, que se mostrava como um cão fiel ao dono.

— Isso mesmo. Leve-me para fora desta casa rapidamente. Confesso que a atmosfera daqui não está fazendo nada bem a mim. Sempre que venho aqui, não vejo a hora de ir embora.

Jonas nada respondeu. Apenas encaminhou Alexandre à porta.

Na saída, o investigador viu novamente Jair, mas desta vez apenas acenou em despedida.

Alexandre ficou pensando nos nomes daquela lista. Logo concluiu que se tratava de pessoas influentes, por exemplo, o doutor Juracir Levinski Netto, promotor de direito da comarca do juiz Fernando.

Ao ligar o carro, sentiu que enfrentaria problemas ao convocar essas pessoas para depoimento. Precisava falar com Oswaldo antecipadamente.

Ao chegar à delegacia, Alexandre se encontrava irritado. Não suportava o ar de superioridade de Kim.

Dirigiu-se diretamente à sala de Oswaldo. Após lhe relatar o que havia acontecido, Alexandre arrematou, irritado:

— Você não sabe como eu ficaria feliz em descobrir que foi Kim quem matou João. Eu a trancaria na cela com gosto.

Oswaldo concluiu com sensatez:

— Não diga uma coisa dessas. Se isso acontecer, acha que vai trancafiá-la com gosto mesmo? O que você tem aprendido nas reuniões da Casa Espírita que frequenta? Vejo que sua esposa é completamente diferente de você. Ela é mansa e consegue perdoar as pessoas. Será que não está na hora de você aprender um pouco mais com ela?

Alexandre caiu em si e se envergonhou daquela atitude. De fato ele não estava aplicando o que vinha aprendendo sobre os preceitos de Jesus.

— Desculpe, Oswaldo. Você tem razão. Não estou praticando o que tenho aprendido. Prometo mudar minha postura.

Ao ver o amigo embaraçado, Oswaldo falou:

— Meu amigo, não é a mim que deve prometer alguma coisa. Acho, no entanto, que você deveria ser o pacificador de situações embaraçosas. Não aja como dona Kim; entenda que ofensas fazem parte do ofício que você abraçou e, como espírita, você não deve levá-las em consideração.

Alexandre sentiu as palavras do delegado como uma bofetada. Resolveu mudar de assunto para não ficar ainda mais constrangido.

— Mudando de assunto, Oswaldo, queria conversar com você sobre os convidados que estiveram presentes naquela fatídica noite da morte de João. São pessoas influentes, que poderão nos causar problemas ao serem convocadas a depor.

Oswaldo coçou a orelha, pensativo.

— Já que é assim, devemos ir devagar para não arranjarmos problemas. Você, a partir de amanhã, deve começar a visitá-los, um a um, procurando descobrir tudo sobre aquela noite e, principalmente, quem teria motivos para cometer esse crime.

Alexandre concordou com o delegado. Examinando a lista que tinha em mãos, disse:

— Vou começar por todos os que levaram revólveres naquela noite. Depois sigo com os demais.

Em tom de gozação, Oswaldo respondeu:

— Faça isso, Faro Fino. Tenho certeza de que, depois que investigar cada um, descobrirá um motivo que descortine este caso.

Alexandre assentiu e se despediu de Oswaldo. Ao chegar à sua sala, pensou novamente sobre o que o delegado lhe havia dito: não estava aplicando os ensinamentos de Jesus. Arrependido, baixou a cabeça e fez uma prece pedindo a Deus que lhe desse sempre bom senso para não disseminar a raiva entre os que se encontravam à sua volta; também pediu auxílio a Deus a fim de que conseguisse colocar em prática o vinha aprendendo.

Após a prece, Alexandre sentiu-se melhor. Começou a organizar em ordem as pessoas que iria visitar no dia seguinte. Terminando essa tarefa, decidiu que voltaria para casa. Eram aproximadamente dezoito horas quando saiu da delegacia.

Chegando em casa, Alexandre sentia ainda o peso da cobrança que, indiretamente, o delegado lhe fizera. Maria Luiza, de quem o marido não conseguia esconder nada, notou seu evidente dissabor.

— Está tudo bem, Alexandre?

— Se tivermos em conta o novo rumo das investigações, graças ao que nosso amigo Eliseu nos disse, posso dizer que sim.

— Se tudo está correndo bem, por que parece estar tão desgastado?

Em poucas palavras, o policial contou à esposa o que havia ocorrido desde a ida à casa de Kim Albuquerque. Complementou o relato com a conversa que tivera com Oswaldo assim que chegara à delegacia.

Maria Luiza ouviu tudo que o marido dizia. Só se manifestou quando ele parou de falar.

— Alexandre — iniciou ela com cautela —, entenda uma coisa: embora ainda haja muito preconceito religioso com respeito ao espiritismo, devemos elucidar, com nossas ações, que somos pessoas pacíficas, assim como fez nosso divino mestre Jesus. Nas casas espíritas sempre é ensinado que devemos amar o próximo e fazer o bem a todos. Isso não implica apenas ações, mas, sobretudo, o pensamento. Você foi infeliz no comentário que fez a Oswaldo; porém, como bons espíritas, devemos mudar, antes de nossas ações, nossos pensamentos. Em vez de pensar o que qualquer um pensaria sobre o comportamento de dona Kim, você deve procurar vê-la como filha de Deus, alguém que ainda não tem condições de compreender certas coisas. Ouvimos tanto nas reuniões da casa que frequentamos como no evangelho que fazemos semanalmente no lar que cada pessoa se encontra em um degrau evolutivo diferente do outro.

Maria Luiza fitou o marido, que parecia compreendê-la sem ficar magoado com suas palavras. Portanto prosseguiu:

— Não estou dizendo que estamos à frente de outras pessoas; pelo contrário, apenas digo que cada um de nós está em um estágio evolutivo diferente. Por isso, meu querido, nós, que estamos aprendendo sobre isso e, principalmente, sobre os ensinamentos do mestre Jesus, devemos ter paciência com os que ainda mostram estar distantes dos ensinamentos de amor e bondade que Jesus nos deixou. Não deseje, querido, que ela seja a assassina de João; antes, ore por ela, para que possa enxergar como está enganada em acreditar que o dinheiro e a projeção social são tudo. Peça a Deus para que ela possa se livrar da ilusão que a cega; para que ela possa entender determinadas coisas que ainda lhe fogem à razão. Oswaldo foi sincero com você quando disse aquilo. Não tenha rancor por ele ter manifestado o que lhe ia ao coração. Isso mostra que ele vê essa doutrina que abraçamos como fonte de amor ao próximo. Isso não é bom?

Alexandre concordou em silêncio.

— Em vez de ficar envergonhado e se fechar como uma ostra, fique feliz por outras pessoas verem o espiritismo como a religião do amor. Querido, embora estejamos vivendo na primeira parte da década de sessenta, desde já sabemos que o espiritismo é a religião do futuro. Jesus, quando viveu na Terra, não veio trazer nenhuma nova religião; antes, veio ensinar os seres humanos a amar. Com isso, aprendemos que devemos tratar a todos com amor; devemos ser longânimes em vez de sentirmos raiva; devemos ser indulgentes com todos, até mesmo com essa pobre mulher, que não consegue se desvencilhar das amarras da ilusão. Mas nunca se esqueça, meu querido, que devemos não somente aprender como também aplicar o que aprendemos; devemos procurar seguir os passos de Jesus, ainda que imperfeitamente. Claro que se seguíssemos os passos de Jesus fielmente seríamos perfeitos, mas devemos nos esforçar para colocar em prática o que aprendemos. Lembro-me de um curso que fiz há alguns anos na Casa Espírita em que a dirigente do curso mencionou que havia espíritas e espíritas.

Sem entender, depois de um longo período em silêncio, Alexandre indagou:

— O que ela quis dizer com isso?

Sorrindo bondosamente, Luiza explicou:

— Existem espíritas que procuram aplicar o que aprendem e os que não aplicam, mas ainda assim se autodenominam espíritas.

Pensando por alguns minutos, Alexandre respondeu envergonhado:

— Querida, percebo que sou daqueles que não aplicam o que aprendem. Sou espírita apenas no nome. Eu me irrito facilmente com as pessoas; não tenho paciência com nada nem ninguém. Quer saber? Vou me matricular em algum desses cursos da Casa Espírita. Como você sabe, sempre me esquivei de fazer determinados cursos, limitando-me apenas a ir às reuniões. Agora, no entanto, já que ser espírita é uma responsabilidade, então pretendo levar isso a sério. Tenho falhado quando se trata de praticar o que aprendo. Mas, de hoje em diante, pretendo ser um espírita de verdade — afirmou Alexandre resolutamente.

Maria Luiza exultou com as palavras do marido. Ela já o havia convidado para fazer vários cursos, mas ele sempre respondia que não tinha tempo.

— Meu querido, entenda uma coisa: o espiritismo não é uma religião dogmática e muito menos segue rituais. É apenas uma religião que nos ensina a amar, em quaisquer circunstâncias, os nossos irmãos, que são, na verdade, companheiros de jornada. O espiritismo tem como primazia nos tornar pais melhores, irmãos melhores, filhos melhores, enfim, nos tornar melhores em todos os setores da nossa vida aqui na Terra, habilitando-nos a seguir adiante na trajetória evolutiva.

Alexandre deu-se conta do quanto estava sendo relapso quanto a aplicar os ensinamentos. Decidiu que se tornaria melhor a fim de nunca mais ter de se constranger com cobranças feitas por outros.

Maria Luiza estava feliz, pois naquela noite Alexandre em hipótese alguma se mostrou indiferente ou impaciente com ela e com o filho. Antes, mostrava-se atencioso e a ajudou a lavar a louça, momento que a esposa aproveitou para fazer diversas brincadeiras para descontraí-lo. Pela primeira vez, Alexandre percebeu como havia perdido tempo em não aproveitar a companhia da esposa e do filho.

Depois do jantar, Humberto já se mostrava cansado. Maria Luiza o colocou para dormir e Alexandre foi tomar banho.

Pouco tempo depois, o casal, sentado na sala, conversava sobre o que Eliseu havia dito quando ouviram tocar a campainha.

— Falta um minuto para as sete da noite e Jair já está tocando a campainha — disse Alexandre à esposa, a quem previamente informara da visita do amigo. — Ele segue de fato uma pontualidade britânica.

Luiza foi atender à porta. Deparou com Jair, que trazia nas mãos uma caixinha embrulhada em papel de presente, que entregou a Maria Luiza. Agradecendo, um tanto constrangida, a dona da casa convidou-o a entrar.

Alexandre apreciou aquele gesto, que denotava o quanto o amigo era educado.

— Bem, tenho certeza de que jamais vou esperar por você. Você entrou na sala exatamente às dezenove horas. Parabéns! Confesso que gostaria de ser assim.

Sorrindo, Jair respondeu:

— Pontualidade sempre foi meu ponto forte. Mas também não gosto de esperar por ninguém.

Maria Luiza abriu a caixa, que continha bombons. Agradeceu novamente a gentileza.

Alexandre, sentando-se confortavelmente no sofá, pediu a Jair que fizesse o mesmo. Luiza se levantou e foi à cozinha preparar um café para a visita.

Jair estava curioso para saber na íntegra o que Eliseu havia falado sobre o caso de João. Porém, contendo-se, ouviu com atenção os outros assuntos sobre os quais Alexandre fez questão de falar para descontrair o ambiente. O investigador não queria falar apenas de trabalho.

Jair notou que havia algo diferente em Alexandre. Pela primeira vez, notou que o investigador estava de bom humor. O jardineiro passou a narrar alguns fatos que descobrira nos últimos tempos na casa do empresário morto, aos quais Alexandre deu grande atenção, uma vez que o passado de João talvez estivesse ligado com sua morte.

— Em uma das noites — informou Jair —, eu estava escondido no jardim esperando que Rubens entrasse na casa, mas ele não veio. Entrei pela porta da lavanderia, uma vez que Kim deixava a porta aberta, e fui mexer nos papéis da biblioteca a fim de descobrir alguma coisa.

Alexandre arregalou os olhos, espantado com a coragem de James Scott. Invadir uma casa na calada da noite não era coisa que qualquer um teria coragem de fazer.

— Jair, você é louco? Já imaginou se dona Kim pega você vasculhando as gavetas da biblioteca? O que você iria dizer para se safar da situação?

— Eu não diria nada! Iria deixá-la tirar as próprias conclusões.

— Por que não me disse que queria algo da biblioteca? Eu poderia pegar para você — esclareceu Alexandre.

Jair apenas resmungou:

— Ora, já vi você e o delegado Oswaldo entrarem naquela biblioteca várias vezes, sem nunca descobrir nada que pudesse me ajudar. Foi só por isso que decidi fazer tudo sozinho.

Alexandre não gostou do comentário de Jair mas, lembrando-se do que Maria Luiza havia lhe dito momentos antes enquanto estavam sozinhos, resolveu ficar quieto.

Ficou evidente para Jair que o amigo não havia gostado do que ele dissera. Tentando disfarçar seu embaraço, falou:

— Agradeço por se colocar à minha disposição para me auxiliar nas investigações — contemporizou Jair —, e não dispensarei sua ajuda no futuro. Para mim é realmente complicado entrar naquela casa.

— Sim, Jair, pode contar comigo sempre que precisar. Agora me diga: você pegou algum documento que esclarecesse algo sobre o passado de João, algo que ignoramos?

Surpreso, Jair encarou Alexandre.

— Talvez tenha passado despercebido para você e para o delegado, mas, por trás daquele quadro que tem uma pilha de livros...

— Aquele que tem o fundo vermelho?

— Sim. Lá tem um cofre. Acredito que nele haja alguma coisa que possa me ajudar a descobrir algo sobre a vida de João.

Alexandre sequer havia cogitado que por trás daquele quadro havia um cofre. Interessado, comentou:

— Bingo! Por que eu não pensei nisso antes? É claro que ao lado de um grande homem de negócios sempre há um cofre onde ele possa guardar seus segredos.

Jair percebeu que havia ajudado Alexandre a pensar sobre o assunto.

— Diga-me uma coisa — perguntou Jair —, você achou algo nas gavetas daquela biblioteca que pudesse descortinar o passado de João, bem como o motivo de sua morte?

Alexandre olhou desanimadamente para o jardineiro.

— Não encontrei... Mas quem sabe essa história do cofre não nos leva a algum lugar?

Jair queria saber sobre a conversa que Maria Luiza tivera com seu amigo espiritual, por isso tocou no assunto:

— Você disse que sua esposa teve uma conversa elucidativa com Eliseu, não é? O que ele falou?

Alexandre passou a narrar tudo que Eliseu havia dito. Vendo a expressão pensativa de Jair ao terminar o relato, indagou:

— Por que ficou quieto, Jair?

Nesse momento o olhar dos dois investigadores se desviou em direção à porta da cozinha, de onde Luiza saía com uma bandeja que continha duas xícaras e um bule de porcelana no centro.

— Venha, querida. Sua permanência na sala muito nos alegrará, não é mesmo, Jair?

— Claro que sim. Para mim, particularmente, será um prazer. Afinal, temos de descobrir o que Eliseu queria dizer com aquelas frases lançadas ao ar.

— Talvez estejam achando as palavras de Eliseu muito estranhas agora, mas, com o tempo, entenderão o que ele estava querendo dizer.

— Por que, em vez de nos lançar enigmas, seu amigo espiritual não nos conta de uma vez quem foi o assassino e quem eram os cúmplices de João nos Estados Unidos?

— É muito simples — respondeu Maria Luiza a Jair. — Todos devemos progredir com o nosso esforço e nosso trabalho, tanto que é por isso que uma das leis de Deus é justamente a lei do trabalho, que eleva o homem a condições melhores da que ele se encontra. Se ele falasse tudo abertamente, com o tempo, quando Alexandre se visse de novo diante de um caso difícil de resolver, pediria ajuda a ele e, com isso, se acomodaria cada vez mais. Eliseu está ajudando, mas é a meu marido e a você que cabem a responsabilidade de aplicar a lei do trabalho em suas vidas. Essa lei antecede a lei do progresso. Sendo assim, é imprescindível que todos trabalhem, afinal, até mesmo os irmãos da espiritualidade maior continuam seu labor incessantemente em favor de toda a humanidade. Deus não gosta de ociosidade. Como mentor do trabalho, faz, ao contrário, uso dele em todas as ocasiões da vida.

Alexandre estava espantado com como a esposa era aplicada em assuntos espirituais.

Os três conversaram mais um pouco sobre as revelações de Eliseu.

Em determinado momento, Jair perguntou a Alexandre:

— Se você fosse o assassino de João Albuquerque de Lima, qual a primeira coisa que faria para continuar no anonimato?

Sem entender a pergunta, o investigador respondeu:

— Honestamente não sei. Jamais me vi numa situação como essa.

Jair se voltou para Maria Luiza e fez a mesma pergunta. Com curiosidade, aguardou que ela respondesse a questão, o que ela fez após pensar durante alguns instantes.

— Se eu fosse o assassino, a primeira coisa que faria era me livrar da arma que, afinal de contas, seria a prova do crime.

Alexandre olhou surpreso para a esposa.

Jair, eufórico, continuou:

— É isso mesmo! Acho que, em primeiro lugar, devemos descobrir quem estava pela manhã na casa da vítima. Com certeza a primeira coisa que o assassino desejou foi se livrar da arma que o incriminava. Como não havia impressões digitais nela, qualquer um pode ter entrado no quarto de Marco Aurélio e a escondido lá .

— Mas como o assassino colocou a arma no quarto do rapaz para incriminá-lo se fui eu mesmo quem o acordei pela manhã? — indagou Alexandre.

Maria Luiza propôs:

— Não haveria momento mais propício para que alguém se livrasse da arma do crime do que quando você chamou Marco Aurélio para prestar esclarecimentos na biblioteca.

Alexandre saltou do sofá onde se encontrava e foi em direção à esposa, cobrindo-a de beijos. Ela havia pensado em algo que ele jamais cogitara. Nem mesmo Oswaldo, com seus muitos anos como delegado, pensara nisso.

Jair também se encontrava radiante com a sagacidade de Luiza.

— Exatamente — concluiu o jardineiro. — Enquanto você e o delegado estavam com o rapaz na biblioteca, alguém entrou sorrateiramente no quarto dele e escondeu a arma, fazendo-os pensar que fora ele o autor do disparo que vitimou João Albuquerque de Lima.

Alexandre ficou em silêncio, tentando concatenar as ideias.

— Mas quem estava na casa às cinco e meia, ou seja, justamente no horário em que o empresário foi morto?

O jardineiro lançou um olhar de esperança na direção de Maria Luiza, esperando que ela desse algum parecer.

A esposa de Alexandre, percebendo que os dois aguardavam um comentário seu, falou com voz firme e resoluta:

— Vocês estão pensando somente o óbvio. Desconfiam apenas das pessoas que sabem que estavam lá naquela noite: Leila, a empregada; Jonas, o mordomo; Kim, a esposa; além do casal de amigos, Rubens e Janete, e de Marco Aurélio. Se fôssemos seguir essa linha de raciocínio, suspeitaríamos de uma dessas cinco pessoas, é claro. Mas não é muito óbvio? Já pararam para pensar que talvez houvesse alguém escondido na casa, esperando o momento de assassinar João sem chance de defesa?

Alexandre e Jair se entreolharam.

— Acho que não havia ninguém escondido na casa. Eu entrei exatamente às sete horas da manhã e não vi ninguém sair de lá de dentro.

Maria Luiza, sem se dar por vencida, prosseguiu:

— Pelo que Alexandre me disse, o horário da morte de João foi por volta das cinco e meia da manhã. Talvez o autor do disparo tenha saído sem que ninguém o visse, ou seja, bem antes de sete horas da manhã.

Alexandre levou a mão ao queixo, desacreditando da viabilidade das palavras de Luiza.

— Não acho que isso tenha sido possível. Conferi os horários de saída dos convidados mas nenhum deles, exceto Rubens e Janete, ficou na casa.

Jair compreendeu aonde Luiza queria chegar.

— Você sabe o que as pessoas da casa contaram — explicou o jardineiro —, mas será que realmente falavam a verdade? Será que não havia mesmo alguém escondido na casa que, afinal, é muito grande e teria refúgios de sobra para algum assassino se esconder e aguardar um momento oportuno para sair sem que ninguém o notasse?

Alexandre ainda não estava convencido.

— Quem saberia que João estaria perto da piscina justamente nesse horário?

O próprio Jair respondeu àquela questão:

— Não era novidade para ninguém a terrível insônia que João tinha todas as noites. Até mesmo eu, que trabalho fora da casa, sabia que ele muitas vezes ia dormir apenas depois das seis da manhã.

Alexandre apertou os olhos, desconfiado.

— Mas por que ele tinha essas crises de insônia? — perguntou o policial.

— Nunca soube o motivo — explicou Jair. — Mas Leila sempre me dizia que não era para eu ligar a máquina de cortar grama muito cedo uma vez que o doutor João havia demorado para dormir. Todos da casa sabiam desse problema de insônia.

Luiza levantou mais um ponto:

— Seja como for, a pessoa que atirou em João sabia que ele tinha esse problema e deixou justamente para matá-lo depois que a festa acabasse. Dessa maneira, seria muito mais fácil para ela continuar no anonimato.

A mente de Alexandre relampejou com uma ideia que até o momento não concebera: o assassino poderia ser uma mulher. Atônito, disse:

— É isso mesmo. O assassino deixou para atirar em João enquanto ele estivesse perambulando pela casa. Isso é comum para quem tem insônia. Quais as pessoas que sabiam do problema de insônia de João?

— Que eu saiba — respondeu Jair —, todos da casa, até mesmo Leila e Jonas, que são os que ouvem tudo ali dentro.

— Vocês não acham que, novamente, estão apostando no óbvio? — perguntou Maria Luiza. — Eliseu não disse que tudo estava sob o seu nariz e que era somente uma questão de enxergar? Quando meu amigo disse isso, certamente ele tentava explicar que vocês deveriam ir além do óbvio. Isso significa que tudo que estiver ostensivo demais certamente não é o caminho que vocês devem trilhar. Vocês deveriam pensar em alguém que talvez nem estivesse na casa ou, ainda, em alguém acima de qualquer suspeita.

Jair encarou Alexandre e viu os olhos do investigador brilharem de satisfação.

— Mas ninguém que esteve na festa está acima de qualquer suspeita — comentou Alexandre. — Todos os convidados são potenciais suspeitos. O que não consigo entender é por que alguém tramaria contra a vida de um homem rico e influente como João Albuquerque de Lima.

Jair respondeu:

— Amigo, entenda: todos os que estavam na festa tinham motivos de sobra para querer a morte de João. Comecemos pelos que estavam armados.

— Não acredito que um homem tenha tantos inimigos assim — retrucou Alexandre, incrédulo.

— Creio que você deva levar em conta como João conseguiu a fortuna imensurável que tem em tão pouco tempo — esclareceu Jair. — Já pensou que, para isso, ele deve ter pisado na cabeça de muita gente? Ou talvez agido inescrupulosamente, provocando a morte de alguém ou de alguns?

Alexandre concordou com Jair. De fato, não bastava somente descobrir o autor do disparo, e sim conhecer o passado de João que, pelo visto, não tinha nada que o abonasse.

Intrigado, Alexandre indagou:

— Jair, o que você descobriu a respeito de João até agora? Como estão indo suas investigações?

Jair, que confiava plenamente em Alexandre e Luiza, explicou:

— Na verdade, além daquilo tudo que já lhe contei sobre a quadrilha de ladrões de carro de luxo e o esquema de legalização dos carros no México, surgiram dois novos nomes de homens que fizeram fortuna em pouquíssimo tempo, assim como João: Tom Torrance e Nicholas Mead. Eles também conseguiram montar um negócio paralelo, como a rede de hotéis de João, que começou com um velho hotel aqui mesmo em Copacabana e logo prosperou, formando esse império que hoje conhecemos. O que queremos descobrir agora é a identidade dos outros integrantes da quadrilha. Por certo eles continuam a infringir as leis americanas. Pelo que descobri até agora, João, quando viu que os hotéis davam bastante lucro, rapidamente abandonou a quadrilha. Mas pelas minhas averiguações sei também que alguns membros da quadrilha continuaram a importuná-lo, como Karl Montgomery, por exemplo, que sempre estava no Brasil e em todas as vezes se encontrou às escondidas com João.

Alexandre ficou surpreso com aquelas novas informações. Jair havia avançado bastante em suas investigações desde a última vez em que haviam falado sobre João e a quadrilha.

— Pelo que descobrimos — prosseguiu Jair —, João Albuquerque de Lima estava envolvido na morte de Arnold Bauer. Segundo as investigações, ele ameaçou o chefe da quadrilha dizendo que delataria todo o esquema se continuassem a importuná-lo. Embora na ocasião da morte de Arnold Bauer João já não estivesse mais nos negócios da quadrilha, havia entre eles um rixa pessoal. Meus companheiros de trabalho explicaram que João havia mantido um relacionamento com Wendy Bauer na ocasião em que ainda era membro ativo da quadrilha. Como Arnold descobriu a traição da esposa com João, os dois brigaram. Em uma dessas brigas, Arnold ameaçou a vida de João. É intrigante notar que Arnold Bauer nunca conseguiu nada. Ganhava muito dinheiro, assim como gastava também, e, dessa forma, morreu praticamente sem nada, deixando a esposa apenas com a renda do seguro social.

— Quando isso se deu? — perguntou Alexandre.

— Há mais ou menos oito anos. Segundo consta nos registros, João permaneceu na quadrilha por pouco mais de dois anos. Quando achou que havia ganhado o suficiente, simplesmente a abandonou e procurou não se envolver mais com nenhum dos integrantes da quadrilha, adquirindo, com o tempo, o título de homem de bem, ou seja, um vencedor.

— E como Arnold Bauer morreu? — inquiriu Maria Luiza.

— Ele levou dois tiros: um na testa e outro no peito. Em seguida, foi jogado num lago, atado a um paralelepípedo, para que afundasse sem sombra de dúvida. Com o tempo, o corpo deveria ficar tão danificado que ninguém conseguiria identificá-lo. Mas certa manhã, enquanto Elliot Carlliner pescava com seu netinho, avistou pés humanos aparecendo sob as águas límpidas do lago. Rapidamente chamou a polícia, que não teve dificuldade em descobrir de quem se tratava. A carteira de motorista juntamente com a de seguro social estavam no bolso de sua calça. Algo que chamou atenção no caso foi que, dois dias antes, Arnold Bauer fez um seguro de vida em nome de seu filho, Graig Gould Bauer, que na ocasião contava com apenas dezesseis anos de idade. Foi assim que se revelou em que Arnold trabalhava. Temos alguns nomes dos integrantes da quadrilha, mas todos se negam a dizer para quem trabalhavam.

— Meu amigo, quantas coisas você descobriu! — parabenizou-o Alexandre. — Em que trilha de crime mais complexa fomos nos meter...

— E isso não é tudo — continuou Jair. — Pelo que descobri, João mantinha telefonemas secretos com um homem americano. Aliás, meu chefe tem certeza de que esse homem é o chefe da quadrilha. Você sabe como é... A pessoa que se envolve com pessoas do submundo dificilmente consegue romper esses laços. Entrei por duas vezes na casa de Kim, pois tinha certeza de que João tinha um cofre em casa. Acho que lá estarão os nomes de todos os envolvidos. Tive de fazer isso. Com a burocracia brasileira, jamais seria permitido que entrássemos num lar a fim de fazer as investigações cabíveis. De uma coisa, no entanto, você pode ter certeza: João não era esse homem impoluto que fazia questão de mostrar. Sempre foi, ao contrário, demasiadamente materialista, pouco importando os meios para que subisse na vida.

Maria Luiza, perplexa diante de tantas informações, sugeriu:

— Vamos por partes... João estava envolvido com a esposa desse Arnold Bauer, fato que causou certo mal-estar entre eles. O filho dele, que na época tinha dezesseis anos, hoje está com vinte e quatro. Seria possível que o rapaz viajasse sozinho, se desejasse. Sabedor de que João foi o causador da desgraça da família, seria natural que o rapaz o odiasse. Por certo o rapaz ouviu sabe-se lá de que fontes que João estava envolvido na morte do pai. Será que esse rapaz não pode ter vindo ao Brasil apenas para assassinar João?

Alexandre, boquiaberto com o raciocínio lógico da esposa, praticamente gritou:

— Mas é claro! Só pode ter sido isso. Lembra que Eliseu disse que estava tudo sob meu nariz? Luiza, você é uma mulher maravilhosamente inteligente. É por isso que eu a amo.

— Não se animem muito — afirmou Jair. — Não acho que isso seja provável. Graig jamais teria condições de fazer uma viagem como essa. Já levantamos esse ponto antes. Pelo que sei, o rapaz se envolveu com más companhias, tendo o mesmo destino do pai.

Foi visível a passagem súbita da euforia ao desânimo no semblante de Alexandre.

— Está vendo? Esse caso nos foge em todas as linhas de raciocínio. Não sei mais o que fazer para desvendar o mistério que envolve a morte de João Albuquerque de Lima. Estou quase desistindo desse caso — expressou Alexandre.

Ao ouvir o desabafo do amigo, Jair falou:

— Mas você está esquecendo algo importante que Eliseu disse a Luiza.

— E o que é? — quis saber o policial.

Mexendo-se na poltrona, Jair esclareceu:

— Eliseu não disse que entre as mais belas ramagens estaria um galho seco encoberto? Sendo assim, vejo que temos de dar uma guinada no rumo que tomamos até agora.

— Você tem razão — disse Luiza. — Ainda há outro ponto sobre as palavras de Eliseu que não conseguimos entender.

Alexandre continuava desanimado, mas permaneceu calado, esperando que Jair concluísse seu raciocínio:

— Alexandre, pense comigo — convidou ele —: no meio de uma bela ramagem, estaria um galho seco encoberto. Vamos entender o que nosso amigo espiritual quer dizer com isso.

Maria Luiza sorriu diante das palavras de fé do bom homem que estava se desenvolvendo espiritualmente. Mesmo frequentando há pouco tempo as reuniões na Casa Espírita, ele mostrava uma certeza que nem Alexandre, em todos aqueles anos, havia demonstrado.

Jair prosseguiu:

— Não poderia significar uma pessoa que aparenta ser pacífica e boa mas que tem o coração negro, assim como o galho seco entre as ramagens? Aprendi a cuidar e a gostar das plantas na casa de Kim Albuquerque. Tomemos como exemplo as hortênsias. Muitas vezes elas se mostram tão belas; suas flores azuis lhes emprestam um aspecto de beleza soberana, porém não é incomum tirarmos muitas vezes do meio delas um galho que esteja feio, obrigando-nos a extirpá-lo da ramagem. Acho que é isso que Eliseu queria dizer: o assassino deve se esconder atrás de muitas obras, podendo mesmo ser bem-visto pela sociedade, mas seu coração é negro, sendo ele, ou ela, capaz de cometer coisas tenebrosas. Luiza tem razão quando diz que o assassino é alguém de quem ninguém suspeita. Isso quer dizer que durante todo esse tempo estivemos olhando para o óbvio. Investigar todos que portavam armas não é evidente demais? Está na hora, Alexandre, de descobrirmos o motivo que levaria alguém a tirar a vida de João no momento em que tudo corria perfeitamente bem em sua vida.

Ouvindo a explanação de Jair, o policial se sentiu animado.

— Vamos pensar nos convidados em geral então. O filho de Arnold Bauer está completamente fora de questão, como você explicou. Comecemos por Jorge. Qual motivo ele teria para matar João?

Jair respondeu:

— João sempre foi materialista. Pelo que soube, tempos atrás ele havia emprestado uma grande soma para Jorge se livrar de uma dívida imprudentemente contraída, fato que obrigou João a levar Jorge à justiça a fim de receber seu dinheiro de volta. Leila me contou, contudo, que tão logo se refez, Jorge pagou regiamente com juros o que devia a João. Mas, depois desse episódio, a amizade de ambos nunca mais foi a mesma.

Alexandre coçou o rosto, pensativo.

— Esse seria um motivo forte para alguém querer a morte de outra pessoa — conjecturou Alexandre. — Além do mais, Jorge também levou sua arma à festa. De quem iremos falar agora?

— Falemos de Antônio — sugeriu Jair. — Ele gerenciava um dos hotéis de João e vivia sendo hostilizado por ele. Alguns chegavam a ter pena do pobre Antônio.

Alexandre novamente considerou: hostilidade — motivo mais do que suficiente para alguém desejar a morte de outra pessoa.

— E quanto a Adônis? — prosseguiu Jair. — Ele era o que se chama de Judas. Em certa ocasião, João passou por uma séria crise financeira. Ele foi o primeiro a abandonar o barco, pedindo as contas e indo trabalhar num hotel de luxo. Voltou um ano depois quando soube que João havia se restabelecido.

Alexandre não dizia nada; apenas escrevia animadamente em seu bloco de anotações.

— Rubens: mantinha um relacionamento amoroso com a esposa da vítima. Sendo sócio de João, teria motivos de sobra para desejar que ele morresse.

Desta vez Alexandre foi enfático:

— Este tem motivos fortes para querer morto o rival, tanto no âmbito dos negócios quanto no plano afetivo.

— Sobre Fábio, fiquei sabendo que sempre teve fama de bom moço — esclareceu o jardineiro. — Mas trabalhava desonestamente vendendo maconha, e insistia para que João fizesse parte de seus negócios. João sempre recusou.

Mais uma vez, Alexandre fez suas anotações.

— Vítor: completamente apaixonado por Kim, como você sabe, faria qualquer coisa para ficar com ela, chegando a ponto de matar duas pessoas para protegê-la. — E Jair continuou: — Roberto é um boa-vida que vive à custa do pai. Aparentemente, não teria motivos para praticar o assassinato.

Repassando os nomes na mente, o jardineiro continuou:

— Carlos é um homem bastante bajulador. Assim como João, é capaz de fazer tudo para subir na vida. Mas também não tem nenhum motivo aparente para ter cometido o assassinato. Adalberto foi gerente de um dos hotéis de João. Ele desviou uma boa soma de dinheiro, sendo descoberto logo em seguida.

Alexandre, intrigado, indagou com interesse:

— Por que João nunca deu queixa para a polícia?

— Porque Adalberto era ex-cunhado de João — esclareceu Jair —, ou seja, irmão da primeira esposa de João e tio de Marco Aurélio; certamente ele não quis envolver um membro da família num escândalo, afinal, Marco Aurélio sempre gostou muito desse tio.

— Nunca soube da parte de ninguém que João bancasse o bom samaritano. Por que será que ele, além de não prestar queixa à polícia, ainda continuou a manter laços de amizade com esse ex-cunhado?

— Porque entre eles existe um vínculo — falou Jair — que ainda desconhecemos. Mas falemos de Marcos agora. Bom amigo, sempre esteve ao lado de João, mostrando-se prestativo.

Alexandre finalizou o perfil dos onze suspeitos que portavam armas:

— Quanto a Guilherme, pareceu-me terrivelmente consternado com a passagem do amigo.

Luiza interrompeu a conversa:

— Vocês estão indo pelo rumo evidente das investigações. Já pararam para pensar que o assassino pode ser alguém que talvez comesse no mesmo prato que João? Sinceramente, não acredito que tenha sido nenhum desses onze; para mim, o assassino é uma pessoa que não está sob suspeita.

Alexandre considerou as palavras de Maria Luiza.

— Minha querida, entenda, talvez seja necessário ficarmos em cima dessas pessoas que, como você diz, são suspeitos óbvios demais, para que cheguemos a quem de fato procuramos, alguém, diga-se de passagem, muito inteligente, uma vez que em todos esses anos como investigador nunca ninguém me deixou de cabeça tão quente.

— Para ser honesto, não confio muito em Cláudio, o motorista — falou Jair. — Ele tem aquele jeito de bom moço, é prestativo ao extremo, mas pode ser um potencial homicida.

Alexandre mais uma vez se sentiu um personagem de um dos romances policiais que costumava ler quando mais jovem, cujo assassino só era revelado no último capítulo.

Notando o ar de deboche no semblante do marido, a esposa indagou:

— Está rindo do que, Alexandre?

— Para falar a verdade — confessou ele —, estou achando engraçado tudo isso. Apesar de bancarmos o Sherlock Holmes, não estamos conseguindo chegar a lugar algum.

Todos desataram a rir. Em seguida, Maria Luiza convidou os dois homens a irem à cozinha para tomarem um lanche.

— Venham, vamos comer. Como a cabeça pode funcionar se o estômago está vazio?

Os três riram de novo, com gosto.

Jair, extremamente exausto, não aguentava mais falar sobre os suspeitos. Por isso resolveu levar a conversa para outro tema:

— Dona Luiza, eu gostaria tanto de ter um amigo como Eliseu! Por que Deus dá esse privilégio a uns e não a outros?

Luiza, que desse assunto entendia como ninguém, esclareceu:

— Antes de tudo, Jair, você tem de entender o que é realmente a mediunidade. Somente assim ficará satisfeito com a sua condição atual de ter pouca sensibilidade. Digo pouca porque sensibilidade mediúnica todos nós temos; o que nos diferencia é o grau em que a sensibilidade se apresenta. É evidente que não são todos cuja sensibilidade é acentuada que têm a capacidade de ver, ouvir, sentir ou até mesmo servir de meio de comunicação para eles. Antes de regressarmos à Terra, em particular se tivermos em nosso poder a lembrança de vidas pregressas, muitas vezes lamentamos algo feito no passado e, não raro, pedimos para vir médiuns a fim de auxiliar a todos que de nós se aproximam. É o que chamamos de médiuns de provas. A maioria dos médiuns que conhecemos, também é assim no meu caso, são médiuns de provação, mas há ainda aqueles médiuns que não têm nada a expiar. Estes são chamados médiuns mensageiros. Eles vêm à Terra com o único intuito de ajudar.

— Por que o nome "médium de provas"? Você não encara esse dom como um privilégio? — perguntou Jair.

— Eu particularmente não vejo a mediunidade como um privilégio — explicou Maria Luiza. — Vejo-a, antes, como uma ferramenta a mais de trabalho, algo que poderá nos ajudar a galgar os degraus evolutivos de maneira plena, experimentando tanto o aroma das rosas que a vida apresenta como também os espinhos. Ser médium é uma grande responsabilidade. Se não dermos a isso a importância devida, poderemos facilmente nos perder pelos caminhos da vida. O médium pode descambar para outro lado, trazendo tanto prejuízo a si como aos outros. No meu caso, ter o prazer de desfrutar momentos com meu amigo Eliseu é para mim fonte de grande alegria. Mas nem sempre foi assim. Desde criança eu ouvia vozes, mas não conseguia definir claramente o que elas diziam. Após um tempo, as vozes cessaram, então pude crescer e desfrutar a adolescência tranquilamente. Contudo, ao atingir a idade adulta, voltei a ouvir vozes e gargalhadas; com o passar do tempo, comecei a cair em depressão, sentindo-me diferente dos demais. Minha mãe, que era católica fervorosa, não entendeu as minhas necessidades interiores. Para ela, era mais fácil aceitar que eu sofria de algum distúrbio psiquiátrico. Ela então me levou a um médico que me receitou vários calmantes. Com isso, fiquei impossibilitada de trabalhar. Devido aos efeitos colaterais dos remédios, acabei sendo atropelada e não foi difícil o médico achar que eu estava inabilitada para o trabalho.

Jair ouvia a tudo com interesse, não sem deixar um quê de espanto invadir-lhe o semblante.

— Estando em casa — prosseguiu Luiza —, eu dormia a maior parte do tempo. Quando por fim chegava à vigília, voltava a ouvir vozes, pessoas me chamando, pedidos de socorro, enfim, esse foi um período muito difícil da minha vida. Foi nesse momento que conheci Alexandre. Embora apaixonada, sempre fui sincera.

— Certa vez ela me disse: "Olha, não perca seu tempo comigo. Eu não sou boa da cabeça" — completou Alexandre gargalhando.

Jair não quis se juntar ao amigo nas risadas. Para ele, o assunto era bastante sério.

— Como foi que você conseguiu aceitar o fato de ter uma mediunidade aflorada? — quis saber o jardineiro.

— Não foi fácil. Depois que me casei, Alexandre, passando em frente a uma Casa Espírita, me convidou a ir a uma reunião. No começo fui temerosa, mas depois que assisti à palestra senti tanta paz que naquela noite dormi qual criança em seu berço, algo que raramente acontecia. Desde então procurei entender o que se passava comigo e quis fazer uso dessa capacidade de estar em meio a dois mundos. Você disse que gostaria de ouvir Eliseu, mas vou adiantando que só comecei a tê-lo em minha companhia depois que consegui me equilibrar e praticar os ensinamentos do mestre Jesus em minha vida. Conto a você tudo isso para que não inveje um médium só porque ele tem determinadas habilidades que os demais não têm; antes, procure orar por ele, pois de uma coisa pode ter certeza: a incumbência de ser médium não é nada fácil; muitas vezes é motivo de lágrimas dolorosas que brotam do coração.

Jair sentiu seu apreço por Maria Luiza aumentar. Estando completamente à vontade, continuou com as perguntas:

— Explique-me uma coisa: como Eliseu se comunica com você? — perguntou Jair inocentemente, sem ter a menor ideia de como isso se dava.

— Como lhe disse, sou médium audiente. Veja, tenho aqui um livro que muito me ajudou na empreitada de minha tarefa no auxílio aos outros. Trata-se de *O Livro dos Médiuns*, de Allan Kardec.

Após abrir o livro no capítulo XIV, item três, Luiza passou a ler calmamente:

— "Médiuns audientes: estes ouvem a voz dos Espíritos. — Pulando um pequeno trecho, ela continuou: — É uma voz interior, que se faz ouvir no foro íntimo; doutras vezes, é uma voz exterior, clara e distinta, qual a de uma pessoa viva." — E, voltando o olhar para o rosto de Jair, completou: — Entendo a sua curiosidade. No meu caso, ouço Eliseu como estou ouvindo você neste momento.

Ainda curioso, o jardineiro perguntou:

— Dona Luiza, se a senhora chamasse Eliseu agora, será que ele viria?

Com calma, a dona da casa respondeu:

— Já falamos da lei do trabalho, lembra? Se todos se entregassem à ociosidade, certamente faltaria o alimento na mesa de todas as famílias do mundo. Como poderíamos comer se não houvesse ninguém para cuidar do plantio? É interessante notar que a lei do trabalho se aplica a todos sem exceção, principalmente aos irmãos espirituais. Já imaginou como seria monótona a vida em mundos superiores sem ter nada para fazer, sem ter o prazer da realização de algo que julgamos importante? Portanto, Jair, saiba que Eliseu é um espírito ocupado. Ele não está à minha inteira disposição só porque eu estou chamando. Pelo contrário; Eliseu só fala comigo quando tem algo importantíssimo a me passar, que pode ser desde instruções até advertências. Se pensa que posso chamar Eliseu agora porque quero, apenas para receber uma de suas mensagens, está muito enganado. Ele só virá até mim de novo quando julgar necessário.

Jair ficou constrangido. Entendeu o que Maria Luiza havia dito. A mediunidade era algo realmente sério. Olhando para o relógio, decidiu dar por encerrada a visita. Ele ainda teria de pegar um táxi para chegar em sua casa e já era tarde.

Alexandre, percebendo o embaraço de Jair, intercedeu em favor do amigo:

— Luiza, seja mais branda com Jair. Não vê que ele ficou envergonhado com a pergunta que fez?

— Ora, Jair, não me interprete mal. Eu não queria deixá-lo constrangido. O que lhe contei é apenas a pura realidade.

— Não se preocupe — contemporizou o jardineiro. — Meu embaraço nada tem a ver com a senhora. Envergonhei-me por ter feito uma pergunta tão tola, só isso.

Alexandre, que havia levantado da mesa por um momento, trouxe duas xícaras com mais café para os dois.

— Por favor, não queria que você se sentisse chateado — explicou Luiza. — A pergunta que você fez é muito interessante. O próprio Allan Kardec a fez aos Espíritos responsáveis pela codificação. E os Espíritos responderam com naturalidade, uma vez que sabem que a humanidade vive em diferentes graus evolutivos.

Sentindo grande sinceridade nos olhos de Maria Luiza, Jair sorriu.

— Não fiquei magoado, fique tranquila. Mas agora tenho de ir. Vou me levantar cedo amanhã. Aquele imenso jardim me espera.

— Acredito em você. Já percebi que, quanto mais você faz, mais coisas Kim arranja para você fazer.

Ao ouvirem o comentário brincalhão de Alexandre, os três deram risada ao imaginar Jair inventando o que fazer para que Kim não soubesse que ele estava folgado.

Após tomar seu café, Jair, meio encabulado, despediu-se do casal:

— Há muito tempo não tinha momentos tão agradáveis. Obrigado, meus amigos, por me proporcionarem essa alegria.

— Jair, não sei por que você fica tanto tempo sem nos visitar — argumentou Alexandre. — Entendo que não tenha ninguém aqui no Brasil. Sendo assim, convido-o a frequentar minha casa com mais assiduidade.

Sentindo-se comovido com as palavras do investigador, Jair respondeu:

— Obrigado, amigo. Depois que os conheci, não tenho me sentido tão sozinho.

— Então deixe de histórias — disse Maria Luiza. — Todas as terças-feiras fazemos o evangelho no lar, que consiste em uma reunião em família onde lemos um trecho do evangelho e, em seguida, fazemos um comentário seguido de uma prece.

— Mas por que às terças-feiras? Vocês não alternam os dias?

— Não, não podemos. Assumimos essa responsabilidade com a espiritualidade e seguimos os dias e horários rigorosamente, uma vez que recebemos visitas espirituais nesse dia e hora escolhidos por nós. Tal nos ajuda a nos mantermos sempre em boas companhias. E agora convido você para fazer parte deste momento.

Jair era um homem emotivo. Com voz embargada, estendeu a mão para Luiza.

— Eu agradeço. Virei mesmo. Nada é mais interessante para mim que os assuntos espirituais.

Alexandre aprovou a ideia da esposa, por isso acrescentou:

— Será um imenso prazer recebê-lo. Para mim já é um hábito chegar em casa às terças-feiras e me preparar para esse momento de prece. Entretanto, lembre-se de que o horário é às vinte horas. Não se atrase.

— Não se preocupe — respondeu Jair, cuja rigidez com a pontualidade era uma de suas características. — Chegarei às quinze para as oito. Tudo bem para vocês?

— Ótimo. Assim poderemos conversar um pouco antes da prece.

Agradecendo novamente, Jair acrescentou:

— Como é bom saber que tenho o que fazer às terças-feiras. Obrigado por tudo, meus amigos.

Com essas palavras, o jardineiro, também agente da Interpol, despediu-se e ganhou a rua à procura de um táxi.

"Que pessoas maravilhosas", pensava ele pelo caminho. "Obrigado, meu Deus, por colocar pessoas tão boas em meu caminho!"

Uma escolha crucial

Mais um dia clareava e João não conseguia pensar em outra coisa que não fosse se livrar do bando de Oscar.

João começou a pensar em tudo que fizera na vida para conseguir dinheiro, posição social e poder para comandar as pessoas. Sentado na poltrona do quarto que era seu, recordou-se de quando conhecera Kim. Ela se deslumbrara com a segurança que ele lhe havia transmitido, em particular a segurança financeira.

Kim não era uma mulher econômica. Ela sempre lhe falava que era uma mulher cara, por isso se casara com um homem rico.

João, na ocasião desses comentários, ficava feliz. Ele lhe respondia:

— Você é cara, mas eu posso pagar.

Ao relembrar o passado, no entanto, ele entendeu que seu casamento fora um erro. Ele jamais deveria ter abandonado sua primeira esposa e, principalmente, duvidado do filho.

João observava Kim, que se mantinha em um sono agitado. Ela se remexia várias vezes na cama, ora resmungando, ora dizendo palavras de difícil entendimento.

João conjecturou sobre como se tornara um homem arrogante e irascível, chegando muitas vezes a humilhar seus subalternos.

Seguindo o caminho das lembranças, recordou-se de seu primeiro casamento. Veio à sua mente como conhecera a ex-esposa, e como ela estava apaixonada por ele na ocasião. Embora fosse uma moça simples, era muito bonita e também companheira infatigável, sempre transmitindo-lhe forças.

Recordou-se do dia em que ela lhe dissera:

— João, estou grávida!

Tomado de alegria, ele havia abraçado a esposa. Mas, com o passar dos dias, à medida que a barriga de Susana crescia, ele foi perdendo o interesse por ela, deixando-se levar por romances passageiros que não passavam de um mês ou dois.

No entanto, como Susana sempre fora uma boa esposa, ele se esforçava por se mostrar um bom marido. Sendo assim, o casamento dos dois caiu em uma rotina que consistia apenas em chegar do trabalho, brincar com o filho e dormir, esperando o novo dia que, para ele, era igual ao anterior.

Foi então que, certo dia, uma moça chegou a sua casa com uma criança recém-nascida nos braços, e disse à Susana:

— Quero falar com João.

Sem entender o que se passava, Susana respondeu:

— Sou a esposa dele. Neste momento ele não se encontra em casa. Há algo que possa fazer por você?

A mulher, deixando escapar lágrimas que insistiam em rolar pelo seu rosto, respondeu:

— Vejo que a senhora é uma mulher de bem. Mas, infelizmente, seu marido não vale nada. Eu o conheci certa tarde enquanto passeava com meu cão. Ele caminhava por Ipanema quando esbarrou em mim intempestivamente. Seus modos elegantes me chamaram atenção. Depois de alguns minutos de conversa, finalmente ele perguntou como poderia fazer para me encontrar outras vezes. Como gostei dele e de sua educação, respondi que poderíamos marcar um encontro para o dia seguinte no mesmo local. Claro que olhei para as mãos dele, mas não vi aliança nenhuma, o que me fez pensar que fosse solteiro. Passamos a nos encontrar todos os dias, até que ele foi até minha casa pedir-me em namoro para meu pai.

Enquanto falava, a mulher tentava controlar os soluços.

— Meu pai gostou dele — prosseguiu ela. — E ele deixou bem claro que queria se casar comigo. Um belo dia, ele apareceu com um par de alianças em minha casa e pediu-me em casamento. Ficamos noivos naquele mesmo dia. Meu pai gostava de João e o tratava como um filho. Ele me cercava de presentes, não sabia o que fazer para me agradar. Certo dia, não mais resguardando a minha pureza, entreguei-me a ele. Mas havia algo de estranho em João... Estava sempre bem vestido e com as roupas devidamente passadas. Minha mãe, como era uma mulher arguta, disse a meu pai que não era possível um homem como aquele, sempre tão bem trajado, ser solteiro. Mas meu pai o defendia sempre. Com isso o tempo foi passando e, quando estávamos a sós, mantínhamos relações, claro, sem meu pai saber. Um dia comecei a passar mal. Fui ao médico e não foi difícil descobrir que estava grávida. Assim que João soube da gravidez, começou a diminuir as visitas à minha casa. Até que, depois de certo dia, nunca mais apareceu.

Susana, pálida e paralisada, como uma estátua, ouvia aquelas palavras sem conseguir mover os lábios.

— Desde então a minha vida tem sido um inferno — continuou a mulher. — Em minha casa meu pai vive gritando que não vai ficar com uma moça perdida dentro de casa, e que meu filho não é seu neto, e sim apenas fruto de minha leviandade. Um pouco antes de ter o bebê, descobri tudo a respeito de João. Soube que era casado e morava nesta casa. Decidi procurá-lo para que pelo menos seja homem suficiente para me ajudar a criar a criança, que não fiz sozinha.

Susana lutava para se manter em pé. Observando atentamente o bebê, viu nele certa similaridade com o marido.

Como tinha vários afazeres, Susana pediu que a mulher se sentasse e aguardasse João, que não demoraria a chegar.

Passados quarenta minutos, João entrou na sala de sua casa e, para seu total espanto, deparou com Maria sentada em seu sofá com uma criança nos braços.

Susana permanecia sentada ao lado da moça e com os olhos brilhando de raiva.

— João, este é seu filho, aquele que você simplesmente abandonou quando soube que Maria estava grávida.

Gaguejando, João conseguiu responder:

— Espere um pouco, posso explicar.

Maria, num desabafo, contou que estava sofrendo muito na casa dos pais depois do mal que ele lhe fizera.

João não tinha palavras diante da evidência clara de traição. Portanto, observou a criança e disse a Maria:

— Lamento. Mas eu não podia assumir nem você nem a criança. Como vê, sou um homem casado e tenho um filho. A única coisa que posso fazer no momento é lhe dar uma quantia todos os meses para auxiliar a criança.

Maria sentiu-se extremamente ofendida.

— Não quero nada de você, João. Só queria que conhecesse seu filho uma única vez, pois você nunca mais o verá.

A moça virou as costas e partiu, sem sequer se despedir de Susana, que sentia os olhos marejados.

Embora tivesse Marco Aurélio pequenino, pediu o desquite a João. Ela não conseguiria mais viver com um homem que a traía e ainda arranjava um filho numa relação extraconjugal.

Não demorou para que João saísse de casa levando apenas a mala nas mãos. Embora estivesse sozinho, nunca mais quis saber do filho que tivera em uma das aventuras vividas fora do casamento.

Ao se lembrar daquelas cenas, vividas anos atrás, sentia-se desconfortável, pois o remorso pesava-lhe na consciência.

Depois de um tempo ele começou a ganhar dinheiro, muito dinheiro. Em uma das viagens aos Estados Unidos, conhecera Arnold Bauer na Avenue Jones Lincoln, em Michigan. Embora não falasse muito bem o inglês, não foi difícil se envolver no negócio de roubo de carros.

Lembrou-se de como enriquecera com facilidade com o dinheiro ilícito, passando a investir na compra de prédios em ruínas a preço baixo e, depois de reformá-los, transformando-os em hotéis.

João se arrependia amargamente do que havia feito de sua vida. Sem querer chorar, no entanto, para que Oscar não o pegasse naquele momento doloroso, controlou-se para não se entregar ao desespero.

Oscar apareceu no quarto de Kim e se dirigiu a João:

— Está na hora de começarmos a torturar essa esposa infiel. Hoje, porém, quero que você faça o trabalho.

João lançou um olhar suplicante a Oscar.

— Não posso — confessou.

Oscar, indignado, replicou:

— Como não pode? Acaso acha que eu farei tudo? Está na hora de começar a trabalhar. Todas as noites quem tem feito o serviço sou eu. Hoje, porém, quero ver como você vai se sair.

— Não consigo fazer isso — implorou João. — Não sei o que está havendo comigo, mas não vejo isso com bons olhos.

Oscar desatou a rir.

— Você não tem de ver com bons olhos — falou Oscar, entre uma risada e outra. — Antes, tem de pensar em tudo que essa mulher adúltera já fez a você. Enquanto vivia, ela o traía e tirava proveito de todo o conforto que você oferecia a ela. Agora é seu direito exigir que ela pague por isso. Não acredito que tenha esquecido o que ela lhe fez. Seja homem, pelo menos uma vez na vida. Você não passa de um covarde, um cão imundo!

João deu livre curso às lágrimas que a custo tentava conter.

— O que é ser homem para vocês? É ficar aterrorizando as pessoas em nome da justiça? Quem são vocês que se julgam estar no direito de fazer mal, perturbar, adoecer uma pessoa, nomeando-se justiceiros? Toda noite é a mesma coisa: esperar que Kim adormeça e tirá-la violentamente do corpo, exigindo que ela preste contas a vocês por um erro do passado. Não acha que está na hora de deixarem Kim em paz? Veja o que vocês estão fazendo com ela! Quando acorda, pensando ter tido um pesadelo, ela não consegue mais dormir. No dia seguinte está sempre indisposta e com olheiras, sentindo medo de dormir, já que você costuma fazer isso com ela até mesmo durante o dia enquanto ela dorme. Veja como ela está. Não é sequer uma sombra do que foi um dia. Está magra, desleixada, não tem nem mesmo disposição para sair de casa.

Sem conseguir conter o desabafo que há tempos vinha controlando, prosseguiu:

— Quer saber de uma coisa? — continuou João. — Não quero mais que faça isso. Se ela errou, eu também errei. Acredito honestamente que recebi o que plantei, pois um dia fiz exatamente isso com uma mulher boa, que me amava, que cuidava de meu filho e da nossa casa com carinho. Se Kim fez isso, talvez tenha sido para que eu sentisse o que Susana, minha primeira esposa, sentiu um dia. Não vou permitir mais que atormente Kim. Se ela fez mal, foi a mim, e não a vocês, portanto quero que saiam desta casa agora!

Oscar, indignado com tudo que ouvia, lançou um olhar de ódio em direção a João.

— Maldito! Covarde! Dente-de-Sabre precisa saber o quanto você foi ingrato. Ele por certo não gostará de saber que você está com pena de sua esposa, seu miserável. Você gostou de saber que era traído, esse é seu problema. Não se importou com a traição, algo que um homem de verdade jamais admitiria.

Sem dizer mais nada, Oscar sumiu diante dos olhos de João.

Sentindo as pernas tremerem, João, pela primeira vez desde muito tempo, sentiu-se digno. Cansado, repousou em sua poltrona e voltou a pensar em como se livraria de Oscar e seu bando.

Passado pouco tempo, apareceram à frente de João duas figuras: uma delas era Oscar e a outra, Dente-de-Sabre. O chefe do grupo encarou João com deboche no olhar.

— Cadê o maricas que resolveu desistir depois de ter negociado comigo?

Oscar ria discretamente, pois sabia que Dente-de-Sabre não gostava de sarcasmo.

Levantando-se, João parou diante de Dente-de-Sabre e o olhou com superioridade.

— Não sou maricas. Posso dizer que já fui diante de tantas coisas erradas que fiz em minha vida, mas agora estou lúcido para saber que tudo que me aconteceu me veio como resposta a tudo que fiz em minha existência. Não quero continuar com essas armações; não vou compactuar com isso, pois para mim é errado.

Dente-de-Sabre desferiu uma bofetada no rosto de João que o fez voltar à poltrona. Ele então vociferou:

— Escute aqui, se pensa que só porque não quer mais participar de tudo que combinou comigo vai dar as costas para mim e sair ileso, está muito enganado. Mandei meus homens ajudá-lo; agora seja homem para cumprir sua parte no trato. Caso contrário, voltará ao Abismo, para onde já mandei você uma vez. Mas garanto que desta será por muito mais tempo.

João, ao se recordar do Abismo, sentiu o corpo arrepiar. Mas também lembrou-se daqueles seres de luz que vez ou outra vinham retirar pessoas que estavam lá. Olhando o estado em que Kim se encontrava, decidiu-se:

— Você não me intimida com ameaças. Se quiser me mandar de volta, pode mandar. Não tenho medo de vocês. Você só consegue intimidar esses idiotas que o têm como chefe. Eu, porém, sou um homem bastante inteligente para saber que, por trás dessa aparência decadente, há uma pessoa que pelo menos uma vez tenha amado na vida. Quer saber? Você quer se mostrar o valentão, mas no fundo você não é nada disso. Se quer respeito, não precisa ficar com esse aspecto horrendo somente para amedrontar os idiotas. A mim, pelo menos, você não amedronta.

Dente-de-Sabre, ao ouvir essas palavras, pediu que Oscar trouxesse os outros. Iria exigir que João se retratasse diante de todos.

Rapidamente todos estavam no quarto. Dente-de-Sabre ordenou que os homens do bando dessem um corretivo em João. Todos do bando de Oscar se voltaram para ele, e começou ali uma cena horrível, em que todos, juntos, batiam implacavelmente em João.

Dente-de-Sabre e Oscar riam da barbárie que acontecia. Após deixarem João sem nenhuma capacidade para se defender, o chefe disse ao grupo:

— Isso é o que acontece a todos aqueles que quiserem me afrontar. Agora acompanhem-me à minha sala — disse o chefe, apontando alguns homens do bando. — Os demais jogarão este calhorda no Abismo.

— Dente-de-Sabre, o que faremos com essa mulher que o traiu?

Depois de pensar alguns momentos, o chefe decidiu:

— Não façam nada. Aquele idiota vai responder por ela. Vamos embora; não temos nada a fazer aqui.

Os demais do grupo forçaram João a se levantar. Romualdo, enlaçando-o pela cintura, tirou-o de seu antigo lar.

Uma vez que Oscar e seu grupo haviam se retirado da casa de Kim, depois de um longo tempo ela conseguiu dormir tranquilamente, levantando-se bastante disposta no dia seguinte.

Dente-de-Sabre mandou que jogassem João no Abismo. Voltando a deparar com aquele cenário tétrico, sentiu muitas dores, como se seus ossos estivessem quebrando. Lembrando, porém, que o grupo de Oscar não estava mais em sua casa, sentiu-se aliviado.

Novamente João passou a viver nas encostas do Abismo, onde sentia muito frio. Entretanto, como estivera lá uma vez, não se incomodava mais com os gemidos que vinham de todos os lados do lugar.

João agora tinha tempo para pensar em tudo que havia feito em sua vida, e as lembranças passaram a ser mais doloridas que os ferimentos em seu corpo. João lembrava-se de Genésio, aquele rapaz que lhe dissera que os iluminados vez ou outra vinham retirar alguém do Abismo. Foi então que recordou que Genésio também havia sido recolhido por eles. Mas João tinha medo, pois as palavras de Genésio haviam ficado gravadas em sua mente: "Disseram que eles levam a gente para um outro lugar para que sejamos escravos deles".

A partir daquele dia, portanto, João voltou novamente a fazer o que fazia desde a primeira vez que ali estivera. Às vezes via aquelas pessoas envoltas em luzes, tirando uns e outros e levando-os com eles. Sentia o medo percorrer-lhe o corpo em tais ocasiões, o que o fazia correr. Muitas vezes acabava por cair no lodo fétido e frio.

Assim os dias foram passando. João perdera completamente a noção do tempo, perdendo às vezes também a lucidez, chegando a ficar dias seguidos em perturbação espiritual.

Desde que Jair fora convidado a participar do evangelho no lar em casa de Alexandre, ele nunca faltara, chegando muitas vezes meia hora antes para conversar com os amigos.

Maria Luiza, a cada reunião, afeiçoava-se ainda mais a Jair.

Num desses dias, toda sorridente, Maria Luiza disse a Alexandre:

— Querido, recebi a visita de Eliseu. Ele me disse que somos nós que construímos a paz com nossos pensamentos. Fiquei pensando o que ele queria dizer com aquilo, mas não compreendi muito bem.

Envolvendo a esposa num longo abraço, o policial respondeu:

— Por certo ele tem razão. Veja meu exemplo. Antes eu era um homem irascível, que perdia a paciência com todos, sobretudo quando as coisas não saíam do jeito que eu imaginava. Mas, depois que ouvi Oswaldo me dizer aquelas coisas, no dia em que desejei que fosse Kim a assassina só para poder trancá-la na pior cela da delegacia, notei que realmente estava na hora de mudar. Percebi que eu não fazia os cursos que a Casa Espírita oferecia porque julgava que as reuniões me bastavam. Porém, estava enganado. Se a espiritualidade nos oferece um verdadeiro banquete espiritual é porque somos ainda debilitados das necessidades espirituais. Hoje vejo que sou um desses necessitados, e farei quantos cursos me forem oferecidos.

Maria Luiza esboçou um sorriso. Sentia-se contente com as conquistas do marido.

— Até mesmo no trabalho todos perceberam que estou diferente — contou Alexandre. — Walter me disse que ando mais calmo, que nada parece me abalar. É verdade, querida, Eliseu está coberto de razão quando diz que somos nós que construímos a paz. Se todos se certificassem de suas necessidades espirituais, usando sua capacidade mental para definir o certo do errado, e aplicassem os ensinamentos do mestre em sua vida, mantendo os pensamentos elevados, tudo realmente se traduziria em paz.

Luiza percebeu o quanto o marido havia mudado. Sentindo o coração pulsar de felicidade, falou:

— Vejo que a melhor coisa que fiz na vida foi ter me casado com você.

Alexandre, naquele momento, sentiu-se o homem mais feliz da face da terra.

Kim acordou cedo e percebeu que não estava cansada como nos últimos tempos. Seus pensamentos também não pareciam confusos como costumavam ficar.

Satisfeita, ela tomou um demorado banho e, ao se arrumar, olhou-se no espelho e percebeu o quanto estava abatida. Suas olheiras estavam fundas e suas roupas, folgadas, como se ela tivesse encolhido.

Kim lembrava perfeitamente bem de tudo que lhe havia acontecido nas últimas semanas. Para ela, foram vários pesadelos que tinha com João e com outras pessoas que ela não conhecia.

Kim decidiu se maquiar para disfarçar as olheiras. Passou pó-de-arroz e, assim que vestiu um conjunto de casaquinho e saia, calçou os costumeiros saltos altos. Depois de arrumar os cabelos, desceu, sentando-se majestosamente para tomar com tranquilidade seu café da manhã.

Quem estranhou a mudança de Kim foi Leila, que havia se habituado a ver a patroa sempre com seu penhoar branco ou amarelo. A empregada se perguntou se ela queria algo especial naquela manhã, ao que Kim respondeu apenas um "não" a fim de evitar maior aproximação.

Jonas serviu a patroa. Diferente de Leila, entretanto, estava habituado a falar somente quando alguém se dirigia a ele. Por isso permaneceu calado, esperando uma ordem de Kim.

— Jonas, diga a Cláudio que tire o carro. Preciso sair.

— Sim, dona Kim.

Ao ouvir as ordens da patroa, Jonas saiu tão discretamente que sequer foi percebido.

Leila observava Kim de longe. Não pôde deixar de se perguntar sobre o que teria ocorrido para que a patroa mudasse tanto de um dia para o outro, mas procurou esconder a curiosidade, voltando aos afazeres domésticos, afinal, a empregada sabia perfeitamente bem que nada irritava mais Kim do que ficar olhando-a de longe.

Após tomar o café da manhã, Kim foi ao encontro do motorista, que já a esperava do lado de fora da casa. Assim que entrou no veículo, disse a Cláudio:

— Por favor, siga até o escritório do doutor Rubens.

— Pois não, senhora — respondeu Cláudio, sem mostrar nenhuma curiosidade.

No trajeto Kim se lembrou de Marco Aurélio. Sabia que ele era um rapaz quieto, de cujo comportamento ela não podia reclamar, em particular porque viviam como dois estranhos dentro da mesma casa.

Kim pensava enquanto o carro deslizava tranquilamente pela avenida Brasil: "Já faz mais de sete meses que Marco Aurélio está preso, e eu nunca fui visitá-lo. Ele nunca gostou de mim, nem eu dele, mas algo me diz que meu enteado é inocente. Preciso fazer-lhe uma visita. Afinal, assim que for provada a sua inocência, nós herdaremos tudo que João deixou. Para isso, é necessário que tenhamos uma relação pacífica. Como poderei ficar com o que era de seu pai sendo que sequer fui vê-lo na prisão? Ele agora está vulnerável e qualquer atenção que eu lhe dê fará muito bem a ele. Quem sabe ele não vai me ver como uma aliada no futuro?".

— Assim que sairmos do escritório do doutor Rubens, vamos à delegacia — pediu Kim ao motorista. — Preciso ver como estão as coisas com Marco Aurélio.

Cláudio, que estava habituado a ser discreto, nada disse.

Assim que Kim chegou ao escritório de Rubens, ela viu sua secretária, Maria, datilografando um documento. Usando de boa educação, perguntou:

— Por favor, o doutor Rubens se encontra?

Maria respondeu com pouco entusiasmo, pensando na instrução que recebera do chefe sobre não lhe passar as ligações de Kim.

— Sim senhora.

— Avise que estou aqui e que preciso falar urgentemente com ele.

Maria não simpatizava com Kim, mas obedeceu à ordem. Ao chegar à sala de Rubens, viu que ele lia tranquilamente o jornal do dia.

— Doutor — chamou —, a senhora Kim Albuquerque está aqui e pretende falar com o senhor.

Rubens, achando que se tratava de uma discussão sobre o extinto relacionamento deles, respondeu secamente:

— Mande-a entrar!

Em poucos minutos Kim entrava na sala. Encarando Rubens diretamente, explicou:

— Bom dia, Rubens. Estou aqui apenas para tratar de negócios.

Rubens examinou Kim com o olhar e se deu conta do quanto ela estava abatida. Porém, procurando não tocar no assunto, ele perguntou:

— O que a preocupa?

— Nos últimos tempos não vinha me sentindo muito bem, de modo que não pensei muito sobre os negócios de meu marido. A partir de hoje, no entanto, quero saber do andamento dos negócios.

Rubens indagou em tom grosseiro:

— Por que isso agora? Você está achando que estou roubando o que é seu por direito?

— Não falei nada disso. Apenas exerço meu direito legítimo de saber sobre os negócios de meu marido, afinal, ele trabalhou muito para conseguir tudo isso.

Rubens não gostou do tom de Kim. Ela era perigosa. Resolveu tratá-la com mais calma. Se ela descobrisse que ele lhe enviava apenas metade do que era seu por direito, ele poderia ter problemas com a justiça. Com suavidade, convidou:

— Quer tomar um café?

— Não, obrigada. Apenas vim informá-lo de que mandarei um auditor aqui na segunda-feira a fim de que faça o balancete de tudo que aconteceu depois da morte de meu marido.

Rubens sentiu como se o chão abrisse sob seus pés. Mas, dissimulando uma calma, que estava longe de sentir, assentiu.

— Está bem. Se acha que seria capaz de roubá-la, faça isso.

Kim utilizou com Rubens o mesmo tom arrogante que estava acostumada a dirigir aos outros:

— Não estou afirmando nada. Apenas quero ficar por dentro de tudo que está havendo desde a morte de João, nada mais que isso. — E, em tom sarcástico, completou: — Acaso tem algo a esconder?

Gaguejando, Rubens retrucou:

— Na... Não! Claro que não. Nada tenho a esconder. Pode mandar o auditor quando bem lhe interessar.

Kim levantou-se e se despediu de Rubens sorrindo, deixando-o aparvalhado com sua atitude.

Kim fora completamente profissional e não deixara transparecer em nenhum momento que fazia aquilo por vingança, por ele a ter humilhado nos últimos encontros que haviam tido. Isso tinha deixado Rubens ainda mais perplexo com a situação.

Por um breve momento, Rubens sentiu saudades de Kim, dos momentos que tinham desfrutado juntos, mas, pela postura com a qual chegara em seu escritório, era evidente que ela jamais o aceitaria de novo.

Um pensamento cruzou a mente de Rubens, caindo como uma bomba em sua cabeça. Se ela descobrisse que ele a ludibriava, bem como a Marco Aurélio, ela poderia dar queixa dele à polícia e isso não lhe cairia bem diante da sociedade.

Rubens pediu a Maria que lhe trouxesse os relatórios dos outros hotéis dos últimos oito meses, afinal, João já havia percebido que estava ocorrendo certo desfalque na contabilidade, embora não houvesse descoberto precisamente em qual hotel acontecia o desfalque.

Dentro de pouco tempo a secretária voltou à sala com todos os envelopes dos registros da contabilidade. Depositando-os sobre a mesa de Rubens, ela perguntou:

— Mais alguma coisa, doutor Rubens?

— Não, obrigado, Maria. Se precisar de algo, eu a chamarei.

A secretária rodopiou nos calcanhares e saiu da sala sem proferir mais nenhuma palavra.

Rubens imediatamente pegou os envelopes e passou a examinar os registros. Neles estava marcado o saldo de quanto havia entrado durante aquele período.

Como estava marcado a lápis, Rubens passou a apagar a quantia que havia entrado para a matriz, colocando um valor inferior.

Naquele dia Rubens não atendeu ninguém, nem mesmo o telefone. Constatou que os auditores poderiam, por meio de um mandato judicial, averiguar sua conta bancária. Sendo assim, saiu rapidamente, indo a outro banco e abrindo uma nova conta onde depositou somente o que lhe era de direito.

Assim que retornou ao escritório, Rubens terminou o trabalho, entregando os envelopes a Maria para que ela os guardasse no local onde estavam.

Sorrindo, voltou à sua sala e sentou-se confortavelmente em sua cadeira. "Rubens, você é uma raposa! Nem mesmo os auditores vão descobrir o desfalque que a empresa sofreu", pensou ele.

Ficou mais alguns instantes sorrindo para si mesmo, admirado com a própria astúcia. Depois lembrou-se de Kim. Como ela ficara diferente depois que ele a havia deixado... Ela voltara a procurá-lo, porém não tocara no assunto do relacionamento deles. Isso havia deixado Rubens intrigado. Ela parecia estar mais determinada e, por um momento, Rubens se arrependeu por ter colocado um ponto final no romance dos dois.

Rubens foi trazido à realidade com as batidas de Maria à porta. Polidamente, a secretária perguntou:

— Doutor, o senhor ainda vai precisar de mim?

Rubens fitou a mulher com delicadeza.

— Não, Maria. Pode ir se quiser. Eu já estou quase indo também. Hoje foi um dia bastante tumultuado. Estou precisando relaxar um pouco.

Maria se retirou. Trancou as gavetas, pegou sua bolsa, que estava no encosto da cadeira, e se retirou.

Rubens, por sua vez, ficou mais um pouco. Depois pegou o paletó e saiu com rapidez. Pretendia comprar um ramalhete de rosas para Janete.

Assim que saiu do escritório de Rubens, Kim entrou no carro e avisou o motorista:

— Siga para a delegacia!

Cláudio obedeceu a ordem da patroa prontamente.

Ao entrar na delegacia, encontrou com Alexandre no corredor e, mal o cumprimentando, avisou:

— Bom dia. Estou aqui para visitar meu enteado.

Alexandre sabia que não poderia permitir a visita, por isso encaminhou Kim à sala de Oswaldo, que lia alguns papéis e se surpreendeu com a entrada da mulher. Com educação, ele perguntou:

— Em que posso servi-la?

Kim, com seu habitual tom arrogante, respondeu em poucas palavras:

— Quero ver meu enteado.

Oswaldo se perguntou o que aquela mulher poderia querer com o rapaz. Pensando que poderia descobrir alguma coisa, deu ordem para que a encaminhassem à cela de Marco Aurélio. Em seguida, chamou discretamente Walter e pediu que ele ficasse de ouvidos bem abertos escutando a conversa dos dois.

Kim, com toda a empáfia, acompanhou Walter. Ao deparar com Marco Aurélio, sentiu-se penalizada. Ele havia emagrecido muito e seu olhar denotava tanta tristeza que ela se comoveu.

Marco Aurélio, por sua vez, estranhou ver a madrasta. Não sentia nenhuma simpatia por ela e não entendia o motivo de ter vindo visitá-lo.

— O que faz aqui? — perguntou o rapaz.

— Estou aqui porque sei que você é inocente e quero ajudá-lo a sair dessa confusão.

Sem acreditar nos próprios ouvidos, ele perguntou:

— Mas por que o interesse *agora*?

— Pensei bem e acho que sou a única pessoa que você tem por perto. Não lhe darei as costas num momento como este.

Espantado, Marco Aurélio não sabia o que dizer.

— Sei que você não cometeu tal barbárie contra seu pai e não é justo o que estão fazendo com você; creio que agora é o momento de nos unirmos para colocarmos o verdadeiro assassino atrás das grades.

Marco Aurélio, ao sentir que Kim realmente dizia a verdade, perguntou:

— Na sua opinião, quem poderia ter assassinado meu pai?

— Já me fiz essa pergunta dezenas de vezes, mas não consegui chegar a conclusão nenhuma. Embora tenha pensado que apenas uma pessoa lucraria com a morte de João: o sócio dele. Você, melhor que ninguém, sabe de meu envolvimento com aquele calhorda, não é?

— Sei sim — respondeu Marco Aurélio com um olhar cheio de mágoa.

— Ele se mostrou apaixonadíssimo por mim mas, além de possuir--me, ele certamente lucraria muito com a morte de João, pois comandaria todos os negócios de seu pai sem que houvesse ninguém para questionar sua honestidade. Além do mais, ele soube da discussão que você teve com seu pai na véspera daquela infeliz festa. Por isso, ele sabia que seria o único a comandar todos os negócios.

— Já pensei nisso também — respondeu Marco Aurélio. — Mas não vejo por que ele desejaria matar meu pai, visto que era ele quem sempre foi a peça principal com respeito a lucros e dividendos. Lembro-me de papai dizer várias vezes que Rubens era fiel, porém não era um homem que tivesse tino para os negócios.

Kim também tinha ouvido João falar nisso várias vezes. Depois de pensar mais um pouco, continuou:

— Marco Aurélio, não acredito na honestidade de Rubens. Por isso eu o informei de que, na segunda-feira, mandarei dois auditores para averiguar os últimos relatórios.

— Kim, se a sua intenção era pegá-lo no flagra, você não deveria tê-lo avisado. Ele vai rasurar os relatórios.

— Pois que o faça. É isso mesmo que quero. Assim provarei que ele estava nos ludibriando e terei a chance de colocá-lo entre a cruz e a espada: ou ele compra a parte de João nos negócios ou nos venderá a dele.

Marco Aurélio não ficou admirado. Sabia que Kim era uma mulher inteligente.

— Não quero me envolver nesses negócios. Deixei minha posição bem clara a meu pai: administrar os hotéis dele não me interessa.

Ficou evidente para Kim que o rapaz era totalmente desprovido de ambição. Por um momento chegou a sentir pena do enteado.

Mudando o rumo da conversa, perguntou:

— Você está precisando de alguma coisa?

Marco Aurélio fitou a madrasta com um olhar incrédulo.

— Oh, sim! Preciso de liberdade, pois essas paredes frias já estão me deixando maluco.

Penalizada, Kim retrucou:

— Entendo. Por ora, nada posso fazer a esse respeito. O que posso providenciar; aliás, o que já deveria ter providenciado, é o mínimo de conforto possível para você.

Naquele momento, como por encanto, Marco Aurélio sentiu desaparecer toda a animosidade que sentia pela madrasta.

— Para falar a verdade — pediu ele —, estou precisando de escovas de dente novas, creme dental, sabonete e roupas limpas. Ah, por favor, me traga também lençóis porque não aguento mais dormir neste lençol sujo.

Kim sorriu compreensivamente para o rapaz.

— A partir de hoje mandarei também que tragam comida de casa. Você emagreceu muito. Passou da hora de se alimentar bem. Você tem vontade de comer alguma coisa em particular?

Esboçando um enorme sorriso de satisfação, tamanha era a alegria que sentia, Marco Aurélio pediu:

— Se puder, me mande um pedaço de pizza de calabresa. Só de pensar, minha boca já enche de água.

Kim se despediu do rapaz prometendo que mandaria tudo o que ele estivesse precisando naquele mesmo dia.

Quando ela se retirou, Marco Aurélio pensou que talvez tivesse sido um tanto rude com a esposa do pai, pois, de fato, ela nunca o havia maltratado.

O rapaz se arrependia de uma coisa: havia mentido para testá-la. Ele havia dito que não tinha objetos básicos de higiene pessoal, mas era mentira. Toda semana Alexandre lhe trazia sabonetes e um tubo de pasta dental a cada quinze dias. Até mesmo a escova de dentes que ele usava fora o investigador quem providenciara. Com respeito ao lençol, a esposa de Alexandre havia comprado dois jogos de lençol. O rapaz os trocava e enviava para que Maria Luiza os lavasse e passasse.

Sentindo-se mal por ter mentido, pediu a Walter que chamasse Alexandre.

Quando o investigador adentrou a cela, notou que o rapaz havia chorado. Sem entender o motivo das lágrimas, sentou-se ao lado de Marco Aurélio. O rapaz contou tudo que havia dito à madrasta, no intuito de testar aquela atitude de boa samaritana.

— Ora, não precisa chorar por isso! Sei que você não é ingrato. Fez muito bem em testar a atitude de sua madrasta. E também não estou chateado com você. Se ela passar a lhe trazer o que precisa, ficarei contente em saber que há mais alguém se importando com você.

Um sorriso iluminou o rosto do rapaz.

— Você é meu único amigo. Quero sempre tê-lo por perto.

Alexandre passou a mão na cabeça do jovem e pediu que Walter abrisse a cela. Saindo de lá, foi à sala de Oswaldo e narrou a conversa entre Marco Aurélio e a madrasta.

— O que fez essa mulher mudar de ideia? — cogitou Alexandre, sem compreender. — Por que somente agora ela se lembrou de que tem um enteado?

O delegado deu de ombros.

— Quem sabe só agora ela tenha percebido que Rubens é um homem altamente leviano e interesseiro? Pelo que Walter me falou, para ela não há dúvidas de que foi Rubens o autor do disparo que vitimou João.

— Posso estar enganado — falou Alexandre depois de pensar alguns instantes —, mas não acredito que tenha sido Rubens o autor do disparo, afinal, pelo que descobri, no momento do assassinato ele estava com Kim em um dos quartos de hóspedes.

Curioso, o delegado indagou:

— Por que escondeu de mim esse detalhe, Alexandre?

— Não havia dito nada porque ainda estou investigando para saber se isso realmente é verdade. Quem me falou sobre essa história foi Jair, o jardineiro. Leila, a empregada, foi quem lhe contou. Mas você sabe... Pessoas como Leila, que falam demais, não são dignas de confiança.

Oswaldo, admirado, concordou. Alexandre sabia muito bem o que fazia.

❧

Kim voltou para casa agastada com a situação de Marco Aurélio. O rapaz estava preso indevidamente em uma cela fétida como aquela.

Ao sair do carro, dirigiu-se à cozinha, onde encontrou Leila conversando com a cozinheira sobre vestidos da moda.

Ignorando o que conversavam, Kim chamou suavemente:

— Leila, venha cá, por favor.

Leila fitou Kim como se a visse pela primeira vez. Ela não mostrava aquele porte orgulhoso que lhe era peculiar, além de a ter chamado com um tom de voz bastante ameno.

— Pois não, dona Kim. Acaso fiz algo errado?

Kim sorriu para Leila, achando graça do comentário. Parecia uma criança peralta que faz das suas e depois olha inocentemente para os pais como se fosse um verdadeiro anjinho.

— Não, Leila, não fez nada. Mas quero que providencie uma coisa para mim: vá até o quarto de Marco Aurélio, apanhe suas roupas de ficar em casa e coloque tudo em uma mala. Ah, não esqueça de incluir peças íntimas. Ele deve estar precisando. Arrume também sabonetes, creme dental, barbeador, perfumes, enfim, tudo que ele estava habituado a usar. Vou mandar que alguém leve essas coisas ainda hoje para ele na prisão.

Leila, cuja fraqueza era não conseguir segurar a língua dentro da boca, não se conteve:

— A senhora quer que arrume tudo isso para o Marcos, dona Kim?

— Isso mesmo — respondeu a patroa com naturalidade. — Ele não é um rapaz qualquer para ficar naquele lugar horrível sem ter o mínimo de conforto. Quero também que arrume lençóis, fronhas e, principalmente, um travesseiro confortável com um cobertor. Agora, peça a Jonas que venha aqui. Preciso falar com ele também.

Kim se dirigiu ao seu quarto. Entrou e se jogou na cama, procurando forças para tomar outro banho. Para ela, o cheiro de suor daquela cela estava impregnado em suas narinas.

Não demorou muito e Jonas batia à porta discretamente. Sabia que nada irritava mais Kim do que fortes batidas à porta.

Com voz cansada, a patroa respondeu lá de dentro:

— Entre!

— Com licença, dona Kim. A senhora mandou me chamar? — Jonas apenas balbuciava as palavras, tamanha era sua discrição.

Kim sentou-se rapidamente na cama ao vê-lo dentro do quarto.

— Jonas, quero que peça à cozinheira que prepare um bolo de chocolate, coloque frutas em uma cesta e prepare um refratário com uma pizza de calabresa inteira cortada em fatias. Depois pegue também umas coisas que pedi a Leila que arranjasse e entregue tudo a Cláudio. Ele deve levar as encomendas à delegacia e entregar para Marco Aurélio.

— Sim senhora — respondeu Jonas sucintamente. — Mais alguma coisa?

— Ah, sim — lembrou-se Kim. — Diga a Leila que inclua algumas toalhas de banho ao que lhe pedi.

— Pois não, senhora — respondeu o mordomo.

— Por ora é só isso, Jonas — falou Kim educadamente. — Mas quero que peça à cozinheira que prepare todos os dias algo diferente para mandar a Marco Aurélio na prisão. Não acho justo que fique trancafiado como um joão-ninguém. Ele é filho do homem mais digno que já conheci.

Jonas, em silêncio, pediu licença e se retirou.

Em pouco tempo, todas as coisas que Kim pedira estavam devidamente prontas. Logo após o almoço, Cláudio saía de casa em direção à delegacia.

Tão logo Jonas saiu do quarto, Kim se dirigiu ao banheiro para tomar um banho reparador e relaxante. Sentia-se suja depois da visita que fizera a Marco Aurélio.

Após o banho, trocou de roupa e passou seu perfume preferido. Preparava-se para almoçar, uma vez que, pelo horário, a mesa já devia estar posta. Antes de descer, porém, sentou-se na cama e cogitou por que não se preocupara com Marco Aurélio durante todo aquele tempo em que se encontrara encarcerado. Sem encontrar nenhuma resposta plausível, acalmou sua consciência pensando: "Esse relacionamento com Rubens foi a pior coisa que poderia ter acontecido em minha vida. Fiquei cega a ponto de esquecer meus compromissos, especialmente com Marco Aurélio, que ficou preso e nunca recebeu sequer uma visita minha. Nunca fui uma boa madrasta, mas nunca é tarde para tentar recuperar o tempo perdido. De hoje em diante farei o que puder para cativar esse rapaz, que sofre tanto com as acusações que lhe pesam".

Kim levou a mão à testa, passando a mão nela lentamente, como se quisesse arrancar com esse gesto aquele sentimento de culpa que agora faria parte de seus dias.

Em seguida lembrou-se de seu encontro com Rubens no escritório. Percebeu que não o amava como imaginava. Ele não passava de um homem fraco que vivia traindo a esposa ingênua e a comprando com falsos carinhos. Kim achava que Rubens havia ficado assustado quando ouvira a respeito da auditoria, por isso ligou para Ricardo, seu amigo, a fim de lhe pedir o telefone de pessoas que prestassem esse tipo de serviço. A esposa dele atendeu e disse que ele se encontraria mais tarde em casa.

Kim desligou o telefone e desceu para almoçar. Sentia muita fome naquele dia. Sentou-se e se serviu, passando a saborear a comida, comendo devagar e deixando de lado qualquer outro pensamento. Após a sobremesa, arrematou com uma xícara de café sua refeição. Agora satisfeita e ainda sem pensar em nada, dirigiu-se ao quarto, onde se deitou e logo adormeceu.

Kim dormiu tranquilamente e acordou por volta das dezesseis horas. Novamente tentou falar com Ricardo a respeito dos auditores. Desta vez quem atendeu foi ele próprio, bastante contente, uma vez que era apaixonado por ela. Kim, no entanto, jamais incentivara qualquer tipo de aproximação, preferindo manter a amizade.

Com um tom meigo na voz, Kim iniciou a conversa:

— Ricardo, estou ligando para obter informações sobre os auditores que contratou para sua empresa na época em que achava que tinha sido lesado por seu gerente.

— Kim, vou lhe passar o endereço de Agenor e Lúcio. Eles são peritos no que fazem. Se houver qualquer falcatrua acontecendo, eles descobrirão. Além do mais, são rápidos; não demoram mais do que três semanas para executar o trabalho. Tem gente que demora meses apenas para poder cobrar mais.

Satisfeita, Kim perguntou:

— Você sabe se eles têm muito trabalho a fazer? Tenho bastante urgência.

— Sinceramente não sei responder. Mas de uma coisa eu tenho certeza: eles são bastante diligentes. Só tenho a elogiar o trabalho que realizam.

— Que bom. Por favor, Ricardo, me dê o telefone deles. Quero contratar esse serviço o mais rápido possível. Tenho quase certeza de que o sócio de meu marido não está sendo muito honesto.

— Um minuto. Vou pegar minha agenda e já passo o telefone e o endereço dos auditores.

Em pouco tempo Ricardo estava de volta.

— Alô, Kim.

— Sim, Ricardo.

— Anote os dados.

Vagarosamente Ricardo passou as informações, que Kim anotou em inglês. Em seguida, disse:

— Ricardo, não sei como agradecer. Se não fosse você, não sei o que teria feito. Nunca me envolvi com os negócios de meu marido.

— Amigo é para essas coisas, Kim. Sempre que precisar de mim, saiba que estarei aqui a seu dispor.

Demonstrando certa pressa, Kim se preparou para finalizar a conversa.

— Mais uma vez, obrigada. Agora mesmo ligarei para o Agenor e o Lúcio para conferir se aceitam tal incumbência.

Ricardo despediu de Kim e logo a conversa se deu por encerrada.

Kim discou outro número em seguida.

— Alô, com quem falo? — perguntou ela, assim que alguém atendeu.

Uma voz grave respondeu:

— Aqui é Agenor, Lúcio e companhia. Prestamos serviços em empresas em geral, executando todo tipo de trabalho administrativo.

— Ótimo! É exatamente disso que estou precisando. Meu nome é Kim Albuquerque. Gostaria muito que a empresa de meu marido passasse por uma revisão feita por alguém experiente. Não entendo muito dos negócios de meu marido, que faleceu faz pouco tempo, mas estou desconfiada de que o sócio esteja agindo traiçoeiramente.

— Agimos com discrição e agilidade, de modo que, se houver algo errado, a senhora logo ficará sabendo.

— A auditoria deverá ser feita também nos outros hotéis de que meu marido era dono, portanto gostaria que me dessem cerca de cinco meses de consultoria. Pagarei regiamente.

Agenor, que havia atendido ao telefone, replicou:

— Não se preocupe com isso. Poderemos aceitar o serviço sem previsão de conclusão, e todas as despesas correrão por conta da senhora. O que me diz?

— Para mim está bem. Pagarei o que me pedirem. O que quero é saber como estão indo os negócios de meu marido. Ele lutou muito para chegar aonde chegou. Não pode agora, simplesmente, ser roubado.

— Senhora, precisamos conversar melhor antes de iniciarmos o trabalho. O que acha de nos encontrar esta noite para acertarmos os detalhes?

— Ótimo! Vou esperá-los depois das vinte horas.

— Combinado, senhora. Chegaremos dentro desse horário, não se preocupe. Vamos precisar de alguns documentos para que possamos ter uma ideia dos gastos e de como foi usado o dinheiro antes de seu marido morrer.

Kim estava radiante. Se descobrisse que Rubens estava enganando tanto ela quanto Marco Aurélio, poderia ser feita uma queixa-crime contra ele e, talvez, ela conseguisse expulsá-lo da empresa, ficando somente ela e o enteado como administradores do que João havia deixado.

Após desligar o telefone, Kim esboçou um sorriso. "Rubens, tenho certeza de que vou pegá-lo no pulo-do-gato, como dizem os brasileiros".

Voltando a seu quarto, refletiu sobre como havia ficado confusa nas últimas semanas. Não entendi como aquilo pudera acontecer.

Ela não sabia que seu mal era puramente espiritual.

Novos suspeitos

Naquele terça-feira, Jair trabalhava contente. À noite participaria pela terceira vez do evangelho no lar na casa de Alexandre.

Jair gostaria de ser médium, assim os espíritos do bem, como ele mesmo os chamava, poderiam ajudá-lo a desvendar o passado de João e seus companheiros para que a polícia colocasse as mãos sobre eles, sem permitir que nenhum escapasse ileso da malha da justiça norte-americana.

Para Jair, estar em meio à família de Alexandre era de fato uma grande alegria, uma vez que até o pequeno Humberto o chamava de tio Jair.

Alexandre gostava sinceramente de Jair, pois ele se mostrava de fato interessado na doutrina que abraçara de todo coração, o que o fazia elaborar perguntas sempre inteligentes ao casal. Alexandre, quando entendia do assunto, explicava-o, auxiliado por Maria Luiza, por isso não era incomum o jardineiro sair da casa do casal depois das onze da noite. Era ele quem pedia licença a Alexandre e a Luiza para colocar Humberto na cama, de quem se tornara muito amigo. Jair se afeiçoara de coração a Humberto. Não raro ele aparecia com brinquedos ou guloseimas que o menino adorava.

O evangelho no lar terminava, mas os três ainda ficavam sentados em seus respectivos lugares para conversar sobre assuntos espirituais, fazendo com que Jair se sentisse ainda mais à vontade entre eles.

Jair, a conselho de Alexandre, matriculou-se em um dos cursos que a Casa Espírita oferecia, chamado Educação Mediúnica. Ele era um aluno dedicado. Ouvia tudo com atenção e fazia anotações; quando não entendia alguma coisa, fazia questão de perguntar à esposa do amigo.

Toda terça-feira Jair trabalhava contente, pois sabia que à noite não iria chegar em casa e simplesmente deitar para ouvir o rádio com suas últimas notícias e, em seguida, uma seleção com as músicas de sucesso da época.

Jair, enquanto cavoucava a terra, pensava em como seus amigos eram bons. Eles o haviam acolhido de braços abertos, mesmo sabendo que ele era um solteirão.

A cada evangelho no lar, o jardineiro se sentia ainda mais à vontade com aquela família. Não via a hora, naquela terça, de chegar à casa de Alexandre.

Naquela noite foi Luiza quem leu o trecho "Honrai a vosso pai e a vossa mãe", de *O Evangelho segundo o Espiritismo*, capítulo XIV, que dizia: "Os laços do sangue não criam forçosamente os liames entre os Espíritos. O corpo procede do corpo, porquanto o Espírito já existia antes da formação do corpo. Não é o pai quem cria o Espírito de seu filho; ele mais não faz do que lhe fornecer o invólucro corpóreo, cumprindo-lhe, no entanto, auxiliar o desenvolvimento intelectual e moral do filho, para fazê-lo progredir".

— Muitas vezes — explicou Maria Luiza — unem-se em uma mesma família espíritos simpáticos, ligados anteriormente pelos sentimentos de amor, que provêm invariavelmente desde a sua vida espiritual. Porém, pode ocorrer de espíritos virem numa mesma família e serem completamente estranhos uns aos outros, registrando assim o antagonismo que talvez tenha surgido em uma vida passada. A reencarnação serve como base para aparar qualquer aresta que talvez tenha surgido numa existência anterior. Por esse motivo, muitas vezes é necessário que se venha no mesmo círculo familiar a fim de tentar recuperar o tempo perdido em outra existência.

Enquanto Luiza explicava, Jair a admirava ainda mais, não somente pelos seus conhecimentos espirituais, mas também pela maneira com que se expressava, o que fazia sua atenção ficar cativa em cada palavra proferida por Maria Luiza.

Ela prosseguiu:

— Não é incomum, ao longo de nossa trajetória de vida, encontrarmos um amigo a quem nos apegamos como um irmão, enquanto, em outros casos, nem mesmo nosso irmão de sangue se mostra tão fidedigno e verdadeiro conosco.

Jair, que estava atento à palestra, imediatamente se lembrou de seu irmão, Nicholas, que desde criança o tinha como rival e, mais tarde, já adultos, tinham se tornado verdadeiros inimigos.

Enquanto Jair procurava ser o bom filho, Nicholas não se preocupava com nada. Ia mal no colégio e, com treze anos, começou a chegar bêbado em casa.

Jair procurava aconselhar o irmão, mas este se tornava cada vez mais irascível com ele, até que certo dia, depois de uma violenta discussão, Jair, perdendo totalmente o bom senso, havia dado uma surra daquelas em Nicholas. Ele tinha então dezessete anos. Desde essa surra, o irmão nunca mais perdoou Jair e eles nunca mais se falaram.

Jair se arrependeu do que tinha feito, mas havia ficado muito bravo com Nicholas. Ele tinha roubado o dinheiro da mãe, que ganhava cerca de sessenta dólares por semana na época. Jair se revoltara com o fato, pois os dois sabiam das dificuldades pelas quais a mãe passava.

Assim que Jair conseguiu ir para Nova York e ingressou na polícia, Nicholas sofreu um acidente de automóvel, morrendo em seguida.

Jair lembrava-se de tudo com detalhes. Pensava no irmão, que sempre se mostrara completamente diferente dele, sem sequer notar que duas lágrimas rolaram por sua face.

Encerrando o comentário, Maria Luiza fingiu não perceber a emoção de Jair, uma vez que a discrição fazia parte de sua personalidade.

Alexandre, por sua vez, vendo que o amigo chorava, decidiu encerrar o evangelho da noite com uma prece. Depois dela, Maria Luiza foi colocar Humberto na cama e disse que logo voltaria.

Assim que a dona da casa se retirou, Jair deu livre curso às lágrimas. Embora não quisesse pensar no passado, o trecho do evangelho lhe trouxera a lembrança da briga entre ele e seu irmão, Nicholas.

Para Luiza não foi difícil colocar Humberto na cama. Ele já estava dormindo, encostado na mãe. Sendo assim, em sete minutos Luiza voltava à sala.

Ao chegar, sentou-se discretamente ao lado do marido e observou ele e Jair conversarem. O jardineiro-agente falava de sua juventude, enquanto ainda vivia ao lado da mãe nos Estados Unidos.

— Você vê, Jair, como são as coisas? Isso é para que acreditemos verdadeiramente na reencarnação. Eu não o conheço; nasci em um país bem distante do seu. No entanto, vejo você como um irmão. Para mim se tornou uma alegria tê-lo em nossa companhia aqui em minha casa todas as terças-feiras. E com minha irmã mais velha, por exemplo, eu não me sinto tão à vontade. Sou o único filho homem de uma família de quatro mulheres. Porém, entre elas, desde criança, minha irmã mais velha me via como um empecilho. Todas as vezes que minha mãe me dava algum tipo de atenção, ela fingia se machucar somente para que minha mãe passasse a dar mais atenção a ela. Com o tempo, minha mãe notou que ora ela caía, ora dizia que o cachorro a tinha mordido, enfim, ela seria capaz de se machucar seriamente apenas para que minha mãe parasse de me dar atenção.

Jair ouvia atentamente o relato do amigo. Sentia-se melhor ao saber que não era o único a ter tido uma relação difícil com um irmão.

— Mas as coisas passaram a piorar — explicou Alexandre — quando crescemos e nos tornamos adolescentes. Minha irmã inventava histórias para que meus pais me impedissem de fazer alguma coisa, como jogar futebol na praia ou simplesmente sair com os amigos. E ela quase sempre conseguia. Até que certo dia, já com quase vinte anos, ela conheceu Joel e se casou. Mas, ainda assim, até hoje sinto haver um certo antagonismo entre nós. A princípio não entendia por que minha irmã me tratava daquela forma, sendo que se dava tão bem com as outras meninas, mais jovens que eu. Só quando conheci o termo "reencarnação" é que descobri que ela rege o curso natural das coisas, oferecendo a oportunidade de evoluirmos. Por isso, amigo, se tentou se aproximar do seu irmão e ele não permitiu, não lastime. Pense que fez a sua parte. O importante é se lembrar dele com amor, emitindo-lhe emanações de paz e tranquilidade. Se porventura ele não foi ajudado ainda, suas preces podem auxiliá-lo. Você pode pedir a Deus, nosso Pai, que o recolha em uma de suas moradas.

Jair, sentindo-se muito emocionado, não se conteve e foi tomado por um pranto arrebatador, fazendo que Luiza se levantasse a fim de pegar um copo de água para que ele se acalmasse.

Gradativamente, o pranto foi diminuindo. Maria Luiza, sentada ao lado de Alexandre, fazia uma prece em voz baixa. Ela emanava, silenciosamente, luzes para o amigo. Em pouco tempo Jair estava perfeitamente calmo. Então ele contou o que lhe ia na alma:

— Obrigado, amigos. Acho que há muito eu estava me devendo isso. Nunca havia compreendido por que meu irmão me odiava tanto. Hoje compreendi que todo esse antagonismo teve a sua origem em uma vida precedente a essa, e que devo fazer preces por ele, não importa o que ele sinta por mim, afinal, todo efeito tem uma causa. Hoje desconheço os detalhes de fatos que possam ter levado meu irmão a me odiar, mas, seja como for, o importante é que continuo a amá-lo e lhe desejo muita força e luz onde ele estiver.

— Meu amigo — expressou Luiza —, não fique pensando nele. Pense em você e em seus sentimentos. Embora ele tenha feito coisas que lhe trouxeram dores e decepções, não se apegue a isso; antes, perdoe-o de coração para que ele possa compreender que já está na hora de esquecer tudo isso e seguir em frente.

Jair sentia o peito oprimido pela saudade do irmão. À sua mente voltavam lembranças de sua infância e juventude. Recordou-se também da mãe, que trabalhava em uma lavanderia e ganhava muito pouco para manter os dois filhos. Uma vez que o marido havia morrido de infarto fulminante, Meg havia sido deixada em completo abandono com dois filhos para criar.

— Não tenho por que perdoá-lo; Nicholas fez mal a si mesmo.

— Você é um grande homem, James Scott — falou Alexandre com afeto —, por isso quero que me veja também como seu irmão, uma vez que não tenho mesmo nenhum outro irmão, só irmãs.

Luiza se comoveu com a atitude do marido. Encostando a cabeça em seu ombro, completou:

— Bem, Jair, acho que agora você tem um irmão. Se não no sangue, pelo menos em espírito, pois que essa é a relação verdadeiramente duradoura. Nem a morte do corpo físico será capaz de destruir esse laço ou de anulá-lo.

Jair, ainda com os olhos vermelhos, sorriu e levantou-se bruscamente, abraçando Alexandre.

— Doravante não direi mais que sou filho único, porque tenho um irmão. A única coisa que nos difere é a nacionalidade, por isso direi que tenho um irmão brasileiro.

Todos desataram a rir.

Maria Luiza foi à cozinha e preparou a mesa com biscoitos de nata e uma compota, bolo de fubá, pães, café e leite que acabara de ferver.

Jair sentou-se à mesa e esforçou-se para não fazer desfeita, embora estivesse completamente sem apetite, tal fora a intensidade das últimas emoções.

No momento em que lanchavam, Jair ainda fez muitas perguntas sobre espiritualidade ao casal. Em seguida conversaram por aproximadamente mais uma hora.

Jair deixou a casa dos amigos sentindo que realmente ganhara um irmão, alguém em quem podia confiar em qualquer situação.

Assim que se despediram de Jair, Alexandre e Luiza se recolheram, cada um pensando em como a união de dois espíritos pode ser algo salutar para ambos.

❧

Marco Aurélio sentia-se indisposto naquela manhã. Fazia meses que estava trancafiado naquela delegacia. Desde que Kim fora visitá-lo, ela continuava mandando coisas à delegacia para ele.

Independentemente disso, Marco Aurélio não aguentava mais aquela vida sem sentido: amanhecer e anoitecer naquele lugar onde só via as paredes frias de uma cela. Pensava que, quando saísse daquele lugar, iria andar pela praia, ver o nascer do sol, pisar na areia e olhar o mar, coisas às quais nunca dera importância antes de se ver privado de sua liberdade.

Marco Aurélio queria passar uma noite ao relento apenas para apreciar o orvalho da noite ao som da maresia. Para ele, seria o orvalho da alegria, da liberdade.

O rapaz havia desenvolvido uma técnica na prisão: quando se sentisse desanimado com os acontecimentos, ele não ficaria mais mal-humorado, remoendo a realidade; ele se valeria de sua mente, que ainda conseguia voar para lugares belos onde sua imaginação tinha liberdade de visitar qualquer lugar.

Marco Aurélio começou a se imaginar, naquele dia, andando pela praia ao entardecer, vendo o pôr do sol. Em sua imaginação, ele ainda observava o despontar das primeiras estrelas e fitava o horizonte pelo simples prazer de fitá-lo; via também o cair da noite e as luzes da cidade se acenderem, fazendo-a parecer ainda mais bonita.

Nesse instante, como por encanto, Marco Aurélio sentiu sobre si um orvalho suave. Ele abriu os braços o quanto pôde, tentando abraçar aquela liberdade. Esboçava um sorriso quando, de repente, foi arrancado de seus devaneios pela voz de Alexandre.

457

— Bom dia, meu amigo. Já comeu alguma coisa?

Marco Aurélio, que quase sorrira um segundo atrás, agora sentia a tristeza retornar ao voltar à realidade. Sentou-se na cama rapidamente.

— O que esse dia tem de bom? Esqueceu que estou aqui preso como um passarinho numa gaiola, trancafiado mesmo sem ter feito nada de errado?

Alexandre sentiu uma grande tristeza pairar no ar. Gritou a Walter, num impulso:

— Abra a cela!

Walter achava que o investigador iria entrar, como de costume. Qual não foi sua surpresa ao ouvi-lo dizer:

— Venha, Marco Aurélio. Vamos dar umas voltas pelas dependências da delegacia. Sei que não posso fazer isso, mas há muito tempo você não vê a luz do sol.

Sorrindo desanimadamente, Marco Aurélio respondeu:

— Não faça isso! Você pode se prejudicar se o delegado não aprovar o que fez. Se esse é meu destino, não há por que reclamar.

Alexandre insistiu:

— Bobagem! Deveria ter feito isso antes. Vamos até os fundos da delegacia onde há um banco. Lá poderemos conversar com tranquilidade. Além do mais, os raios do sol lhe farão muito bem.

Marco Aurélio passou a mão pelos cabelos. Estava já em pé, disposto a acompanhar o detetive, quando indagou:

— Você não vai colocar as algemas em mim?

Surpreso com a humildade do rapaz, Alexandre replicou:

— Por que eu faria isso? Sei que você não vai fugir, por isso não vejo motivos para colocar em você essas algemas nojentas.

Marco Aurélio afirmou:

— Não farei nada que o faça se arrepender de ter me levado para tomar sol. Prometo!

— Sei que não. Por isso eu o levarei para fora todos os dias, exceto nos finais de semana. Você não vai mais ficar trancado o tempo todo na cela.

Walter ouviu em silêncio, sem contradizer ou questionar a ação do investigador, com a costumeira discrição.

Alexandre ganhou o corredor da delegacia conversando com Marco Aurélio como se fossem velhos amigos. Enquanto isso, Walter pensava: "Alexandre é um bom homem!".

Marco Aurélio, ao chegar aos fundos da delegacia e deparar com o banco de jardim, não conteve a alegria.

— Meu Deus, como o dia está belo! Ah, isso é muito bom... — Sentando-se no banco, inalou profundamente o ar puro. Depois se voltou para o investigador. — Alexandre, o que dirá ao delegado?

— Não se preocupe. Oswaldo é meu amigo e vai compreender minhas razões.

Marco Aurélio se fixou em um pardalzinho que estava em frente ao banco e caminhava em sua direção. Sentiu imensa vontade de pegar o passarinho e acariciar sua cabecinha.

O policial sentia-se também extremamente feliz.

— Garanto que quando estava na casa do seu pai jamais havia prestado atenção em um desses.

Marcou Aurélio sorriu e acompanhou o passarinho com o olhar. O pardal pousou em um beiral da delegacia.

— Você tem razão. Quando estava na casa de meu pai jamais pensei nos pássaros. Agora, contudo, olhando para esse pardalzinho, penso como é bom ser livre para poder voar tranquilamente sobre as casas e os galhos mais altos das árvores. O homem só dá valor à liberdade quando a perde. Foi exatamente isso o que aconteceu comigo.

Alexandre, penalizado, decidiu deixar o jovem mais à vontade.

— Não precisa se privar de movimentos só porque está comigo. Aqui poderá andar tranquilamente, afinal, faz meses que você não vê a luz do sol.

Marco Aurélio sorriu e se dirigiu para o muro. Os fundos da delegacia não era uma área tão espaçosa assim, porém, para Marco Aurélio, era como se estivesse no mais belo dos jardins. Ele abraçou a velha mangueira, e ia e vinha do muro ao banco. Observava cada detalhe como se estivesse diante da mais bela criação divina.

Alexandre chegou a achar engraçado o entusiasmo do rapaz, que parou diante das formigas enfileiradas que levavam folhas secas para um buraquinho no cimento. "Depois dessa experiência dolorosa, Marco Aurélio nunca mais será o mesmo", pensou o investigador..

Envolvido pela emoção do momento, não percebeu que uma pessoa se aproximava deles. Era Oswaldo.

Marco Aurélio pôde notar o olhar de compaixão que o delegado lhe lançou. Entretanto, temendo que Alexandre fosse alvo de uma reprimenda, aproximou-se.

— Se quiser, pode me levar de volta à cela — falou o rapaz. — Temo que o delegado não aprove sua atitude.

Oswaldo olhou para Marco Aurélio como se ele fosse um menino peralta.

— Não está gostando de ficar aqui fora?

Marco Aurélio, sentindo-se embaraçado, confessou:

— Estou adorando! Mas sei que não posso ficar aqui. Tampouco desejo que o senhor chame a atenção de Alexandre. Ele só quis alegrar um pouco os meus dias.

Oswaldo lançou um olhar enigmático para Alexandre, como se quisesse lhe dizer algo.

— É verdade, Alexandre. Você não deveria ter trazido Marco Aurélio aqui sem a minha permissão.

O jovem, sentindo que seu passeio matinal havia terminado, respondeu:

— Se quiser, podem me levar para a cela.

Alexandre voltou-se para Oswaldo e pediu:

— Não faça isso com Marco Aurélio. Ele está adorando tomar um pouco de sol, Oswaldo.

O delegado, também sentindo pena do rapaz, disse seriamente:

— Marco Aurélio, não só não vou me zangar com Alexandre por tê-lo trazido até aqui como de hoje em diante terá minha permissão de vir aos fundos da delegacia para tomar sol.

Marco Aurélio mal podia acreditar no que ouvia.

— O senhor não ficou zangando pelo fato de Alexandre me trazer até aqui?

— Não. Aliás, achei que foi uma excelente ideia. Se você prometer se comportar, posso deixar a cela aberta para que tenha um pouco mais de liberdade. Poderá ficar aqui fora o tempo que quiser. Aliás, se quiser ler no banco, pode também. Só que Walter terá de ficar com você.

Marco Aurélio estava perplexo. Ele estava à beira da loucura trancafiado por meses em uma cela que tinha dois metros e meio por três sem ter absolutamente nada para fazer. Marco Aurélio, muito agradecido, esboçou um enorme sorriso.

Alexandre sempre gostara de Oswaldo, mas naquele momento sentiu orgulho do delegado, que sempre se mostrara bastante intransigente com os culpados. Jamais imaginara que ele seria tão flexível com alguém cuja inocência ainda não tinha sido provada.

Naquela manhã, enquanto Oswaldo conversava com Alexandre no banco dos fundos da delegacia, Marco Aurélio pegou uma vassoura velha que estava encostada no muro e começou a varrer todas as folhas secas da velha mangueira.

A mangueira ficava bem no centro do terreno. Quando a delegacia foi construída, tinham apenas passado cimento, deixando um pequeno espaço de terra, para que as raízes não quebrassem o acabamento. Porém, à medida que a mangueira foi envelhecendo, e o tronco ficava mais grosso, as raízes acabaram por arrebentar o cimento ao redor.

Alexandre, ao ver Marco Aurélio varrendo o cimento, teve uma ideia.

— Oswaldo, acredito que Marco Aurélio não vai nos causar problemas. O que acha de darmos trabalho a ele? Se ele está varrendo o terreno sem sequer termos mandado, talvez ele possa nos ajudar com pequenos serviços. Ele pode fazer o café, ajudar a limpar a sua sala... O que me diz?

Oswaldo franziu o cenho diante daquela ideia inusitada.

— Você enlouqueceu? Já imaginou se alguém souber que estou dando trabalho a um preso?

— O que tem isso? Acho melhor darmos trabalho a ele, fazendo-o se sentir útil, do que deixá-lo dormir o dia todo.

Meio desconfiado, Oswaldo perguntou:

— E se ele tentar fugir?

— Ele não fará isso. Apesar da pouca idade, é um rapaz inteligente. Ele sabe que se fizer algo parecido estará assinando sua culpa.

— Talvez você tenha razão — disse Oswaldo. — Não podemos deixar esse rapaz sem fazer nada. Vamos chamá-lo aqui. Se ele aceitar poderei lhe pedir que ajude Benedita, a mulher que cuida da limpeza da delegacia.

Alexandre não cabia em si de felicidade. Com um largo sorriso, gritou:

— Marco Aurélio, venha até aqui, por favor!

Achando que já estava na hora de voltar à cela, o jovem recostou a vassoura no mesmo lugar em que a encontrara e, de cabeça baixa, se dirigiu até onde os dois homens estavam.

— Oswaldo quer lhe falar, Marco Aurélio. Preste atenção.

Marco Aurélio continuou em silêncio, aguardando as palavras do delegado.

Oswaldo, um tanto nervoso e sem jeito, falou:

— Marco Aurélio, deu para perceber que você e Alexandre se entrosaram bem desde que você chegou aqui. Agora, vendo você varrer o cimento, pensei que talvez pudesse colocá-lo para trabalhar em vez de deixá-lo o dia todo trancado na cela sem ter nada para fazer. O que você acha?

Marco Aurélio sorriu na direção de Alexandre, como se agradecesse mais aquele voto de confiança. Eufórico, respondeu:

— Claro! Para mim seria ótimo trabalhar. Não aguento mais ver os dias se arrastando na cela. Sempre achei que o trabalho dignifica o homem. Não importa onde o senhor vai me colocar. Pode me colocar até mesmo para limpar os banheiros que não vou achar ruim.

— Marco Aurélio — aconselhou Alexandre —, não tente fazer nenhuma besteira ao se ver livre da cela. Acredito que estamos chegando ao fim das investigações. Se tentar fugir agora, estará assinando sua sentença de culpa. Portanto, a única coisa que lhe peço é que tenha juízo.

Marco Aurélio respondeu com seriedade:

— Jamais faria qualquer coisa que viesse a quebrar a confiança que estão depositando em mim. Se quiserem, podem colocar o soldado para espreitar de longe todos os meus passos aqui na delegacia.

Oswaldo sentia que estava fazendo a coisa certa.

— Venha — convidou o delegado —, vou lhe apresentar Benedita, nossa secretária da limpeza. A princípio você vai ajudá-la, está bem? Mas antes quero saber: até que ano estudou?

— Terminei o colegial e quero ingressar na faculdade de medicina.

— Sendo assim, você poderá ajudar Benedita pela manhã e, quando tivermos alguma sobrecarga de trabalhos administrativos, poderá nos ajudar também. O que acha?

— Nem sei como agradecer — respondeu Marco Aurélio.

Desta vez foi Alexandre quem perguntou:

— Você escreve à máquina?

— Sim. Papai sempre disse que, para ser um homem de negócios, era imprescindível saber escrever à máquina.

— Mas você não disse que quer ser médico? — perguntou Oswaldo, olhando-o com desconfiança.

— Sim, doutor. Mas papai achava que eu ia tomar conta de seus negócios quando ele partisse.

— E você não quer?

— Não. Sempre quis ser médico. Mesmo estando aqui nessas condições, ainda não perdi a esperança de sê-lo um dia.

— Acredito em você, rapaz. Sei que chegará lá. Mas vamos combinar algo desde já: quando eu for ao seu consultório, você não poderá me deixar esperando muito tempo. Se tem algo que me deixa sem paciência é esperar o médico no consultório. Em geral, eles estão sempre atrasados.

Marco Aurélio soltou uma risada espontânea.

— Doutor Oswaldo, quando souber que é o senhor que vem para a consulta, juro que ficarei esperando.

Rindo, o delegado convidou:

— Venha até aqui. Vou lhe apresentar Benedita.

Marco Aurélio passou a mão pelos cabelos numa tentativa de se apresentar melhor. Percebeu que estava desleixado para ser apresentado a alguém. Entretanto, procurou não se preocupar com isso. Andaram por alguns minutos quando finalmente chegaram à copa. Lá encontraram Benedita, que lavava alguns copos e os deixava escorrer no aparador de louças.

Oswaldo deu início às apresentações:

— Bom dia, Benedita. Este é Marco Aurélio. De hoje em diante ele a auxiliará em todos os afazeres aqui da delegacia.

Benedita, que já conhecia Marco Aurélio da cela, uma vez que varria o corredor quase todos os dias, falou:

— Nós já nos conhecemos, doutor.

— Ótimo — completou Oswaldo. — Enquanto o rapaz estiver conosco, você terá uma vida tranquila aqui dentro... — O delegado sorriu.

Benedita era uma mulher que tinha pouco mais de um metro e meio. Era franzina e de pele morena, características que lhe emprestavam um ar jovial embora ela tivesse mais de cinquenta anos. Como sempre ela dizia: "Logo estarei me aposentando". Apesar de parecer carrancuda, Benedita era muito alegre. Quando se via longe do delegado, vez por outra soltava a bela voz, mostrando o quanto apreciava cantar.

Era uma mulher que sofrera muito na vida. Perdera o marido cedo e criara os dois filhos sozinha. Agora eles tinham cerca de vinte anos.

— Ah, que bom. De hoje em diante, terei sangue novo para sugar — falou ela em tom de brincadeira.

Marco Aurélio havia gostado de Benedita à primeira vista.

— Posso começar hoje mesmo, doutor Oswaldo? — perguntou ele, disposto.

— Hoje não, agora! — replicou o delegado em tom alegre. Porém, ficando subitamente sério, disse com voz grave: — Olhe lá, rapaz. Terei de deixar Walter de olho em você, pois temo que faça uma besteira.

O rapaz, em tom respeitoso, falou:

— O senhor está no seu direito, doutor. Não me importo com isso.

Oswaldo então pediu a Alexandre que chamasse Walter. Sucintamente, transmitiu a ele as suas ordens.

Aquela foi uma manhã feliz para Marco Aurélio. O rapaz ajudou Benedita a limpar as salas. Em seguida, Benedita ensinou-o a fazer o café da maneira que o delegado gostava e os dois limparam os banheiros.

Marco Aurélio era um rapaz esforçado, mas, como estava há meses no ócio, sem ter nada para fazer, sentiu o cansaço tomar cruelmente seus membros. Mas continuou fazendo tudo com alegria.

Benedita gostou de Marco Aurélio. Além de esforçado, ele era também educado. Não foi difícil para Benedita aceitá-lo como companheiro de trabalho.

Marco Aurélio ajudou Benedita durante a manhã. Na parte da tarde, auxiliou Judite a tirar xerox e datilografar alguns documentos.

Judite, a princípio, não gostou de ter a ajuda de um preso. Porém, como Marco Aurélio era um rapaz quieto, com o tempo ela foi se acostumando.

Todas as tardes, quando já não havia mais o que fazer, o rapaz entrava em sua cela e tomava um banho, colocando roupas limpas que Kim mandava sempre. Ela continuava cumprindo sua palavra: duas vezes por semana ele recebia trocas de roupa e roupas de cama, e também várias revistas para que ele tivesse o que fazer na prisão. Kim ainda providenciou um colchão para Marco Aurélio.

A nova atitude da madrasta fez com que o antigo antagonismo acabasse. O rapaz não gostava da madrasta, mas também não a tinha mais como uma inimiga, como antes.

Tendo agora uma nova rotina — o trabalho durante o dia e as noites para dormir na cela —, Marco Aurélio não ficava mais obcecado pelo calendário.

Havia passado um mês desde que Marco Aurélio estava trabalhando na delegacia quando Oswaldo perguntou a Benedita:

— Como o rapaz está indo?

Benedita era uma mulher expansiva.

— Doutor, gostaria de saber se o senhor não emprestaria o Marquinho para me ajudar em casa.

Oswaldo percebeu o quanto os dois estavam íntimos. Gargalhando, respondeu:

— O rapaz é propriedade de minha delegacia. Portanto, tire essa ideia maluca da cabeça.

Benedita riu com o comentário.

— Olha, doutor, devo confessar que no começo não gostei muito da ideia de um estranho mexendo na minha copa ou pegando na minha vassoura, mas já vou lhe adiantando: o rapaz vale ouro. Não acredito, de jeito nenhum, que ele seja um criminoso.

Oswaldo encarou Benedita com uma expressão séria:

— Também não acredito nisso, Benedita. Alguém por certo tentou incriminá-lo para se safar. Seja como for, logo a verdade virá à tona e este jovem poderá ir embora deste lugar de uma vez por todas.

— Fico triste e feliz ao mesmo tempo em saber que o Marquinho vai se livrar da acusação que pesa sobre ele. Ele não merece isso.

— Então por que você ficaria triste? — indagou o delegado, intrigado.

— Fico triste porque vou perder meu ajudante.

Oswaldo colocou a mão no ombro de Benedita num gesto de afeto.

— Ele é jovem e deve recuperar o tempo que perdeu aqui. Mas tenho certeza de que se lembrará daqui não só como um lugar de sofrimento, mas, antes, de aprendizado.

Alexandre adentrou a copa e viu Oswaldo conversando com Benedita.

— Oswaldo — chamou-o —, preciso falar com você.

Voltando-se para Benedita, o delegado completou:

— Agora tenho de trabalhar. Por favor, Benedita, deixe a garrafa de café em minha sala. Hoje não posso perder tempo. Tenho muitas coisas para resolver e não vou poder vir à copa.

Benedita assentiu.

Oswaldo e Alexandre se retiraram. Chegaram à sala do delegado e Alexandre se instalou na cadeira à frente da dele.

— Oswaldo, esta noite não consegui dormir. Fiquei pensando no enigma de Eliseu, lembra? Aquele que é o amigo espiritual de Luiza. Quanto mais penso nisso, menos entendo.

Oswaldo, que sabia muito bem do que Alexandre falava, respondeu:

— Eu também fiquei alguns dias perturbado com o enigma. Porém depois resolvi deixá-lo de lado.

Alexandre passou a mão nervosamente pelos cabelos e então comentou:

— Oswaldo, de uma coisa tenho certeza: se quisermos desvendar este mistério, devemos compreender o enigma. Agora para mim ele se tornou um desafio de inteligência e habilidade.

Oswaldo se entusiasmou com a atitude resoluta de Alexandre. Abriu a gaveta e pegou um papel onde havia algumas anotações feitas por ele.

Alexandre esperou que Oswaldo fosse dizer alguma coisa. Mas foram necessários alguns minutos, durante os quais Oswaldo se remexia na cadeira, procurando melhor posição, antes que o delegado falasse:

— Vejamos claramente o que diz esse enigma. — Ele passou a ler suas anotações: — Pensar como um assassino... Uma pessoa que tem coragem de tirar a vida de outrem para mim é uma pessoa fria, portanto, pensemos friamente no que nosso amigo quis dizer. Uma pessoa fria se aproveitaria do problema de insônia de João, permanecendo na casa até que houvesse uma ocasião propícia para levantar, cometer o assassinato e voltar a deitar, como se nada tivesse acontecido.

— Quer dizer que quem matou João estava na casa, certo?

— Claro! Você sabe como aqueles muros são altos. Além do mais, se fosse alguém de fora, não saberia se João estava deitado ou não para poder matá-lo perto da piscina. O assassino na verdade estava à espreita, observando tudo — comentou Oswaldo.

Alexandre pensou por alguns instantes antes de perguntar:

— Por que alguém do círculo de amizade de João faria isso?

— Alexandre, você mesmo me disse que João não era lá um homem muito honesto. É razoável, portanto, pensarmos que alguém, ainda que fosse do círculo de amigos de João, pudesse ter algum motivo para querê-lo morto. Além do mais, analisando o perfil psicológico de João, sabemos que ele sempre foi um homem ambicioso a ponto de pisar em tudo e em todos que cruzassem seu caminho.

O investigador ainda não havia encontrado uma resposta para tudo aquilo. Preferiu manter-se calado e ouvir o que o delegado tinha a dizer.

— Se eu tivesse de matar alguém — prosseguiu Oswaldo —, para mim seria muito mais fácil me fazer de amigo da pessoa. Uma característica interessante no assassinato de João é que o tiro acertou-o na testa. Isso nos faz deduzir que o assassino que se aproximou para matá-lo era conhecido. Se não fosse, ele teria tentado fugir e, talvez, o tiro o teria acertado nas costas.

Alexandre, entusiasmado, concordou:

— Talvez a pessoa que disparou contra João tenha agido traiçoeiramente, fazendo com que ele se sentisse tranquilo.

Os dois ignoravam que o assassino usava um capuz. Nem mesmo a vítima sabia de quem se tratava.

Oswaldo continuava com seu raciocínio:

— Quando fomos acionados, o corpo estava perto da piscina. Mas quem estava junto do corpo de João?

Alexandre começou a puxar na memória a história da morte de João desde que colocara os pés na casa pela primeira vez. Lembrou-se de que perto da vítima estavam Leila e Janete, e que já havia um lençol sobre o corpo.

— O que isso tem a ver? Não estou entendendo aonde você quer chegar.

— Meu amigo, o investigador aqui é você; estou apenas fazendo conjecturas.

Alexandre, esboçando um sorriso, despediu-se de Oswaldo dizendo que não ficaria mais uma semana sequer sem descobrir quem era o assassino de João Albuquerque.

Alexandre entrou em sua sala e, tomando em suas mãos o bloco de anotações, escreveu tudo que Oswaldo lhe dissera. Colocando a esferográfica na boca, ficou com o olhar parado, pensando que relevância teria o fato de apenas Leila e Janete estarem ao lado do corpo de João naquela manhã.

Sem conseguir, mais uma vez, chegar a nenhum lugar, lembrou-se de uma palestra que ouvira na Casa Espírita. Fora dito: "Seja o que for que peçais na prece, crede que o obtereis e concedido vos será o que pedirdes" (São Marcos, 11:24). Em seguida, o policial também recordou do comentário que Joel, um trabalhador da casa, havia feito sobre a eficácia da prece.

Com essas lembranças, o investigador concluiu que somente Deus poderia ajudá-lo a desvendar aquele crime, uma vez que o assassino realmente era muito esperto. Fez sentida prece pedindo a Deus orientação para que conseguisse chegar ao entendimento do enigma transmitido por Eliseu.

Após a prece, o investigador sentiu uma grande paz envolver-lhe todo o ser. Ficou absorvendo aquela sensação de tranquilidade, respirando fundo, quando, de repente, lhe veio uma ideia que o deixou estupefato. Gritou para si mesmo, em voz alta:

— Meu Deus, é isso! Por que não pensei nisso antes?

E continuou conjecturando para si próprio: "Ao chegar perto da piscina onde o corpo de João estava, lá se encontravam apenas Leila, a empregada, e Janete. Somente o assassino, frio como é, faria questão de lamentar o ocorrido para não levantar suspeitas. Leila estava com os olhos vermelhos de quem havia chorado muito o passamento violento do patrão. Janete, por sua vez, tinha um lenço nas mãos que, vez ou outra, levava aos olhos, mostrando quão grande era seu sentimento".

O raciocínio de Eliseu — um belo jardim com um galho seco encoberto — ia a favor dessa conclusão; tratava-se de alguém perto do corpo acima de qualquer suspeita.

Quem desconfiaria de Leila que, apesar de ser fofoqueira, era muito querida por todos na casa? E de Janete? Alexandre jamais cogitara, nem por um segundo, que ela pudesse ser o assassino.

"Até agora caminhei em círculos. Estive procurando por alguém que tivesse motivo para eliminar João, mas agora estou partindo para outro lado, ou seja, investigar alguém que esteja acima de qualquer suspeita".

Mas quando a arma fora depositada no quarto de Marco Aurélio?

Alexandre, como se estivesse montando um quebra-cabeça, lembrou-se de quando ele mesmo fora bater à porta do rapaz, e que ele o atendera com uma cara de quem tinha acabado de acordar. Por mais frio que o assassino fosse, ele não conseguiria dormir depois de atirar em João. Primeiro pelo horário em que o assassinato se dera. O Instituto Médico Legal registrara o crime por volta de cinco e meia da manhã. Por essa linha de raciocínio, Marco Aurélio seria completamente inocente.

O investigador fez um esforço de memória e todos os acontecimentos daquela manhã em que João havia sido assassinado voltaram à sua mente.

Leila, embora tivesse ido dormir tarde, depois da festa, não se mostrara sonolenta nem um minuto, da mesma forma que Janete, que havia dormido na casa de João porque, segundo ela, o marido não tinha condições de dirigir, uma vez que tinha bebido demais.

Alexandre recordou-se ainda que Marco Aurélio, ao descer para esclarecer os fatos da noite a Oswaldo, deixara a porta do quarto aberta. Sendo assim, qualquer uma das duas poderia, facilmente, entrar e depositar a arma ali sem que ninguém notasse.

Eliseu também havia declarado em seu enigma que o assassino estava sob o nariz de Alexandre. O policial constatou que nunca havia desconfiado de Leila, pois ela havia se mostrado sempre cooperativa com a polícia e com suas investigações.

Ao mesmo tempo que Alexandre desconfiava de Leila, não conseguia parar de pensar também em Janete, que contara o que sabia uma única vez, sem deixar transparecer nada que pudesse ligá-la ao caso.

Sentindo-se muito próximo de desvendar aquele quebra-cabeça, o investigador levantou-se de sua cadeira e seguiu diretamente para a sala de Oswaldo, onde passou a contar sobre alguns pontos que havia pensado enquanto estivera em sua sala.

O delegado ouvia tudo boquiaberto. Estava maravilhado com a lógica de Alexandre, que conseguira relacionar um ponto com outro. Após ouvi-lo, Oswaldo perguntou:

— E agora? Quem você acha que matou João Albuquerque de Lima: Janete ou Leila?

Mais uma vez um ponto de interrogação gigante se fez na cabeça de Alexandre. Meneando a cabeça, o investigador respondeu:

— Sinceramente não sei. Não descobri como chegar à verdadeira assassina. Está faltando algo que incrimine uma delas.

Oswaldo esboçou um sorriso vitorioso:

— É simples, meu amigo. Chame Leila e Janete para depor. Veremos como elas reagirão. Tudo vai depender de elas apresentarem ou não alguma contradição no depoimento. Só assim poderemos classificar uma delas como assassina.

Alexandre gostou da ideia do delegado. Foi até Judite e pediu que ela datilografasse uma intimação para Leila e outra para Janete.

Para não haver nenhum constrangimento, o investigador marcou horários bem diferentes para que não houvesse encontros na delegacia.

Depois de feitas as intimações, o próprio Alexandre tratou de entregá-las.

O policial se dirigiu primeiro à casa de Janete. Ao tocar a campainha, constatou que ela, rica como era, poderia perfeitamente contratar um excelente advogado criminalista. Deixou o pensamento correr enquanto aguardava que alguém viesse atendê-lo, por isso não se deu conta de que Denise, a empregada, já havia aberto o portão e o encarava.

— O que deseja, senhor?

— Sou Alexandre, investigador de polícia. Gostaria de falar com dona Janete. Ela se encontra?

Denise, com uma expressão um tanto confusa, respondeu:

— Sim. Entre, vou chamá-la.

Alexandre entrou na luxuosa sala e não deixou de observar que a esposa de Rubens realmente era uma mulher detalhista. Via-se isto em todos os detalhes da bela sala. "Essa mulher é muito detalhista. Por certo deve ter arquitetado muito bem o crime de modo que nada pudesse incriminá-la...", pensou o policial.

O investigador foi arrancado de suas reflexões ao ver entrar na sala a esposa de Rubens.

— Senhor Alexandre, o que deseja em minha casa?

Alexandre tirou um papel do envelope e o entregou a ela.

— Sei que a senhora é uma mulher ocupada, dona Janete, mas precisamos da senhora e da sua versão dos fatos para chegarmos ao assassino do empresário João, amigo da senhora e de seu marido.

Janete, com toda solicitude possível, concordou:

— Pois não. Por favor, sente-se. O que o senhor quer saber?

Alexandre pensou: "Ou essa mulher é totalmente inocente da morte de João ou é uma excelente atriz. Não me parece nervosa ou chocada com minha presença".

— Desculpe importuná-la, senhora, mas peço que vá à delegacia para alguns esclarecimentos. Se quiser, poderá levar seu advogado.

Janete deu de ombros, como se não se importasse com a presença do advogado.

— Quando deverei ir?

—Às catorze horas de hoje, dona Janete.

—Muito bem — replicou ela. — Estarei lá, mas não levarei advogado algum, pois não tenho nada a esconder.

Alexandre tinha suas dúvidas sobre a postura daquela mulher. Ela se encaixava perfeitamente no perfil de frieza do assassino de João. Mas poderia ser tão fria? Ela se mantinha firme e encarava o policial nos olhos o tempo todo.

Assim que entregou a intimação, Alexandre pediu licença e se retirou dizendo que tinha ainda muito trabalho para aquele dia. Pegando seu bloco de anotações, considerou o comportamento de Janete inocente, riscando seu nome da lista de suspeitos. Depois o policial circulou o nome de Leila.

Após a impressão que Janete havia passado, não havia dúvidas de que a assassina de João era Leila, a empregada.

Ao seguir para a mansão dos Albuquerque de Lima, pensou com sofreguidão: "Por mim, nunca mais entraria naquela casa, só para não ter de olhar para aquela mulher esnobe. Mas fazer o quê? Tenho de ir em frente; trata-se de meu trabalho".

Mais uma vez, ao chegar à casa, avistou Jair. Este, assim que viu o amigo, aproximou-se.

— Bom dia. Você por aqui?

— Infelizmente sim. Se pudesse, nunca mais colocaria meus pés nesta casa!

Jair riu do comentário do amigo enquanto abria o portão.

Assim que Alexandre se aproximou da porta da antessala, já sabia o que o aguardava: o mordomo Jonas, que para ele era tão insuportável quanto a dona da casa, o atenderia. Mas, para sua surpresa, desta vez a resposta dele seria diferente:

— Se o senhor venho visitar dona Kim, receio que ela não possa recebê-lo. Ela não se encontra em casa.

Lembrando-se dos ensinamentos de amar ao próximo que havia aprendido na Casa Espírita, o policial respondeu, esforçando-se para manter a calma:

— Não estou à procura de dona Kim. Quero falar com Leila. Por favor, você pode chamá-la?

O mordomo pediu que Alexandre aguardasse ali, sumindo no interior daquela grande casa.

O investigador, enquanto aguardava a chegada da empregada, não se sentia bem. Para ele, a atmosfera daquela casa guardava em suas paredes o semblante do assassino de João Albuquerque.

Após alguns minutos, Leila, pálida como cera, entrou na antessala. Vendo-a tão nervosa, Alexandre procurou descontraí-la.

— Obrigado por ter atendido a meu pedido, Leila. Não vai me mandar sentar?

A mulher tremia diante de tão inusitada surpresa. Rapidamente, convidou:

— Por favor, sente-se.

Alexandre sentou-se tranquilamente e, em seguida, encarou Leila, que esfregava uma mão na outra em evidente sinal de nervosismo.

— Vou direto ao assunto, Leila. Estou lhe trazendo uma intimação para que compareça à delegacia ainda hoje.

Leila passou da palidez de cera a um rubor que tingiu completamente suas faces.

— Por que tenho de ir à delegacia? Tudo que tinha a dizer eu já lhes disse na ocasião da morte do doutor João.

— Acalme-se. Estamos intimando todos os que estiveram na casa naquela manhã.

Leila sequer tentou dissimular seu nervosismo. Quase gritando, proferiu:

— Eu sabia! Eu sabia que isso iria cair sobre mim. É sempre assim que a corda quebra... Sempre do lado mais fraco. Neste caso, o lado mais fraco sou eu!

— Calma, Leila. Não estamos aqui para prendê-la ou acusá-la de alguma coisa. Fazemos apenas nossa parte a fim de descobrirmos quem realmente é o assassino de João. Nós da polícia acreditamos que tenha sido o próprio filho dele.

Chegando a seu limite, Leila desabafou:

— Honestamente não sei quem é esse desgraçado que virou tudo de cabeça para baixo nesta casa! Se soubesse, juro que o teria entregado à polícia.

— Fique tranquila. Estamos só reunindo fatos. Você não é a única que deverá prestar declarações para a polícia. Eis aqui sua intimação.

Leila, pegando o papel que Alexandre lhe estendia, viu o horário em que deveria comparecer perante o delegado Oswaldo: dezessete horas daquele mesmo dia.

Para Alexandre, não havia dúvidas de que fora Leila quem havia assassinado João. Agora era preciso bastante tato para fazê-la confessar os motivos que a tinham levado a fazer isso.

Alexandre se despediu dizendo que já estava na hora do almoço e que deveria chegar em casa a tempo.

Ignorando por completo a simpatia forçada do investigador, Leila sequer se despediu, ficando parada, imóvel, enquanto o investigador se retirava fechando a porta atrás de si.

Leila não conseguia ler a intimação tal era o estado de seus nervos. Ela aguardou o policial se retirar para que pudesse deixar as lágrimas escorrerem pelas faces.

Jonas, assim que viu o investigador partir, voltou à sala e encontrou Leila chorando com a intimação nas mãos. Como o mordomo tinha certa liberdade com ela, indagou:

— O que ele queria?

Absorta em pensamentos, a empregada respondeu:

— Ele veio me trazer esta intimação. Pediu que eu vá à delegacia depor.

Jonas, que não simpatizava de maneira alguma com Alexandre, tentou acalmar a colega de trabalho.

— Não se preocupe. Talvez seja para efeito de esclarecimentos, nada mais que isso.

— Não sei não, Jonas. Sabe como é... Quando se é pobre, eles sempre acabam descobrindo provas que venham a incriminar a pessoa.

Jonas não entendia o porquê do medo de Leila.

— Leila, seja sincera: você tem alguma coisa a ver com a morte do patrão?

— Claro que não! O problema é que sou pobre. Você vai ver... A corda sempre acaba quebrando do lado mais fraco.

— Aquiete-se, mulher! Vá ver com calma o que esse investigador quer com você. Acho que está sofrendo à toa.

Leila voltou ao trabalho, ainda que preocupada. Em pouco tempo Kim voltaria e, se ela ainda estivesse na arrumação dos quartos, ela poderia se zangar.

Embora Leila procurasse se entreter com o trabalho, não conseguia se livrar do nervosismo.

Com uma ansiedade que a angustiava, aguardou o horário para que pudesse se ver livre daquele fardo que caíra sobre ela.

Quando a máscara cai

Alexandre refletia sobre o desespero de Leila. Fez algumas anotações a respeito antes de sair de sua casa.

O investigador não voltara à delegacia. Estava quase na hora do almoço, por isso se encaminhou para a própria casa. Encontrou Luiza colocando a mesa.

— Querida, o almoço está pronto? Não posso me demorar hoje. Sinto que estou chegando ao final das investigações.

Luiza se lembrou então de que havia algo muito importante para contar ao marido.

— Querido, esta noite recebi novamente a visita de Eliseu.

Remexendo-se na cadeira com ansiedade, Alexandre indagou:

— Ele disse alguma coisa sobre o caso?

Esboçando um sorriso, Maria Luiza contou:

— Sim. Ele disse que nem tudo que reluz é ouro; que nem tudo que parece realmente o é.

Estava ali um novo enigma que Alexandre não conseguia entender. Procurou não esquentar a cabeça com aquilo para poder almoçar em paz.

Após o almoço, Alexandre partiu rumo ao trabalho. Enquanto dirigia a viatura, ficou refletindo sobre as palavras de Eliseu: "Nem tudo que reluz é ouro; nem tudo que parece é". Mediante esses novos esclarecimentos, não foi difícil que pensasse que não era Leila a assassina de João.

Ao chegar à delegacia, aguardou Oswaldo, que também tinha saído para o almoço. Como ele estava demorando, o investigador achou melhor conversar um pouco com Marco Aurélio.

Quando chegou à copa, Marco Aurélio lavava alguns copos que estavam sujos.

— Será que o copeiro poderá me servir um cafezinho? — brincou o policial.

Marco Aurélio, sorrindo da brincadeira, pegou uma xícara e, abrindo uma garrafa térmica, despejou nela o café.

Alexandre saboreou calmamente o café.

— O que faz sozinho na copa? Onde está Walter?

O moço, sem jeito, respondeu:

— Estou sozinho porque Walter confia em mim e sabe que não farei nenhuma besteira.

— É muito bom quando as pessoas a nosso redor confiam em nós, não é verdade? — comentou o investigador.

Marco Aurélio sorriu sem nada dizer.

— Marco Aurélio — pediu o investigador —, seja sincero comigo: na manhã em que foi encontrado o corpo de seu pai, você não havia saído mesmo do quarto, não é?

O jovem olhou para o investigador surpreso:

— O que está querendo dizer com isso? Acaso acha que sou o assassino de meu próprio pai?

Alexandre, meio constrangido, tentou remediar a situação:

— Não é nada disso. O que queria perguntar é se você ouviu algum movimento estranho na casa antes de descobrirem o corpo de seu pai perto da piscina.

— Não. Só ouvi um estampido. Mas, como pensei se tratar de alguém que ainda estivesse brincando com a arma, não dei muita importância ao fato.

Alexandre conhecia a versão de Marco Aurélio.

— Leila sabia que no seu quarto havia um espaço livre, não é mesmo?

— Sim. Ela sempre guardou minhas roupas.

— Havia mais alguém que conhecia seu quarto?

— Todos conheciam meu quarto, até mesmo meu guarda-roupa. Jonas, Janete...

Ao ouvir aquele nome, Alexandre deu um salto.

— Como Janete poderia conhecer seu guarda-roupa? Ela não era uma visita em sua casa?

— Era. Mas nas várias vezes em que visitou minha madrasta ela ajudava Leila a guardar as roupas no armário.

Alexandre coçou o queixo onde sua barba estava despontando. Com curiosidade, perguntou ao rapaz:

— Ela e Rubens estavam dormindo na sua casa naquela noite. Você sabe por que eles não foram embora?

O rapaz deu de ombros.

— Não sei. Quando fui dormir havia ainda uma boa parte dos convidados em casa.

Não se dando por satisfeito, o policial indagou:

— Você poderia me ajudar a entender a que horas o assassino teria possibilidade de ter colocado a arma em seu quarto. Isso é que eu queria entender...

O rapaz olhou para o investigador com seriedade.

— Já pensei nisso muitas vezes. Só consigo chegar a uma conclusão: foi quando estava com você e o delegado Oswaldo na biblioteca. Antes disso seria impossível. Não saí do meu quarto naquela madrugada.

Alexandre esboçou um sorriso. Marco Aurélio era mesmo astuto. Havia chegado à mesma conclusão que a polícia. Perguntou à queima-roupa ao rapaz:

— Há quanto tempo você conhece Leila?

Marco Aurélio ignorava a intenção do investigador com aquelas perguntas. Respondeu honestamente:

— Há quase oito anos. Por quê?

— Por nada — retrucou o policial. — É que estive pensando que talvez o nosso assassino seja uma mulher.

— Por que você diz isso? Não acredito que tenha sido Leila... Ela é uma empregada de confiança. Ademais, sempre gostou muito de meu pai e não teria motivos para matá-lo.

Querendo ser mais direto, Alexandre prosseguiu:

— Você algum dia percebeu se seu pai e Leila tiveram alguma coisa?

Marco Aurélio desatou num riso espontâneo.

— De maneira alguma. Meu pai sempre foi um homem arrogante. Ele me aconselhava a me envolver com uma moça de nossa classe social. Além do mais, meu pai nunca ficou a sós com Leila, não que eu me lembre, e, você sabe, ele era apaixonado por Kim.

— Você acha que Leila teria algum motivo para eliminar seu pai?

— Não que eu saiba. Meu pai sempre tratou os empregados a certa distância. Ele não permitia sequer que ficassem por perto na hora do jantar quando estava em casa.

— Está bem — Alexandre encerrou a conversa. — Vou para minha sala. Se vir Oswaldo, diga-lhe que preciso falar com ele.

Marco Aurélio assentiu.

Alexandre se retirou da copa e seguiu para sua sala a fim de ler novamente as informações que tanto Janete como Leila haviam fornecido na primeira vez que fizeram declarações à polícia. Estava quase terminando de ler os depoimentos quando ouviu a porta se abrir. Era Oswaldo. O investigador aproveitou a presença do delegado para atualizá-lo quanto às informações sobre Janete e Leila conhecerem o espaço vazio do guarda-roupa de Marco Aurélio e sobre o último enigma de Eliseu.

— Depois de tudo que me contou, quem você acha que matou João?

Alexandre sem pestanejar respondeu:

— Para mim não há dúvidas de que foi Leila. Se visse como ela estava nervosa, não duvidaria também.

— Você está esquecendo de um detalhe, meu amigo — advertiu o delegado. — Eliseu não disse que nem tudo que reluz é ouro e que nem tudo que parece ser, é? Talvez esteja enganado. Você se deixou levar pelas aparências. Enquanto uma demonstrou flagrante desespero ao vê-lo, a outra se mostrou indiferente. O que tenho a lhe dizer, Alexandre, é que você é um excelente investigador, mas por vezes se deixa levar pelas evidências, e não pela razão. Você não acha estranho o fato de Janete se mostrar fria a ponto de até mesmo recusar um advogado? Tal frieza é característica dos grandes assassinos.

Alexandre não pôde deixar de concordar com Oswaldo. Ele havia se deixado levar pelo desespero de Leila e esquecera de analisar que Janete talvez fosse uma mulher fria.

Oswaldo considerou:

— Pelo que acabou de me relatar, Janete é uma mulher fria. Talvez tivesse, sim, coragem suficiente para atirar em João e voltar tranquilamente ao quarto.

Judite os interrompeu naquele momento.

— A senhora Janete, esposa do doutor Rubens, acabou de chegar. Posso mandá-la entrar?

— Por favor, diga a ela que espere um pouco.

Judite se retirou enquanto o delegado apertava o nó da gravata e arrumava a camisa por dentro da calça.

Alexandre, querendo brincar com o delegado, perguntou:

— Você vai interrogá-la ou paquerá-la?

Oswaldo, cenho franzido, retrucou rispidamente:

— Não estou aqui para paquerar ninguém! Só não gosto de me mostrar um delegado relapso a quem ela não dê importância.

Após cinco minutos Oswaldo pediu a Alexandre que chamasse a mulher, que os aguardava no corredor. Pouco tempo depois, Janete entrava na sala do delegado com sua habitual elegância e meiguice.

Alexandre ainda não conseguia acreditar que aquela mulher tivesse cometido um assassinato. Mostrou-lhe a cadeira para que se sentasse e ficou ao lado de Oswaldo. Esperou que ela cumprimentasse o delegado para, somente depois, dar início ao interrogatório.

Janete sentou-se tranquilamente e conseguiu manter o olhar fixo nos olhos do delegado e de Alexandre enquanto eles faziam as perguntas.

Com sua educação habitual, Oswaldo agradeceu:

— Obrigado, dona Janete, por ter atendido a um pedido meu.

Janete, sem devolver as palavras educadas, retrucou:

— Quero saber se isso vai demorar muito. Tenho coisas a fazer. Há uma campanha beneficente e devo estar lá às dezesseis horas.

— Não se preocupe, será rápido — respondeu o investigador.

— Gostaria que a senhora nos ajudasse com algumas informações — completou Oswaldo, que não havia aprovado a petulância da mulher.

— Muito bem. O que querem saber? Já disse tudo que sabia naquela manhã na casa de João.

— A senhora dormiu na casa da vítima naquela madrugada?

— Sim.

— Por quê? — indagou Oswaldo.

— Porque Rubens havia bebido demais e não tinha condições de dirigir.

— A senhora não ouviu o estampido da bala lá pelas cinco e meia da madrugada?

— Não. Havia tomado algumas taças de champanhe e acabei por adormecer sem nem mesmo tirar a roupa.

Alexandre perguntou repentinamente:

— A senhora tinha algo contra João?

— Particularmente não. Só o achava ambicioso demais, e isso estava interferindo no comportamento do meu marido.

Oswaldo estava achando Janete muito objetiva. Continuou, com Alexandre, a lhe fazer perguntas cujo conteúdo o escrivão registrava sem levantar a cabeça, só fazendo menção de erguê-la quando a folha de papel chegava ao fim.

Alexandre notou que Janete não engasgava ou ficava insegura em nenhum momento. Então resolveu pressioná-la:

— Seu marido sempre foi fiel?

Janete, achando aquela pergunta um disparate, respondeu com grosseria:

— O que tem meu marido a ver com a morte do seu sócio?

Oswaldo, que sempre fora conciliador, procurou contornar a situação.

— Meu investigador é uma raposa. Peço que não leve em consideração certo tipo de pergunta que ele fizer.

Janete não queria envolver Rubens naquele assunto.

— Pelo que sei, estou aqui para lhes fornecer informações que possam ser úteis na investigação da morte do sócio do meu marido, e não para responder perguntas íntimas sobre meu marido e eu.

Alexandre ficou intrigado. Apesar de ter uma aparência de pessoa meiga, aquela mulher guardava um mistério.

— Entendo que a senhora não queira falar sobre o seu marido — contemporizou o investigador. — Mas quero que conte tudo o que a senhora presenciou naquela fatídica manhã na casa de João.

Janete passou a relatar a sua versão dos fatos. Porém, enquanto falava ou respondia a alguma pergunta, tanto Oswaldo como Alexandre notaram que havia determinadas contradições em relação ao primeiro interrogatório.

Em certo momento, Alexandre disse que não tinha mais nenhuma pergunta a fazer. Oswaldo disse o mesmo, despachando sutilmente a mulher de sua sala.

O investigador esperou pacientemente que Janete saísse. Depois, rapidamente foi à sua sala pegar o primeiro interrogatório de Janete para comparar com o segundo. Os dois homens observaram algumas discrepâncias entre o primeiro e o segundo interrogatório.

— Ela está mentindo — concluiu Alexandre.

Oswaldo, como era mais comedido, aconselhou:

— Não vamos ser precipitados. Não devemos nos adiantar diante dos fatos. Precisamos agora ouvir a declaração de Leila. Só assim saberemos quem é a assassina. Então teremos outro ponto com que nos preocupar: como faremos para fazer a culpada confessar?

Depois daquele interrogatório, Alexandre mudara de ideia. Para ele, Janete era a culpada.

Após certo tempo, Judite abriu a porta da sala do investigador e anunciou:

— A empregada do empresário morto está aí fora esperando a sua vez de ser interrogada.

Alexandre diligentemente se levantou e foi à sala de Oswaldo, encontrando com Leila no corredor, quase em frente da sala do delegado.

— Já são quase cinco horas da tarde. Vamos interrogá-la para sabermos finalmente quem está mentindo.

— Mande-a entrar.

Alexandre saiu até a porta e pediu que Leila entrasse.

Os dois homens perceberam que a empregada estava à beira de uma crise de nervos. Pediram a ela que se acalmasse, pois fariam as perguntas de praxe, tão-somente com o intuito de entender alguns pontos relevantes que haviam sido deixados de lado na primeira ocasião.

Leila sentou-se e procurou a todo custo se controlar. A princípio ela estava verdadeiramente temerosa mas, aos poucos, o temor foi passando, de modo que ela conseguiu responder às perguntas de maneira satisfatória.

Quando Leila deixou a delegacia com um aspecto bastante tranquilo, Oswaldo disse a Alexandre:

— Acho que descobrimos quem é a assassina de João.

Alexandre respondeu pausadamente:

— Janete!

— Sim, meu amigo. Para mim, foi ela. Agora precisamos descobrir por que ela fez isso. E também como poderemos ajuntar provas contra ela a fim de que possamos prendê-la.

Alexandre ficou confuso de novo. Eles haviam descoberto a verdade graças ao enigma de Eliseu, porém, como provar que realmente fora Janete que matara João?

— Como faremos para ela confessar é outra história — expressou o investigador. — Precisaremos que Eliseu nos ajude a arranjar provas cabíveis contra Janete para darmos esse caso por encerrado.

Para Oswaldo, a descoberta havia sido um grande feito.

Alexandre estava esgotado mentalmente, portanto, disse ao delegado que iria embora descansar. Não via a hora de chegar em casa. Somente na paz de seu lar poderia arquitetar um plano para prender Janete, esposa de Rubens.

Os dois homens deixaram a delegacia tomando lados opostos, cada qual em seu carro.

⟨∾9⟩

Quando Alexandre chegou em casa, Maria Luiza contava uma história para Humberto.

— Já em casa, Alexandre? Aconteceu alguma coisa?

— Sim. Descobrimos quem foi a autora do assassinato de João Albuquerque de Lima.

Luiza, mal podendo acreditar, perguntou:

— O quê? Você está dizendo que quem matou João foi uma mulher?

— Sim. Uma pessoa que estava acima de qualquer suspeita. Eliseu tinha razão ao dizer que se tratava de um galho seco em meio a um belo jardim, pois Janete é uma mulher que está sempre envolvida em obras assistenciais. É uma mulher calma que sempre pareceu bastante sensata.

— Agora entendo o que Eliseu disse na noite de ontem — replicou Luiza. — Nem tudo que reluz é ouro... Talvez você estivesse suspeitando de uma pessoa mas, na verdade, a criminosa era outra.

— Querida, você não imagina o quanto Eliseu me ajudou neste caso. Agora vou para o quarto; quero ficar sozinha. Preciso fazer uma prece de agradecimento e pedir a Deus que também me ilumine para que eu arranje uma maneira de fazê-la confessar.

Alexandre, cansado, entrou no quarto e fechou a porta. Naquela noite, depois de terminar o jantar, entrou no quarto e viu o marido dormindo. Sem querer acordá-lo, deu meia-volta e saiu silenciosamente, retornando à cozinha para alimentar Humberto, que reclamava de fome.

Após quarenta minutos, Luiza estava com o pequeno Humberto dormindo no sofá quando o marido se levantou e disse que estava com fome.

— Eu também estou com fome — respondeu ela. — Estava aguardando você para jantar.

— Por que não jantou ainda?

— Você sabe que gosto de fazer minhas refeições a seu lado, Alexandre.

O policial sorriu e beijou a esposa.

— Tive um sonho estranho. Sonhei que entrava na casa de Janete e descobria uma máscara preta, que deixava à mostra somente os olhos. A máscara estava em uma caixa de panos numa caixa, ao lado de uma máquina de costura. Acho que esse caso está mexendo com minha cabeça! Não vejo a hora de isso tudo terminar para que eu possa chegar em casa e descansar em paz.

— Querido, você, melhor que ninguém, sabe que, no momento do sono, nosso espírito se livra da matéria e sai do corpo. Muitas vezes ele vai em busca de informações que estão no passado, ou até mesmo no futuro. Se sonhou com essa máscara, ela deve ser a chave para incriminar essa mulher que exibe uma fachada de boa senhora perante a sociedade, mas que tem um coração negro. Se quer essa prova, terá de vasculhar as coisas dessa mulher. Talvez nem mesmo o próprio João tenha visto o rosto de seu assassino.

Alexandre empertigou-se na cadeira, sentindo-se arrepiado.

— Vou à casa de Oswaldo. Preciso falar com ele.

— Ora, Alexandre, por que não deixa para amanhã?

— Querida, não se deve deixar para amanhã o que pode ser feito hoje. Preciso conversar com Oswaldo. Não me espere para jantar; não sei a que horas voltarei.

— Está bem. Se seu coração está pedindo para fazer isso, faça — disse Maria Luiza.

Alexandre voltou ao quarto e se arrumou em menos de quinze minutos. Partiu em seguida.

Ao chegar em frente da casa de Oswaldo, encontrou-o sentado na varanda, pensando na vida. Vendo o investigador diante de seu portão, Oswaldo inquiriu:

— O que aconteceu? Brigou com Luiza?

Rindo, Alexandre respondeu:

— De maneira alguma. Não tenho motivos para brigar com minha esposa. Ela é um verdadeiro anjo.

Oswaldo mostrou ao lado da dele uma cadeira de vime vazia, convidando o policial a se sentar.

Alexandre, assim que se acomodou, relatou o que havia sonhado e também o que aquilo significava no momento do sono à luz da doutrina espírita.

Oswaldo, com cenho fechado, falou:

— Alexandre, se essa máscara existe, devemos ir atrás dela. Ela deve ser a úndica prova material do crime praticado por Janete.

— Mas como poderemos entrar na casa de Janete para procurar essa prova? Sei que está dentro de uma caixa com panos, ao lado de uma máquina de costura.

Oswaldo ficou quieto por alguns instantes. Depois decidiu:

— A única coisa que nos resta a fazer é mandar outra intimação para Janete e colocá-la na parede. Ela não me parece forte o suficiente para aguentar uma pressão.

— Certo, teremos de fazer isso. Mas precisaremos articular o que vamos dizer à mulher, que certamente não comparecerá acompanhada de seu advogado, mantendo-se firme a seu propósito inicial de não ter nada a esconder.

Alexandre então repassou todas as peças do quebra-cabeça que tinham em mãos, juntando por fim a prova do crime: a máscara preta.

Alexandre e Oswaldo ficaram conversando na varanda. A esposa de Oswaldo estava viajando. Sozinhos, podiam conversar livremente.

Os planos foram fluindo tranquilamente, de maneira que tudo ficou esquematizado para o dia seguinte.

Alexandre se despediu e foi para casa. Ao chegar, encontrou a esposa dormindo.

Naquela noite, Alexandre fez sentida prece em agradecimento por ter tido tanta ajuda de Eliseu para desvendar aquele caso.

No dia seguinte, Alexandre levantou-se e encontrou Luiza terminando de arrumar o café da manhã. O policial tomou o café com a esposa dizendo que, pela falta do jantar, estava faminto.

Luiza perguntou:

— Você está indo mais cedo por que, Alexandre?

— Ontem Oswaldo e eu ficamos até tarde traçando um plano para pegarmos a raposa.

Maria Luiza sorriu ao ver o marido tão bem-disposto.

Alexandre se despediu e saiu em direção à delegacia. Ao chegar ao trabalho, o delegado já o aguardava, algo bastante raro de acontecer.

Alexandre trancou-se na sala com Oswaldo e lá terminaram de traçar os planos.

O delegado sentia-se feliz naquela manhã. Para ele, era muito dolorido ver um rapaz bom como Marco Aurélio preso por um crime que não cometera.

Depois das duas da tarde, Alexandre saiu da sala do delegado e pediu a Judite que providenciasse uma intimação para Janete.

Em cerca de meia hora Judite chegou com a intimação pronta, entregando-a a Alexandre.

Alexandre sentiu que ele mesmo deveria entregar a intimação. Sendo assim, não se intimidou pelo fato de Janete ser uma mulher da sociedade.

Ao chegar à casa, novamente tocou a campainha. Quem atendeu foi Denise.

Ao ver a empregada, Alexandre perguntou educadamente:

— Bom dia. A senhora Janete está?

— Sim. Um momento que vou chamá-la.

Percebendo que Denise já se preparava para se retirar, interrompeu-a perguntando:

— Diga-me uma coisa: sua patroa tem máquina de costura?

Sem entender o porquê da pergunta, Denise respondeu:

— Tem sim. Por que o senhor pergunta?

Alexandre rapidamente lançou mão de uma desculpa.

— Vejo que em todas as casas sempre há uma máquina de costura. Olhando para esta casa, tão luxuosa, me veio isso à mente agora.

Denise franziu o cenho, sem compreender.

— O senhor é muito estranho — confessou ela.

Alexandre esboçou um sorriso contido diante daquele comentário. Aguardou que Janete o mandasse entrar.

Denise voltou ao portão.

— A senhora Janete vai sair daqui a pouco. O senhor pode entrar, mas, por favor, seja breve.

Alexandre ignorou o comentário da empregada. Assim que entrou na mesma sala que no dia anterior, ficou esperando que a mulher aparecesse. Janete só veio ter com ele após cinco minutos.

Alexandre entregou novamente a intimação.

— Desculpe se a incomodo, senhora. Infelizmente ontem a senhora saiu antes mesmo de concluirmos o depoimento. Peço que a senhora se dirija à delegacia agora mesmo.

— Agora? De maneira alguma! Você não imagina como é humilhante para mim entrar numa delegacia para depor.

— Entendo, senhora. Porém, tenho certeza de que esta será a última vez que a senhora irá à delegacia.

Janete notou que o investigador parecia bem mais educado que no dia anterior. Cogitou que, talvez, o delegado quisesse lhe pedir desculpas.

— Está bem — respondeu. — Se for assim, irei agora mesmo. Mas não vou com o senhor; vou com meu motorista.

Alexandre assentiu.

Em pouco tempo, o carro de Rubens saía portão afora. O motorista seguiu para a delegacia e Alexandre o seguiu com a viatura.

Assim que Janete chegou, Oswaldo, educadamente, pediu que ela se sentasse. Os dois policiais haviam decidido dar um tiro no escuro, cujas possibilidades de acertos e erros eram iguais.

Oswaldo ofereceu café a Janete, que recusou polidamente.

Alexandre deu início ao interrogatório.

— Estamos aqui para lhe dizer que descobrimos tudo. Não adianta a senhora negar, pois tudo foi devidamente esclarecido.

Janete ia do rubor à palidez com a mesma rapidez.

— Descobriu tudo o quê? Eu não fiz nada!

— Dona Janete, descobrimos que foi a senhora quem atirou no empresário João Albuquerque de Lima em dezembro de mil novecentos e sessenta e três, às cinco e meia da manhã.

Janete mal acreditava no que ouvia. Em tom colérico, retrucou:

— Vocês só podem estar loucos! Eu seria incapaz de matar alguém, ainda mais o sócio de meu marido.

— Descobrimos que a senhora colocou uma máscara no rosto para impedir que João a visse. Isso deu certo, é evidente, porém, naquele momento, a senhora não estava sozinha. Há uma testemunha que a viu atirar no sócio de seu marido. Essa testemunha nos disse também que a senhora sequer tremeu diante da vítima, mostrando uma frieza incalculável. A vítima andava perto da piscina devido a seu problema de insônia; algo, é claro, que a senhora sabia. Se continuar a negar, sua situação só se complicará perante a justiça. A testemunha vai depor em juízo. Sendo assim, tudo que a senhora disser neste exato momento que não corresponder à verdade dos fatos vai prejudicá-la posteriormente.

Senhora de si no dia anterior, Janete, naquele momento, sentia-se completamente desprotegida.

— Quero a presença de meu advogado.

— A senhora poderá chamá-lo, mas uma afirmação feita sem o advogado tem mais valor perante o juiz.

Janete olhou para o aparelho telefônico preto que estava na mesa de Oswaldo.

— Na verdade, eu matei João — confessou ela. — Eu não queria matá-lo; apenas assustá-lo. Porém os tiros foram fatais.

— Como a senhora queria só assustá-lo sendo que atirou duas vezes na vítima?

— A primeira vez eu atirei; na segunda, o revólver disparou.

—- Mas por que a máscara? — perguntou Oswaldo.

Janete estava em prantos.

— Eu não queria que João soubesse que eu era a autora dos tiros. Peguei o revólver de Rubens, pois na ocasião eu estava com ódio dele e de Kim, aquela adúltera desavergonhada. Queria matar João, porém queria que a culpa recaísse sobre Kim. Eu sabia do romance dela com meu marido. Se eu conseguisse colocá-la atrás das grades, meu marido a abandonaria. Sempre fui amiga dela, mas ela me traiu mantendo um caso com meu marido, fazendo que ele mudasse comigo. Ele havia se tornado um homem distraído, alguém que não prestava a mínima atenção em mim.

— Onde estava o marido da senhora no momento do assassinato? — quis saber o delegado.

— Estava se deleitando com aquela desqualificada! Como eu já tinha tudo planejado e conhecia também o problema de insônia de João, comecei a dar champanhe a meu marido a fim de fazê-lo ficar atordoado. Assim que a brincadeira de tiro ao alvo terminou, Rubens deitou-se no sofá da sala de estar. Então foi fácil me aproximar dele e pegar as chaves do carro que estavam em seu bolso. Eu havia deixado roupas com a máscara no porta-malas do carro. Enquanto todos se divertiam com o tiro ao alvo, deixei a pequena bolsa na biblioteca, sob a mesa. Quando Rubens acordou, disse-lhe que não estava em condições de dirigir. Foi fácil convencê-lo a dormir na casa do sócio. Enquanto João fazia seu discurso, eu peguei o revólver de Rubens, que estava sobre a mesa com as outras armas e o coloquei disfarçadamente em minha bolsa. Depois de uns dez minutos, voltei à biblioteca e o coloquei com a roupa que já estava lá.

— Que roupa é esta? — indagou Alexandre.

— Um *smoking* que não serve mais em Rubens, já que ele engordou nos últimos anos. Se acontecesse de João se livrar da morte, ele jamais iria desconfiar de que fosse uma mulher. Acharia que tinha sido um homem.

— Então a senhora não tinha intenção de matá-lo, não é verdade?

Entre lágrimas, Janete afirmou:

— A princípio não, mas depois... João soubera naquela semana que estava ocorrendo um desfalque. Ele iria descobrir logo que quem cometia esse deslize era Rubens. Na terça-feira antes da festa, Rubens havia me falado que João ficara sabendo sobre o desfalque e, sendo assim, ele poderia entregá-lo à polícia. Foi então que planejei o assassinato, assim mataria dois coelhos com uma única cajadada: tiraria Kim do meu caminho e livraria meu marido da prisão. Foi por esses dois motivos que sujei minhas mãos de sangue. Se cometi uma imprudência, foi por amor, só por amor. Não consigo imaginar minha vida sem Rubens. Agora que descobriram o que aconteceu naquela noite, saibam que prefiro morrer a ficar sem meu marido. — E, ao dizer isso, Janete voltou a chorar copiosamente.

Indignado com aquela atitude, Alexandre prosseguiu com as perguntas:

— Como a senhora fez para colocar a arma no quarto de Marco Aurélio?

— Quando vocês o chamaram para dar esclarecimentos na biblioteca, todos estavam confusos com a morte e, principalmente, com o fato de haver polícia na casa. Aproveitando essa confusão, peguei a arma, enrolei-a em um pano e a coloquei num canto do guarda-roupa.

— E a senhora não se condoeu nem um pouco ao pensar que um inocente estava preso por um crime que a senhora cometeu?

Janete, como que tomada por grande crueldade, explicou friamente:

— Não. Foi intencional. João estava morto e o filho, preso. Rubens ficaria com a maior parte dos negócios, uma vez que Kim nada entende sobre como administrar uma rede de hotelaria.

Oswaldo chegou à conclusão de que suas conjecturas estavam corretas quanto ao perfil do assassino: Janete se mostrava uma mulher fria e calculista.

Enquanto Janete ia dando seu depoimento, o escrivão registrava cada palavra, uma a uma. Logo que o depoimento terminou Oswaldo entregou a confissão por escrito para que Janete a assinasse.

Alexandre, sentindo por fim pena daquela mulher, recomendou:

— Agora acho melhor a senhora chamar seu advogado.

Enquanto Janete esperava o advogado, Alexandre chamou Walter para que a levasse à sua sala e mandou que a vigiasse, pois aquela mulher seria capaz de qualquer coisa.

Assim que Walter e Janete saíram da sala do delegado, Alexandre, boquiaberto, desabafou:

— Não consigo entender como uma pessoa pode se complicar dessa maneira em nome do amor.

— Essa mulher é digna de pena — comentou Oswaldo. — Enquanto ela julgava amar o marido, passou sobre todos os limites. Só uma mente doentia seria capaz de planejar tudo nos mínimos detalhes.

— De fato. Ela é doente; não há outra explicação.

Depois de vinte minutos, o advogado e Rubens entraram na delegacia. Depararam com Janete chorando, encolhida a um canto da sala de Alexandre.

Rubens, ao ver o desespero da esposa, tentava acalmá-la, mas, quanto mais tentava, mais ela chorava.

Oswaldo deu por encerrada a investigação e entrou com a petição de soltura de Marco Aurélio, que foi atendida prontamente.

Janete teve sua prisão preventiva decretada. Enquanto isso, Rubens contratava os melhores advogados criminalistas do Rio de Janeiro e São Paulo para representar sua esposa.

Marco Aurélio, tão logo obteve a notícia de que fora descoberto o verdadeiro assassino de seu pai, ajoelhou e agradeceu a Deus, pois ele cogitava nunca mais sair daquela cela.

O delegado ficou penalizado com a situação de Janete. Decidiu que só iria agir contra Rubens se, porventura, Kim desse queixa do desfalque sofrido. Dessa maneira, o marido teria mais tempo para ajudar a esposa.

Desfechos

Enquanto o caso da morte de João estava solucionado, os nomes de que Jair precisava para desbaratar a quadrilha que ainda agia nos Estados Unidos não tinham aparecido.

Na primeira terça-feira após o desfecho do caso de João, Jair chegou ao apartamento do amigo e qual não foi sua surpresa ao deparar com Marco Aurélio, que estava lá esperando o evangelho começar.

Jair olhou para o rapaz e o cumprimentou com seu jeito discreto habitual. Alexandre foi quem interveio em favor do rapaz.

— Jair, não quero que fique magoado porque Marco Aurélio fará companhia a nós às terças-feiras no evangelho no lar. Por certo ele também quer compreender melhor as causas das aflições; aliás, esse é o tema de hoje.

— Não estou magoado — respondeu Jair. — Pelo contrário, fico feliz por vê-lo em nosso meio. A verdade é uma só: sinto vergonha por ter me omitido em dizer a verdade a João quando ele me perguntou sobre a conduta moral de Kim.

Marco Aurélio fitou Jair e respondeu com certa doçura na voz:

— Não se preocupe com isso agora, Jair. Se tivesse falado a verdade a meu pai naquele dia, e ele tivesse deixado Kim, eu teria me sentido ainda mais sozinho nos últimos meses. Se não fosse por ela, teria ficado com minhas roupas sujas na prisão, uma vez que eu estava lá somente com duas mudas de roupas. Você me fez um bem enorme quando negou conhecer o relacionamento de minha madrasta com Rubens. Ele teria morrido da mesma forma e, quanto a mim, estaria sozinho hoje. Vamos iniciar agora uma nova fase, onde não há mais o monstro da suspeita nos rondando. Procuremos esquecer o que passou e façamos nosso melhor agora.

Jair sorriu para Marco Aurélio, estendendo-lhe a mão.

— Muito obrigado — agradeceu o jardineiro-agente.

Jair se descontraiu com Humberto, que, ao vê-lo, pulou ruidosamente em seu colo. Depois que o alarido do filho ficou mais calmo, Jair voltou a falar:

— Alexandre, você é feliz. Conseguiu provar a inocência do rapaz. Quanto a mim, estou pensando seriamente em entregar o caso a meu superior. Já faz dois anos que estou aqui no Brasil e pouca coisa descobri. Agora que o caso de João terminou, não acredito que vou descobrir alguma coisa sobre a quadrilha dos Estados Unidos da qual ele fazia parte.

Alexandre se lembrou de Jair ter falado, tempos atrás, sobre um cofre que ficava atrás de um quadro.

— Vai desistir agora, meu amigo? Não percebeu que as coisas ficaram mais fáceis?

Marco Aurélio olhava de um para outro sem entender.

O investigador, em certo momento, pediu licença para contar ao rapaz sobre os negócios escusos nos quais seu pai estava envolvido.

Jair deu permissão e Alexandre colocou Marco Aurélio a par do envolvimento de seu pai com bandidos americanos.

Marco Aurélio ficou triste, mas procurava ser justo.

— Jair, não se preocupe. Se os nomes que você procura estiverem dentro da casa, farei tudo que estiver a meu alcance para entregá-los a você. De fato há um cofre na biblioteca, pelo qual nunca me interessei.

Agora, contudo, acho que já está na hora de saber em que meu pai estava envolvido e, principalmente, com quem.

Depois desses rápidos esclarecimentos, Alexandre iniciou com a leitura semanal e as devidas considerações do evangelho no lar, discurso que prendeu a atenção de todos, em particular de Marco Aurélio, cujos sentimentos mais caros aos valores espirituais começavam a desabrochar.

Após a leitura, Alexandre fez um breve comentário, que dizia:

— A causa de todas as dores que sofremos é nossa própria improcedência diante da vida e diante de nós mesmos. Muitas vezes deparamos com certos problemas que nos fazem pensar que não temos relação com eles. Entra, então, a sabedoria espiritual para aceitar com resignação tudo que nos acontece; bem, antes de tudo, é necessário que entendamos o motivo pelo qual estamos sofrendo. Paramos para pensar e chegamos à conclusão de que somos vítimas das circunstâncias. Mas será que isso é verdade? Será que a vida nos empurra sempre para um lamaçal sem fim de dores e sofrimentos? Já conversamos várias vezes sobre isso. A reencarnação é um fato do qual não conseguimos fugir e é nela que encontramos a justiça e a sabedoria de Deus.

Tomando novo fôlego, Alexandre prosseguiu:

— É muito cômodo nos colocarmos sempre no lugar de vítima, sem procurar entender realmente o que se passa conosco. Mas, quando passamos a entender as leis imutáveis de Deus, sendo a reencarnação uma delas, compreendemos que não somos vítimas, mas, antes, algozes de nós mesmos. Toda causa de um sofrimento tem duas bases: ou provém de uma existência passada, e estamos aqui neste planeta para expiarmos alguma dívida que deixamos lá atrás, ou muitas vezes nossos sofrimentos são causados pela nossa improcedência na vida atual. No caso de Marco Aurélio, sabemos que o fato de ele ser preso nessa existência foi injusto, mas o que diremos da sua existência passada? Será que realmente se passou assim como analisamos hoje? Nesta existência ele não praticou nada que o desabonasse, mas será que, ao ser acusado injustamente, ele não estava acertando alguma dívida do passado?

Jair achava interessante a interpretação da prisão de Marco Aurélio à luz dos conhecimentos da doutrina. Marco Aurélio e Luiza também ouviam atentamente o que Alexandre dizia.

— Isso nos faz pensar longe — prosseguiu ele — em vez de ficarmos atados a fatos ruins que ocorrem em nossa vida. Devemos dar graças a Deus, pois certamente estamos acertando algum débito passado. Devemos ser resignados e pacientes, pois o fim da dívida chegará. E, quando saldada totalmente, os laços do passado vão se desfazer de uma vez por todas. Deus nunca erra, e tudo que nos ocorre neste planeta de provas e expiação é justo. Nunca passaremos por algo que nada tem a ver conosco. Portanto, em vez de lamentarmos, vendo-nos como vítimas, devemos ter em mente que, se sofremos, é por nossa própria imprudência, uma vez que a lei de causa e efeito é um fato do qual jamais poderemos fugir.

Marco Aurélio estava pensativo. Várias vezes ele e Alexandre haviam falado sobre aquilo na prisão. O jovem sentia uma alegria muito grande ao pensar que aquele período na prisão havia sido benéfico a seu espírito, que deseja evoluir.

Depois do comentário, Alexandre fez a prece final e o evangelho daquela semana terminou.

Luiza convidou os três homens a irem à cozinha. Lá tomaram uma xícara de café e conversaram sobre as verdades espirituais.

Jair e Marco Aurélio saíram do apartamento de Alexandre por volta das onze horas da noite. Estavam animados com respeito ao futuro, pois agora Jair não precisava entrar escondido na casa na calada da noite em busca de informações. O rapaz prometera vasculhar a casa para descobrir qualquer anotação que o pai tivesse feito e todos ficaram de se encontrar na Casa Espírita na noite seguinte.

Alexandre sentia-se contente. Conseguira desvendar, com a ajuda espiritual, o mistério que envolvia a morte de João Albuquerque de Lima e provar que o rapaz era inocente das acusações que lhe pesavam.

Naquela noite todos estavam felizes, e com esse clima harmonioso Alexandre e Maria Luiza dormiram tranquilamente.

João não aguentava mais aquela situação de ficar sempre fugindo nas encostas do Abismo quando via alguns daqueles seres que irradiavam luzes.

Lembrava-se das palavras de Genésio, que lhe contara que os seres levavam as pessoas para um lugar desconhecido e os aprisionavam. Tal ideia lhe causava tanto mal-estar que se encolhia diante do medo de tais visitas.

João refletia também sobre quem havia tirado sua vida. O ódio por seu assassino aumentava vertiginosamente. Ele tinha uma boa vida e, se não fosse pelo crime, por certo teria muito que viver.

Mesmo sem conhecer o motivo daquela morte estúpida, culpava o assassino por ele viver naquele lugar horrendo, onde era obrigado a ficar na penumbra, passar frio e ficar ouvindo o tempo todo gemidos daqueles que tentavam fugir do lamaçal.

O tempo foi passando. Certo dia, João não sabia de onde vinha uma luz lilás, que por vezes se alternava entre turquesa e branco. Essa mesma luz aquecia seu corpo e ele parecia ouvir a voz de Marco Aurélio, porém as palavras do rapaz eram indistinguíveis para ele.

A princípio João fugia de tal luz, que parecia estar somente sobre ele. Mas, como a luz lhe trazia grande bem-estar, aos poucos João foi perdendo o medo e, ao contrário, se abrigava sob ela.

Por vezes suas recordações voltavam ao tempo em que era criança. Aquelas lembranças lhe serviam de entretenimento. Lembrava-se das palavras da mãe:

— João, venha tomar banho. Hoje iremos à igreja.

Naquela ocasião João tinha cerca de cinco anos e se lembrava da pergunta que fizera à mãe:

— Mamãe, por que tenho de ir à igreja?

— Porque a igreja é a casa de Deus e Ele é o Pai de todos nós.

João pouco entendia naquela época sobre Deus ou Jesus Cristo. Recordava-se da imagem que muito lhe chamara atenção na ocasião, onde havia um homem com os braços abertos numa cruz. Ele perguntou:

— Mamãe, por que aquele homem está preso naquele negócio?

A mãe de João, fitando o altar, percebeu que se tratava da imagem de Jesus crucificado. Ela passou a explicar ao filho que aquele era Jesus e que ele fora morto por fazer o bem.

A imagem jamais lhe saíra da mente, e naquele momento João recordou que a mãe dissera:

— Meu filho, quando estiver em apuros, pense em Jesus e peça ajuda a Deus que certamente Ele o ajudará.

Aquelas imagens pareciam estar arquivadas em algum canto inacessível do cérebro, pois ele crescera e se tornara adulto sem nunca mais se lembrar do ocorrido, nem mesmo das palavras da mãe. Mas aquele lugar, pensava João, estava deixando-o tão sensível a ponto de fazê-lo lembrar de coisas que haviam caído no mais completo esquecimento.

João decidiu fazer uma prece.

Tentou várias vezes, mas, como nunca fora ligado a religião alguma, não sabia nenhuma. João pensava em Deus e logo dizia a si mesmo: "Mas que bobagem! Deus não existe. Se existisse, como dizia o padre, não faria um lugar de sofrimento como este".

João relutou por várias vezes, até que certo dia, sem aguentar o frio do lugar junto com os gemidos lancinantes dos moradores do local, ele proferiu:

— Deus, se Você existe, tire-me deste lugar.

Mas João não obteve resposta alguma, por isso resolveu deixar essa história de Deus e rezas de lado.

Quanto mais corria o tempo, mais João se refugiava em suas lembranças. Pensou em tudo que havia feito para se tornar um homem rico desde que se juntara a Arnold Bauer e na quadrilha com a qual estivera envolvido.

Lembrou-se também de que não fora um bom pai para Marco Aurélio, o filho que abandonara. Um arrependimento o acometeu sem piedade. Não era comum João derramar lágrimas doridas de arrependimento.

Certo dia, vindo-lhe à memória aquela imagem de Jesus crucificado, ele pediu em voz alta:

— Jesus, peço que, por favor, me ajude. Sei que cometi muitos erros em minha vida, mas agora tudo está se tornando um tormento para mim. Não bastasse eu saber que estou neste lugar terrível, agora me vêm à lembrança os meus erros do passado. Jesus, tire minha vida. Prefiro morrer a viver dessa maneira.

Naquele momento, uma luz caiu sobre ele. A luz era intensa, obrigando-o a levar a mão aos olhos, pois a claridade chegava a feri-lo. João baixou a cabeça quando viu que havia pessoas à sua frente. Ele tentou fugir, mas não obteve êxito; estava há muito tempo sentado e suas pernas pareciam estar atrofiadas.

Na primeira vez em que estivera no Abismo, muitas vezes ele caminhara no lamaçal, mas, nos últimos tempos, não saía do lugar.

João avistou a figura de uma mulher à sua frente. Após os primeiros instantes, nos quais sua visão se acostumava com a claridade, ele olhou e reconheceu Susana, sua primeira esposa. Com ela havia outros.

Susana lhe disse com uma voz suave:

— João, Jesus, nosso mestre, ouviu as suas preces e por isso estamos aqui.

João se lembrou das palavras de Genésio.

— Eles vêm buscar pessoas para aprisioná-las. Eu não vou com vocês! Não quero me tornar escravo.

Esboçando um sorriso, Susana disse em tom compassivo:

— João, não queremos que você seja escravo; antes, queremos libertá-lo desse sofrimento. Você não se deu conta de que tem sido escravo até agora? Primeiro escravo da sua ambição desmedida, dos falsos valores, escravo da tormenta que o acompanha desde que abandonou o corpo físico. Deixe de sofrer, meu irmão. Deus nos criou para sermos felizes. Agora chegou a hora de você ver o quanto esteve preso a uma ilusão enquanto viveu na Terra. É momento de você reavaliar determinados valores calcados pela sua ignorância espiritual. Vem, meu irmão! Estamos chamando-o para a verdadeira vida em uma das moradas do Pai, onde você aprenderá os valores eternos do espírito.

João, ao ver a mão de Susana estendida para ele, perdeu o medo e a agarrou como um náufrago se apega a qualquer tábua de salvação. As lágrimas caíam em profusão por seu rosto.

Susana e o grupo que estava com ela partiram, levando João com eles.

João acordou num lugar limpo e sentiu que estava em uma cama confortável. As paredes do quarto eram de azul-turquesa muito claro.

João se lembrou de onde estava e cogitou que talvez tudo não tivesse passado de um pesadelo. Recordou o tiro que levou e acreditou que estivesse num hospital.

Uma mulher entrou sorrindo no quarto. João fitou a moça e sentiu que já a conhecia de algum lugar, mas preferiu ficar calado.

— Como está se sentindo, João? — perguntou ela.

— Estou bem. Tive uns sonhos estranhos. Sonhei que tinha morrido e que estava em um lugar terrível, cujas imagens ainda tenho frescas em minha memória.

A moça olhou para João, e este não se conteve.

— Qual é o seu nome? — perguntou ele.

— Chamo-me Margarida. Na verdade, não trabalho nesse departamento de socorro; vim aqui especialmente para lhe fazer uma visita.

João olhou-a admirado. A moça tinha uma beleza singular.

Margarida continuou dizendo:

— Na verdade, moro num lugar mais conhecido como colônia espiritual. Lá tenho excelentes companheiros que muito têm me ajudado nessa empreitada.

Segundo João pensava, a moça não aparentava mais que vinte e cinco anos, e seus olhos transmitiam muita segurança.

— Então tudo que sonhei é verdade? — indagou ele.

— Meu irmão, você não sonhou. Tudo que viveu foi a realidade que os que não têm um conhecimento apurado sobre o mundo espiritual costumam passar. Diga-se de passagem, nem todos que não têm esse conhecimento passam pelas mesmas coisas que você passou. Você vivenciou essa experiência porque seu espírito ansiava por aprender, por evoluir. Afinal, somos criaturas em evolução e apenas o tempo, aliado à experiência, nos farão crescer.

João não tinha mais perguntas a fazer, portanto ficou em silêncio.

— Neste lugar está um amigo seu que agora se agregou aos trabalhadores deste pronto-socorro — falou Margarida.

— Um amigo? — quis saber João. — Desculpe, mas não me lembro de ninguém.

Nesse instante, a porta se abriu e um rapaz sorridente entrou.

— Seja bem-vindo à felicidade, meu amigo.

João o identificou como Genésio, aquele companheiro de infortúnio.

João abriu um sorriso e estendeu-lhe a mão.

— Nunca me esqueci quando me disse que os seres de luz aprisionavam as pessoas.

— Ah, meu amigo, quanta falta de conhecimento! Estava enganado. Só me libertei do sofrimento quando me arrependi de meus erros e segui com eles. Fiquei aqui me recuperando. Assim que me senti melhor, passei a cooperar com o trabalho e, pelo que fiquei sabendo do irmão Armando, vou ter de ir para a colônia aprender e ajudar ao próximo. Confesso que, se soubesse que era assim, teria seguido com eles há muito tempo.

Margarida, que ouvia a conversa, falou:

— Não diga isso, meu irmão! Você tem de aprender que tudo ocorre a tempo. Sua ajuda apareceu somente quando estava preparado para isso.

Genésio entendeu que Margarida tinha razão. Então completou:

— João, seja bem-vindo a uma das moradas do Pai. Aproveite esse tempo para aprender preparando-se para uma nova encarnação.

João gostou muito de rever Genésio, que, depois de mais uns minutos com João, despediu-se dele e de Margarida.

João sentia-se bem. Foi levado a um lugar belíssimo, conhecido pelo nome de "colônia", e ficou encantado quando viu Susana e seus pais à espera.

❧

Naquela manhã, Kim desceu para tomar o café matinal, e lá já estava Marco Aurélio.

Kim notou que Marco Aurélio não era mais aquele rapaz introspectivo de outros tempos, que ficava trancado em seu quarto a maior parte do tempo quando não estava no colégio.

Marco Aurélio agora se tornara mais expansivo. Tudo para ele era motivo de alegria. O simples fato de acordar em sua cama era para ele motivo de extremo prazer.

Kim sentou-se em seu lugar de costume.

— Bom dia. Dormiu bem?

— Dormi sim, obrigado.

Kim observou a expressão alegre do rapaz. Não conteve a curiosidade.

— O que foi? Viu o passarinho verde?

Sorrindo, Marco Aurélio refletiu por alguns momentos e depois explicou:

— Ora, não preciso ver um passarinho verde para ficar alegre. Tenho todos os motivos do mundo para ser feliz: sou jovem, tenho boa saúde, tenho uma boa situação financeira, que me permite fazer o que quero, que no caso é estudar medicina. Além do mais, sinto os orvalhos da liberdade cingindo meu corpo. Para completar, estou maravilhado com o que tenho aprendido na Casa Espírita. Sou uma criatura privilegiada. Tenho mais é que aproveitar minha reencarnação para reparar os meus débitos passados.

Kim se interessou pela conversa, esquecendo até mesmo de depositar café em sua xícara.

— O que tem aprendido nessa tal Casa Espírita?

— Muitas coisas, como a pluralidade dos mundos, a pluralidade das existências, a reencarnação... São tantas coisas que me sinto feliz em aprendê-las. Antes eu tinha tudo que tenho hoje, mas me sentia triste e abandonado pelo fato de ter perdido minha mãe. Hoje, contudo, sei que minha mãe está muita bem e que ela cuida de mim. Kim, entendi uma coisa muito importante: a morte não é o fim de tudo; é, antes, apenas uma mudança de estado. Muda-se do estado material para o perispiritual. Vejo que está muito triste ultimamente. Não será a hora certa para você reavaliar velhos conceitos e permitir que esses conhecimentos façam parte do seu dia-a-dia? Aproveite o momento para aprender tudo sobre as verdades do espírito. Para obter esse conhecimento, é imperioso fazer uma reforma íntima, transformando defeitos em virtudes.

— Se o espírito continua vivendo, então seu pai está vivo?

— Certamente — respondeu Marco Aurélio.

— Então seu pai já sabe de meus erros do passado?

— Talvez, Kim. Não sabemos se ele recebeu ajuda assim que desencarnou. Mas não pense nisso agora. O passado está morto e a sua hora é agora. Deixe de pensar e aja com responsabilidade perante a vida e perante si mesma. Uma coisa é certa, Kim: todos nós faremos a passagem um dia. Para isso, é imprescindível sabermos o que levar na viagem. Não levaremos roupas ou coisas assim; antes, levaremos nossas boas ações e o conhecimento que muito nos ajudará nessa hora.

Não fique triste. Isso é motivo de alegria! Não se torture pelo passado, pois, se você agiu dessa maneira, é porque não sabia agir diferente. Quando estamos presos a uma ilusão, ficamos como cegos e não enxergamos um palmo diante do nariz.

Kim sorriu diante do entusiasmo do rapaz.

— Marco Aurélio, será que eu poderia ir com você a essa Casa Espírita?

— Claro. Para mim, será um imenso prazer. Hoje haverá reunião e costumo sair daqui às sete da noite.

Os dois combinaram os detalhes.

Após comer uma fatia de pão, Marco Aurélio perguntou a Kim:

— Você não vai dar queixa de Rubens a respeito do desfalque?

Ao lembrar do ex-amante, Kim sentiu o coração se enternecer. Com suavidade na voz, respondeu:

— Não. Rubens já está pagando pelo que fez. Soube que os advogados de Janete querem provar que ela tem problemas mentais. Segundo o que Leila me contou, a pobre Janete conversa com "Rubens" na cela da penitenciária ninando um bebê que, na verdade, não passa de um pedaço de cobertor enrolado.

— Como Leila sabe disso?

— Janete sempre tratou Leila muito bem — explicou Kim. — Não foi difícil conquistar a minha secretária preferida que, apesar de ser fofoqueira, é boa gente.

Kim riu do próprio comentário.

— Domingo passado — continuou ela —Leila fez uma visita a Janete na penitenciária e voltou chorando, dizendo que Janete está louca. Pensando em tudo que vivi com Rubens e nos sentimentos que devotei a ele, decidi que não darei queixa, mas de segunda-feira em diante assumirei o lugar de João nos negócios, afinal, temos de cuidar do que é nosso. E você? O que vai fazer de sua vida? — perguntou Kim.

— Já estou fazendo. Estou estudando desde já para poder entrar na faculdade de medicina.

Kim notou como o enteado era determinado.

— Bem, sei que seu pai não queria que fizesse medicina, mas, enquanto estiver estudando, terá tudo de que precisar. Vou apoiá-lo em todas as suas decisões.

Marco Aurélio assentiu. Em seguida pediu licença para se retirar.

— Vou esperá-la hoje à noite para irmos à Casa Espírita juntos. O que me diz?

— Certo, mocinho — respondeu Kim em tom de brincadeira.

Marco Aurélio voltou a seu quarto. Estudava com afinco a fim de poder entrar na faculdade.

❧

Alexandre acordou sobressaltado. Havia algo que precisava fazer, mas não conseguia se lembrar de que se tratava.

Levantou-se e foi à cozinha.

— E agora, Alexandre? Já que terminou o caso de João, o que vai investigar agora? — perguntou a esposa depois de lhe dar bom-dia.

— Não sei, Maria Luiza. Quando estava enrolado com esse caso, não via a hora de tudo terminar. Agora, contudo, sinto que preciso de algo. Mas nem mesmo sei do que se trata.

A esposa sorriu.

— Querido, você ficou envolvido nesse caso por tantos meses que agora está se sentindo meio perdido.

Alexandre não concordou com as palavras de Maria Luiza. Repentinamente, falou:

— Hoje não vou trabalhar!

Maria Luiza estranhou aquilo. Alexandre não era de faltar ao emprego.

— Bem, isso é você quem deve decidir. Só gostaria de saber por que você não vai trabalhar hoje.

— Eu já lhe disse: não sei. Seja o que for, vou descobrir.

Luiza aprovou aquela decisão. Fazia muito tempo que ela não desfrutava da companhia do marido.

Alexandre tomou o café da manhã e voltou para a cama. Pegou *O Livro dos Espíritos* e se pôs a ler. Então sentiu um sono arrasador. Não teve sequer tempo de fechar o livro.

Alexandre dormiu e sonhou com a mãe do motoqueiro que morrera estupidamente por ter entregado os convites da festa de João. Em seu sonho, ele voltara à casa da mulher e a encontrara chorando.

Acordando sobressaltado, Alexandre olhou para o relógio que ficava no criado-mudo perto da cama. Viu que passava das nove da manhã. O investigador disse a si mesmo: "Agora sei o que devo fazer hoje. Vou visitar dona Ernestina".

Alexandre levantou-se, tomou um banho, arrumou-se e encontrou a esposa colocando as roupas num varal improvisado na área de serviço do apartamento.

— O que tem para fazer hoje, querida?

— Nada especial. Por quê?

— Quero levá-la à casa da mulher cujo filho foi assassinado. Lembra da mãe do motoqueiro? Acho que ela precisa de nossa ajuda.

Maria Luiza, sempre prestativa, caminhou em direção ao marido tirando o avental. Falou com determinação:

— Então vamos lá agora mesmo. Deixarei Humberto no apartamento de Mirtes, assim poderemos sair tranquilamente.

— A cada dia que passa eu a amo ainda mais.

A mulher beijou-o ternamente e se preparou para sair.

No caminho, Alexandre foi contando como conhecera dona Ernestina e sua história sobre os filhos. Maria Luiza ficou penalizada com a situação da mulher. Juntos chegaram àquele lugar humilde e Alexandre se preparou para bater palmas diante do portão de madeira.

Para sua surpresa, quem atendeu foi a própria Ernestina que, ao vê-lo, exclamou contente:

— Poxa, pensei que tivesse se esquecido de mim!

Sorridente, Alexandre respondeu:

— Esta é minha esposa, Luiza.

Luiza deu um abraço na mulher.

— Muito prazer — disse ela. — Meu marido deixou de trabalhar hoje apenas para vir até aqui visitá-la.

Ernestina retribuiu o abraço e convidou-os a entrar.

Alexandre notou o mesmo cão preso a uma corrente em frente da porta da sala, e a mulher insistia em pedir que parasse de latir.

Ao entrarem na sala, Alexandre começou a contar tudo que havia acontecido nos últimos meses, incluindo a revelação de que fora Vítor Castelli quem matara seu filho e o dono da agência de entregas.

Ernestina chorou sentidamente ao recordar o passamento do filho. Maria Luiza, com sua habilidade mediúnica, naquele momento viu um jovem ao lado da mulher, alisando seus cabelos.

— Dona Ernestina, sou espírita e tenho o dom da mediunidade. Posso ver e ouvir os espíritos. Seu filho está aqui dizendo para a senhora não ficar chorando por ele todas as noites. Ele diz que isso o perturba muito. Falou também que a senhora fica agarrada ao crucifixo pedindo a Jesus que a leve também, mas ele disse que a senhora ainda tem mais um tempo aqui neste plano, e que, no devido tempo, vocês dois vão voltar a se encontrar. Ele conta que Moacir está se afastando das más companhias e que, se a senhora o encaminhar nos ensinamentos do mestre Jesus, tudo se transformará para melhor. Com respeito a Fátima, ela está percebendo que estava sendo movida pela ilusão, confundindo sexo com amor, e ele fala que ela tem bom coração, que acordará a tempo de reavaliar os seus conceitos sobre amor e sexo.

Dona Ernestina irrompera em um pranto sentido.

— Ele pede que a senhora pare de chorar porque ele está bem, assim como o pai, e que sempre que pode ele vem visitá-la. A morte não existe, o que existe é uma separação temporária. Logo todos estarão juntos reavaliando sua estada neste planeta.

Enquanto Luiza falava, Ernestina continuava a chorar, sem nada questionar. Como ela poderia saber que chorava todos os dias apegada ao crucifixo? E que seus filhos realmente estavam diferentes? Moacir voltara a estudar à noite enquanto trabalhava num supermercado durante o dia e, quanto a Fátima, fazia dois meses que dizia não querer mais ninguém, pois os homens apenas haviam brincado com seus sentimentos.

Ernestina chorava, mas não de tristeza pela ausência do filho amado, e sim por ter tido notícias dele depois de tanto tempo. Emocionada, correu para pegar uma fotografia do filho para mostrar a Luiza, que logo o identificou.

— É ele mesmo. Só que agora parece mais bonito.

Ernestina sorria feliz. Depois de ter se acalmado, Maria Luiza lhe disse:

— Dona Ernestina, me identifiquei muito com a senhora. Quero que veja em mim uma amiga.

A mulher, ainda com a barriga molhada por estar lavando roupas, com lágrimas nos olhos, abraçou Luiza dizendo que naquela noite ela havia chorado muito pela falta de Isidoro, o filho morto.

O casal conversou bastante com aquele mãe dolorida. Com grande alegria, Luiza a convidou a ir à Casa Espírita de que fazia parte. Ernestina, como sentia uma paz indescritível na presença do casal, respondeu:

— Vou sim. Com muito prazer.

— Então viremos buscá-la. Passarei aqui umas sete horas da noite. Está bom para a senhora?

— Claro que sim. Posso convidar minha filha Fátima para nos acompanhar? Desde que rompeu com o último namorado, ela tem andado muito triste. Talvez esteja lhe faltando um caminho.

— Para nós será um imenso prazer — respondeu Maria Luiza. — Viremos buscá-las às sete horas.

Alexandre notou que a mulher sequer lhes oferecera um café. Com uma dúvida pairando em sua cabeça, pensou: "Será que está faltando alguma coisa a essa pobre mulher?". Sem nada comentar abertamente, Alexandre disse à esposa:

— Luiza, vou sair um pouco para ver um barulho no motor do carro e voltarei logo. Você ficaria com dona Ernestina enquanto vou procurar um mecânico?

— Claro. Para mim será um prazer, mas você tem de perguntar à dona da casa se não vou incomodar.

Ernestina se adiantou.

— De jeito nenhum. Fique comigo. Vamos conversar que estou adorando a sua visita.

Alexandre saiu da casa paupérrima e se dirigiu prontamente ao mercado mais próximo. Lá comprou mantimentos, pois sentia que aquela mulher estava passando por apuros.

Depois de cerca de uma hora, Alexandre voltou e disse a dona Ernestina:

— Tomei a liberdade de comprar algumas coisas para a senhora. Antes, porém, quero saber se a senhora vai aceitar. Fiz isso em nome dos ensinamentos do nosso mestre Jesus de amar ao próximo, por isso não quero que a senhora me interprete mal.

A mulher, sem compreender o que o policial dizia, acompanhou-o ao carro. Só então se deu conta de que ele havia feito uma compra de mantimentos. Diante daquele gesto, Ernestina juntou as mãos diante do rosto e se pôs a chorar e a agradecer a Deus.

— Obrigada, meu Deus, pelo sinal que o senhor acaba de me enviar.

Alexandre e Maria Luiza, embora não houvessem compreendido o que aquela senhora tinha dito, ficaram felizes com a alegria que ela demonstrava.

Após alguns minutos, Ernestina serenou. Em seguida, passou a explicar:

— Estou agradecendo a Deus por ter enviado vocês à minha casa. Estava lavando as roupas e pensando no que colocaria na panela. Meu filho Moacir está trabalhando em um mercado, mas ele nunca vê a cara do dinheiro, pois sempre acaba trazendo mantimentos para casa, e o valor vai sendo descontado de seu salário. Agora seu pagamento já está todo comprometido, e o dono do mercado disse que ele só poderá pegar mantimentos no mês que vem. Fátima saiu para procurar emprego, pois ela sempre trabalhou como babá. Contudo, as coisas estão difíceis... Pedi a Deus, um pouco antes de vocês chegarem, que me enviasse uma luz, pois estava me sentindo como uma folha solta ao vento, completamente sem rumo. Obrigada, meus filhos, muito obrigada mesmo.

Maria Luiza se emocionou e fitou o marido com grande respeito.

— A senhora disse que a filha da senhora está procurando emprego?

— Sim — respondeu a mulher em tom humilde.

— Maria Luiza tem trabalhado demais em casa e temos um filho que vai completar seis anos o mês que vem. Acho que dá para Fátima trabalhar em minha casa. Claro que não poderei pagar muito, mas tudo que puder farei para ajudá-los.

Ernestina agradeceu a Deus novamente.

Depois que Alexandre levou os mantimentos para o interior da casa, ele indagou:

— Agora dá para a senhora servir um cafezinho que só a senhora sabe fazer?

Ernestina, feliz, foi preparar um café com Maria Luiza.

Depois de saborearem o café, Alexandre e Luiza se despediram e combinaram de voltar à noite para a reunião.

Ao voltarem para casa, Alexandre se sentia com o coração transbordando de alegria.

— Querida, agora que fizemos o que tínhamos de fazer, vou à delegacia para ver se há algo interessante para mim.

Luiza desceu em frente do prédio enquanto Alexandre rumava para a delegacia.

❧

Marco Aurélio conversava com a madrasta.

— Kim, qual é o segredo do cofre da biblioteca?

Kim assustou-se com a pergunta, afinal o rapaz nunca se interessara pelo assunto.

Indo com ele à biblioteca, ela abriu uma grande bíblia que fazia parte dos inúmeros livros da estante e entregou ao rapaz um papel onde estava anotada uma combinação.

Marco Aurélio olhou para o papel e reconheceu a letra do pai. Seus olhos ficaram marejados ao se lembrar de como discutira com o pai pouco tempo antes de sua morte.

Kim se emocionou ao ver o olhar brilhante do rapaz, mas preferiu não comentar nada.

Marco Aurélio dirigiu-se à parede onde sabia que havia o cofre e, ao retirar o quadro que o encobria, fez as combinações que estavam escritas no papel. Logo que o cofre foi aberto, pôde ver uma grande soma de dinheiro em dólares e um envelope.

Ignorando completamente o dinheiro, o rapaz pegou o envelope e viu ali os nomes e os números de telefone que nele estavam elencados: Pablo Peres, Arnold Bauer, Steven White, Jack Mornay, Danny, Jonh e Paul, e mais alguns nomes sem sobrenome.

Para Marco Aurélio, aqueles nomes não significavam nada, mas certamente para James Scott, o jardineiro-agente, significariam muito.

Kim não se lembrava de nenhum daqueles nomes. Ela desconhecia por completo os negócios do marido.

Marco Aurélio chamou Jonas e pediu que ele encontrasse Jair no jardim.

— Por que chama o jardineiro? — perguntou Kim, sem compreender.

— Você já vai entender — respondeu Marco Aurélio sorrindo.

Em pouco tempo, Jair entrava na biblioteca. Ao ver Kim, ele se encolheu de constrangimento.

— Por que se sente assim embaraçado? — perguntou Marco Aurélio, com um esboço de sorriso.

Jair continuou em silêncio.

Marco Aurélio, perspicaz, percebeu que Jair nutria por Kim um sentimento de que ela nunca desconfiara.

— São estas as pessoas que procurava?

Jair examinou o papel atentamente.

— Alguém pode me explicar o que está havendo — perguntou Kim.

Foi Jair quem contou toda a verdade.

Kim, ao ouvir aquele inusitado relato, exclamou abismada:

— *My God!* Nunca imaginei que em minha casa houvesse um agente da Interpol.

— Se quiser fazer alguma ligação, pode fazê-la daqui de casa mesmo.

Jair, sem pensar duas vezes, aceitou e de imediato ligou para seu chefe, informando-o de todos os nomes que havia na lista de João.

Aquelas pessoas, cujos nomes estavam na lista, tinham passagem pela polícia e eram procuradas. A elas se somavam João, que Jair investigava, e Pablo Peres, que também tinha um agente no México investigando seus passos.

Assim terminavam também as investigações de Jair.

Desligando o telefone, o agente da Interpol pediu imediatamente demissão de seu posto como jardineiro.

Kim sentiu-se confusa. Lembrou-se de que todas as vezes em que estava na presença do jardineiro não conseguia se sentir à vontade. Mas não havia dado muita atenção ao fato; apenas passara a evitá-lo completamente.

Leila e Jonas continuaram a trabalhar na mansão, mas havia agora uma diferença: Jonas havia declarado seu amor a Leila e agora os dois estavam namorando. Não era incomum vê-los conversando em um canto qualquer da casa.

O bem triunfa

A Casa Espírita se encontrava cheia naquela noite.

Alexandre e Maria Luiza haviam levado Ernestina que, embora vestida modestamente, estava muito bonita, e Fátima, que se encontrava exultante em conhecer os futuros patrões.

Não demorou muito para que chegassem Kim e Marco Aurélio.

Kim, a princípio, se decepcionou por achar o lugar simples. Porém, assim que entrou, foi tão bem recebida que logo se sentiu à vontade.

Alexandre, ao cumprimentar Marco Aurélio, espantou-se ao ver que Kim estava completamente diferente desde a última vez em que a vira. Ela estendeu a mão para o investigador.

— Ainda bem que tudo terminou, não é mesmo, investigador? — cumprimentou ela num tom de voz educado.

— Sim. Mas não me chame de investigador, e sim de Alexandre. Agora que as investigações terminaram, sou apenas Alexandre.

Kim sorriu diante da amabilidade do policial. A impressão antagônica que havia entre os dois começava a desaparecer.

Na verdade, o que realmente surpreendeu Alexandre naquela noite foi a entrada de Oswaldo com seu jeito bonachão e risonho.

Alexandre pediu licença a Marco Aurélio e foi abraçar o amigo.

— O que está fazendo aqui, Oswaldo? Justamente você, que não acredita em espíritos?

— Se eu não acreditasse neles, não estaria aqui — respondeu o delegado com simplicidade. — Sempre acreditei em espíritos, mas para mim tudo ficou mais claro depois das informações que nosso amigo Eliseu deu sobre o caso de João Albuquerque de Lima.

Alexandre exultava de contentamento. Com alegria, procurou um lugar para o amigo se sentar enquanto todos aguardavam o início da reunião.

Ernestina estava muito feliz. Ao entrar na Casa Espírita, sentira como se alguém estivesse beijando sua face. Maria Luiza, que via de fato o que acontecia, comentou antes que a senhora se manifestasse:

— Sentiu algo, dona Ernestina?

— Sim. O que foi isso? De repente senti tanta alegria que não consigo explicar.

— Isidoro está aqui esta noite. Assim que a viu, deu-lhe um beijo de boas-vindas na face.

Ernestina, emocionada, deixou que lágrimas de alegria escorressem por seu rosto.

A reunião da noite teve início com uma prece. Em seguida, Carlos, trabalhador da casa, passou a dizer:

— Hoje falaremos um pouco sobre a paciência. Na verdade, o que significa "paciência"? Segundo o dicionário, temos que é a "virtude de quem suporta males e queixumes sem se revoltar". Todos nós sabemos que estamos longe da perfeição, de modo que é fácil nos revoltarmos diante de determinada situação. Segundo *O Evangelho segundo o Espiritismo*, capítulo IX, item sete, temos: "A dor é uma bênção que Deus envia a seus eleitos; não vos aflijais, pois, quando sofrerdes; antes, bendizei a Deus onipotente pela dor que, neste mundo, vos marcou para a glória no céu". Portanto, é imperioso que, a fim de conseguirmos enfrentar as dores que este planeta oferece, tenhamos no âmago de nosso ser a paciência. A paciência está interligada à resignação. Quando uma situação adversa nos assaltar, não devemos nos queixar a ponto de nos sentirmos vítimas das circunstâncias. Antes, devemos agradecer a Deus por mais essa oportunidade de pagarmos por algum débito do passado. Hoje talvez não entendamos que a dor servirá como degrau à nossa evolução, mas certamente, quando estivermos em outras das moradas do Pai, compreenderemos.

Terminada a explicação do Evangelho, novamente o senhor Carlos convidou todos para uma prece. Em seguida, encaminhou os presentes aos passes e, por fim, foi servida a água fluídica.

Após os passes, Carlos fez outra prece, desta vez de encerramento.

Assim que terminou a reunião, Alexandre convidou Ernestina, Fátima, Marco Aurélio, Kim, Oswaldo e Jair para lanchar em seu apartamento.

Quando chegaram ao apartamento, Alexandre pediu que a esposa fosse ao apartamento de Mirtes comprar alguns salgadinhos, visto que a senhora os fazia para vender, enquanto ele mesmo se dirigiu à lanchonete que ficava na esquina do prédio e comprou refrigerantes.

Antes de começarem a comer, Alexandre pediu silêncio. Ele desejava fazer uma prece de agradecimento a Deus e a Eliseu por lhe terem ajudado a desvendar o caso da morte de João, que fora tão difícil.

Em seguida voltaram a conversar animadamente. Quem não estava se sentindo à vontade, entretanto, era Kim, que, depois que descobrira que Jair, ou James Scott, era agente da Interpol, passara a olhá-lo de outra maneira, percebendo seus atributos físicos.

Algo novo surgiria entre eles a partir daquele dia.

Os presentes sentiam-se felizes, embora não notassem duas entidades que observavam com alegria os acontecimentos.

Oswaldo, todo sorridente, perguntou a Marco Aurélio:

— Se alguém lhe perguntasse o que é mais importante hoje para você, o que responderia?

Marco Aurélio pensou um pouco e depois respondeu:

— Para mim, hoje, o mais importante são os conhecimentos espirituais, e também minha liberdade.

Oswaldo insistiu:

— A que você compararia sua liberdade?

— Para mim, a liberdade é como o orvalho, pois, quando tem de cair, nada nem ninguém consegue impedi-lo. Hoje nada é mais importante para mim que o orvalho da liberdade.

— Devo confessor — falou Oswaldo ao rapaz — que a palestra feita na noite de hoje não poderia ser mais apropriada. Foi na dor que você cresceu, meu jovem.

Susana e Eliseu, as duas entidades que compartilhavam aquele momento de harmonia, decidiram que era hora de partir. Juntos, seguiram para mundos radiantes de paz.

Fim

Nota da médium

Muitas vezes nos custa entender por que sofremos. Mas, se formos prestar atenção a acontecimentos passados, veremos que tudo tem uma razão de ser. Não existe acaso ou injustiça; se sofremos, é devido a nosso pouco adiantamento espiritual.

Não sofremos por injustiça divina; antes, sofremos por causa de nossa própria improcedência diante da vida, desrespeitando determinadas leis, como a de causa e efeito, sob a qual sabemos que tudo que fizermos voltará para nós de alguma forma.

Deus, regido pela máxima maior do amor, nos dá sempre a chance de recuperarmos o tempo perdido por meio da lei maravilhosamente justa, que é a da reencarnação.

Quando nos passa a ideia de que fomos injustiçados, será que realmente fomos? Quando analisamos com sinceridade a lei da reencarnação, veremos que nada foge à justiça divina, pois, quando não conseguimos sanar um problema numa existência, certamente o resgataremos em outra.

Colocarmo-nos na posição de vítima é cômodo, embora não seja sábio. Vendo-nos como vítimas, fatalmente cairemos na revolta a fim de justificarmos algo que nos esteja acontecendo. Cairemos muitas vezes no abismo das lamentações, subestimando a justiça divina que rege o universo.

Não é fácil para nenhum ser humano agradecer pelas vicissitudes que porventura esteja passando; porém, não o será se olharmos com otimismo para o futuro que aguarda todos aqueles que tenham saldado suas dívidas. Mas isso vai ser impossível se olharmos apenas para o momento presente. Desde que tenhamos a coragem necessária de olhar para o futuro, poderemos dizer com alegria: Graças a Deus isso me aconteceu. O futuro me reserva grandes alegrias. Tal exultação permitirá que tenhamos alegria ao sermos experimentados pela vida, o que nos trará surpresas perante o que descobriremos estar guardado dentro de nós.

Manter os olhos no futuro nos fará fortes; nos fará perseverantes; nos fará resignados diante dos muitos obstáculos que a vida neste planeta possa apresentar.

Quando nos colocamos na posição de vítima, no entanto, deixamos o desânimo tomar conta de todo nosso ser, paralisando, enfim, as ações que poderiam nos elevar espiritualmente.

Não devemos desanimar! Se estamos enfrentando toda sorte de dificuldades, é porque temos a capacidade de transpor os obstáculos. Deus jamais dá um fardo demasiadamente pesado a ombros fracos. Somos fortes o suficiente para levarmos nossos fardos que, embora por vezes atrapalham nossa marcha, podendo torná-la lenta, jamais poderão detê-la.

Marco Aurélio, mesmo sentindo o desânimo, que era sua companhia constante, não deixou de caminhar, ainda que tudo estivesse contra ele.

Embora acusado e preso pela morte do próprio pai, conseguiu manter a paciência nos momentos mais insólitos, vendo posteriormente que tudo que lhe aconteceu foi para seu próprio bem.

Sendo assim, considero ser importante para todo aquele que hoje esteja passando por alguma dificuldade, seja pela perda de um ente querido, pelos problemas financeiros ou até mesmo pela inferioridade oriunda da pouca evolução espiritual, jamais desistir! Devemos manter nosso olhar no futuro!

Não estamos sós. Por mais pedregosa que se mostre a caminhada, sempre haverá aquele que, intuído pelos companheiros espirituais, auxiliará no desvio das pedras que, embora firam nossos pés, não machucam o corpo todo.

Margarida da Cunha
outono de 2008.

Obras da médium
Maria Nazareth Dória
Mais luz em sua vida!

A SAGA DE UMA SINHÁ (espírito Luiz Fernando - Pai Miguel de Angola)
Sinhá Margareth tem um filho proibido com o negro Antônio. A criança escapa da morte ao nascer. Começa a saga de uma mãe em busca de seu menino.

LIÇÕES DA SENZALA (espírito Luiz Fernando - Pai Miguel de Angola)
O negro Miguel viveu a dura experiência do trabalho escravo. O sangue derramado em terras brasileiras virou luz.

AMOR E AMBIÇÃO (espírito Helena)
Loretta era uma jovem nascida e criada na corte de um grande reino europeu entre os séculos XVII e XVIII. Determinada e romântica, desde a adolescência guardava um forte sentimento em seu coração: a paixão por seu primo Raul. Um detalhe apenas os separava: Raul era padre, convicto em sua vocação.

SOB O OLHAR DE DEUS (espírito Helena)
Gilberto é um maestro de renome internacional, compositor famoso e respeitado no mundo todo. Casado com Maria Luiza, é pai de Angélica e Hortência, irmãs gêmeas com personalidades totalmente distintas. Fama, dinheiro e harmonia compõem o cenário daquela bem-sucedida família. Contudo, um segredo guardado na consciência de Gilberto vem modificar a vida de todos.

UM NOVO DESPERTAR (espírito Helena)
Simone é uma moça simples de uma pequena cidade interiorana. Lutadora incansável, ela trabalha em uma casa de família para sustentar a mãe e os irmãos, e sempre manteve acesa a esperança de conseguir um futuro melhor. Porém, a história de cada um segue caminhos que desconhecemos.

JÓIA RARA (espírito Helena)
Leitura edificante, uma página por dia. Um roteiro diário para nossas reflexões e para a conquista de uma padrão vibratório elevado, com bom ânimo e vontade de progredir. Essa é a proposta deste livro que irá encantar o leitor de todas as idades.

MINHA VIDA EM TUAS MÃOS (espírito Luiz Fernando - Pai Miguel de Angola)
O negro velho Tibúrcio guardou um segredo por toda a vida. Agora, antes de sua morte, tudo seria esclarecido, para a comoção geral de uma família inteira.

Leia este envolvente romance do espírito Margarida da Cunha

Psicografia de
Sulamita Santos

DOCE ENTARDECER

Paulo e Renato eram como irmãos. O primeiro, pobre, um matuto trabalhador em seu pequeno sítio. O segundo, filho do coronel Donato, rico, era um doutor formado na capital que, mais tarde, assumiria os negócios do pai na fazenda. Amigos sinceros e verdadeiros, desde jovens trocavam muitas confidências. Foi Renato o responsável por levar Paulo a seu primeiro baile, na casa do doutor Silveira. Lá, o matuto iria conhecer Elvira, bela jovem que pertencia à alta sociedade da época. A moça corresponderia aos sentimentos de Paulo, dando início a um romance quase impossível, não fosse a ajuda do arguto amigo, Renato.

Obras de Irmão Ivo: leituras imperdíveis para seu crescimento espiritual
Psicografia da médium Sônia Tozzi

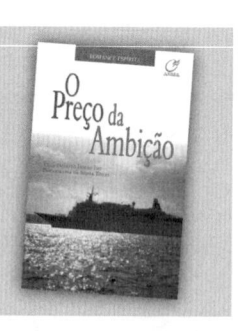

O Preço da Ambição
Três casais ricos desfrutam de um cruzeiro pela costa brasileira. Tudo é requinte e luxo. Até que um deles, chamado pela própria consciência, resolve questionar os verdadeiros valores da vida e a importância do dinheiro.

O Amor Enxuga as Lágrimas
Paulo e Marília, um típico casal classe média brasileiro, levam uma vida tranqüila e feliz com os três filhos. Quando tudo parece caminhar em segurança, começam as provações daquela família após a doença do filho Fábio.

A Essência da Alma
Ensinamentos e mensagens de Irmão Ivo que orientam a Reforma Íntima e auxiliam no processo de autoconhecimento.

Quando Chegam as Respostas
Jacira e Josué viveram um casamento tumultuado. Agora, na espiritualidade, Jacira quer respostas para entender o porquê de seu sofrimento

Somos Todos Aprendizes
Bernadete, uma estudante de Direito, está quase terminando seu curso. Arrogante, lógica e racional, vive em conflito com familiares e amigos de faculdade por causa de seu comportamento rígido

No Limite da Ilusão
Marília queria ser modelo. Jovem, bonita e atraente, ela conseguiu subir. Mas a vida cobra seu preço.

Leia os romances de Schellida!
Emoção e ensinamento em cada página!
Psicografia de Eliana Machado Coelho

O Brilho da Verdade

Samara viveu meio século no Umbral passando por experiências terríveis. Esgotada, consegue elevar o pensamento a Deus e ser recolhida por abnegados benfeitores, começando uma fase de novos aprendizados na espiritualidade. Depois de muito estudo, com planos de trabalho abençoado na caridade e em obras assistenciais, Samara acredita-se preparada para reencarnar.

Um Diário no Tempo

A ditadura militar não manchou apenas a História do Brasil. Ela interferiu no destino de corações apaixonados.

Despertar para a Vida

Um acidente acontece e Márcia, uma moça bonita, inteligente e decidida, passa a ser envolvida pelo espírito Jonas, um desafeto que inicia um processo de obsessão contra ela.

O Direito de Ser Feliz

Fernando e Regina apaixonam-se. Ele, de família rica, bem posicionada. Ela, de classe média, jovem sensível e espírita. Mas o destino começa a pregar suas peças...

Sem Regras para Amar

Gilda é uma mulher rica, casada com o empresário Adalberto. Arrogante, prepotente e orgulhosa, sempre consegue o que quer graças ao poder de sua posição social. Mas a vida dá muitas voltas.

Um Motivo para Viver

O drama de Raquel começa aos nove anos, quando então passou a sofrer os assédios de Ladislau, um homem sem escrúpulos, mas dissimulado e gozando de boa reputação na cidade.

O Retorno

Uma história de amor começa em 1888, na Inglaterra. Mas é no Brasil atual que esse sentimento puro irá se concretizar para a harmonização de todos aqueles que necessitam resgatar suas dívidas.

Força para Recomeçar

Sérgio e Débora se conhecem e nasce um grande amor entre eles. Mas encarnados e obsessores desaprovam essa uniãoz

Lições que a Vida Oferece

Rafael é um jovem engenheiro e possui dois irmãos: Caio e Jorge. Filhos do milionário Paulo, dono de uma grande construtora, e de dona Augusta, os três sofrem de um mesmo mal: a indiferença e o descaso dos pais, apesar da riqueza e da vida abastada.

ESTAMOS SOZINHOS NO UNIVERSO?

LEIA AS OBRAS DE PEDRO DE CAMPOS
E DESCUBRA AS RESPOSTAS...

COLÔNIA CAPELLA
A outra face de Adão
(*espírito Yehoshua ben Nun*)

PEDRO DE CAMPOS

OS ESCOLHIDOS
da ufologia na
interpretação espírita

UFO - FENÔMENO
DE CONTATO
(*espírito Yehoshua ben Nun*)

UNIVERSO PROFUNDO
Seres inteligentes
e luzes no céu
(*espírito Erasto*)

UM VERMELHO
ENCARNADO NO CÉU
(*espírito Yehoshua ben Nun*)

Dois romances imperdíveis!
Obras do espírito **Caio Fábio Quinto**
Psicografia de **Christina Nunes**

Sob o poder da Águia

Uma viagem até a Roma Antiga na qual o general Sálvio Adriano viverá um grande drama em sua vida ao lado de Helatz, sua prisioneira, e o irmão dela, Barriot.

Elysium - Uma História de Amor Entre Almas Gêmeas

Cássia despertou no plano espiritual depois de viver no Rio de Janeiro. E ela não sabia que um grande amor estava à sua espera.

Romances do espírito **Eugene**!
Leituras envolventes com
psicografia de **Tanya Oliveira**

Longe dos Corações Feridos

Em 1948, dois militares americanos da Força Aérea vão viver emoções conflitantes entre o amor e a guerra ao lado da jornalista Laurie Stevenson.

O Despertar das Ilusões

A Revolução Francesa batia às portas do Palácio de Versalhes. Mas dois corações apaixonados queriam viver um grande amor.

A Sombra de uma Paixão

Um amor do passado pode prejudicar um casamento tranqüilo e seguro? Theo e Vivian vão passar por essa experiência...

Impressão e acabamento:

Orgrafic
Gráfica e Editora

tel.: 25226368